大隈重信

民意と統治の相克

真辺将之

中公叢書

はじめに

国会議事堂の中央広場には、伊藤博文・板垣退助の銅像とともに、大隈重信の銅像が置かれている。大隈は早くから議会政治と政党内閣制の必要を唱えた政治家として、議会政治の三恩人の一人とされる。また、早稲田大学の創設者として、慶応義塾の福沢諭吉と並び称されることも多い。

しかし、福沢の肖像が現在一万円紙幣に使用され、伊藤博文・板垣退助もかつて紙幣にその肖像が印刷されていたのに対して、大隈は、いまだ紙幣にその顔を使われたことがない。もとより、紙幣の肖像とされたか否かがその人物の評価の基準となるわけではないが、現在の通貨単位である「円」を制定したのがほかならぬ大隈であることを考えるならば、大隈がこれまで一度も紙幣の顔となっていないのは不思議なことだと思われる方も多いのではないか。

その理由は定かではない。中国に対する二十一箇条要求の際の首相であったということが関係しているという説もある。確かにそれも一つの理由かもしれない。しかしそれを言うならば、福沢諭吉もまた、「脱亜論」の提唱者に比定され、対外認識における問題点を指摘されることが多かった。とするならば、これ以外にも何か理由があるはずである。他に考えられる要因としては、大隈が早稲田大学の創設者であるがゆえに、特定の学校の「恩人」を紙幣とすることへの抵抗感が存在しているのではないかとも考えられる。その点では、福沢諭吉もまた慶応義塾の創設者であるが、福沢の場合、丸山真男をはじめとする錚々《そうそう》たる研究者による研究の蓄積によって、近代日本思想史上の巨人としての評価が定着しており、そのイメージは慶応義塾の創設者としての評価をはるかに超えている。それに対して大隈の場合、伝記の多くは早稲田大学関係者の手になるものであり、その内容も大学関係者がその創設者を「顕彰」するという色合いが濃かった。そのことが大隈＝早稲田とのイメージを増幅させ、かえって近代史のなかの大隈の役割を矮小化してきたのではないか。また大隈は思想家ではなく政治家であり、それゆえに敵対者も多かった。特に従来の近代史研究では、大隈が自ら文字を書かない人間であったこともあり、彼と政治的敵対関係にあった人々の史料（たとえば、政府内保守派であった佐佐木高行の日記や、藩閥政府の密偵史料、さらには大隈系政党と対峙していた立憲政友会の原敬《たかし》の日記など）が中心史料として多く用いられてきた。大隈の敵対者であるがゆえに、それら史料には噂の類に属する出処の怪しい情報も含めて、大隈に関するネガティヴな記述が多い。それゆえ、それらの史料を読んだ多くの研究者は大隈に負のイメージを抱くようになり、そのことが間接的に大隈の研究や評伝の少なさにつながってきたようにも思われる。

現在利用できる大隈に関する評伝の多くは、明治一四年の政変と政党（立憲改進党）結成前後までに記述の大部分が割かれている。しかし実は大隈は、明治後半期から大正期にかけて政党政治の堕落をかなり厳しく批判してもいる。また自ら政党を指導していくなかで、理想通りにはいかない厳しい現実に直面し、多くの挫折をも経験した。そうした大隈の政党運営の模索と苦闘の軌跡のなかには、たとえば政党と官僚との関係のあり方や、民意と統治の論理との矛盾をいかにして調和させていくかという問題、あるいは党内派閥の統御の問題など、今日につながるさまざまな論点が含まれている。とりわけ大隈が組織した二度の内閣は、大隈人気＝民意を背景として成立したがゆえに、伊藤博文や山県有朋《ありとも》のような藩閥政治家（彼らは民意から超然たりうる立場であった）や、官僚と協調してその力を借りながら内閣を運営した原敬など立憲政友会系の内閣とは異なる厳しい困難、すなわち民意と統治との相克という難問に直面せざるをえなかった。大隈の足跡には、そうした困難を経ているがゆえに、現在の政治のあり方にも通底する数多くの問題を見出すことができる。

また、大隈が活動した分野は、政治のみにとどまらず、驚くほどに幅広い。たとえば、我々が日頃使用する交通手段である鉄道、自動車、飛行機は、そのいずれも、大隈が日本への移入に大きく尽力したものである。先に触れた「円」の導入もまた然《しか》り。大隈の事蹟は、近代日本の基盤を形づくる数多くの分野にわたっており、今日の日本にまでつながるものも多い。さらに彼は、近代国家を支える分厚い「民」の力の育成を主眼に、数多くの文化的活動や講演活動を行なっている。本書では、そうした政治以外の分野をも含む幅広い大隈の活動にも焦点を当て、また従来の評伝で記述の薄かった明治後半期から大正期にかけての活動を追うことで、これまで語られている以上に多彩な大隈の活動の軌跡と、同時代におけるその絶大な人気の秘密を明らかにし、政治史だけではなく、より広く日本近代史全体のなかに大隈を位置付けていきたい。

もちろん本書は、これまでの評伝のように大隈の「顕彰」を意図するものではない。筆者もまた早稲田大学に籍を置くものではあるが、本書では、あくまで史料に即して大隈の活動を「検証」することを目指した。その際、大隈と政治的に対立していた人物の史料や、出処の怪しい密偵情報などはなるべく避け、使用する際にはしっかりとした史料批判を心がけた。そのうえで、本書では、大隈の日本近代史における軌跡を、その挫折や失敗、負の部分までをも含めて明らかにしていく。というのも、大隈の栄光だけでなく、そうした挫折や負の部分のなかに、現在の我々にとって新たな発見をもたらしうる材料が含まれていると信じるからである。現代社会のあり方や我々の生き様につながる何かを、本書のなかから見つけていただければ幸いである。

目次

はじめに　3

第一章　近代西洋との遭遇――佐賀藩士・大隈八太郎……17

新時代の兆し　17／生誕　18／幼少年時代の修学　19／父の死と母の愛　19／内生寮に入学　21／藩校教育への反撥　22／経学派と史学派の対立　23／『葉隠』批判　24／南北騒動　25／義祭同盟　26／佐賀の蘭学　28／「愛国心」の誕生　29／蘭学寮での学習　30／桜田門外の変　32／蘭学寮教官となる　33／藩の富国策　34／長崎遊学と「蕃学稽古所」の設立　36／フルベッキから学んだもの　37／大政奉還を説く　39／出遅れた佐賀藩　40／低すぎるスタート地点　41

第二章　近代国家日本の設計――明治新政府での活動……43

明治維新の理念　43／「統治」と「民意」　44／長崎鎮定　45／井上聞多(馨)との出会い　46／浦上キリシタン処分問題　47／パー

クスとの舌戦　48／横須賀造船所問題　49／外交的能力　51／外交から会計へ　52／金札の信用回復と「円」の誕生　53／全国統一を目指す　55／築地梁山泊　56／維新派と復古派　57／鉄道敷設を主張　58／レイ借款問題　60／進歩的施策の断行　62／地方官の反撥　63／民蔵分離問題　64／当時の大隈の性格　65／参議に就任　67／大久保の大蔵卿就任　69／廃藩置県の断行　70／使節団派遣の提案　71／約定書の取りまとめ　72／留守政府の取りまとめ役として　73／留守政府の改革　74／財政をめぐる衝突　75／改革と井上との板挟み　76／参議増員と太政官制潤飾　77／予算の公表　79／征韓論　80／大久保、大隈、伊藤の結束　82／江藤との訣別　82／台湾出兵　84／出兵中止命令と臨機の決断　85／三菱との関係　87／島津久光による弾劾　88／大隈の反撃と大久保、伊藤の支援　89／地租改正の完遂　90／秩禄処分　91／産業発展の基盤整備と輸出奨励　92／明治初年の大隈　93

第三章　「立憲の政は政党の政なり」――明治一四年の政変……………………97

参議筆頭としての大隈　97／大久保利通の死　98／大隈財政の基本路線　99／西南戦争後のインフレとそれへの対処　101／洋銀相場対策　103／準備金の運用　104／参議・省卿再分離　105／外債五〇〇〇万円募集案　106／伊藤の疑念　107／伊藤との共同提案　108／福

沢諭吉との接近　109／福沢門下の推薦　110／会計検査院と統計院　112／『法令公布日誌』発行計画　114／井上・伊藤の議会開設構想　117／大隈の憲法意見書　119／政府主導の政党政治　122／大隈意見書への反応　124／井上毅の暗躍　125／大隈に「陰謀」があったか　127／開拓使官有物払下げ事件　129／退職勧告　133／民権運動と藩閥政府のはざまで　134／大隈の「不幸」と「失敗」　136

第四章　漸進主義路線のゆくえ——立憲改進党結成から条約改正交渉まで……………139

「第三の道」のゆくえ　139／洋行の風評　140／立憲改進党の結党　141／改進党の政治綱領　142／改進党内の勢力構造　144／東京専門学校の設立　145／外国の学問からの独立　147／政治権力からの学問の独立　148／政府による弾圧と鍋島家からの後援　149／自由党との関係　150／改進党の地方への発展　151／黒田清隆との接近　153／甲申政変への対応　155／改進党員と政府要人の接近　157／改進党解党問題　158／大隈の脱党　159／大隈の資金繰り　160／大同団結運動　162／外相就任交渉の開始　163／伊藤博文の芝居　164／条約改正の方針　166／世論の沸騰　167／改進党の団結力の強さ　168／閣内での反対意見と交渉の頓挫　169／遭難後の改進党と政府　170／憲法発布と大隈　172／超然主義か政党内閣か　173／民意の反撥のなかで　174

第五章　理念と権力のはざまで——初期議会期の政党指導……177

苦境のなかでの議会開設 177／矢野文雄の政界引退 178／条約改正による打撃 178／進歩党合同問題 179／民党連合路線 181／第一議会の予算審議 182／予算案に対する大隈の意見 184／板垣との接近と枢密顧問官辞任 185／第二議会の解散と選挙干渉 185／第三議会 187／第四議会と民党連合破綻の兆し 188／「責任内閣」の主張 188／条約励行路線の採択 190／第五議会 192／日清開戦 193／日清戦争と大隈 194／母の死 195／日清戦後経営論 196／日清戦後の政局 198／進歩党の結成 199／公衆の面前へ 199／松方との接近 200／入閣交渉 201／二十六世紀事件 203／第一〇議会 204／新聞紙条例改正と金本位制施行 205／農商務大臣兼任 206／勅任参事官設置問題 207／松隈内閣倒れる 208／早稲田での初演説 210／第三次伊藤内閣 211／憲政党の結党 212／隈板内閣の成立 214／政党内閣の誕生 215

第六章　政党指導の混迷——第一次内閣以後の政党指導……217

政党内閣の失敗と長い混迷の時代 217／隈板内閣の組閣 218／内閣の方針 219／過大な猟官要求とのせめぎ合い 220／第六回衆議院議員総選挙 222／尾崎文相の「共和演説」事件 223／予算の策定

224／行政整理　225／文相後任問題　226／解党と再編　227／支那保全論の提唱と康有為・梁啓超の保護　228／第二次山県内閣と地租増徴問題　230／山県内閣による文官任用令の改正　231／義和団事件と「支那保全論」　232／清国人教育への貢献　233／立憲政友会結成と尾崎行雄脱党問題　234／党総理就任　236／増税問題をめぐる分裂　237／桂太郎内閣の成立と憲政本党　238／大隈邸の火災と資金難　239／新築された大隈邸と台所　241／温室　242／大隈の園芸趣味　242／早稲田大学の開校　244／「私立」へのこだわり　245／日本女子大学校への援助　247／第七回・第八回総選挙　248／伊藤と桂の接近　250／憲政本党の苦衷　251／党幹部による政党指導　252／日露開戦論の高揚　253／奉答文事件と日露開戦　255／桂と政友会との接近　256／ポーツマス条約と大隈　257／「支那保全論」の継続　259／西園寺内閣の成立と大隈　260／大隈排斥運動の発生　262／改革派による党内「民主化」の提案　264／大隈の敗北と積極主義の採用　265／大隈の「告別演説」　266／「国民」に立脚して　267／「政治は我輩の生命である」　269／大隈・憲政本党不振の背景　270／二大政党か一大政党か　271／多事争論からの公論形成　272

第七章　日本の世界的使命——東西文明調和論と人生一二五歳説…………275

大隈人気の醸成　275／「文明運動」とは何か　276／日露戦争と『開

国五十年史』編纂の開始 278／『開国五十年史』の出版とその結論 279／『国民読本』の刊行 283／天皇の権威と国民の権利 284／国民教育への邁進 286／なぜ国民教育か 287／同仁会 289／同仁会への国庫補助を求めて 290／『日本百科大辞典』編修総裁 291／国書刊行会総裁 292／文芸協会 293／日印協会 293／外国人との交流 296／大日本文明協会 298／南極探検の後援 299／日本自動車倶楽部会長 301／帝国飛行協会会長 302／大日本平和協会会長 305／帝国軍人後援会会長 306／軍事知識の普及 308／弱者への目線 309／スポーツの振興と大隈 311／雑誌『新日本』の発刊 313／人生一二五歳説の提唱 314／怒らない大隈 317／一二五歳説の政治的効果 318／大隈の生活 319／大隈の読書 320／旺盛な講演と談話 321／憲政本党の紛擾と仲介 323／伊藤博文の死 325／辛亥革命への態度 327／孫文との関係 329／辛亥革命後の中国情勢と大隈 330／兗州・漢口・南京事件と世論の沸騰 332／文明論の陥穽 334／憲政擁護運動の勃発と「中心勢力移動論」の提唱 336／護憲運動への批判 337／桂内閣への好評価 339／桂新党への賛同 341／桂の政治指導への期待 343／文明運動時代の大隈 344／「民意」への批判 345／指導と監視の競争 346

第八章　世界大戦の風雲のなかで——第二次大隈内閣の施政……349

「薩長劇より国民劇へ」 349／大隈推薦の経緯 349／元老との交渉 351／組閣と内閣の顔ぶれ 353／内閣成立に対する反応 354／政綱発表と財政整理 355／絶対的非募債政策 357／減債基金振替による鉄道改修 358／地方官の更迭 359／臨時議会の開催 360／第一次世界大戦の勃発と参戦問題 361／元老との亀裂 363／加藤と大隈 365／国定教科書批判と第三期国定教科書 366／第三五議会 367／第一二回総選挙 368／大隈伯後援会 370／選挙の取り締まり 372／与党の大勝利と課題 373／第三六特別議会 375／二十一箇条要求の内容 376／大隈と二十一箇条要求 378／二十一箇条要求に対する元老山県からの批判 380／二十一箇条要求に対する野党からの批判 381／参政官・副参政官の設置 383／大浦事件 385／留任と内閣改造 386／袁世凱帝政延期勧告 388／大正天皇即位大礼と第三七議会 389／減債基金還元問題 390／山県有朋による調停 391／簡易保険制度ならびに理研の創設 392／加藤内閣成立運動 393／日露協約の締結 395／寺内・加藤連立工作 396／三派合同運動 398／大正天皇に賭ける 399／民意と統治のはざまで 400

第九章　国民による政治と世界平和を求めて——晩年の大隈重信……405

大隈の二つの目標 405／大隈は「元老」か？ 405／第一三回総選挙と大隈 408／政党批判 408／国民教育の継続 410／『大観』発行

411／早稲田騒動と一時的危篤　412／軽井沢別荘　413／寺内内閣退陣に伴う御下問　414／原敬内閣の誕生と第一次世界大戦の講和　415／人文知の探究　417／英国労働党政策提言書での言及　419／東西文明論の研究　421／時事問題研究会　422／国際聯盟への態度　423／驕慢なる日本人を戒める　424／自己反省なき平和論　425／デモクラシーの勝利と階層的分断の深刻化　427／国民への期待　429／「教化的国家論」の提唱　432／「教化的国家論」と軍縮　433／平和への楽観　434／対外政策批判　436／日本人への期待　437／元老権力の行使　439／山県への接近　440／山県との面会　441／病に斃れる　442／摂政就任御沙汰書　443／国民葬の挙行　444

おわりに――歴史の「大勢」のなかで　447

註　455

年譜　495

大隈重信

民意と統治の相克

第一章　近代西洋との遭遇――佐賀藩士・大隈八太郎

新時代の兆し

一八三七（天保八）年二月一九日未明、大坂・天満《てんま》に、突如火の手が上がった。火は瞬く間に燃え上がり、大坂の空を赤く照らした。

この数年前から日本列島は大飢饉に苦しみ、その窮状は頂点に達していた。米の集積地であるはずの大坂市中にまで餓死者が出ていながら、幕府は有効な救済策を打ち出すことができず、そればかりか大坂奉行所は、飢えに苦しんで闇米に手を出した市民を逮捕・入獄させる始末であった。市中の豪商は飢饉の惨状を目にしながらそれを救済することなく、買い占めによる米価吊り上げで巨利を博した。こうした状況に、元大坂奉行所与力《よりき》の大塩平八郎は、幾度となく奉行所に救済策を上申していたが受け入れられず、万策尽きて挙兵したのであった。

挙兵には付近の農民ら三〇〇人が参加し、豪商を襲って金銭や穀物を路上に散じて行進した。しかし幕府による鎮圧軍が出動すると、わずか二度の小規模な砲撃戦を交わしただけで壊滅、平八郎父子も四〇日の潜伏ののち、幕吏に探知されて包囲され、隠れ家に火を放って自刃した。叛乱はわずか半日で鎮圧されたが、「天下の台所」大坂において、ほかならぬ奉行所の元与力が叛乱を起こしたということは、日本中に大きな衝撃を与えた。二五〇年近くにわたり日本を統治し、揺るぎなく聳《そび》え立っているかのように見えた幕府という大樹は、目に見えない形で次第に蝕《むしば》まれてきていた。こうした時期に、大隈重信は、母の胎内に命を授かったのであった。

生誕

一八三八（天保九）年二月一六日、大隈重信は佐賀城下会所小路《かいしょこうじ》に生まれた。[*1] 太陽暦に直すと、この日は三月二二日に当たる。とてもよく晴れた日で、[*2] 長く厳しい冬がようやく明けようとする、人々の待ち望んだ早春の一日であった。佐賀藩の産土神《うぶすながみ》である竜造寺八幡宮から、末広がりの八の字を取って八太郎《はちたろう》と名付けられた。なお、明治以後は「重信」の名を用いたが、それ以前、一八六八（慶応四）年段階で「信義」と名乗っていたことが確認できる。[*3]

大隈家は知行三〇〇石、物成《ものなり》（年貢収入）一二〇石の上級武士の家柄であった。父の大隈与一左衛門信《のぶ》保《やす》は、佐賀藩の石火矢頭人《いしびやがしら》（砲術長）を務めており、また母三井子《みいこ》は同じく佐賀藩士の杉本牧太の次女で、後述するように女丈夫として知られる女性であった。八太郎が生まれた時、すでに姉が二人おり、長姉妙子はのち佐賀藩士相良安延に嫁し、次姉志那子は同藩士中島弥兵衛に嫁した。またその後弟が生まれ、岡本忠兵衛克寿の家を継ぎ、岡本欽次郎克敏と名乗った（一八七七〈明治一〇〉年歿）。

大隈家は、菅原道真の子孫とされる家柄であった。菅原道真の子孫が筑後国久留米郡大隈村に土着し、その地名を採って大隈姓を称したものと伝えられる。大隈は幼時より母から「菅公といふ御方は第一に運命の神として大切である、一体武士といふものは武運と云つて運が強くなくてはいけない、それから文学の神としても大切である、所謂学問をする上に就いて最も大切な御方である、だから平素に其徳を仰いで、菅公の如き人にならなくてはならぬ」と聞かされて育った。[*4]

幼少年時代の修学

幼い頃の八太郎はあまり賢い子ではなかった。五、六歳頃まで、母の乳房に吸いつくような甘えん坊であった。母は八太郎の成長の遅いことを心配し、毎日神仏に祈禱して人並みに成長することを願った。母は我が子の学問に力を入れ、幼い頃から、先祖・菅原道真の話や、母の愛読する『太平記』や『水滸伝』、『楠公記《なんこうき》』などに出てくる忠臣の話を読み聞かせた。また八太郎は幼年時代、武富圯南《いなん》の私塾などに通って手習いを学んだが、このほかにもいくつかの私塾をかけもちしていた。比較的裕福な家庭に生まれた八太郎は、教育熱心な母の下、すくすくと育っていった。

佐賀藩の藩校弘道館には初級学校に当たる外生寮《がいせい》（蒙養《もうよう》舎）、上級学校に当たる内生寮《ないせい》の二校舎が設置されていたが、藩士の子弟は数え年六～七歳になるとまず外生寮に入ることになっていた。八太郎もまた数え年七歳の一八四四（弘化元）年に外生寮に入学する。

この頃の八太郎が親しく交わった一人に、一歳年下の久米丈一郎、すなわちのちに歴史学者として名を残す久米邦武《くにたけ》がいる。久米が八太郎に一年遅れて蒙養舎に入った時、上級生の大隈は「温良にして親しみ易い資質」であったという。[*5] しかしこの外生寮で学ぶうち、一二～一三歳の頃から、次第に大隈は「ハシクリ」と呼ばれる暴れん坊に育っていく。「ハシクリ」とはハゼを指す佐賀の方言で、すばしっこく動き回る様子が、毎日暴れ回っていた八太郎に重ね合わされたのである。[*6]

父の死と母の愛

外生寮在学中の一三歳の時、八太郎にとって大きな出来事があった。父信保の死である。死因は『大隈侯八十五年史』では病歿となっているが、久米邦武の回顧では、剣道の稽古中に脳溢血で倒れたとされている。[*7]母の三井子はこの時、寡婦に甘やかされた子として世間に笑われないように、精一杯子供の教育に力を尽くそうと誓った。三井子は、亡夫が残した借財を持ち前の才覚で整理して一家を支え、そして息子の成長を毎日神仏に祈りつつ、教育に力を入れた。大隈の生家は、現在も佐賀に残っているが、その二階部分は、母三井子が大隈の勉強部屋にと特に増築したものであるという。

「ハシクリ」と綽名され、毎日喧嘩に明け暮れ生傷の絶えない息子に対して、ある時、母はこう言ってたしなめた。喧嘩をしたくなったら、心の中で「南無阿弥陀仏」と一〇回唱えなさい。そうすれば、大概怒りは収まるはずだ。もし一〇回唱えて、それでも怒りが収まらないようだったら、お前の好きなようにしなさい、と。この母の教えを大隈は実践し、それからめっきり喧嘩の数が減ったという。[*8]頭ごなしに喧嘩するなと叱るのではないところに、三井子の教育方針がよく現れている。母は、息子の将来を心配し、神仏に毎日祈るほどであったけれども、しかし息子を叱ることはほとんどなかった。八太郎の自主性を涵養することに力を注ぎ、のちに大隈がさまざまな進路を選択するに当たっても、一切干渉がましいことを言わなかった。子供の行動を束縛するのではなく、正しい判断力を培うための環境を整えることに力を注いだのである。

三井子は、八太郎に、友達を大事にするように教えた。友人を家に連れてくると、三井子は手料理や牡丹餅などを振舞って歓待した。借財を整理したばかりの大隈家には必ずしも余裕があったわけではなかったが、息子が友達をつくるための費用は一切出し惜しみをしなかった。自然、大隈邸はいつも友人の集う社交場となった。後年、大隈は社交好きで知られ、その邸宅には常に人が集まるようになるが、その淵源はこうした母の教育方針にあったのである。

母の愛は功を奏し、友人たちからよい刺激を受けながら、八太郎の学業は目覚ましく進歩していくことになる。佐賀藩では通常一五歳で元服し、成績優秀者から順番に上級学校である内生寮の寄宿生となることになっていたが、幼時にその発育の遅さを心配された八太郎は、一六歳の時には同期生中最も早く内生寮への入校を許されるほどの俊英となっていた。*9

内生寮に入学

内生寮に進んでからも大隈は依然として成績優秀であった。しかし必ずしもいわゆる「ガリ勉」タイプだったのではない。その頃の自身の学習の仕方について、大隈は次のように回顧している。

わが輩は懶惰生であつたから人のやうに終日書物を読むやうなことをせぬ。理義に通ずる事には勉めた。良書と聞いても、大部で容易に読み切れさうにもないものは、閑潰しだから〔時間がもったいないから〕、これを相当読書力の確かだと思ふ学生の間に吹聴し推奨する。すると、必ず俺が読まうといふ熱心家が現はれる。時には左様云ふ人には、その書物を都合迄して貸してやる。そしてそのものが読み終つた時にどうであつたかと訊いて見て、その大要だけを頭に入れる。自分は別に巻数の少い好書を漁つてこれを会得し、自己の薬籠中に収めて置くので、何等か相会して議論する時には人には不読書生と思はれ乍《なが》ら、その論鋒は常に鋭利で、駕して他人の上に出た。学校の図書室を探したら、王通の著と云ふ文中子があつた。僅か四巻ばかりの少部のものであつたからこれを抽出して見るに中々独創の見が多い。暫しはこれを脳裏に秘して他生を論破した。*10

大隈の要領のよさ、良書や新情報を見つける能力がすでにこの頃身についていたことがわかる。その一方で細部の考証にこだわる類の綿密な学問はやや苦手であった。こうした要領のよさと大まかさはその後の大隈に通底する性格となっていく。

藩校教育への反撥

外生寮時代には素直に藩校のカリキュラム通りに学んでいた大隈であるが、内生寮に進む頃から、次第に藩校の教育に不満を持つようになっていった。のちに大隈は『大隈伯昔日譚《せきじつたん》』において、その藩校の教育方針を、「頑固窮屈なる朱子学を奉ぜしめ、痛く他の学派を擯斥し」「余多の俊英を駆りて凡庸たらしめ」たものとして厳しく糾弾している。[*11] 大隈や江藤新平ら数多の人材を輩出した佐賀藩の教育を、このように批判しているのは一見意外に思えるかもしれない。大隈が佐賀藩の教育方針を批判するのは、三つの要素においてであった。第一に朱子学を重視し他の学派を排斥したこと、第二に成績によって人生が左右されるような厳しい課業制度が採られていたこと、第三に『葉隠《はがくれ》』によって佐賀藩を至上とする考えを植え付けようとしていたこと、の三点であった。

もともと佐賀藩の藩校制度を整えたのは古賀精里であった。精里はのち幕府の儒者となり、いわゆる寛政異学の禁の実施に与って力あった人物である。その後精里の長男穀堂が佐賀弘道館の教授となり、三男古賀侗庵が幕府昌平坂学問所の儒官となっていた。このように、幕府朱子学とも深い関わりを有する古賀一族がその基礎を打ち立てた藩校であるがゆえに、弘道館はその中心的教義を朱子学に据えていた。大隈が回顧するところによれば、朱子学以外の学派を学ぶことは厳しく制限され、私学私塾の如きは貶《おとし》められて武士の学問とは認められず、新しい学説は異端異説として排斥される風潮があったという。

ただし大隈がこのように回顧する一方で、久米邦武の回顧録では、この頃の藩校の教育方針は自由主義的であったとも述べられている。すなわち、「[藩主・鍋島斉正]公の純粋な性格は、学校教育に対しては朱王の説に偏倚なく」「天才の者には、其の志尚する所に向つて能力を発揮する自由を得しめた」[*12] と久米は叙述する。実際に、この時期、藩主鍋島斉正（のちの直正・閑叟《かんそう》）[*13] や家老鍋島安房《あわ》の方針により、弘道館には比較的自由な学風が敷かれていたともされる。正課以外の時間には師友と相研磨し読書に専心することになっており、その際の講習に何を学ぶかは自由で何を見ても干渉されることはなかったともいう。[*14] ではいったいなぜ大隈は先に述べたような回想を残しているのであろうか。

経学派と史学派の対立

実はこの時期、弘道館の内部では経学派（朱子学派）と史学派（国学派）との対立が生じていた。経学派とは、経学すなわち儒教の聖典である経書を重視する学派であり、傍ら詩文を重んじていた派で、弘道館の教官草場佩川《はいせん》や武富圯南《いなん》らがその中心人物であった。特に草場佩川は、朱子学者として名声高く、詩文の才を高く称えられる人物でありながら、「人一倍性質偏狭で、枝吉父子を容るゝだけの雅量を持たなかつた」「極めて保守的であつて、何ら創意の魅力を持たない」[*15] と評されるような人物であった。

一方の史学派とは、国学や日本の律令研究を中心に据えた一派で、枝吉杢助《えだよしもくのすけ》（神陽）やその弟・副島《そえじま》二郎（種臣《たねおみ》）を中心とする学派であった。大隈によれば「史学派ハ服従ノ義務ヲノミ教訓スル朱子学流儀トハ違ヒ其規模ヲ広大ニシ其ノ士気ヲ雄渾ニスル処カラ必要上日本ノ制度ヤ大宝令、古事記、日本紀、大日本史、職原抄、其他支那ノ歴史ヲ調ベルノデ有ルカラ随分無遠慮ニ議論ナドヤル、随テ学校ニハ受ケノ悪ク普通俗人ニ嫌ハレル方デアツタ」という。[*16]

確かに、鍋島安房の自由な方針によって、藩校内には史学派のような人々が存在する余地が生まれていた。とはいえ非主流派・少数派でしかない史学派に共感を持つ大隈にとっては、やはり藩校の空気は非常に抑圧的なものに感じられたのである。もちろん、もし当時の学風が自由な方針を全く有していなかったならば、大隈は史学派の学問に接することすらできなかった可能性もある。その意味では、朱子学を堅く重んじる藩学の基盤は維持されつつ、しかしそこにやや自由な方針が採られていたという、絶妙なタイミングのなかであればこそ、大隈は朱子学に疑問を持つことになったのである。こうして朱子学に抑圧感を感じた大隈は、四書五経を深く研究せず、かえってそれ以外の本を幅広く読んだ。特に管子《かんし》、新井白石、荻生徂徠《そらい》の書を愛読した。[*17]

さらにその抑圧感を強めるような制度が、当時の弘道館には敷かれていた。すなわち、一八五〇（嘉永三）年八月に定められた弘道館の「課業の定則」において、二五歳までに学業を成就できない者は家禄の一部を差し押さえられ、かつ藩の役人にもなることができないと規定されていたのである。弘道館では一年に二度、内試が行なわれ、この成績如何《いかん》で職務選用も決められた。[*18]藩校での学業成績で人生が左右されてしまうため、学生たちは否応《いやおう》なく試験対策を練らなくてはならず、正課にない日本の律令などを学ぶ余裕はなかったのである。こうした厳しい方針のために、藩士たちは藩の指定する学問的レールの上を歩むことを選ばねばならなかった。「偶《たまたま》と、高材逸足の士あるとも、此の方途を践まざれば其の驥足《きそく》を伸ばす能はざるが故に、一藩の人物を悉く同一の模型に入れ、為めに倜党不羈《てきとうふき》の気象を亡失せしめたり」[*19]と大隈は断じている。

『葉隠』批判

今日、佐賀藩の教育といえば、『葉隠』がすぐに思い浮かぶ。人口に膾炙《かいしゃ》した「武士道とは死ぬことと見つけたり」の言葉とともに、武士道を論じた代表的著作として知られる書物であるが、意外にも青年期の大隈はこの書物に対して好感触を抱いてはいなかった。朱子学教育と並んで、大隈はこの『葉隠』精神を偏狭なものとして批判的に見ていた。

『葉隠』の冒頭には「釈迦も孔子も楠木も信玄も、終に竜造寺・鍋島に被官懸けられ候《そうろう》儀これなく候へば、当家の家風にかなひ申さざる事に候」「その道々にては、その家々の本尊をこそ尊び申し候。御被官ならば余所《よそ》の学問無用に候」[20]と、鍋島家の家臣たるものは、鍋島家のことのみを考えるべきで、天下国家を論じるような学問を学ぶ必要はない、という主張がなされていた。

しかし、折しも大隈が内生寮に入学した一八五三（嘉永六）年、浦賀にペリーが来航した。日本中が騒然とするなかで、こうした旧来の狭い学問が、何の役にも立たないことを大隈は感じざるをえなかった。開国か攘夷かという議論が盛んに交わされるなか、人々は不安におののき、「多くは無用の抗争を事として、深く天下の趨勢を慮るものは稀れ」[21]という状況であった。「天下」すなわち日本全体という枠組みで物事を考えず、お家大事・藩大事の立場から右往左往する人々の様子を見ながら、大隈は「天地の広き、藩士の多きも、佐賀藩より貴且つ重なるものあらざるが如く」「武士なるものは、惟《た》だ一死を以て佐賀藩の為めに尽すべし」というような『葉隠』の教えに疑問を抱くようになっていくのである。[22]

なお『葉隠』は先の引用にもあるように孔子無用を唱えており、また逆に、朱子学派の側でも、たとえば鍋島斉正が藩主に就任した直後に古賀穀堂が書いた建言「済急封事」のなかで『葉隠』のみで事足りるとするような藩の風潮が批判されているなど、[23]両者は必ずしも調和的であったわけではない。しかし、葉隠主義と「服従の義務をのみ教訓する朱子学流儀」とはお互いに反撥《はんぱつ》し合いながらも藩内にひとつの独特の空気を醸成し、佐賀一藩の大事を最優先とする思考を藩士たちの間に植え付けていた。

南北騒動

藩の学問に対して不満を持ち、悶々とした気持ちで毎日を過ごしていた大隈に、ひとつの転機となる事件が起こった。弘道館の「南北騒動」である。事件が起こったのは、一八五五（安政二）年の五月とも六月ともいわれる。

当時の弘道館は六〇〇人以上もの内生寮学生が寄宿して学んでおり、寄宿舎を南北の二つに分けていた。

大隈は南寮に寄宿生活を送っていたが、快活で弁論に秀でていた大隈は南北両舎の先輩から人気があってしばしば談論に呼ばれた。そして事件の日も大隈は北寮の先輩のところに行って談論し、深夜まで南寮に戻らなかった。そこで南寮の先輩たちは、大隈を呼び戻そうと北寮に使いを遣わしたのである。しかし北寮では南寮から呼び戻しに来た学生を遮って中に入れない。南寮ではこの北寮の措置に憤り、屈強な者をさらに遣わして大隈を力ずくで呼び戻そうとした。これが発端となって、ついには、北寮生は階上に立ち、南寮生は階下から押し寄せ、火鉢を投げつけたり行燈《あんどん》を投げつけたりなどの大争闘にまで発展した。騒ぎを聞きつけた藩当局は即座に対応し、北寮生は自宅謹慎、南寮生は三日間の外出禁止、そして騒動の中核人物と目された大隈はじめ数人は退学処分とされてしまったのである。

義祭同盟

大隈はのちにこの時の退学処分について「此の一時の不幸こそ、余が為めに将来の幸福とはなれり」と述べている。[*24] 大隈にとって幸運だったのは、退学処分になった大隈に新たな居場所が用意されており、そしてその居場所が将来への跳躍台となったことであった。

そのひとつが義祭《ぎさい》同盟であった。義祭同盟とは、楠公義祭同盟とも呼ばれ、楠公父子の尊王精神を行動の規範とすべく、楠公の尊像を祀《まつ》り、その命日に楠公祭を執行するために結成された同盟であった。同盟が結成されたのは一八五〇（嘉永三）年のことであった。[*25] 木像を祀る程度のことに盟約を結ばねばならないというところにも、当時の佐賀藩の窮屈な空気が伝わるように思える。大隈は一八五五（安政二）年五月二五日に、初めて義祭同盟の楠公祭に参加した。[*26]

義祭同盟の中核的人物は、先に述べた史学派の中心人物枝吉杢助（神陽）であった。枝吉は、「容貌魁梧にして才学共に秀で、夙に学派の範囲を超脱し又た国学に通じて、尊皇の論、国体の説等、皆な其の要を発見せり」[27]と評される人物であり、吉田松陰も九州遊歴に際して面会したことがあったが、相当に強い印象を受けたらしく、一度しか会ったことがないにもかかわらず、その後松陰は西遊する知人に、佐賀にいる枝吉という「奇男子」を「必ずお尋ね成さるべく候」と強く勧めているほどである。[28]大隈は弘道館を退校になってから、ちょうどその頃藩の俗吏と相容れず家に籠っていた枝吉の元に足繁く通うようになり、大宝令、古事記、日本書紀などを学んだ。以前から藩校の朱子学にあきたりないものを感じていた大隈は、枝吉に学ぶにつれて儒教排斥にいっそう力を入れ、「漢学は孔子の垂れ糞だ。其様なものを読んで如何するか」[29]などと放言して弘道館に学ぶものを馬鹿にするようになっていった。

当時の尊王論や国体論は、まだ生まれてほどない最新の学説であった。しかも枝吉の学問は決して観念的なものではなく、当時の日本の情勢を常に意識した、実用的な学問であった。特に枝吉の律令に関する知識は該博で、のちに維新後、枝吉の影響を強く受けた弟・副島種臣が政体書の起草に関与するなど、維新政府の制度確立にも影響を及ぼしたと言われている。[30]

義祭同盟には、大隈にとって年長の世代に当たる史学派＝改革派の人物が多数所属しており、これら年長の友人を持つことによって大隈は、藩校教育では教えられることのなかった新たな世界を知っていくことになる。たとえば義祭同盟の人々に影響を与えた思想家に、藤田東湖《とうこ》や佐久間象山《しょうざん》がいた。大隈は「余が如くに学校を放逐せられて、封建の弊習、束縛、圧制を見る蛇蝎よりも甚だしく、身は逆境に住して心は不平に堪へず、片時も速に此の境域を脱却せんと企図するものに向つて、藤田、佐久間等の言は誠に天国の福音の如くにありしなり」[31]とのちに回顧している。

なお義祭同盟がそのまま佐賀藩の尊王運動・藩内改革運動につながったわけではない。ほどなく義祭同盟は活動停滞して佐幕派と尊王派とに分裂し、大隈ら尊王派＝改革派は別に一団を結んで大光寺という寺院を集会所にして、しばしば意見をたたかわせたという。枝吉、副島二郎（種臣）の兄弟をはじめ、中野方蔵、江藤又蔵（新平）、空閑《くが》次郎八、木原義四郎、楠田知才（英世）、大木民平（喬任《たかとう》）らがその同志であり、みな大隈より年長者であった。大隈は以後、これら同志とともに軍制改革・藩政改革などを訴えていく。しかしそのほとんどは藩吏によって退けられた。

佐賀の蘭学

義祭同盟とともに、藩校を去った大隈に用意されていたもうひとつの居場所が蘭学寮であった。大隈は、弘道館退学の翌年、藩の蘭学寮に入学する。佐賀藩は長崎に近く、福岡藩と一年交代で長崎の防備を担当するなど、長崎を窓口として海外の情報を豊富に入手することのできる位置にあった。特にこの頃、藩主鍋島斉正の主導の下、佐賀藩は蘭学に大変力を入れていた。そうした当時の佐賀の雰囲気も大隈を後押ししたことであろう。大隈の父はかつて長崎の砲台長を務めており、大隈は幼時より砲術に関する話を父からしばしば聞いていた。したがって、日本のために何ができるかということを考えた時に、まっさきに洋式兵学が頭に浮かぶのは自然であった。

佐賀の蘭学教育は、一八三四（天保五）年に城下八幡小路に医学寮が設置されたのに始まる。一八四三（天保一四）年には領内の農医出身でオランダ商館医・シーボルトに学んだ伊東玄朴を藩の侍医として聘し、翌一八四四（弘化元）年には蘭医・大石良英を招いて、医学寮内に蘭学寮が併設された。一八四九（嘉永二）年八月には、伊東が藩主の子鍋島淳一郎（のちの直大《なおひろ》）に種痘を施し、これを契機に全国に先駆けて領内に広く種痘が行なわれた。

一八四四（弘化元）年には火術方が設置され、砲術ならびに大砲製造の研究が開始された。一八五〇（嘉永三）年六月末からは反射炉の築造が開始され、五二年四月までに反射炉四基の築造に成功、そこで試行錯誤を重ねた結果、実用に耐える大砲の製造が可能になるほどの技術水準に達していた。以後佐賀藩は次々に大砲を新造して長崎の台場に据えつけるとともに、幕府からの依頼で大砲を献納するまでに至っている。一八五五（安政二）年に操業した伊豆韮山《にらやま》の反射炉築造にも佐賀藩の技術者が協力するなど、佐賀藩は日本でもトップレベルの技術力を有するようになっていた。このように、大隈が蘭学寮に入学した頃には、すでに佐賀の蘭学はかなりの水準に達していた。

佐賀藩時代の大隈。1866（慶応2）年、小出千之助のパリ万博行きに際して。前列左より副島要作、副島種臣、小出千之助、大隈重信、中山信彬。後列左より中島永元、相良知安、堤董真、中野健明。（金沢美術工芸大学所蔵）

「愛国心」の誕生

義祭同盟に加盟し、枝吉杢助から尊王論・国体論や、日本古代の律令などについて学んだ大隈が、同時に蘭学をも学んだことを奇異に思う向きもあるかもしれない。たしかに、佐賀以外の藩では、当時尊王論と攘夷論が結び付き、洋学者を排撃する例が多かった。しかし佐賀の場合、義祭同盟の面々は必ずしも洋学を排撃しておらず、先に見たように佐久間象山の影響も強かった。枝吉らの学問は実用を重んじる学問であったし、佐賀藩は、長崎という窓口を通じて西洋の情報がかなり多く入ってきていたから、頑迷な攘夷論のはびこる余地はなかったのである。

大隈にとって、枝吉らの尊王論と蘭学とは、ある一点において一つに結び付いていた。その一点とは「愛国心」である。大隈は後年、次のように述べている。

遠慮なく言へば、徳川時代の武士には愛国心はなかりしなり。彼等の心を照らし、彼等の歩を導きたるは唯だ忠義心ありしのみ。是れ彼等に存したる至高の心にてありしなり。是れが為めに生き、是れが為めに死し、其の間には彼の正成の臣も、尊氏の臣も、各〻その主の為めに尽すのみと謂ふが如き、不都合なる論結をなせしこともありしと雖も、謂はゆる忠義の念は以て彼等の一進一退を規定し、而して之れに対する社会の制裁力は至つて厳なりし。然るに、〔開国によって〕今や、其の忠義心は一変して愛国心となれり。[*32]

大隈がそれまで藩の学問を批判していたのは、それが一藩の枠組みにとどまる狭い学問であったからである。大隈はペリー来航後の国内の混乱を見て、到底そうした旧来の学問では、日本をひとつにまとめて欧米列強と対峙することはできないと考えた。こうした愛国心の下、大隈は、藩を超えて日本という枠組みで物事を考える必要性を感じて義祭同盟に参加するとともに、その日本の危機的状況を救うためには、日本という枠組みを超えて世界という枠組みで学問を摂取しなくてはならないと考えたのである。

蘭学寮での学習

大隈は蘭学寮にてオランダ語文法と構文を学び、ある程度文章が理解できるようになると窮理（物理）書の読解へと進んだ。大隈が蘭学寮で学んだ教師のうち、特に大きな影響を与えたのは大庭雪斎であった。大隈より三二歳の年長で、緒方洪庵と同門の後輩に当たる優秀な蘭学者であった。大庭雪斎は、オランダ語の教科書『訳和蘭文語』や自然科学の入門書『民間格致問答』などを訳しており、大隈もこれらの書物を使って蘭学を学んだ。特に後者は、二人の登場人物が問答体で話し合うという体裁で物理をわかりやすく解説したもので、大隈に大きな影響を及ぼした。[*33] このほか大隈がこの頃愛読した本として後年回顧しているものに、「ハンデンブルグ」という人物の『ナチュールキュンデ（物理学）』がある。[*34] この本は、当時の日本に入ってきた洋書の中で最初に蒸気機関車について説明したとされる本で、産業革命後の西洋の文物を幅広く紹介していた。大隈は、この本は単に物理の原則の勉強になっただけでなく、のちのち自分の政治論においても基礎を形作ったと述べている。

こうして蘭学を学んでいった大隈は、物理から、次第に歴史や政治に関する書物を好んで読むようになっていく。歴史書では、七〇〇頁ほどある分厚いナポレオンの伝記を、辞書を引きながら一年近くかけて熱心に読んだという。[*35] 政治書では、オランダの憲法に大きな衝撃を受け、「夷狄の国にも亦たかゝる良制度ある乎と感嘆措く能はざりし。嗚呼、これこそ実に余が立憲的思想を起したる濫觴」と回顧している。またアメリカの独立宣言も読み、自由や権利といった概念を知り、「彼の文物制度、頗《すこぶ》る我に優過する所あるを覚り、窃に之れを移植せんとの志望を懐」いたという。[*36] いつ頃読んだものかはっきりとはわからないが、この頃読んだオランダ語の兵学書の序文に、「人の長を長なりと認め、採つて以て己が短を補ふ。惟ふに人間の発達はそこから生れる」という言葉があり、「恰《あたか》も之は当時吾輩の痛切に感じて居つた所が説かれてあつたので、少からず愉快に感じて、其後も、絶えず機に触れる度毎にこれの記憶を新にするわけである」と、その死の前年に語っている。[*37] 晩年まで繰り返し思い出すほどに記憶に残ったこの言葉に象徴されるように、蘭学学習は、海外の事物を進んで学んでいこうという大隈の「開国進取」の姿勢を形作っていく。さらに後年にはこの延長線上に、東洋と西洋の文明との良い部分を調和させていこうという「東西文明の調和」の理念が生み出されていくことになる。

桜田門外の変

大隈がオランダ憲法に接して衝撃を受けていた頃、江戸で大事件が起こった。幕府の大老・井伊直弼《なおすけ》が水戸浪士に暗殺されたのである（一八六〇年、桜田門外の変）。鍋島家と水戸徳川家は縁戚関係にあったが、藩主・鍋島斉正は徳川斉昭《なりあき》の人となりに粗暴な点があることなどから次第に敬遠するようになり、また開明派として開国を支持していたため、当時むしろ井伊直弼に近い立場であるとみなされていた。そうしたことから、水戸浪士が井伊についで斉正を襲撃しようとしているとの噂が立った。そこで、佐賀藩では、至急、屈強の士を選んで江戸に派遣し護衛に当たらせることとしたが、この時、大隈ら改革派は尊王論の立場から水戸に同情的な立場にあったため、この護衛の人士に自派の人々を送りこむことによって、斉正を水戸に近い立場に転換させようと目論んだ。

ところが、藩上層部を占める保守派はこれに応じず、三〇人の派遣人員のうち数人を潜り込ませることができたのみで、運動も功を奏さなかった。そこで大隈は私費によって江戸に赴くことを考え、母に相談して五、六人分の費用を工面、藩庁に江戸行きを請願した。同志島団右衛門（義勇《よしたけ》）の助力を得て精力的に奔走したものの、結局これは実現することができなかった。

なおこの時、大隈の母が、五、六人分もの江戸行きの費用を工面して、大隈の動きを支援したことは特筆すべきことであろう。母は大隈の自主性を重んじ、大隈が心に決めたことに決して反対することはなかった。かつて弘道館を退学処分になってのちも、親戚中から反省・謝罪して弘道館に復学するように圧力がかかったが、決して戻りたくないという大隈の意志を母は尊重して応援し続けた。なお、大隈の同志である大木喬任や江藤新平も、父を早くに亡くし、母の手で育てられている。当時の武士の家の中で父親の持つ威厳は絶対的なものがあったから、厳しい藩風のなか、女手一本で育てられたことは、かえって彼らに自由な行動を可能にするひとつの条件となっていたとも考えられる。

蘭学寮教官となる

桜田門外の変への対処をめぐって、佐賀藩内の保守派と改革派の対立は一気に頂点に達した。保守派は朱子学に基づき藩を第一に考えていたのに対し、改革派は尊王論の影響の下日本全体のことを考え、蘭学に接近していた。こうした軋轢《あつれき》のなか、藩主鍋島斉正は、蘭学寮を弘道館の内部に移すことによって、両派の学生が互いに接触し融和するようにと図った。一八六一（文久元）年のことである。

この蘭学寮移設の少し前、大隈は蘭学寮の教官に任命された。当初大隈は、斉正から航海術を学ぶようにとの意を含められて「舟奉行」となる命を受けた。必ずしも身分の低い職ではなかったが、大隈は、船乗りのような職業は武士の仕事ではないと考えた。そこで、父がかつて長崎砲台長であったことを理由に、父の跡を継ぎたいとして砲術修行に転じることを藩当局に願い出、藩はこれを殊勝な心がけとして聞き入れた。[*38] しかし砲術修行はあくまで口実であったから、大隈は砲術の技法を鍛練するのではなく、より広く学理を究める方向に進むことを望み、蘭学寮の教官に任命された。[*39] なお、この頃、一八六〇（万延元）年の遣米使節団に随行した佐賀藩士五名が帰国したが、その一人・小出千之助も大隈と同様、砲術や兵学よりも、より広い範囲・より広い視野で新知識を学ぶ必要性を主張して蘭学寮の教官となっており、大隈と意気投合した。大隈は日夜小出と談論し、西洋における政治経済の現状について知識を深めていった。[*40]

教官に就任してほどない一八六一年の春、大隈は蘭学寮にて藩主斉正にオランダ憲法の摂政の条を講義した。斉正は帰城後、側の者に「今日蘭学寮で大隈八太郎がした講義は好かつた」と特に称賛したとのことである。[*41] ただし教官とはいえ、当時の大隈の語学力は辞書なしの即興で翻訳ができるほどのものではなく、斉正に「続きを訳せ」と言われると、「次までどうぞ御猶予を願ひたい」と逃げなくてはならない程度のものであったらしい。[42]

なお、蘭学寮教官となった大隈であったが、その心は次第に蘭学から離れ、英学へと惹きつけられていった。というのは小出から、「英米は世界に於ける東西の大国であつて、共にアングロサクソン民族で同一の語を話す。最早印度も英国の手に入つたといふ始末、其勢力は世界的に広がつて居るから、世界は将来は遂に英語になるだらう。我藩も今迄の様なことではいかぬ」[43]と力説されたことによる。

こうして小出を通じて大隈は英学の学習を始めた。小出と談話して知識を広めるとともに、世界情勢に関する書物を漁《あさ》った。この頃の大隈の世界情勢に関する知識の進歩はめざましく、先輩である大木民平（喬任）や楠田知才（英世）をも驚かせるほどであった。特にその知識を増やすのに役立った愛読書に『瀛環志略《えいかん》』（一八六一年刊）があった。『瀛環志略』は中国人徐継畭が欧米人に質問して記した世界地誌の書で、全一〇冊の大部なものであった。当時まだ佐賀ではこの書について知るものはほとんどいなかったが、大隈はこうした良書を目ざとく見つけ、それを大木や楠田らの先輩に提供した。こうした情報探知能力の鋭さにつけても、先輩たちは大隈の非凡さに一目置くようになっていった。[44]

なおはっきりとした日時はわからないが、この頃大隈は、同じ佐賀藩士・江副道保の娘・美登を、妻として娶《めと》った。そして一八六三（文久三）年一一月一四日に長女犬千代（のち熊子と改名）が生まれている。

藩の富国策

蘭学寮の教官を務める一方で、大隈は藩政改革を行なうべく運動を続けた。その趣意は「軍政を改良し財政を整理し、人材を登用し冗員を省き、一藩の内政を革新し、而して後に進んで外人の跋扈を制し、文武の大権を皇室に帰せしむる」[45]ことを目指そうというものであった。藩吏は尊王論や軍政改革には賛同しなかったものの、藩の富国策については、一藩大事との考えと矛盾しなかったこともあり、その献策が採用され、以後大隈は藩金の運用利殖および貿易に関与していくことになる。

大隈は、藩の代品方《かわりしながた》（貿易官）を増員し、長崎と大坂に商館を設けて通商貿易を行なうことを主張した。この大隈の献策に基づいて商館が設置され、大隈は各地を往来して商取引に奔走した。長崎では、英語に堪能であった同藩士の石丸虎五郎（安世）を介して外国商人と接触し、藩で製造した白蠟《はくろう》のオランダ人への販売や、素麺や切干大根の中国への輸出貿易を仲介した。

また単に藩の物産を売るだけではなく、積極的に流通に関与して利益を得ることを主張し、佐賀の豪商弥富元右衛門、水町寿兵衛や、兵庫の豪商・北風《きたかぜ》家と連絡を通じて、盛んに貿易活動を行なおうとした。一八六一（文久元）年より、佐賀藩は藩札の銅銀を大坂の町人に預けてその貸付による利子を得る「大坂銅銀仕法」を行なっていたが、北風家はその引き受け先の一つであった。[*46]翌一八六二（文久二）年には、北風家が「肥前藩用意金運用利殖の儀に付懇談を受け」、北風家と佐賀藩（名義は「肥前屋粘右衛門」）とで半額ずつを出資して両替店を設置している。[*47]北風家は、関西で力を有するだけでなく、蝦夷《えぞち》地の御用商人であった高田屋嘉兵衛と結びついて蝦夷地交易を行なうなどしていたため、関西との交易と、蝦夷地交易との両方を目論んでいた佐賀藩にとっては格好のパートナーであった。[*48]この用務は機密業務で、藩内の人々ですら大隈がその用務に従事していることは知らなかった。このため、事情を知らない藩士たちからは、大金を持って遊蕩し突然姿をくらましたりする「懶惰者」と噂されたりもしたという。[*49]

こうして大隈が関わった貿易事業のうち、特に北海道の釧路の東海岸一帯の払い下げを受けて昆布を収集して流通させ、その一方で箱館では佐賀の国産品を販売するという貿易策は大成功し、巨利を得た富豪のなかにはのちに箱館方面に定住した者もいた。[*50]ただし、献策のうち、うまく行かずに失敗に終わった事業も多かった。とはいえ、商人と往来して経済活動に従事した経験は、のちに参議・大蔵卿として経済に深く関わっていくうえで、貴重な財産となったに違いない。

長崎遊学と「蕃学稽古所」の設立

藩の富国策に奔走して佐賀・長崎・兵庫を往復していた大隈であったが、その傍ら英学の学習も続けた。特に英学学習の拠点となったのは長崎であった。その頃の長崎は内外の情報を得るのには最も適した場所であった。当時開港地としては他に横浜と箱館があったが、横浜は江戸に近いこともあって警備が厳重であり、商人以外が自由に出入りするのは難しかった。一方箱館は当時「蝦夷地」と呼ばれた辺境の地にあって内地との往来が容易ではなかった。この点長崎は、江戸時代初期からの開港地であり幕府の警備もさほど厳重ではなく、外国人との交流が容易であった。また多くの藩が汽船を置いていて江戸や横浜・大坂などと往復して各藩の人士が集い、国内の情勢を知るのにも適した場所であった。こうして大隈は、長崎で英学を学びながら、欧米や国内各地の情報を収集した。

大隈は当時、貿易で利益を得た商人からその利益の幾分かを寄付させて藩士の英学学習の資としていたが、この資金をもとに長崎に英学の学校を設立し、佐賀藩だけではなく、広く日本全国の学生に英学を授けたいという考えを抱くようになる。そこで目をつけたのが副島種臣であった。英学の学校を開設するに当たってはその取締役となる人物が必要だが、大隈はやや年少で、弘道館退学の経緯や、藩の貿易策で姿をくらましたことなどにより、一部で評判がよくないことを自覚しており、自分では取締役は不適切であると考えた。そこで、大隈より一〇歳の年長であり、和漢の学識も豊富な副島を引き込もうと考えたのである。ただし副島はそれまで英学を学んだことはなかったため、一からの学習であった。一〇歳も年長で、謹言実直、漢学者然とした風貌の副島が、大隈と机を並べて英語を学び、辞書と首っ引きになって必死で翻訳をしては一人喜んでいるその姿は、その後長らく大隈の脳裏に焼き付いて離れなかった。[*51]

この学校が実際に創立されたのは一八六七（慶応三）年であった。オランダ系アメリカ人宣教師のフルベッキを教師に招聘し、五島町にあった諫早《いさはや》藩士山本家屋敷を改造して、教場・寄宿舎を設けた。学校の名称は当初「蕃学稽古所」であったが、翌一八六八（慶応四）年八月に「致遠館《ちえんかん》」と改称している。一般に大隈は「致遠館」でフルベッキに学び、かつ教鞭を執ったと言われるが、実際に改称した頃には大隈や副島はすでに維新政府に出仕していたので、彼らが学びかつ教鞭を執っていた時代の学校の名称は「蕃学稽古所」ということになる。

この学校には、当初、蘭学寮から三十数名が選ばれて学んだが、のち他藩の学生も広く受け入れることになった。大隈も英語を教え、また副島は英学を学ぶ傍ら和漢学を講じた。後年農政の世界で名をなす前田正名《まさな》や、タカジアスターゼの創製で知られることになる高峰譲吉なども、この時に大隈の講義を聴いた学生であった。[*52]

フルベッキから学んだもの

大隈と副島はフルベッキからいったい何を学んだのであろうか。そのことについてはフルベッキ自身が記した手紙が存在するので引用したい。

More than a year ago I had two very important pupils, Soyezima and Ookuma, who studied through with me a large part of the N.T. and the whole of our national constitution. The former of these is now a member of the new parliament, lately formed at Miyako, to revise the ancient constitution of the Empire. The latter is a member of the privy council of the Governor General of Kiusiu, and to start in few days for the capital, Miyako, in connection with the revision of the constitution.

この手紙は一八六八（慶応四）年五月四日付の米国のオランダ改革派教会宣教師J・M・フェリス宛の書翰である。[*53]本文を訳すと、一年以上前、私は二人の大事な生徒副島と大隈を教えた。二人は私の指導で新約聖書（N.T.とはNew Testamentの略）の大部分と、アメリカ憲法のすべてを学んだ。前者（副島）は最近日本の古い憲法を改定するために、都に新設された議会の一員となっている。後者（大隈）は、九州総督の私設評議会のメンバーとなっていて、数日以内に憲法改正に関連して首都に向け出発することになっている、というような内容になっている。また別の文章の中では、フルベッキは大隈と副島のことを「長崎時代における私の初期の政治学の生徒たち」とも呼んでいる。[*54]二人は、政治学（特に憲法）と、キリスト教を、フルベッキから学んだのであった。

このアメリカ憲法に関する学習は、副島がその後維新政府の「政体書」の起草に関わることによって、すぐに維新政府の施政に活かされていくことになる。大隈にとっても、この時の憲法学習は、のちに立憲政治家として活動する際の基礎となったに違いない。

またキリスト教を学んだことについては、大隈は日本に邪宗（キリスト教）を引き入れようとしているのではないかなどという悪評を立てられることもあった。しかしこの時にキリスト教の教養について学んでいたことは、次章で見るように、のちに大隈が外交で頭角を現し明治政府で飛躍していく土台となる。

またフルベッキからは算術も学んだという。当時武士が算盤《そろばん》をはじくことは軽蔑され、算術を学ぶ者もほとんどいなかったが、この経験は、先に見た藩の富国策への従事とともに、のちのち財政を担当するに際して大変役に立った。大隈はのちに、幕末にもっと学問をしておけばよかった、という後悔の念をしばしば漏らしている。幕末政治はいよいよそのクライマックスを迎えようとしており、大隈をして学問に専念せしめることを許さなかったのである。

大政奉還を説く

かねてより尊王論の影響を強く受けていた大隈ら改革派は、幕府と長州との戦いに際しても長州に同情的で、一八六四（元治元）年の第一次長州征伐に際しても、藩が幕府側に立つのを阻止しようと試みた。しかしながら、一八六一（文久元）年隠居して閑叟と号していた鍋島斉正は公武合体説を唱えており、藩吏は大隈らの意見に耳を貸さなかった。その後も大隈ら改革派の政治運動はことごとく退けられた。

一八六七（慶応三）年に入り、幕府は再び長州征伐を画策した。しかし一方で、大隈は、藩の家老鍋島河内《かわち》より、薩長の間に同盟が成立しているという情報を得ていた。またこれより先、幕府の永井玄蕃頭《げんばのかみ》が長州征伐への協力を求めるために佐賀を訪問していたが、その際閑叟に対し、このままでは幕府の維持は難しい、と漏らしたことを、鍋島河内より聞いていた。[*55] 長州征伐という勇ましいことを叫んでいる幕府の内実は脆弱なものとなっていた。このような国家の危機的状況の下で長州征伐を行なうならば、日本は内乱状態に陥り、必ずや外国につけ込まれることになる。こう考えた大隈は、副島と行動を起こすことになる。すなわち、副島とともに脱藩し、大政奉還を実現させようとしたのであった。

大隈らの計画では、上京してまず将軍徳川慶喜《よしのぶ》の参謀である原市之進を説き、かつ他方で公家の大原重徳を説き、さらに原の紹介によって慶喜本人を説くという腹積もりであった。しかし、藩の後押しもない書生二名の建言を原が受け入れるはずもなく、原から佐賀藩に照会があったことにより、かえって藩吏に捕縛され、郷里に送還されてしまうことになる。

大政奉還という方策は、義祭同盟に集って以来の改革派同志の間では、早くから共有されていたもので、大隈によれば「余等の胸中に湧き出たる感想なるのみならず、一般志士の脳裏に浮べる意見」であったという。実際、佐賀で大隈の先輩に当たる中野方蔵（一八六二年、坂下門外の変への関与を疑われ獄死）が記した意見書にも「先づ将家をして政を王室に復さしめ以て人心を一にし天子をして官制を改正し公家を退け以て天下の英士を用ひしむる」ことが主張されていた。[*56] この意見書は江藤や大木、さらに久坂玄瑞ら藩外の志士と連携して運動していた万延・文化年間のものであり、かなり早い段階から佐賀にはこうした意見が行なわれていたのである。しかしこれを実現することは、一介の藩士の身分では難しいものであり、閑叟あるいは藩の後押しなくしては不可能だった。こうして早くから大政奉還という思想を抱いていた大隈たちにとって、のちに土佐藩の後藤象二郎《しょうじろう》が、藩主山内容堂の後押しを得て、大政奉還を徳川慶喜に勧めて実現させたことは、歯噛みする思いの出来事であったに違いない。これより先、大隈の同志・大木喬任は木戸孝允《たかよし》と連絡を取って王政復古のために動こうとしたがうまくいかず、また江藤新平も脱藩して捕えられて禁錮されていた。このように、大隈ら改革派の動きがことごとく失敗するなかで、それでも時勢は時々刻々と動いていった。

出遅れた佐賀藩

大隈らの熱心な運動もむなしく、佐賀藩がほとんどなすところないままに、一八六七（慶応三）年、大政奉還・王政復古は実現されていった。自重して動かない佐賀藩は、他藩より厳しく警戒された。同年の土佐藩士佐佐木高行の日記には、「夕刻ヨリ肥前藩士副島次郎ニ藤屋ニ会ス、此頃肥前人ニハ副島次郎・大隈八太郎両人尤モ人物ト聞ケリ、時勢談致シ候得共《そうらえども》、同藩ハ佐幕ノ風有之《これあり》候事ニテ、胸襟ハ開カズ、能キ程ニ談話ス」と記されている。[*57] この頃、すでに大隈の名が佐賀藩士中の秀でた人物として知れ渡っていたことと、藩の因循のために警戒され、心を割って話し合えない相手と思われていたことがわかる。こうした諸藩勤王の士の警戒感は、大隈らが運動を行なうに当たってもさまざまな障害となったに違いない。

また翌一八六八（慶応四）年正月のこと、長州藩士楊井謙蔵が大隈に対し、あなたの藩（佐賀藩）は佐幕論である、と述べたことに対し、大隈が立腹して佐賀は尊王を趣旨としていると反論し、さらに楊井が具体的事実を挙げて再反論して口論となり、各藩の人士が仲裁してようやく収まったという出来事があった。[*58] 立腹して反論した大隈だが、心中では煮え切らない何かがあったはずである。大隈は確かに尊王のために熱心に運動してきた。しかし、それにもかかわらず、佐賀藩が動かなかったことも事実である。それだけに大隈の悔しさは人一倍であった。

通常、明治以後においても、旧藩士がかつての主君のことを悪く言うことは珍しい。だが、『大隈伯昔日譚』における、大隈の晩年の鍋島閑叟に向ける視線は非常に厳しいものがある。大隈は、晩年の閑叟を「何事も為さゞる保守的無為の人」になってしまっていたとまで述べている。もちろん、大隈や江藤、副島、大木らが、脱藩などの厳罰に値するような行動をとりながら、厳刑に処されることもなく維新以後まで生きながらえたのも、こうした閑叟の「無為無策」に基づく「仁恵の賜」であったことは大隈も認めている。それでも大隈は、「震天動地の活劇を演ぜんとする社会に於て観望的、偷安的に歳月を送りしは、優柔と言はん乎、将た冷淡と言はん乎、何にしても一大不幸の藩たりしを免かれず」と切歯している。[*59]

低すぎるスタート地点

一八六九（明治二）年、王政復古ならびに戊辰戦争への褒賞として賞典禄が下された。薩長両藩主に対して一〇万石が与えられたのに対し、佐賀藩主は二万石のみであった。藩士としては、佐賀では中牟田倉之助が一五〇〇石を与えられたのが最高で、江藤新平・島義勇の一〇〇〇石がそれに次いだが、薩長では木戸孝允・大久保利通・広沢真臣が一八〇〇石を与えられたのを筆頭に、はるかに多くの人物が多額の禄を与えられた。大隈に至っては、賞典禄を賜与されていない。

明治維新に際して佐賀藩が出遅れたことは、維新後も大隈が一藩士としての立場でスタートしなくてはならないことを意味していた。薩摩や長州の藩士が維新の勲功によって新政府の要職を占めたのに対して、佐賀藩士たちはそうした要職を占めることはできず、政府内に有力な派閥を形成することができなかった。

とはいえ、大隈をはじめ、副島、江藤、大木らは、維新後、それぞれに個人的才覚によって、頭角を現していくことになる。このように、藩としての勲功ではなく、個人の才覚によって彼らが昇格したことは、維新後の彼らが個々別々に活動し、強固なまとまりを有さないことにもつながっていった。かつての義祭同盟のリーダー枝吉神陽は、すでに一八六二年にコレラで亡くなっており、長州における木戸、薩摩における西郷・大久保、土佐における板垣退助のような、藩内をまとめられるようなリーダーは存在しなかった。大隈は、明治元年の時点で数え三一歳であり、その能力の優秀さについては藩内で認知されていたものの、副島より一〇歳、大木より六歳、江藤より四歳の年下、他藩では西郷隆盛より一一歳、大久保利通より八歳、木戸孝允より五歳下ということもあって、到底佐賀全体をまとめていくような立場にはなかった。かといって、西郷・大久保・木戸のように、自分を引き上げ、藩をまとめてくれる有力な先輩がいるわけでもなかった。このように、大隈は藩の力を政治的リソースとして活用することのできない状況にあったのである。

しかし他方で大隈は、義祭同盟に参加して以来尊王論を唱えてはいたが、他藩の尊王派のように攘夷を強く主張することもなく、早くから外国の学問に目を向けていた。薩長土の多くの維新志士出身の官僚が攘夷運動に参加し、維新間際になってようやく開国派に転じたのとは対照的であった。そのことは大隈にとっての強力な武器となる。幕末に学んだ洋学や、経済活動の経験に基づく才覚を武器に、維新後の大隈は急速に頭角を現していくことになるのである。

第二章　近代国家日本の設計――明治新政府での活動

明治維新の理念

前章で見たように、王政復古に際して大隈ならびに佐賀藩は特筆すべき勲功を挙げておらず、したがって大隈の維新政府でのスタート地点も極めて低いものであった。しかし本章で見るように、大隈はその後明治政府の中で急速に頭角を現していくことになる。彼はいかにして短期間のうちに明治政府の首脳部に躍り出たのか。そして明治政府首脳として、いかなるやり方で日本の近代化を実現しようとしたのか。以下、本章ではそれを見ていきたいが、その前提としてまず、明治維新の理念を確認しておきたい。

明治維新には二つの理念が混在している。一つは、天皇による政治、当時の言葉で言えば、「万機親裁」の言葉に集約される理念である。一八六八（慶応四）年七月一八日の詔書に「朕今万機ヲ親裁シ億兆ヲ綏撫ス」[*1]とあり、また同年九月八日の明治改元の詔に「躬親万機之政」[*2]と書かれているように、天皇が自らすべての政治を執り行なうということが、明治維新の大きな理念として謳《うた》われていた。

しかし同じく「万機」の語を用いながら、同年三月一四日の五箇条の御誓文の第一条には「広ク会議ヲ興シ万機公論ニ決スベシ」[*3]という文章が書かれていた。同年八月四日の奥羽処分の詔にも「万機公論ニ決スルハ素ヨリ天下ノ事一人ノ私スル所ニ非レハナリ」という言い方がなされている。すなわち、明治維新のもう一つの理念として「公議輿論《よろん》」の尊重という理念が存在していた。「万機親裁」の理念が掲げられる一方で、同時にその「万機」が「公議輿論」に基づくべきであるとされてもいるのである。このことをどう考えるべきであろうか。

「統治」と「民意」

明治新政府の政治の実態をふまえて考えるならば、まだ少年であった天皇に「万機親裁」を文字通り実現できようはずもなく、むしろその理念は、天皇を頂点に戴く維新政府が全権を握って統治を行なう、という宣言であったと解釈すべきものであろう。この理念が否定したのは、近世的統治形態、すなわち、天皇の下に、幕府が存在し、その長たる将軍が政治的決定を行なうとともに、各地方に藩が割拠してそれぞれ統治を行なうというような政治形態であった。そのような割拠的体制では、国家をひとつにまとめ列強に伍してその独立を保つことは困難であると考えられた。維新政府は、そうした封建的な統治権力の分立体制を打破し、権力を一元化して強力な中央集権的統治体制を構築していこうとしたのであった。

他方で、「万機公論ニ決ス」という理念は、その一元化された統治が公議輿論にも基づくものでなくてはならないとするものであった。国家が独立を保つためには、天下の可能な限り多くの人々の力を結集していくことが必要であり、そして、多くの人々の意見を聴取し、合意形成を図っていくことが不可欠だ、という考えがその背後には存在していた。かつての幕府が、ペリー来航後、各藩の意向を無視した外交政策を行ない、そのために国論が沸騰、結果的に統治権力の弱体化を招いたという歴史的経緯がその背景にはあった。こうした論理に則り、天下の「公論」を集めるための議事機関として、政府は議政官、公議所、集議院、左院、元老院といった議事機関を次々に設置・改編していった。このように目まぐるしく改廃されたことからもわかるように、それらの機関は必ずしもうまく機能したわけではなかったが、「公議輿論」の尊重という理念は捨てられたわけではなく、最終的に一八九〇（明治二三）年の帝国議会開設へと行きつくことになる。

以上のように、明治新政府が掲げた「万機親裁」と「万機公論ニ決ス」という二つの理念は、必ずしも矛盾するものではない。明治天皇を戴く政府が、天皇の名の下に、「民意」を汲み取ってそれに沿った一元的「統治」を行なっていくという意味において、統一的に理解しうる理念であった。しかし現実は必ずしも理念の通りには動かない。「民意」が、もし政府の望む近代化の方向と一致しなければどうするのか。とりわけ本章の対象とする明治初期においては、中央集権化・近代化を阻もうとする「民意」が幅広く存在していた。明治維新以後の政治は、こうした一方における「統治」の論理と、他方における「民意」の尊重という理念との間のせめぎ合いのなかから形づくられていくことになる。こうしたなか、大隈はいかなるスタンスを取ったのであろうか。以下本章でそれを検証していくこととしたい。

長崎鎮定

一八六八（慶応四）年一月三日、いわゆる鳥羽伏見の戦いが勃発した。この報がまもなく長崎にも伝わると、長崎奉行河津伊豆守は一月一四日、ひそかに長崎を脱出、同地はにわかに無政府状態に陥った。しかし長崎に滞留していた土佐藩士佐佐木三四郎（高行）らの迅速な動きにより、長崎駐留の諸藩士の合議によって治安を維持する体制が築かれ、佐賀藩もこれに加わることとなり、大隈もその一員となった。

大隈はこの合議体制において列強諸国との折衝を担当することとなった。長崎奉行が遁走の際に書類を持ち去ったり廃棄したりしたため、外国人と日本人との間の権利関係が不分明となって問題化し、大隈がこの権利関係の究明役を担当することとなったのである。そこでまず各国領事に通達して、日本人に対して権利を有するものは二ヶ月以内に訴え出ること、訴え出ない場合には権利は消滅する、との告知を行なった。こうした措置に外国人からは当然苦情も多数寄せられたが、それが大隈にとっては格好の外交的訓練になった。ここで彼が心がけたのは裁定の公正さであった。たとえ外国人から苦情を受けても、私的な人間関係に惑わされず公平な態度を取り、正々堂々と論陣を張れば、結果的に相手の信用を得ることができるということを、この問題の処理の過程で実感したのである。[*4]

井上聞多（馨）との出会い

この間、一月二五日に、公卿の沢宣嘉《のぶよし》が九州鎮撫総督に任命され（二月二日長崎裁判所総督兼任）、二月一五日長崎に上陸した。大隈は沢総督の下で引き続き外交事務に当たった。この時、大隈は、沢に随従していた長州藩士の井上聞多《ぶんた》（馨《かおる》）と知り合うことになる。この井上との出会いが、大隈の飛躍のきっかけとなった。「〔井上は〕如何した訳か、頻に我輩を推薦して木戸（孝允）を動かし、天下の名士を彼様やつて置いてはいかぬ、何故《なぜ》抜擢せぬか」と中央に推挙、さらにこの井上の言を聞いた「薩摩の小松（帯刀《たてわき》）や、黒田（清隆）も亦如何した訳か、頻に我輩が贔屓で中央に推薦して呉れた」というのである。特に「黒田に至つては全然其頃迄は顔さへ知らぬのであつた」というから驚きである。[*5]井上は当時、部下に対し「大隈といふ男は実に弁舌もよく、また経済の事にも明るい。誠にゑらい人物だ」と頻《しき》りに漏らしていたというから、[*6]相当強く小松・黒田に推挙したのであろう。井上たちの推挙の結果、三月一七日、大隈は徴士《ちょうし》参与職外国事務局判事に任命されることになる。[*7]

少し後のことだが、一八六八（慶応四）年六月二日発行の『横浜新報もしほ草』に「ながさき港は商法まことによくとゝのひて土商、客商、ともによろこびあへり参謀大熊《(ママ)》氏は鍋島の人なり博識英才にて時勢をさつし急務をあげ邪正を糾し仁慈をほどこせり」[*8]との記事が掲載されている。幕末期、志士としての経歴をほとんど持たない大隈であったが、維新後わずか半年にしてその能力が認められ名声が高まっていた様子を知ることができる。そしてこうした大隈の能力を特に印象付けることとなったのが、キリシタン処遇問題をめぐるイギリス公使パークスとの交渉であった。

浦上キリシタン処分問題

江戸時代、キリスト教は国禁であり、維新政府もその政策を引き継いでいた。しかし長崎近辺、とりわけ浦上《うらがみ》村周辺には隠れキリシタンが多く存在し、開国後は、欧米の宣教師によって教会が設立されるなど、キリスト教信仰が半ば公然化していた。そのため幕府は信徒を捕らえて弾圧を加え、当時長崎総督として治安の任を引き継いだ沢宣嘉もまた、もともと攘夷派の公卿であったこともあり、信徒を厳罰に処する方針を採った。しかし各国宣教師たちはこうした処置に憤激、公使に訴え、外交問題に発展したのであった。各国公使は、キリスト教の禁止を解くことと、捕らえられた信徒らを解放することを要求した。政府高官は外国の猛烈な抗議に困惑したものの、いまだ攘夷の余風冷めやらぬ当時の状況を考えると、もし外国の抗議に屈してキリスト教禁止の法令を撤回したとなれば、全国各地の士族が憤激して各地に叛乱や殺傷等の紛擾《ふんじょう》が起こることが予想された。政府は外国の抗議にいかに対処すべきか、対応に悩むことになった。こうしたなか、大隈の能力を高く評価していた井上聞多が、交渉役として大隈を推挙し、大隈は急遽京都に向かうこととなる。

京都で政府首脳と面会した大隈は、国際法では他国への内政干渉は禁止されており、キリスト教が日本の国法で禁止されている以上、その国法を犯した者を日本政府が処罰したからとて抗議されるいわれはなく、彼らの要求を断固退けるべきであると主張した。この意見は政府の採用するところとなり、大隈は政府代表の一人として、英国公使パークスとの談判に出席することになった。

パークスとの舌戦

パークスとの談判は閏《うるう》四月三日、大阪の本願寺別院にて行なわれた。パークスは開口一番、大隈が外国事務局の長官・副長官格ではなく一判事に過ぎないことを捉《とら》えて、大隈のような身分が低い者とは談判しないと怒鳴りつけるという行為に出た。しかし大隈はかねてからパークスという人物について情報を集めており、彼が恫喝《どうかつ》を巧みに用いて外交交渉を行なう人物であることを知っていた。そのため、こうした恫喝に少しも動じることなく、天皇の名の下に、政府を代表して談判する者と語るを欲せずというのであるから、抗議を撤回したものとみなしてよろしいか、と冷静に反論したのである。自分の言葉を逆手に取られたパークスは返す言葉を失い、談判を開始せざるをえなくなった。パークスはその後も、手を振って怒鳴り、時に机を叩きながら恫喝的に議論を進めたが、大隈はそれに対して怯《ひる》むことなく、落ち着いて正々堂々と、論理的な説明によって応答することに努めた。

パークスの主張は、宗教と道理は世界共通のものであり、文明諸国はみな信仰の自由を承認しているにもかかわらず、日本は無辜《むこ》の民を罰するような法律を存しているが、このような行為はどんな野蛮国でも恥じて行なわないものである、ということにあった。それに対して大隈は、日本が日本の法律によって、国法を犯したものを処罰したからとて、外国から干渉されるいわれはないと反論した。さらに大隈は、日本はキリスト教そのものを嫌っているのではないが、欧州のキリスト教が、歴史上しばしば戦争を引き起こしてきたことは事実であると指摘した。そのうえで、神道と仏教が勢力を得ている日本にキリスト教が入ると、いかなる争論や混乱が起こるともしれず、現在の日本が政治的変革の起こった直後で、国家の統一を成し遂げなくてはならない状況にあることを考えるならば、治安の必要上、キリスト教を禁止するのはやむをえないのだと主張した。

これに対しパークスは、キリスト教は文明諸国の信じるところであり、列強の文明を養成した善良な宗教であると述べるとともに、そのような文明的な宗教を禁圧するような国は、必ず滅亡するだろうと断言した。日本滅亡という言葉には、列強の国力を背景にした威嚇の意が込められていたことは言うまでもない。しかし大隈はこの威嚇に対し笑いで返し、むしろ外国の干渉にやすやすと動かされるようなことこそ、滅亡につながるであろうと答えた。このようにして、午前一〇時に始まった議論は、昼食も挟まないまま夕方まで続き、結局物別れに終わった。[*9]

しかし、この談判の効果は覿面《てきめん》であった。通弁を行なったシーボルトが大隈に語ったところによれば、パークスは、それまでこのように論理的な反論を正面から受けたことはなかったため、非常に驚いた様子であった。そして、大隈が、話を逸らすのでも、逃げるのでもなく、終始、論理的に堂々と反論したことに対して、尊敬の意すら抱いているようであったという。その後、政府が外国を刺激しないよう、信徒を死刑ではなく配流《はいる》にとどめたこともあって、結局、列国公使がこの問題について再び抗議してくることはなかった。この日の木戸孝允の日記には、「長崎耶蘇等の事件長論十字より四字に至る其所以は我論を曲さる也大隈尤耶蘇之論を愉快に談す」とある。[*10]そして木戸が「愉快」と記したように、外国の抗議を正々堂々と痛快に退けたことにより、大隈の力倆は中央政府の認めるところとなったのである。

横須賀造船所問題

このように激しい論鋒を交えたパークスと大隈であったが、大隈を語るに足る人物と認めたパークスは、以後しばしば大隈の事業を助けるようになっていく。大隈が最初に助けられたのは、横須賀造船所とその付属兵器・軍需品がフランスによって差し押さえられそうになった際のことであった。横須賀造船所は一八六六（慶応二）年に幕府によって着工されていたが、幕府はフランスに莫大な建設費用を借用しており、その額は一八六八年以降年六〇万ドル（現在の貨幣価値で数十億円）を四年間弁済しなくてはならないというものであった。[*11] フランスは新政府にこの借金の未払い分約五〇万ドル（約五〇万両）の弁済を求め、払えないならば造船所を差し押さえると通告してきたのである。フランスはかねてから幕府に肩入れしてイギリスと対抗しており、一種の嫌がらせをしてきたのであった。

新政府は大阪の豪商に命じて寄付金を募ったが、集まったのは二五万両にすぎなかった。この二五万両を手にした大隈は、船便で急遽江戸に向かった。当時、上野に彰義隊が籠るなど、いまだ江戸には幕府側勢力も多く残っており、治安も非常に不安定な状態であった。もし彰義隊が、品川沖に碇泊する幕府軍艦と呼応して蹶起するならば、新政府は危機的状況に陥りかねない。大隈は大村益次郎らを説き、一刻も早い彰義隊の掃討を求め、自らが大阪から運んできた二五万両もその掃討費用に充当することとし、当時外国官副知事として横浜に駐在していた旧藩主鍋島直大の配下の藩兵を呼び寄せて彰義隊討伐の兵に加えた。この結果彰義隊は掃討され、江戸の治安も回復したが、しかし困ったことに、横須賀造船所回復のための費用がなくなってしまった。

大隈は善後策を練って、外国官の先輩・同僚であった小松帯刀や寺島宗則と協議を重ね、もはや外国の銀行に助けを求めるほかないとの結論に達した。フランスを相手とする以上、助けを求められる相手はイギリスしかない。しかし、イギリスのパークスといえば、先に激論を交えたばかりの相手である。大隈らは、自分たちはパークスによって宿敵として嫌われているものと考え、そのような相手に救援を求めることに躊躇せざるをえなかった。

ところが、パークスは事情を聴くと、これに付け込んでキリスト教問題を蒸し返すこともなく、意外にも温和な口調で日本政府の立場に同情し、オリエンタルバンク（英国東洋銀行）を紹介してくれたのであった。大隈はパークスの紹介によって、オリエンタルバンク横浜支店支配人ロバートソンに面会し、一割五分という高利の条件付きではあったが、五〇万両の借金の了解を得ることができた。また同時に大隈はフランスに逼《せま》って詳細な負債の計算書を要求し、それを精査したところ、実際には負債が五〇万両ではなく三〇万両程度に過ぎないことも明らかになった。これにより無事フランスに借金を清算して横須賀造船所を回復することができたのであった。ロバートソンもまた、このの ち大隈と親しく交わり、しばしば政府の事業を助けることになる。

外交的能力

以上のような経緯で頭角を現した大隈は、外交問題山積みの当時とあって、あらゆる場所から引っ張りだこの状態となる。前述したように一八六八（慶応四）年三月一七日に徴士参与職外国事務局判事に任命され、その二日後には横浜在勤を命じられたが、沢宣嘉の引き留めにあって実際には赴任できず（当時太政官は京都、外国事務局は大阪に所在）、閏四月三日、大阪にてキリシタン問題でパークスと論争した後、同閏四月一〇日には横浜裁判所在勤を命じられて、横須賀造船所回収問題に従事した。さらに五月四日には、長崎府判事兼外国官判事として再び長崎に戻る辞令を受け、長崎にて英国人水兵が殺害された事件について犯人を探索するよう命じられた。しかし外交上の用向きで手が離せないため、しばらくは横浜・江戸に滞在せざるをえず、その後八月になってようやく西に向かったが、京都に到着したところで外国官判事専任の辞令を受け、長崎での用が済み次第早々に東下するようにと命じられた。九月になってやっと長崎に滞留して水兵殺害事件の探索に従事することができたものの、一一月二五日には早々に東下するようにとの再度の督促を受けた。だが解決すべき問題が山積のためなかなか長崎を去ることができず、一二月中旬になってようやく京都まで戻ることができた。財政と外交に明るく、弁の立つ大隈は、各地の事件で頼りにされ、次から次へと辞令と引き止めを受けて東西に奔走したのであった。[*12]

この間、九月八日に元号が明治と変わり一世一元の制が敷かれたが、その年末一二月二七日に大隈は外国官副知事に任命された。当時はまだ、各官庁の長官・副長官には公家・大名級の人物が就任することが一般的で、まして幕末に志士として目立った功績のない大隈が、維新後わずか一年にして副知事に就任するというのは、世間も驚く異例の出世であった。[*13] これは薩摩の小松帯刀が、病のため後任者として大隈を推薦したことによるものであったというが、[*14] 当時外国官には、大隈のほかに、小松と同じ薩摩出身の寺島陶蔵（宗則）、町田民部（久成）、五代《ごだい》才助（友厚）や、長州の井上聞多（馨）、土佐の後藤象二郎など、錚々たる人材がいた。しかも大隈は小松とそれまで数度面会した程度で交際が特に深かったわけではない。大隈はその推挙に驚くとともに、藩閥にも知縁にもこだわらない、小松の公平な姿勢に感銘を受けた。

外交から会計へ

外国官副知事に就任した大隈が直面したのは、貨幣問題に関する外国からの猛烈な抗議であった。当時世間には、幕府が発行した貨幣のほか、各藩が発行した藩札《はんさつ》、さらに維新後新政府が発行した貨幣など、種々雑多な貨幣が流通しており、かつ新政府は財政的危機のなかで貨幣の悪鋳を行なっていて、全国の諸藩の中には贋札《がんさつ》の発行を行なう藩も多かった。そうした悪貨や贋貨を手にした外国人はこうした貨幣制度の混乱に抗議し、良質な貨幣への交換と貨幣制度の安定を求めたのである。これに対して政府は大阪に造幣局を設置して良質な貨幣を鋳造することを約束していたものの、財政危機のなかではかばかしく進展せず、抗議に戸惑うばかりであった。

この問題は、外交と財政との両面に関わる問題であったため、大隈は、翌一八六九（明治二）年一月一二日に会計官出仕兼任を命じられ、外国官と会計官の双方を兼ねて会計問題の調査・改革に乗り出すこととなった。それまで財政を実質的に取り仕切っていたのは会計官副知事の三岡《みつおか》八郎（由利《ゆり》公正）[*15] であった。

三岡による財政は、かねてからの悪貨・贋貨の問題に加えて、新たな問題を惹起していた。三岡は、戊辰戦争の軍費調達をはじめ、維新政府の出発に当たっての資金不足を、金札（太政官札）と呼ばれる不換紙幣（正貨＝金銀との交換ができない紙幣）を発行することによって乗り切ろうとしていた。そしてこの金札を全国の藩に強制的に貸し出し、それをもとに各藩に殖産事業を行なわせて、国全体を富ませようと目論んでいた。しかし実際には、正貨準備が不充分なまま大量の不換紙幣を発行したために（明治元年の政府収入は約七〇万両にすぎなかったが、金札の発行量は明治元年末に二八四万両に達していた）[*16]、金札は市中の信用を得られず、人々は金札を嫌って両替商に駆け込み、額面より大幅に安い相場で正貨と交換した。また地域によっては金札の受け取りが拒否されることもしばしばで、前述した悪貨・贋貨の流通とあいまって経済に大きな混乱を招く結果となった。日本の貨幣制度に詳しくない外国人は、日本商人から受け取った金札が正貨と交換できないことに驚き、狼狽して公使館に駆け込み、それが列国公使による日本への抗議につながった。

外交の責任者であった大隈は三岡のこうした施策を厳しく批判、三月三〇日、自ら三岡に代わって会計官副知事の職に就いて幣制改革に乗り出すことになる。そしてこの問題をきっかけに外交から財政へと足場を転じていくことになる。

金札の信用回復と「円」の誕生

大隈はまず、それまで次々に増刷されていた金札の発行を制限した。と同時に、金札の時価通用を禁止して額面通り流通させるべきことを布告した。さらに信用を確保するためには全国的にこれを流通させることが必要だとして、府藩県に、一万石につき二五〇〇両ずつの金札を交付し、その代価として正金《しょうきん》を上納させるという方策を取った。さらに、金札の通用は一八七二（明治五）年限り中止して新貨と交換する旨を布告し、[*17]さらに税金などの政府への上納金に関してはすべて金札を使用すべきことを命じた。その一方で、造幣局の建設を急いで正貨の鋳造に着手しようとした。これらの施策は成功し、ほどなく金札は信用を回復していくことになる。

また悪貨・贋貨の問題については、当時江戸と大阪で政府が発行していた品位の劣る通貨の鋳造を中止するとともに、全国的に贋貨の製造を厳しく取り締まった。外国人所有の贋貨ならびに悪貨については、結局外国公使の主張に応じて、額面通りの価格で良貨と引き換えることとした。

なお、金札の時価通用を禁止する府令を出した直後、「天下の糸平」として知られた相場師・田中平八が、それまで再三にわたり同様の布令が出されていたことからこれを侮り、禁令を無視して金札の両替・売り崩しにかかったところ、大隈はただちに田中を捕縛して厳罰を加えた。このように大隈の取り締まりは極めて厳しいものであり、同じ佐賀出身の大木喬任が「大隈の暴政」として、岩倉具視や三条実美《さねとみ》に訴えるほどであった。しかし大隈は、現在の財政状態を考えるならば、これくらいの処置を行なわなくては政府の威令は立たない、五人や六人の首を斬ってでも断行するのだと言い放ったという。[*18]貨幣の信用回復のためには何よりも政府の布告に対する信用を確保する必要があり、たとえ暴政といわれようと、違反者は厳重に取り締まらなければならない。そうでなければ貨幣の信用回復など難しい。そのために強圧手段をも厭わなかったのである。

もちろん大隈は以上のような対症療法的な施策ではなく、抜本的な通貨制度改革が必要と考えていた。これより先一八六九（明治二）年三月四日、造幣判事の久世治作とともに、新貨幣鋳造について建議を行っていた。この建議における大隈の主張は、従来の貨幣は四角形のものが多く、携帯に不便で角が磨滅しやすいため、世界各国と同様円形の貨幣にすること、また従来の貨幣の計算の仕方は十進法に四進法などさまざまな方法が混在して極めて不便であり、これを十進法に統一するべきこと、具体的には貨幣の単位を「元」と定め、その一〇〇分の一を一銭、銭の一〇分の一を一厘《りん》とすべきことなどであった。[*19]
この意見は廟議《びょうぎ》で採用され、のち一八七一（明治四）年五月に、新貨条例として結実する。当初の提案では「元」であった単位はその後の議論のなかで「円」に決定され、今日に続く「円」を基礎単位とする十進法の貨幣制度と、円形の硬貨とが、大隈の主導により誕生することとなったのである。

全国統一を目指す

大隈が考えるところ、幣制の混乱は単に幣制そのものに起因するものではなく、より根本的原因は、各藩による割拠的統治体制にあった。各藩がその領域内のみで通用する藩札を発行していたことが混乱の大きな要因であったのである。すでに前章でも見たように、大隈は、各藩が割拠するのではなく、日本全体が一つにまとまって西洋と対峙していく必要を感じていた。したがって、より抜本的に封建制度を撤廃し、中央集権的統一政府を構築することこそ急務だと考えたのであった。

こうした考えを抱いていたのは大隈一人ではなかった。政府部内でも、長州藩士を中心に、藩による割拠体制を打破し、中央集権的統治機構を一刻も早く構築する必要性を主張する人々が多く存在していた。大隈はこの頃意気投合した伊藤博文やその兄貴分たる木戸孝允と協力連絡を通じつつ、版籍奉還の実現を目指して活動することになる。版籍奉還とは、封土（版）と領民（籍）を各藩主から天皇（新政府）に返上させることによって、全国の土地と人民が天皇を戴く新政府の支配下にあることを確認しようとするものであった。大隈は佐賀藩を動かすべく、副島種臣や大木喬任と連携して、旧藩主鍋島閑叟（直正）に働きかけた。聡明な閑叟ゆえその承諾を得るのは容易なことであったが、藩祖より歴代受け継いでいた領土の返納という事実については、さすがに閑叟も落胆するに違いないと、そのことだけは大隈も心を痛めた。[*20]
とはいえ、そうした私情と公事とは別であった。一八六九（明治二）年一月二〇日、薩摩・長州・土佐・

築地梁山泊時代、1869（明治２）年８月頃。前列左より伊藤博文、大隈、井上馨。後列左より中井弘、久世治作。

佐賀四藩主は版籍奉還の建白書を提出、それに続き他藩も続々と奉還を建白し、同年六月、政府はこの建白を許可、旧藩主を藩知事に任命、割拠体制打破のための第一段階を無事乗り越えることとなった。

築地梁山泊

大隈は一八六九（明治二）年より東京に居を構えることとなった。当初、永田町三年坂上に居住したというが、ほどなく築地本願寺脇に約五〇〇〇坪の邸宅を政府より賜った。この邸宅は、もと三〇〇〇石の旗本戸川安宅《やすいえ》の屋敷で、大変広く、そのため大隈と交流のあった若手政治家や豪傑連のたまり場となり、常に三〇〜五〇人もの人々が寝食し、「築地梁山泊《りょうざんぱく》」と呼ばれるようになった。大隈邸のすぐそばに住んでいた伊藤博文、井上馨をはじめ、中井弘《ひろむ》、五代友厚、前田正名、山口尚芳《ますか》、山県有朋、大江卓といった若手政治家が毎日やってきては議論をたたかわし、加藤弘之、津田真道《まみち》、神田孝平《たかひら》、中村正直といったのちに明六社に集う洋学者もしばしば来邸したという。当時、築地には外国人居留地が置かれ、外国人向けのホテルで日本最初の洋風ホテル建築であった「築地ホテル館」が建つなど、日本で最もハイカラな、「文明開化」を象徴する土地柄であった。そうした土地に、進歩的でハイカラな若者たちが集い、維新の改革について侃々諤々《かんかんがくがく》の議論を鳴らしたのであった。版籍奉還の事業もこれら若手政治家との連携によって実現にこぎつけたものである。

なお大隈は、東京に出るに当たって妻・美登と離婚した。大隈が高官に上り詰めようとするに際して、自ら身を引いたといわれる。なお美登はその後大隈の母三井子の紹介で、佐賀藩の支藩・鹿島藩士犬塚綱領と再婚した。そして一八六九年二月に、大隈は新たに旗本三枝《さえぐさ》七四郎の娘綾子《あやこ》と結婚、その後の生涯をともにすることになる。

維新派と復古派

一八六九（明治二）年七月八日、新政府は大規模な官制改革を行なった。従来の行政官が太政官と改められ、民部・会計・軍務・外国・刑法の五官は民部・大蔵・兵部・刑部・宮内・外務の六省に改組された。この改革に際して、大隈は従来の会計官副知事の延長線上で大蔵大輔《たゆう》に任命される。しかしその後ほどない二二日に民部大輔に任命された後、八月一一日には大蔵大輔兼任を命じられ、民部・大蔵両省の施政に関わっていくことになる。財政を司る大蔵省と、民政を司る民部省とはその職務内容が密接に関連していることから、大隈・井上馨・木戸孝允らは大蔵省と民部省との合併を主張していた。[*21] 一部の反対意見のために一省への統合こそならなかったものの、大隈が民部と大蔵の大輔を兼任、また伊藤博文も民部少輔兼大蔵少輔となるなど、幹部の兼任によって両省は事実上合併したような姿となり、同心協力して財政・民政改革に邁進していくこととなった。

この前年、一八六八（慶応四）年閏四月の政体書に基づく官制改革が、「外国官」「会計官」等全く新しい官職名を用いていたのに対して、このたびの官制改革は主として大宝令に則ったものであり、復古的色彩が強かった。明治維新を「王政復古」として捉える保守派と、「王政維新」すなわち近代化の方向性を志向する進歩派とに政府部内が分かれ始めていた。大隈や伊藤・井上など「築地梁山泊」の面々は「王政維新」派＝進歩派の急先鋒で、合併した民蔵両省を足場にしていた。

当時の政府は、公卿出身の三条実美と岩倉具視が政権の中核におり、この二人を長州の木戸孝允、薩摩の大久保利通が補佐するという形になっていた。「木戸は警敏豁達の人なり、大久保は沈黙重厚の人なり。若し主義を以て判別すれば、木戸は進歩主義を執るものにして、大久保は保守主義を奉ずる者なり。是を以て、其の当時木戸は旧物を破壊し、百事を改革せんとする『王政維新』の論を執り、大久保は之れに反抗して、漸次、大宝令の往時に復せんとする『王政復古』の説に傾けり」[*22]と大隈が回顧するように、築地梁山泊の面々のリーダー格が木戸であり、逆に大久保はやや保守的傾向を帯びていた。

一方、大隈と同じ佐賀出身の大木喬任や副島種臣は「王政復古」派の側に属していた。大隈は「大木と政治上の主義に於て相敵視するに至りたるも、副島と袂を別つに至りたると同じく、彼は保守主義に傾き、我は進歩主義を執り、彼は『王政復古』の説を唱道し、我は『王政維新』の論を主張したるに基づかずんばあらず」[*23]と回想している。大隈を「佐賀閥」の一員として叙述する書物を時折見かけるが、このように、当時の政府部内に「佐賀閥」と称しうる関係は存在していなかった。むしろ大隈はどちらかといえば、長州閥の一角に位置していた。梁山泊の若手のなかでも、「伊藤（博文公）井上（馨侯）抔は元来我輩と思想を同じうする人で、我輩が明治十四年に忽焉野に下る迄は常に我輩と親しく往来し、我輩と同様な政見の実現に努力した人であつた」[*24]というように、特に伊藤博文と井上馨の二人と親しく、また彼らの才能を評価する木戸孝允のバックアップを受けていた。木戸は、「大隈之才也気也義弘、村正之如名剣候」[*25]と、大隈の才気を名剣に譬えて高く評価し、大隈も木戸によく従い、「真ニ木戸ノ書記ノ如ク意ヲ迎ヘ」[*26]ていると評されるほどであった。[*27]

鉄道敷設を主張

では政府部内の王政維新派＝進歩派として、大隈たち梁山泊の面々はいったい何を主張したのであろうか。まず第一に挙げられるのは鉄道の敷設である。これは、大隈と伊藤博文の二人が、国内が反対意見一色に染まるなか、それを押し切って実現させたものであった。反対の声は極めて強く、たとえば一八六九（明治二）年一二月、政府の一部局である弾正台《だんじょうだい》が激しい筆致で大隈・伊藤を「黠吏《かつり》朝廷ヲ奉欺《あざむきたてまつる》ニハ有之間敷《まじく》哉」と弾劾したほどであった。[28] 国内の民衆が貧しい状態に苦しみ、列強が進出してきている危機的状況のなかで、多くの費用をかけて鉄道を敷設する必要があるのか、というのがその主張であった。特に、当時はいまだ攘夷の気風が冷めやらず、西洋の文物を導入することへの抵抗感は根強かった。またその敷設路線が、東京から居留地である横浜を経るものであったことも、外国人に阿《おもね》るものではないかとして、批判の種となった。[29] 敷設計画に対して多数の意見書が政府に殺到したが、たった一通を除いて全てが敷設反対の意見書だったという。[30]

　こうした反対のなかでも大隈は決して揺るがなかった。鉄道の敷設が必ずや日本の発展に有用であると確信していたからである。しかし洋行経験のある伊藤はともかく、洋行経験のない大隈がなぜ鉄道の有用性をそこまで強く主張したのであろうか。それは、幕末佐賀藩時代の学問経験に由来するものであった。幕末期、佐賀藩ではすでに鍋島閑叟が鉄道の模型を作製していた。大隈もその模型を実見しており、また蘭学学習に際して愛読していた『ナチュールキュンデ』にも蒸気機関車に関する詳しい説明が出ていた。[31]

　また大隈と伊藤が鉄道敷設を建議した一八六九年は、凶作によって全国各地が困窮に陥っており、各藩は米の藩外輸出を禁止したり、また米穀商が飢饉に乗じて米を買い占めて価格を吊り上げ巨利を博したりしている状況であった。[32] もし鉄道によって物資の輸送がより容易にできれば、米穀問屋商を経由することなく直接生産地から消費地に輸送でき、このような米価の高騰はなくなるはずだと大隈や伊藤は考えた。[33] 先に触れた弾正台の建議は、鉄道敷設の反対の論拠として民衆の困窮を理由に挙げていたが、大隈に言わせれば、鉄道敷設こそ、この民衆の困窮を取り除きうる道具なのであった。こうしたことから、大隈は、衆議を排して、鉄道敷設に邁進した。着工の後も、陸軍が高輪《たかなわ》付近の測量を拒否するなどの嫌がらせを行なったが、大隈は海面に築堤してその上に線路を通すなどの措置で敷設を強行した。[*34] その様子は、「伊藤大隈二氏が殆んど専断」[*35] といわれるものであり、鉄道開通後の明治天皇の褒詞にも「鉄道創建之始物議紛紜ヲ不顧《かえりみず》定見ヲ確守シ終ニ今日之成功ニ及ヒ候段叡感不浅」[*36] 云々とあって、当初の反対論の強さと、それを排して鉄道敷設を断行した大隈と伊藤の功績を窺うことができるのである。

レイ借款問題

鉄道敷設に当たってひとつの難問が生じた。イギリス人ネルソン・レイとの借款問題である。当時の日本には鉄道を敷設する技術も費用もなく、敷設に当たっては、外国の援助を仰ぐ必要があった。鉄道敷設を主唱した大隈と伊藤の二人は、一八六九年一一月一〇日にその資金交渉の全権を委任され、[*37] 交渉の末イギリス人ネルソン・レイと一〇〇万ポンド（邦貨の四八八万円）の借款契約を結ぶことになる。

ところが、当時まだ新政府設立より二年で、こうした外国との契約に不慣れであったことに付け込まれ、レイの目論むままに、極めて曖昧な形での契約を結んでしまう。たとえば、日本政府側は、借款はレイの私費によるものと認識していたが、レイはイギリスで「日本政府保証」と称して公債を大々的に売り出してしまった。このことは、日本政府の財政的困難を世界に表明し、海外での日本の経済的信用を失わせる結果ともなりかねなかった。しかもレイは、関税と鉄道経営に伴う利益を公債の担保にすると公言して募債しており、これが植民地化の糸口になる可能性もあった。さらに、レイがイギリスで公募した公債の利率は九パーセントであったが、日本政府との約定では利率は一二パーセントとなっていた。つまりレイは日本政府との交渉人として一二パーセントの利率で契約を結ぶとともに、実際の公債募集は代理人に任せるとしたうえで、その代理人に自らを指名するという狡猾な手口で三パーセント分の利益を懐に入れることを企てたのであった。こうしたレイの行為は、契約書と命令書との間に相異なる内容の条件が入っているなど曖昧な形式で契約が結ばれていたことから、必ずしも明確な契約違反といえるものではなく、政府は狼狽することになる。

ところがこうした窮状に対し、救いの手を差し伸べたのは、レイと同国人であるイギリス公使パークスと、その紹介によって大隈と知己になったオリエンタルバンク横浜支店支配人ロバートソンであった。ロバートソンは、契約書の内容の不備について指摘してレイを詰問するとともに、その後、日本政府とレイとの契約破棄から、オリエンタルバンクへの借金の置き換えに至るまで、親身になって交渉手続きの面倒を見てくれた。またパークスは、レイの不信義について本国に非難をこめて報告し、レイ借款と公使館との無関係を言明することによって、借金の書き換えを陰から支援した。[*38]

なおパークスとレイが大隈と伊藤を助けた背景には、論戦を通じて培った友情があったことはもちろんのことながら、当時のイギリスが採っていた「小英国主義」と呼ばれる国策も影響していた。すなわち、世界で最も発展した経済大国であったイギリスでは、新たに植民地を獲得するよりも、相手国の発展を通じて自由貿易を拡大していく方が自国の利益となるとの考えが当時有力であり、植民地放棄を唱える論調すら存在していた。[*39]したがって日本に対しても、その植民地化を目論むのではなく、むしろ日本の繁栄を実現することによって日英間の貿易を拡大し自国の利益を増大させようという方策を採っていた。先に見たフランスの横須賀製鉄所接収問題に際して大隈らを助けたのもこうした意図が背後にあった。こうしたイギリスの姿勢は大隈にとっても日本にとっても大変に幸運なことであったと言えるだろう。そしてこの失敗の経験は、その後外国とさまざまな交渉をしていくうえでも大変貴重なものとなった。また失敗を成長の糧《かて》とする姿勢が、こうした外交的な試行錯誤を通じて大隈のなかに培われていった。

進歩的施策の断行

大隈は、鉄道敷設と並んで電信の敷設も提案し、採用されている。工事は一八六九（明治二）年九月一九日より始まり、この日はのちに電信電話記念日に定められた。当時人々は電信の意味を知らず、「電信」と「伝染」の音が近いことから伝染病にかかるのではないかと誤解し、敷設中の架線が民衆によって切断される事例も少なくなかったというが、年末までに無事竣工し、一二月二五日より東京・横浜間に公衆電報の取り扱いが開始される。翌一八七〇年八月には、大阪—神戸間に電信が開通、さらに一八七三年二月には東京から長崎に達し、すでに長崎まで敷設されていた上海およびウラジオストックと接続された。

また大隈は各地の灯台建設にも力を入れた。後述するように、大隈は日本の発展には貿易の発展が不可欠であると考えていた。そのために海上輸送のインフラを整える必要があると考えたのであった。

度量衡制度の制定にも大隈が深く関与している。大隈は前島密《ひそか》に調査を命じて度量衡の原器を定めるなど統一的な基準を作成させた。また前島には郵便制度も取り調べさせている。前島はイギリス視察を経て一八七一（明治四）年駅逓頭《えきていのかみ》に就任、近代的郵便制度を創設、今日にまで続く郵便事業の基礎をつくった。

また大隈は、お雇い外国人モレルの建議に基づき、伊藤と連名で「工部院設置之儀」を提出、これが工部省の設置につながる。[*40]工部省設置ののちも、大隈は工部省御用掛を兼務して省内人事の策定に関わるなど、大きな役割を果たした。[*41]洋式の模範工場として設立された富岡製糸場（一八七二年開業）も、生糸貿易の発展のためには製糸技術の改良が必要であると考えた大隈が渋沢栄一の協力を得てその設立にイニシアティヴを発揮したものであった。[*42]このように大隈を中心とする進歩派官僚は、民部・大蔵両省を拠点に、次々と近代化の施策を打ち出していったのである。

地方官の反撥

こうした民部・大蔵両省による近代化の施策に対し、地方官から強い反撥の動きが出てくることになる。大隈は民部大輔に就任すると「府県奉職規則」と「県官人員並常備金規則」を布告し、府県に対する集権的な統制を強め、地方官がみだりに租税の定額を改めることを厳禁した。また民部・大蔵省の稟議《りんぎ》に基づき、すべての直轄地に旧幕府領と同様の税金を課し、減租措置を厳しく制限、税収確保に努めた。[*43] 近代化の諸施策の実現のためにはその財源を確保することが不可欠であり、税額のいたずらな軽減を許すわけにはいかないというのが大隈の考えであった。

これに対し地方官から反撥の動きが相次ぐことになる。特に、前述した通り一八六九（明治二）年は、全国的な飢饉に見舞われていた。また地域によっては戊辰戦争による打撃も大きかった。こうしたなか、新潟府判事の前原一誠などは、新政府の仁恤《じんじゅつ》を示すという観点から、年貢半減という布告を独断で出すに至っていた。しかし、各地でこのように勝手な年貢減免が行なわれては、中央政府の予算は立ち行かなくなり、近代化の実現などおぼつかない。結局、大隈の糾弾によって前原は罷免されることになる。「仁政」の論理から道義的行動を取ったつもりである前原を罷免したことで、大隈は前原一派の恨みを買い、しばらくの間命をつけ狙われることになったという。[*44]

同年一二月には、甲斐《かい》国（現山梨県）で大規模な百姓一揆があった。蜂起《ほうき》した農民は二万人にも上った。これに対して大隈は鎮撫のために現地に官員を派遣する手はずを整え、「暴を以て抗するものあらは飽迄鎮圧を加へ不得止《やむをえず》は千人迄は殺すも咎めさるへし」と指示したという。[*45] しかし「仁政」よりも近代化のための財源確保を最優先とする大隈の姿勢に全国の地方官が反撥、一八県の知事が連名で弾正台に訴えるまでに至った。[*46]

しかしこうした地方官の反撥によって、大隈が罷免されることはなかった。若手の大隈や伊藤らが民部大蔵両省を足場に近代化政策を推進することができたのは、背後で三条実美や木戸孝允といった人物がバックアップしてくれていたからであった。とはいえ、三条らは同時に「君の論議し企画する所、往々急激に過ぎるものなきにあらず、亦た其の論議企画一々皆な是なりといふ能はざるものあり。幸に少しく自ら警むる所あれ」との忠告も加えていた。[*47] 近代化政策の必要性には同意しつつ、しかし大隈らのやり方はあまりに過激に過ぎるとの危惧を抱いたのである。そして大隈への反撥は中央においても顕在化する。

民蔵分離問題

一八七〇（明治三）年六月、各方面からの反撥の動きを見た大久保利通・広沢真臣・副島種臣・佐佐木高行の四参議が、民蔵両省が合併して強い権限を持ち過ぎていることが問題の根源であるとして、この両省の分離を主張し、大隈の権力を削ごうと動き始めたのである。

しかしこうした動きが顕在化してのちも、三条・木戸は依然として大隈を強く信頼し弁護した。三条実美が佐佐木高行に宛てた書翰では「元来大隈伊藤両士の義は頗《すこぶる》有材有識又有力難得《えがたき》の英物大に頼もしき人に有之候処惜哉《おしいかな》才英敏ニ余有之て人を籠絡し権謀術数に近く温和の気象包容の度量無之《これなき》処より自然誹を来し今日の物議も有之候事ニ付決て他に可疑《うたがうべき》事も無く可悪《にくむべき》事も無之実に可愛《あいすべき》の人也」[*48] と述べて大隈の参議登用を主張し、木戸もこうした大隈排斥の動きに憤慨し、大隈を弁護する側に回って「大隈を参議にいたし民部大蔵之処を重而引受け、左候而諸省之弊も相改め可与之権を与へ不可譲之権を保ち各其宜を得候ときは、随而目的も相立」つのではないか、と提案した。[*49]

だが反対派はあくまで強硬であった。六月二二日、大久保、広沢は、岩倉具視邸で三条実美・徳大寺実《さね》則《つね》らと面会、民蔵分離が受け入れられないならば辞職するとの強硬姿勢を見せた。その結果、民部省・大蔵省は分離されることになり、大隈は七月一〇日、民部大輔兼任を解かれ、大蔵大輔専任となったのであった。

民蔵分離運動の先頭に立ったのは、大久保利通であった。それゆえこの民蔵分離の動きは、大久保による大隈排斥運動と捉えられることが多い。ただし、大久保は陰で大隈を排斥するのではなく、かねてから大隈と面と向かって話し合い指導を加えていた点で、他の大隈排斥者と異なっていた。[*50] 民蔵分離運動の際も、大久保は大隈と直接面会して忠告を与えている。したがって大隈もその忠言を真摯《しんし》に聞いた。大久保はその結果を日記に、「〔大隈は〕誠ニ公平之論ニ而安心いたし候」[*51]と書いている。民蔵分離によって大隈は足場の一部を失うことになったが、政治的見解の反する大久保とも正面から話し合うことを重ねて信頼を得ていった。のちに大久保が岩倉使節団に随行し進歩主義に転じるに至り、二人は政治的にも一致して行動するようになっていくが、この時点ですでにその素地が形作られていたのである。

当時の大隈の性格

当時の大隈は、大隈自身がのちに「種々の改革を要求し、殆んど脅迫を以て其の遂行を促すこと屢次」[*52]と回顧しているように、近代化の成功を急ぐあまり、政府首脳部との意思疎通を欠いたまま一方的に諸施策を断行するきらいがあり、それが反撥を招いていた。大久保が直接面会して訓諭を加えたのも、こうした面についてであっただろう。

大隈のこうした性格を窺い知ることのできる興味深い史料に、梁山泊以来の同志・五代友厚が大隈に宛てた次のような五ヶ条の忠告書がある。

第一条

愚説愚論を聞くことに能く堪へし。
一を聞て十を知るは、今閣下賢明に過るの短欠なり。

第二条

己と地位を不同る者、閣下の見と其論説する処五十歩百歩なる時は、必す人の論を賞て是を採用すへし。人〔ママ〕を論を賞し人の説を採らざる時は、今閣下の徳を弘る不能、即賢明に過ると謂はざるを得す。

第三条

怒気怒声を発するは其徳望を失する原由也。
怒気怒声を発るに一の益あるを聞かす、譬ば奏任は奏任至当の才脳より保ちえす、等外は等外的当の才より収る不能。今閣下高明其之しか謂ふ処為す処意に不的は云を不待。其才能智識の閣下に不及を知て怒気怒声を発するは閣下高明の欠と謂ざるを得す。

第四条

事務を裁断する、其勢の極に迫るを待て之を決すへし。
井上云々の如を指す。

第五条

己其人を忌む時は其人も亦己を忌むへし。故に己の不欲人に勉て交際を弘められん事を希望す。
柳原、河野の如きも真の厚意を表て是を御〔ママ〕て用られんことを乞ふ。*53

この史料は、従来一八七二（明治五）年頃のものとされてきたが、実際には一八七九（明治一二）年初頭のもののようである。*54 この手紙を送った五代は、その後一八七九年一月から三月にかけて大隈に送った現存する一五通の手紙の冒頭に、「五ヶ条御注意只管奉希望候」と繰り返し書いており、*55 よほど大隈のこの性格のことを気にかけていたようである。この五代の忠告は、明治初年から明治一〇年代初頭頃に至るまでの大隈が、自己の才覚に自信があるがゆえに、人の意見を聞かずに独走するきらいがあったことがよくわかるものとなっている。後年、怒ったところを見たことがない、と言われるほど穏やかな性格となった大隈だが、第三条にあるように、このころは怒りをあらわにすることがしばしばあったらしい。第五条からは人の好き嫌いが激しく、嫌いな人間を受け入れなかったこともわかる。後年の、政治的見解を問わず大勢の客人を自邸に迎え入れた大隈の姿勢とはかなり異なっていると言えるだろう。明治初期の大隈が敵を多く作った原因はこうしたところにもあった。

参議時代の大隈。1879（明治12）年頃の肖像画。

参議に就任

大隈らの進歩主義的施策は前述したような反撥を受けたが、一方でそれを強烈に支持する人々もまた多く存在していた。民蔵分離の実施後、一八七〇（明治三）年七月一四日大橋慎が岩倉具視に宛てた書翰には「政府過日偏党の勢をなせしより遂に民蔵分割に至り物議騒然たり第一閣下幷大久保副島を怨望し口を極めて罵る者多きに至る」[*56]と書かれている。大橋は土佐藩出身で岩倉の側近であった人物である。

こうしたなか木戸の推挙によって、九月二日、大隈を大蔵大輔から参議に昇進させることが決定した。岩倉や大久保、副島も、民蔵分離への不満が高まるなかで大隈の参議昇進を認めざるをえなかった。ただし参議に就任することは、大隈にとっては大蔵省という活動の足場を失うという側面もあった。参議に祀《まつ》り上げられることによって、かえって改革が頓挫するのでは意味がない。そのため参議就任に際して大隈は、従来企画しつつあった改革を断行すること、廃藩を断行して封建制度を破壊すべきことなどの条件を提示し、三条、岩倉、大久保らに認めさせた。[*57]

この条件提示に際して執筆した意見書が「大隈参議全国一致之論議」[*58]として残っている。この意見書で大隈は、独立を保って万国と対峙している国は、どの国も「全国一致」を実現し、「国ハ其民ト共ニ守ル所ニシテ政府其守衛保護ヲ任スル」状態にあるという。しかし日本の現状は、財政や兵事を各藩が支配しており、「其臣民唯其邦内ヲ以テ自国トシ或ハ甚シキハ他州ヲ仇視スルニ至リ」「四分五裂ノ勢ヒ」である。版籍奉還は実現したとはいえ、「全国一致」の「実」は挙がっていない。これでは国を守ることなどはできない。そこで大隈は、次のように、その「全国一致」の「実」を挙げることを主張する。

何ヲカ其実ヲ挙ルト云フ各管轄ノ兵ヲ一致シテ兵部ニ属ス是ナリ庶務百事ヲ一致シテ民部ニ属スル是也財政会計ヲ一致シテ大蔵ニ属スル此ナリ此其実ヲ挙ル所以ニシテ而其更張振興セシムル基礎財政ノ一致ニアル也〔中略〕其財政固ヨリ国ヲ守リ民ヲ護スルノ公費ニシテ毫モ専擅スル能ハス公明正大ノ理ニ体シ自主ノ権人民ニ足リ自衛ノ威ヲ国家ニ備シム夫如此シテ政体一致建国立法大体綱領ヲ得タリト云ヘシ国力合シ国権立ツト云ベキナリ〔中略〕速ニ全国財政ノ公算ヲ定メ真ニ一致ノ体ヲ立テ国ノ権力ヲシテ自主自衛ニ定シムル事衆議公定セザルヘカラズ

すなわち、各藩が分有している統治権力とりわけ財政権を中央に吸収して中央集権的統治機構を樹立し、「自主自衛」の体制作りの基礎とするということである。このように、大隈は、参議就任の条件として、財政はもちろん、民政・兵権の統一や秩禄《ちつろく》処分の実施を求めたのであった。なおここで大隈が人民の「自主ノ権」に言及していることは着目される。幕末期にアメリカ憲法について学んでいた大隈は、世界と対峙する上で、人民が愛国心と自主の権を持つことを必要だと考えていた。中央集権体制の樹立は大隈にとって最終目標ではなく、あくまでそれをもとに国民の自主自立の姿勢を涵養するための基盤なのであった。しかし、この段階では、その基盤整備に全力を注がなくてはならないと考えていた。それが前述したような強引ともいえる姿勢にもつながっていたのである。

大久保の大蔵卿就任

参議就任後の大隈は、岩倉や木戸を補佐して藩の権力を削いで中央に政治的権限を統一的に集中すべく尽力する。閏一〇月五日に参議の職掌として大蔵省事務を分掌するように命じられ、[*59] 翌一八七一（明治四）年には、「大藩同心意見書」を岩倉具視に提出、藩を州と改めて州郡県の三つを設置し郡県制の体裁を採ること、藩の有する民政権を民部省に、財政権を大蔵省に、兵権を兵部省に、治安・裁判に関する権限を刑部省に吸収することなどを提案、また士族の家禄を公債化して他日の秩禄処分につなげることを主張した。[*60]

しかし参議就任後も、大隈ら進歩派官僚を排斥すべきだとする議論はやまなかった。[*61] そのため、六月二五日、政府は人員改革を行ない、一度全参議が辞任し、木戸と西郷の二名のみを参議に再任することとした。これにより大隈は参議を辞し、大蔵大輔に任命されることになる。しかしこの時、大隈と同時に大久保利通が大蔵卿に就任することとなった。[*62] これまで大隈らの進歩主義的施策を批判してきた大久保を大蔵省のトップに据えることは、「大久保さんの名に依つて、己が引受けて仕事をする」[*63] という、大隈・伊藤・井上の算段によるものであった。大久保をトップに戴きながら、その実務を彼らが担っていたことは、伊藤が大蔵省改革について草案を作成し、渋沢・井上・大隈らに諮った文書が残っていることなどからも明らかである。[*64] 転んでもただでは起きない、近代化への執念であった。

廃藩置県の断行

七月一四日、かねてから大隈の主張してきた「全国一致」が、廃藩置県という形で断行されることになる。廃藩置県に際しては、諸藩の反抗が予想されたため、まずは政府直属の軍隊を養っておく必要があり、二月に薩長土三藩主の兵を東京に集めて「御親兵」とした。当時政府財政は火の車であったが、大隈はかねてからの持論である廃藩の断行のために、必死で軍事費捻出の算段を練った。しかし意外なことに、この廃藩置県に対する抵抗はほとんどなく、封建制撤廃は平穏に行なわれた。廃藩置県に際して大隈は木戸・西郷・板垣とともに再び参議に就任し、大蔵大輔は井上馨に代わった（大蔵卿は大久保のまま）。薩長土肥からそれぞれ参議を就任させて政府部内のバランスを取り結束を強めようということであったが、ここに至るまでの大隈の働きは、廃藩置県断行当日に伊藤博文が井上馨に宛てて「今日朝廷之会計漸維持スルヲ得タルハ大隈之力」、「経済之実理」を知っているのは「大隈壱人」であるとまで述べて大隈の功績を絶賛したほどのものであり、[*65] 大隈の参議再任は伊藤・井上ら若手進歩派官僚の期待を一身に担ってのものでもあった。

さらに同月二九日、政府機構の改革も断行され、太政官三院制と呼ばれる政治機構がつくられた。すなわち、最高機関たる「正院」（大臣・参議により組織）の下に、立法機関たる「左院」と、各省の卿・大輔で組織され諸省間の調整を行なう「右院」の三つの機関から太政官が組織されたのである。しかし、その後実際には右院はほとんど機能せず、正院もまた指導力を発揮できず、後述するようにさまざまな紛議を招くことになる。

なお、この二日前の二七日、民部省と大蔵省とが再合併された。かつて、反大隈という観点から分離された両省であったが、この再合併は井上馨の主導によるもので、事実上の民部省の大蔵省への吸収であった。参議の木戸や大隈と連絡を保ち、大久保を頭に戴いた井上ら若手官僚が民政の実務を一手に担っていこうという算段であった。なお廃藩置県の前後に、大隈は築地から日比谷に転居した。それからは日比谷の屋敷にも「築地梁山泊」同様多くの若者が詰めかけて侃々諤々の議論が交わされた。[*66]

使節団派遣の提案

廃藩置県の断行によって、大隈が追求してきた「全国一致」のための中央集権的統治機構の構築作業は、その第一段階をクリアすることができた。これを見届けた大隈は、一つの重要な提案をすることになる。すなわち、のちに岩倉使節団として実現することになる海外への使節団派遣の提案である。

廃藩置県の翌一八七二（明治五）年は、旧幕府が結んだ不平等条約の改正期限となっていた。もとよりそう簡単に条約改正に各国が同意するとは思えなかったが、大隈は、「彼の欧米諸国は、未だ我が日本あるを知らざる程なれば〔中略〕今日の急務は先づ使節を彼の地に派遣し、彼の地の人をして我が日本を知らしめ、我が日本の国情民俗を審にせしむるを努むるに在り。是れ実に条約改正の大事業を完成する方途なり」[*67]というように、この機会を利用して、日本という国の海外でのプレゼンスを高めておき、将来の条約改正への布石とする必要があると考えた。

もともと海外への使節派遣というアイデアは、幕末に大隈が英学を学んだ師であるフルベッキの提案によるものであった。大隈は一八六九（明治二）年、師のフルベッキを政府の顧問として雇い入れるよう運動した。当初、キリスト教の宣教師であるフルベッキの採用には反対論もあったが、[*68]大隈の熱心な推挙の結果、同年四月より開成所（東京大学の前身）の教師に採用されることになる（その後一八七三〈明治六〉年政府の法律顧問に就任）。この際、フルベッキは、海外に使節団を派遣することを政府に提案すべく、大隈にその斡旋を依頼した。しかし大隈はこの時、フルベッキの意見書を手元にとどめ、政府に提出しなかったらしい。何より攘夷派が横行して殺傷事件が相次ぎ、フルベッキの採用にすら反対意見が出る状況では、政府要人の海外派遣が実現できるとは思えなかったのである。しかし廃藩置県の目処が立ち、日本の進むべき進路が見えてきたこの時になって初めて、大隈は使節団派遣を提案して閣議で内決を得、フルベッキから受け取った意見書を岩倉に提出したのであった。[*69]

しかし大隈の当初の構想は、岩倉使節団ほどの大規模なものではなかった。最初は自分に二、三人の人士を随従させる程度のつもりであったが、[*70] 話が独り歩きして大きくなり、最終的には使節四六名、随従者・留学生まで含めると総勢一〇七名もの人々が派遣されることとなったのである。[*71] それだけではない。本来の提案者であるはずの大隈は使節団のメンバーから外され、国内での留守役を命じられたのであった。だが大隈は、使節団が大規模になり、かつ自分が留守役となったことを好機と捉えた。すなわち「『鬼の留守に洗濯』と云ふ調子にて、其の間に充分なる改革、整理を断行する」チャンスであると考えたのである。[*72]

約定書の取りまとめ

しかしこのチャンスは、一歩間違えば、使節団と留守政府との間で意見の疎隔が生じ、政府の大分裂をも惹起しかねない危険性をも孕《はら》んでいた。そこで、使節団と留守政府との間に、あらかじめ約定を交わしておこうということになった。大隈は木戸孝允の依頼を受けて周旋に奔走し、[*73] 一一月九日、政府要人一七名による約定書が取り交わされた。

この約定書は、使節団の側が留守政府に勝手なことをさせないようにとの意味があったのはもちろんだが、実際に約定取り交わしのために奔走した大隈や井上の立場からすると、留守政府の他の人々を牽制し大隈・井上に有利な状況をつくっておこうという意図もあった。[*74]

約条書の第六款では「内地ノ事務ハ大使帰国ノ上大ニ改正スルノ目的ナレハ其間可成丈新規ノ改正ヲ要スヘカラス」として改革の凍結を定めていたが、第七款では「廃藩置県ノ処置ハ内地政務ノ純一ニ帰セシムヘキ基ナレハ条理ヲ追テ順次其実効ヲ挙ケ改正ノ地歩ヲナサシムヘシ」として、廃藩置県の延長線上にある統一的制度の実施については、既定事項として改革を続行することを定めてあった。また第八款では「諸官省長官ノ欠員ナルハ別ニ任セス参議之ヲ分任シ其規模目的ヲ変革セス」、第九款では「諸官省トモ勅奏判ヲ論セス官員ヲ増益スヘカラス」と定められて人事・官制の凍結が謳われた。[*75]大隈にとっては、廃藩置県の延長線上に進歩・改革路線を継続するという第七款が最も大きな意味を持っていた。その上で、第六款によって他の留守政府要人による容喙《ようかい》を排し、「鬼の留守に洗濯」を狙ったのであった。

留守政府の取りまとめ役として

岩倉、木戸、大久保の三人は、出発するに際して、大隈に留守政府をうまくまとめてほしいと依頼していった。しかし、その調整役は決して簡単なものではなかった。留守政府の参議として大隈とともに正院を構成していたのは西郷隆盛と板垣退助であったが、大隈は当時の状況を次のように回顧している。

大西郷や板垣は共に武人で勢強い勇者ではあるが、政治の実際問題の方は余り得手で無い。〔中略〕然るに各省には各省で仲々豪傑が居る。即ち井上（馨）、江藤（新平）、後藤（象次郎《ママ》）、副島（種臣）、山県（有朋）などいふ一騎当千の強者が居つて内閣苛めに詰め寄せて来る〔中略〕大西郷や板垣はいざ弁当となると、サッサと其処へ引上げて仕舞ふ。それから以後は二人で雑談に耽つて一切内閣へは来ぬ。

用が出来て人を呼びにやつても容易に顔を出さぬ。何を話して居るかといへば二人とも好きな戦争話や角觝《すもう》話、さも無ければ漁猟談で持切つて居る。〔中略〕其外にもまだ下らぬ話に現《うつつ》を抜かし、他愛なく語り戯れて半日暮して仕舞つたものさ。そこで如何にも煩瑣な政治の事が面倒でならなかつた。大西郷の如きは我輩に向ひ、足下は政治が巧者な様だから万事足下に任せる。足下のする事には何なりとも異議は無い。之をやつて置くから必要の場合に押して貰ひたいと印形を任せて置く。それだから西郷の印形は初中終我輩が預つて居たものであつた。[*76]

つまり、豪傑ぞろいの各省を調停する役割が、図らずも大隈一人の肩にかかってしまったのである。このような状況の下、各省の主張を調和させてリーダシップを発揮するというのは並大抵のことではなく、「正院ハ唯西郷大隈板垣之三参議ニ太政大臣一人ニ而日々諸省ヨリ進奏之議案モ目クラ判ヲ押スノミニテ其弊害誠ニ可歎なり」[*77]とされるような状況であった。大隈一人に負担がのしかかり、苦労の絶えない役回りであった。

留守政府の改革

しかしその一方で、この状況は、参議として大隈が中核的役割を果たすまたとないチャンスでもあった。大隈は、他の妨害なく自らの思うように開化政策を進めていくことを目論み、各省が立案した開化政策を次々と実行に移していくこととなる。留守政府期に大隈が関わって行なわれた改革として『大隈伯昔日譚』の中で挙げられている事項は、財政・地方制度の統一、外国債処分・紙幣償却、裁判権の独立、兵権の統一と徴兵制度、教育制度の統一、学制[*78]の制定、四民平等の布告、太陽暦の採用など極めて多岐にわたる。いずれも全国に中央集権的・統一的近代国家体制を確立しようとするものであった。約定書の第七款に規定されていたように、財政・地方制度の統一に関しては廃藩置県の延長線上にある既定事項として進めてよいものと大隈は判断していた。しかしどこまでが廃藩置県の延長線上にあると判断すべきかについては、細かく詰めた合意があったわけではなく、洋行中に保守化していた木戸孝允などは、留守政府による改革を越権行為であるとして怒りをあらわにすることになる。

財政をめぐる衝突

しかし以上のような留守政府の改革には一つの問題点があった。それは、それらの改革が多額の費用を要するものであるということである。そしてこの理由のために、思わぬところから、こうした改革にストップをかけようという動きが出てきた。すなわち、それまで大隈の盟友として、ともに進歩主義的改革に邁進してきたはずの大蔵大輔井上馨が改革に待ったをかけたのである。当時の政府収入は必ずしも潤沢ではなく、各省の主張をそのまま実現した場合、政府財政は破綻に陥るとして、井上は支出抑制を主張したのであった。

とりわけ学制の制定・施行に関しては、大隈とその意見が真っ向から対立した。井上は当時の財政状態から考えて、教育は後回しにせざるをえないとして、頑として支出を拒んだ。しかし、幕末期に長崎で教鞭を執ったこともある大隈だけに、教育は最優先させるべきだとの考えは譲れず、この時、大隈は「命令的に井上を押付けて」[*79]、学制を発布させることになった。

なお余談だが、太陽暦の採用に関してだけは、井上も合意の上で行なわれた。というのも、太陰暦には、閏月《うるうづき》というものが存在し、閏月のある年は一年が一三ヶ月になるために、普通の年よりも一ヶ月分多く官吏の給与を用意しなくてはならなかった。しかし、当時の財政上、一ヶ月分給与が増えることは由々しき問題であった。一八七三（明治六）年は閏月がある予定であったから、政府は財政支出を抑制するために、太陽暦をあわてて施行したのである。[*80] こうして政府は、明治五年一二月三日が明治六年一月一日とされ、たった二日で終わった一二月分と、翌年閏月との二ヶ月分の経費を節約することができたのである。当時の財政状況はこれほど厳しいものであった。

改革と井上との板挟み

その後も井上大蔵大輔と、近代化のための支出を要求する留守政府各省との間で大きな紛議が続いた。かつて民蔵分離問題で大隈が激しく糾弾されたように、それでなくても当時の大蔵省は、「当時最も重きを置かれ、従つて其の権力最も大〔中略〕只だ財政の事務を統轄するのみならず、今の農商務省、司法省及び内務省の管理する事務の如きも、大概之れを管轄し、殆んど一国政務の七八分を総理せりと云ふも、不可ならぬ程なりし。〔中略〕是を以て嫉妬は此に集り、怨望も此に集り、従つて論難攻撃も亦た多く此に集る」[*81]という状況であった。その上の財政難である。井上は各省からの批判に頭を悩ました。そして井上が頼ることができたのは、かねてから同じ進歩派の親友として親しく交わっていた参議大隈重信のみであった。

しかしこれまで井上と大隈が政治的同志として活動してきたのは、進歩的改革を断行するという点において一致していたからであった。だが今回、井上自身が「已前は生等之類駆足と云様世人より誹謗を受候得共、今日は其勢を倒に致候姿」[*82]と述べているように、それまでと逆に、井上が改革を阻止せざるをえない立場に立つようになってしまったのである。大隈は心情において井上に同情しつつも、学制をはじめとする改革については、可能な限りそれを実現させたいという思いも持っていた。したがって、一方で井上を弁護するとともに、他方で可能な限りの財政出動をも求めざるをえなかった。その結果大隈は、井上と反井上派との板挟みとなって、大変苦しい立場に立つことになる。

井上と各省の間で特に激しい対立となったのは、文部省、工部省、司法省の定額金の問題であった。定額金とは、健全財政を目指す大蔵省によって提起された制度で、政府全体の歳入を計算し、それをもとに各省の定額の予算を定めて、歳入と歳出のバランスを図ろうとするものであった。しかし実際には各省は全体のバランスを考えずに自省の必要性のみを考えて定額金を要求し、大蔵省と激しい攻防を繰り広げた。工部省は、鉄道敷設をはじめとして、近代化推進のためのインフラ整備費用を要求していたし、文部省は前述したように学制施行のために多額の費用を必要としていた。また司法省も、廃藩置県の後を受けて、全国の裁判事務を統括するために費用を求めていた。

これらの紛議において、留守政府トップの三条実美は、太政大臣としてのリーダーシップを発揮できなかった。たとえば一八七二（明治五）年五月二九日付の大隈宛三条書翰では「全体学校之急務たる者不待論事」ではあるが「唯入費出方之都合に而彼是因循相成候事」、しかし「唯正院之権を以て大蔵省之不服を推付《おしつけ》候訳にも難相成《あいなりがたく》候間、何卒《なにとぞ》猶井上大輔江宜御熟談相成候様相頼申度《もうしたく》候」と述べているように、[83]自ら裁定を行なうことができず、井上と親しい大隈に調整役を依頼することしかできない状況に陥っていた。

参議増員と太政官制潤飾

このように、本来指導力を発揮して各省庁間の調整を行なうべき正院が、大隈一人に頼りきりとなり、そのために各省間の対立を調整できていないことが最大の問題であることは誰の目にも明らかであった。そこで参議を増員して正院の調整力・指導力を強化しようという議論が諸方より出てくることになる。井上馨とその部下の渋沢栄一は、参議を増員して正院の指導力を強化するとともに、太政大臣が大蔵省の長官としての役目を兼ね、参議中より任命される「行政副長官」が大蔵省の副長官としての役割を兼任するという改革案を提案した。[84]三条を大蔵省のトップとし、大隈（あるいは井上）をその補佐役とすることによって、大蔵省と正院を一体化しようとしたのであった。

この案が採用されるか否かは不分明であったが、いずれにせよ参議の増員が不可避というのは、政府要人の共通認識であった。そこで一八七三（明治六）年四月一九日、左院議長の後藤象二郎、司法卿の江藤新平、文部卿の大木喬任が参議に加えられることとなった。これにより、国外に出ている大久保大蔵卿と副島外務卿以外、各機構の長官がすべて参議に就任したことになる。しかし問題は、大蔵省の代表者が参議に加えられなかったことであった。すなわち、大蔵卿の大久保は洋行中であり、大輔の井上馨が大久保を飛び越して参議に就任するというのは序列的に難しく、その結果、大蔵省は代表を参議とすることができず、正院に影響力を行使できないことになってしまったのである。

それでも、井上と渋沢の提案通り、三条・大隈が大蔵省の長官・副長官を兼任していれば事態の打開もありえたであろう。しかし、増員された参議がすべて反大蔵省の立場であったことは、井上・渋沢案のような大蔵省権限を強化する改革の実現を阻むこととなった。井上は、大隈を動かすことによって何とか自己の思う方向へ改革を進めようとし、大隈も「余は従来の関係と、当時の情勢とにより、井上の代表者たり、後見人たるが如き地位」[*85]に立ってはいたものの、参議増員により閣内での大隈の発言力は低下せざるをえず、そのうえ、大隈自身、本来各省の掲げる進歩的改革には賛成の立場であったこともあり、結局他の参議の意見に引きずられることになる。

その結果、五月二日、「太政官制潤飾《じゅんしょく》」と称する改革が行なわれ、歳入・歳出の決定権が正院に引き上げられることとなった。[*86]「潤飾」と称したのは、留守政府との間で、人事と政治機構の凍結という約定があった手前そう称したのであったが、実際は歴然たる機構改革であった。大蔵省は権限を奪われ、五月七日、井上馨と部下の渋沢栄一は、政府財政に一〇〇〇万円もの不足が生じていることを指摘した意見書を太政大臣三条実美に提出して辞職した。

太政官制潤飾直前の四月二八日、井上は大隈を訪問して激論を交わした。その翌日井上が大隈に送った書翰の中には「仮令《たとい》公務上にて如何程抗論激談仕候とも是は不得止次第、併従来之朋友間交際は飽迄相続き候而真に知己之人と相考へ候間決て於劣弟敢て心胆に刻し候間、其辺は先醒に於も御見捨なき様奉祈候」[*87]と記されている。友情に亀裂が入りかねないほどの激しい議論があったことが窺える。大隈は後年、『大隈伯昔日譚』の中でこの時の井上の立場を極力弁護しているが、大隈にとってこの一件はどこか後味の悪さを残すものであっただろう。

予算の公表

井上辞職後の五月九日、大隈は大蔵省事務総裁を命じられる。これは大隈が自ら望んだものではない。井上に代わって攻撃の矢面に立たなくてはならない難しい立場であり、かつ大蔵卿には大久保利通が就任したままであったから、大久保の帰国後紛議が生じる可能性もあった。三条実美の岩倉具視宛書翰にも「大隈参議も此節之兼務は頗当惑之趣に而段々固辞申出於情実も甚気毒に存候得共何分他に其任も無之是非御請《おうけつかまつり》仕《》候様申諭先《まずもって》以当分之処御請仕候」とある。三条から見ても、この役回りは「気の毒」なものであったが、大隈以外にこれを担当できる者はいなかった。大隈は三条の強い懇請により「当分之処」としてそれを引き受けることになったのであった。[*88]

そしてすぐに対処すべき大問題が起こることになる。大隈が大蔵省事務総裁に就任した翌日の五月一〇日、井上馨と渋沢栄一が辞職に当たって提出した意見書が、新聞『日新真事誌』などに掲載されたのであった。政府情報が意図的に世間に漏洩されたのである。もしこれを放置すれば、政府批判の声が全国に波及するのは火を見るより明らかであった。

これ以前から大隈は財政に関する調査を独自に進めてきていた。そしてその結果、歳計不足は井上の言うほど深刻なものではないという判断を得ていた。大隈は調査の結果をもとに「明治六年歳入出見込会計表」[*89]を作成し、速やかに各省使府県に布達、井上・渋沢意見書への反論とした。井上の意見書では四〇〇〇万円とされていた歳入は、大隈の計算では四八七六万円に上ると見込まれた。また井上が五〇〇〇万円としていた歳出は、大隈によれば四六五九万円にとどまるものとなっていた。なお、大隈による予算公表が先例となり、これ以後毎年予算が公示されることとなったため、これが日本最初の予算の公表として歴史に刻まれることになる。

当初この大隈の計算は、単なる数合わせによるごまかしだと非難する声が跡を絶たなかった。しかし決算では、その経常歳出額は井上の予想に近く約五〇〇〇万円に上ったものの、歳入については大隈の計算をもはるかに上回る増収となり、経常歳入のみで七〇五六万円、臨時歳入まで含めると八五五〇万円もの額に上った。米価の上昇に加え、前年までの未収分の収納が予想以上に捗ったためである。[*90]

征韓論

予算問題に続いてより大きな政府分裂の危機がその後に持ちあがった。いわゆる「征韓論」の問題である。開国の要求に応じない朝鮮政府に対し、使節を派遣して開国を迫り、朝鮮がそれを拒絶するならば、それを口実に一戦を交えて、力ずくで開国させよう、という主張であった。

大隈はこれに対して反対の立場に立っていた。いまだ内政において改革すべき課題山積の状況であり、かつ井上の辞職にまで至った厳しい財政状況のなか、他国と戦争などできないという理由であった。[*91]

こうした反対意見を有する大隈に対して、江藤新平や後藤象二郎は、征韓論は、実は朝鮮の開国そのものが目的ではない、これを利用して、長州の勢力を政府から一掃することが目的なのである、だからそれに協力してほしい、とその真意を告げた。[*92]

しかし、大隈はそれまで木戸や伊藤、井上など長州系の人々と連合して改革に尽力してきたため、どちらかといえば保守的傾向を有する勢力の多い薩摩と組むことが、日本にとって得策だとは思えなかった。大隈は江藤に対し、その策謀は「僅に薩長政府を移して薩閥政府と為すに過ぎず、而して薩閥政府よりして生ずる憂患は、更に甚しきを加ふるに至る」と反論した。[*93] すなわち、大隈の征韓論に対する反対の気持ちは、こうした陰謀を聞かされたことによってより強くなったのであった。八月一七日に、三条太政大臣の私邸で開催された閣議において、一旦、西郷隆盛を遣韓大使として派遣することが決定されたが、しかし重大事項のため岩倉の帰国後再度熟議するということとなった。

九月一三日、岩倉が帰国すると、いよいよ使節派遣の是非をめぐる政治的攻防が激しくなっていくが、大隈は一貫して反対派を助けて積極的に使節派遣中止のために動いた。一〇月一四・一五日の閣議でこの問題に関して激論が交わされ、三条実美太政大臣が八月一七日の決定を重んじて一旦は征韓派に加担したことから、大隈は岩倉ら征韓反対派の人々とともに辞表を提出した。

しかし岩倉はその後も粘り強く挽回を図り、両派の板挟みになった三条は精神的な疲労から倒れて執務不能となってしまう。一〇月二〇日、岩倉に太政大臣代行の勅命が下り、事態は岩倉に有利に働くことになる。大隈も岩倉を補佐し、ついに一〇月二四日、使節派遣無期延期が決定、征韓派の西郷、板垣、江藤、後藤、副島の五参議は辞職することになったのである。[*94]

だが彼らの辞職で問題が解決したわけではない。征韓派参議に賛同して政府を去る旧士族は跡を絶たず、これら士族の叛乱が危惧される状況になり、また翌一八七四年一月、西郷を除く四参議らが中心となって愛国公党が設立され、政府に議会の開設を求める「民撰議院設立建白書」を提出、以後自由民権運動が広がっていくことになる。征韓論こそ阻止したものの、その結果は再び新たな難題を呼び起こしたのであった。

大久保、大隈、伊藤の結束

この頃から大隈は、岩倉使節団派遣前にしばしば衝突していた大久保利通と急速に接近していく。大久保は欧米を視察するなかで、それまでの保守的な考えを改め、より積極的に近代化政策を推進する必要を痛感するに至っていた。そして征韓論をめぐる政変において大隈は大久保・岩倉をよく補佐して使節派遣無期延期にこぎつけ、互いに信頼を寄せ合うようになっていく。使節派遣無期延期の廟議決定から二日目の一八七三（明治六）年一〇月二五日、大久保は大隈邸を訪問、伊藤博文を交え三人で今後の国事について相談し、今後は三人で固く協力しあって国事に当たろうと誓い合った[*95]。大久保はまず大蔵卿を辞任して大隈をその後任に推薦、大隈は参議兼大蔵卿に就任することとなる。また伊藤も参議兼工部卿に就任し、一一月には、大久保は新設された内務省のトップ・内務卿に就任するのである。これ以後、約五年にわたって、大久保を大隈と伊藤が補佐する体制によって、日本の近代化のための諸施策が行なわれていくこととなる。

こうした大久保との接近の一方で、木戸孝允との間は疎遠なものとなっていた。木戸は使節として在外巡遊中から留守政府による諸改革を聞いて怒りの色を表していた。その上、欧米巡遊を境に木戸は大久保とは逆に保守的傾向を強めていく。そのため帰国後も、秩禄処分などの諸改革を急速に推進していこうとする大隈に対して不信感を募らせる一方であった。大久保が大隈を大蔵卿に推薦するに際しても木戸は強く反対し、その後も事あるごとに大隈を批判し、改革の行き過ぎに不平を鳴らすようになっていく。

江藤との訣別

前述したように、多くの西南雄藩出身の士族が征韓派参議とともに政府を去り、各地で不穏な動きが見えてくるようになる。大隈の郷里・佐賀も同様で、帰郷した士族たちの不穏な動きがやまず、一触即発の状況であった。こうしたなか、江藤新平はこれら士族の動きを鎮撫すべく、佐賀へと帰国することを決意した。出発の前々夜、江藤は離別のあいさつのため大隈邸を訪問、そのまま大隈邸に一泊したという。大隈は帰郷を急ぐ江藤に対し、今帰郷すればミイラ取りがミイラになるという趣旨の意見を述べて江藤の西下を懸命に止めたが、江藤は聞かなかった。[*96] そして大隈の予見通り、江藤は首領に担がれて蜂起して敗れ（佐賀の乱）、処刑されることになる。

この江藤の末路に際して、大隈はなぜ江藤の助命を嘆願しなかったのか、大隈は江藤を裏切り、見捨てたのではないかと批判されることがある。特に佐賀ではその声は根強く、大隈はこの事件の後、二〇年以上にわたって郷里に足を踏み入れることができなかった。それは郷党の怨恨が大隈に向けられたからにほかならない。すでに士族蜂起の前から、征韓派に与しなかった大隈の命を狙う刺客が送られる状況であった。[*97]

だがそもそも、大隈はそれまで、日本を近代国家にすべく働いてきたのであって、佐賀という一地域のために働いてきたのではなかった。そうした地域的結合によって国政が動かされるのではなく、統一的な統治機構の下、近代化のために出自を超えて協力し合うことが大隈の理念であった。だからこそ、佐賀出身の江藤や副島ではなく、近代化の方向性について考えが一致していた伊藤・井上とも深く結び付くことができたのである。単に同郷の旧友であるという理由で、叛乱を起こした江藤の助命を嘆願することは、情実によって法の運用を曲げることにつながる。それは大隈にとって自らの近代化への信念を否定することにほかならない。

そのうえ大隈にとって、江藤らの叛乱に道理があるとは考えられなかった。佐賀の士族たちの動きに対しては「我輩は折角是迄築き上げた王政維新の大業を妨げる様な言動を示すに於ては、敢て猛然として果断の処置を取ると力《りき》」んだほどである。[*98] もちろん、大隈は江藤はじめ多くの知友が死に至ったことについていたたまれない気持ちを抱いていた。その意味では、のちの西南戦争に際しての大久保利通の心情に通じるものがあったであろう。なお大隈は江藤の遺児である江藤新作の面倒をよく見た。新作もまた大隈を慕い、のちに大隈系政党である進歩党・憲政本党に所属して代議士として活躍することとなる。

台湾出兵

佐賀の乱と同じ頃、政府部内では台湾問題が懸案となっていた。事の発端は、一八七一（明治四）年一一月、琉球（現在の沖縄）の漁民六六名が台湾に漂着、うち五五名が原住民によって殺害された事件にあった。明治政府は事件に対する責任を追及するため副島種臣《しん》を清国に派遣、清国は副島に対して台湾の原住民は「化外《けがい》の民」で清国の管轄外であると回答して責任を回避した。そのため政府は自ら台湾を征討することを検討し、日清両属状態にあった琉球の日本への帰属を、これを機会にはっきりとさせ、かつ台湾への進出の足掛かりを得ようと考えたのであった。当初副島外務卿が中心となって征討を計画していたが、征韓論をめぐる政変によって副島が辞任したため、以後大久保と大隈が中心となって計画を進めていくことになった。一八七四（明治七）年一月、大隈は大久保とともに蕃地問題調査担当となり、台湾問題について調査を命じられ、二月六日、大久保と連名で「台湾蕃地処分要略」を政府に提出した。この意見書は台湾を「清国政府政権逮《およ》はさるの地」とし、琉球漁民殺害事件の問責・報復を行なうのは日本政府の責務だとするものであった。[*99]

ここで問題になるのは、半年前に内政問題を理由に征韓論に反対した大隈と大久保が、なぜ台湾出兵については積極的に推進したのか、ということであろう。第一に、征韓論の結果、旧薩摩藩士をはじめとする不平士族が大量に辞職して不穏な形勢にあり、その不満を逸らす必要があったという事情がある。そして第二に、この頃、政府の外交顧問であったル・ジャンドルが数度にわたり台湾出兵を主張する意見書を提出していたことがある。ル・ジャンドルは、現在東アジアで最も恐るべきはイギリスであり、その対抗上ロシアと事を構えるのはよくないので、樺太（現サハリン）はロシアに与えて、代わりに南方の台湾を討ち、それによって内政問題たる不平士族の問題を解決することが得策であると進言していたことがあった。ル・ジャンドルは、この七年前に、厦門駐在米国領事として、アメリカ人船員が台湾で殺害された「ローバー号事件」にも関わっており、その際の経験から、台湾は清国施政の及ばない「無主の地」であり、占拠しても国際法上問題がないとの助言を行なっていた。こうした意見は「台湾蕃地処分要略」にも反映されており、大隈と大久保に大きな影響力を与えていた。[*100] そして第三に、朝鮮が清国の保護下にあるとはいえ、ひとつの主権国家であったのに対し、台湾は清国にとって辺境であり、かつ前年副島種臣が清国政府との交渉で、台湾の「生番」は「化外の民」であって、清国政府の政教禁令の及ばぬ地であるとの回答を引き出していたこともあって、[*101] 本格的な戦争になる可能性が低いと考えられていたことがあった。

こうした意見に基づき、四月に台湾出兵が正式決定される。大隈は台湾蕃地事務局長官に任命されて長崎に赴き、四月二〇日に長崎に到着した。

出兵中止命令と臨機の決断

ところが、西郷従道《つぐみち》が薩摩で募集した兵を率いて長崎から台湾へ出発しようとするその直前になって、出兵を一時見合わせよとの至急電報が東京から届いた。出兵に際して日本は英国と米国の艦船を借用することになっていたが、英米両国公使が局外中立の立場から艦船の使用拒否を宣言したためであった。

しかし西郷従道とその率いる部隊はすでに出兵する気に充ち満ちており、中央が認めないならば独断で台湾に向かうとまで息巻くありさまで、強いて止めれば叛乱を起こしかねない状況であった。また、万が一英米艦船の使用ができないまま西郷らが独断で出兵すれば、兵糧輸送の道が断たれ、現地で凄惨な結果を見ることは火を見るよりも明らかであった。こうした板挟みの状況で悩んだ大隈は、意を決し、英米艦船借入の契約を解除するとともに、大蔵卿としての権限によって独断で米国船を購入するという挙に出た。そして五月二日、谷干城・赤松則良率いる艦隊が台湾に向け出港することになる。

中央の意向を無視して、独断で船舶を購入し、出兵させてしまうということは、平時であれば到底許されることではなかったが、もし大隈がこのように動かなければ事態の暗転は明らかであり、まさに苦渋の決断であった。五月三日夜、東京から出兵引き留めのために長崎にやってきた大久保も、翌四日、大隈と面会して事情を聞き、また現地の状況を知るに至って、大隈の判断を支持した。

しかし、これですべてが解決したわけではない。もしこの征台の挙を清国が認めなければ、清国との戦争は避けられない。だが戦争となれば、多額の軍事費を必要とする。この費用をいかに捻出すべきか。大隈は検討を重ね、数度にわたって軍事費支弁に関する意見書を提出、[*102]陸海軍予備金を充当するとともに、各省の予算を削減してその剰余金を充てることを主張した。一時は開戦必至かと思われる情勢にまで立至ったものの、その後イギリス駐清公使ウェードの調停もあって、一〇月三一日、無事妥協が成立し、償金五〇万両を清国から獲得することで決着がついた。[*103]

しかし、開戦こそ回避されたものの、この台湾出兵には直接総額七〇〇万円にも上る臨時支出を余儀なくされ、これが政府財政に大きな負担となってのしかかってくる。大隈はさらに国内財政の整備に力を尽くさなくてはならなくなる。

もちろん、この出兵は日本政府にとってマイナスだけであったわけではない。台湾出兵の結果、日本の兵力は英仏二国の認めるところとなり、それまで横浜に駐留していた英仏の駐屯軍が翌一八七五（明治八）年三月に撤兵することにつながった。また琉球居民の保護のための出兵と、その結果としての清国による賠償金支払いは、それまで日清両属状態であった琉球について、清国が事実上日本の支配権を認めたことを意味するものになった。

三菱との関係

また台湾出兵は日本海運業の発展にもつながった。出兵に際して、外国の汽船会社は局外中立の立場から輸送を引き受けず、また国内でも政府系の帝国郵便蒸気船会社が、利益なしと経営陣が判断したため、輸送の任を引き受けなかった。そのようななか、岩崎弥太郎の経営していた三菱汽船会社だけが輸送の任を快く引き受けた。そこで政府は外国から買い入れた船舶をも岩崎に預けて輸送の任に当たらせることとした。台湾出兵事件の落着後、この船舶は岩崎の希望と前島密の建策とによって三菱へ譲与されることとなった。困窮のなか、敢然と国策に協力した三菱に対する政府の感謝の表明であった。

またそれと同時に、政府は三菱に対し向こう一五年間補助金年二五万円を下付することを決定した。これにより、それまで外国の汽船会社に支配されていた外国航路に、日本企業が進出しうる素地がつくられることとなった。こうした日本企業による外国航路への進出は、日本商品を日本商人の手で輸出することによって、外国商社による価格支配・利益独占を脱して貿易による日本経済の発展を図ろうという「直輸出」政策とも密接に結び付くものでもあり、日本経済の発展にとって非常に大きな役割を果たすことが期待された。

この三菱保護の議はもともと大隈の意見ではなく、前島密の建策を大久保が採用したものであったが、これをきっかけに大隈と岩崎は肝胆相照らす親しい仲になっていく。ただしこのことは、不必要な猜疑をも招くことになり、その後大隈は政敵から攻撃されるごとに、三菱との金銭的癒着を攻撃された。しかしこの金銭的癒着という攻撃には確たる証拠があるわけではなく、噂の域を出ない話でしかない。

島津久光による弾劾

財政担当者として苦しい財政をやりくりしながら、大久保・伊藤と協力して近代化のために邁進した大隈であったが、その後も相変わらず大隈に対する風当たりは強いものがあった。特にこの頃、批判の急先鋒に立ったのは島津久光《ひさみつ》であった。島津久光は、言うまでもなく明治維新で最大の功績を挙げた薩摩藩の藩主の父であるが、かねてより維新政府の開化政策に強い不満を持って鹿児島にひきこもっており、政府にとって大きな悩みの種であった。

久光は、一八七二（明治五）年六月から一八七五（明治八）年一〇月まで四度にわたり建白書を提出し、政府の欧化政策・近代化政策を批判、服制、暦制、兵制などの封建時代の諸制度を復活させることを主張していた。[*104] こうした状況に対し、政府は弁の立つ大隈を久光と会談させて説得しようと目論み、勝海舟の仲介によって、一八七三（明治六）年五月二八日に会談が行なわれた。会談は約五～六時間もの長きにわたって行なわれ、大隈は滔々《とうとう》と自らの信じるところを弁じた。後年の大隈の回顧では、久光は大隈の言葉にやや安心したようであったと、二人が和解したかのように述べられているが、[*105] 実際にはその後も久光は政府の欧化政策を批判し続け、特にその代表格として大隈個人を激しく攻撃するようになっていく。だが不平士族や政府内の守旧派への対策上、政府も久光をないがしろにはできず、同年一二月に久光は内閣顧問に就任、さらに一八七四（明治七）年四月には左大臣に就任することとなる。

左大臣就任で勢いを得た久光は、翌五月、政府の欧化政策を糾弾し、礼服や租税、兵制などを封建時代のものに復旧することを主張する極めて復古的な意見書を提出、[*106] さらに「人撰書」[*107] を提出して大隈をはじめとする官吏の罷免要求を行なうに至る。罷免対象とされたのは、参議兼大蔵卿大隈重信、大蔵大輔吉田清成、外務卿寺島宗則、外務少輔上野景範、内務省出仕伊地知貞馨、租税頭松方正義の六名で、また意見書を受け入れない場合は大久保利通をも免職すべきであると書かれていた。大隈以外はみな薩摩藩出身であり、薩摩人以外で唯一人かつ筆頭に大隈の名が挙げられていることからしても、いかに大隈が欧化主義の元凶として憎まれていたかがわかるであろう。

大隈の反撃と大久保、伊藤の支援

こうした久光の姿勢に対し、大久保利通が対抗する姿勢を見せた。大久保は五月二五日、久光を懸命に説諭するが聞かれず、やむなく辞表を提出して抵抗する姿勢を示したのである。[*108] これを受け、岩倉具視は二七日、「大久保大隈進退御処置有之候ハヽ、内外物議相生可申其御覚悟可有之儀ト存候」[*109]として、久光の意見を拒否した。だが久光はなおも納得せず、とりわけ大隈の辞職については強硬に主張し続けたため、やむなく三条と岩倉は、大隈に対し、一時的に参議・大蔵卿を辞任して台湾蕃地事務局長官専任になるように勧めた。しかし大隈は、もし辞職するならば台湾蕃地事務局長官も同時に辞すると言って譲らず、大久保もまた大隈を失うことは政府にとって大変な痛手だとして、連携して抵抗する姿勢を見せた。

さらに、久光が大隈の辞職を求めるに際して、職務における大隈の破廉恥行為を挙げたという噂を聞くと、大隈は怒りを爆発させた。大隈は久光の建白の是非曲直を明らかにするよう三条と岩倉に訴え、[*110]かつ久光に宛てて「重信カ職ニ称ハサルカ将タ過誤失錯ノ糾正スヘキカ〔中略〕冀クハ閣下襟懐ヲ披キ明教ヲ垂レ重信ヲシテ罪アラハ甘シテ之レヲ受ケ罪ナクハ申雪スル所アラシメヨ」[*111]との詰問状を発するに至ったのである。久光はこの詰問状に対して具体的な返答をせず、また大久保や伊藤博文の背後での運動もあって、結局三条は大隈罷免の理由なしと久光に通告することとなった。

政治的見解の差異において批判されるならともかく、道徳的な行為においては決して糾弾されるようなことはないという自負が大隈にはあった。そして大隈が、まがりなりにも左大臣という立場にある久光に対してこうした強硬な姿勢を取ることができたのには、大久保や伊藤といった盟友たちがともに辞職する姿勢まで見せて大隈を支援したからであった。三名は互いの信頼を確認し合い、手を取り合って、さらなる近代化政策の推進を継続していくのである。

地租改正の完遂

大隈がこの頃取り組んでいた近代化政策のひとつが地租改正事業であった。地租改正とは、従来の石高制に基づく租税体系を改め、土地収益をもとに地価を定めて、その三パーセントを地租として徴収、従来の米納を金納に改めることにより、米価や豊凶に左右されない安定的収入を得られるようにしたものである。

もともと地租改正法を準備したのは井上馨大蔵大輔であったが、公布直前になって井上が辞職したため（一八七三年七月二八日公布）、大隈が大蔵省主務者としてそれを引き継ぐことになった。また一八七五（明治八）年三月末に、内務省と大蔵省間の連絡を通じて地租改正事業をスムーズに実務するため地租改正事務局が設置されると、大隈はその御用掛に就任し、同局総裁の大久保利通を補佐した。のち大久保歿後は大隈が総裁に就任し、地租改正事業の完遂までその事務を取り仕切った。田畑に関する調査は一八七七年頃までに完了し、それ以外の調査も一八八一年までに完了した。これにより政府は毎年安定した収入を確保することができるようになるのである。

地価の算定に当たっては、旧来の租税水準を維持する方針が採られ、かつ収穫の隠匿や、調査に際して手心が加えられるようなことのないよう厳格な監督が行なわれたため、各地で農民の反撥を招き地租改正反対一揆が次々と発生した。特に一八七六（明治九）年末には三重や茨城で大規模な一揆が勃発、政府は翌年から地租率を二・五パーセントに引き下げるなどの譲歩を余儀なくされた。また従来農民が共同利用してきた入会地などの土地が、所有者不在の土地として大量に官収されるなど、地租改正による政府の安定財政確保は、農民への多大な負荷と表裏一体のものでもあった。

秩禄処分

地租改正と並んで当時の懸案事項であったのが、士族の秩禄の処分であった。徴兵制度の施行によって従来の身分制軍隊から近代的軍隊確立への変革の第一歩が踏み出されたが、その一方で士族の家禄は依然として政府財政の大きな負担となっており、早晩何らかの形で整理することが必要であった。そして財政担当者としてこれを調査、立案、実施したのも大隈であった。

大隈はまず一八七三（明治六）年、岩倉、大久保らの委嘱を受けて、家禄に対して税を賦課する家禄税の制度を調査、一二月に布告、実現した。さらに翌一八七四（明治七）年一二月、地租改正により地租が金納になったのに合わせて家禄・賞典禄も金禄に改めるべきと提案、これに基づいて、翌年九月より、一八七二～七四年の三年間の米価の平均額に基づく金給に改められることとなった。これにより政府は金米交換に伴う冗費を省き、かつ米価に左右されずに歳出額を予想しうるようになった。

さらに大隈は、一八七五（明治八）年九月「華士族秩禄処分之儀ニ付正院上申案」[*112]を提出して、封建制度が廃止された以上家禄を存続させる必要はないとしてその廃止を主張、この主張が政府首脳部の了解を得ると、一八七六（明治九）年三月、「家禄賞典録処分ノ儀ニ付伺」を太政大臣三条実美に提出、[*113]より具体的な処分案を立案して秩禄処分への手筈を整えていった。内閣顧問木戸孝允は、これらの大隈の提案はいずれも士族に酷薄に過ぎるとして反対したが、閣議は木戸の意見を受け入れずに大隈の提案を採用し、八月五日太政官布告第一〇八号として金禄公債証書発行条例が公布され、禄高に応じた公債証書の下付と引き換えに、家禄制度は廃止されることとなった。

木戸の反対意見にも見られるように、これらの施策は長年家禄の恩恵に慣れて生業を持たない士族にとっては非常に厳しいものであった。しかし大隈はここでも政府の財政安定と近代化政策の継続の目的の下、統治の論理を貫徹させることを選び、改革を断行したのである。

産業発展の基盤整備と輸出奨励

以上のように、大隈はこれまで一貫して、封建的な幣制や租税体系を否定し、全国に統一的な貨幣制度と租税制度を打ち立て、財政の中央集権化を実現すべく尽力してきた。そしてこのような制度改革だけでなく、より積極的に国内諸産業を発展させるべく、施策を打ち出していくことになる。

大隈は一八七五（明治八）年一月、台湾出兵の臨時出費による政府財政の窮迫を挽回するべく、意見書「収入支出ノ源流ヲ清マシ理財会計ノ根本ヲ立ツルノ議」を提出、国内金銀の海外への流出を押しとどめるために輸入を抑制するとともに、国内産業を育成して内需の拡大と海外への輸出増大を成し遂げ、政府の財政的基盤を確立することを主張した。またその後も「天下ノ経済ヲ謀リ国家ノ会計ヲ立ツルノ議」（同年九月）、「国家理財ノ根本ヲ確立スルノ議」（一〇月）、「通財局ヲ設クルノ議」（月不明）を相次いで提出、[*114]さらに一〇月には大久保利通と連名で「輸出物品ヲ以テ外債償却ノ儀ニ付伺」を、[*115]翌年五月にも大久保と連名で「貸付局設立並ニ資本手形発行ノ儀ニ付キ建議」[*116]を提出、国内市場の整備、商品流通のためのインフラの整備、金融機関の保護育成などを主張した。

当時の日本は、輸入超過の状況にあって正貨（金銀）の流出が続いていた。しかし不平等条約体制の下にあっては、日本が独自に関税を高くして輸入超過を防ぐことは許されなかった。また佐賀の乱や台湾出兵などに伴う政府費用の増大は政府支出の拡大を余儀なくしたが、しかしその費用を賄うべき紙幣の発行のためには、紙幣の信用を裏付ける正貨準備が必要であり、もし十分な正貨準備のないまま不換紙幣を増発した場合、信用不安によるインフレが昂進する恐れがあったため、大隈は何よりも正貨準備の増大を急務と考えた。とはいえ、その正貨蓄積のための方策としては、いたずらに節約・倹約のみを手段とするのではなく、内務卿大久保利通と協力しながら殖産興業政策を推進、国内産業育成のための支出については惜しまずに輸出を奨励し、長期的視座で財政的基盤を整備しようと図ったのである。以上の多数の建策もそうした大隈の方策を示したものであった。

しかし、日本の経済発展は一朝一夕に成し遂げられるものではない。その上、一八七七（明治一〇）年には、鹿児島の不平士族が西郷隆盛を担ぎ上げて蜂起し、西南戦争が勃発することになる。そしてその戦費の支出のために、政府財政はより一層の苦しさを増していくことになる。こうした財政危機に際して大隈がいかなる対応を行なったのかは、次章において見ていくこととしたい。

明治初年の大隈

以上、本章では、明治初年、外交ついで財政の舞台で活躍して頭角を現し、近代化政策に邁進する大隈の姿を概観してきた。大隈は、当初木戸孝允、のち大久保利通の庇護の下、政府部内の進歩派の中核として行動し、特に伊藤博文とは終始手を取り合って近代化に邁進していた。とはいえ、この時期の大隈が目指してきた近代化とは、政府機構の中央集権化や財政的基盤の整備が中心であった。その意味で、本章のはじめに述べた明治維新の二つの理念のうち、「公議輿論」の重視は後回しとして、「万機親裁」の言葉に象徴される中央集権的統治機構の整備に集中していたということができる。

「公議輿論」の重視という側面では、三権分立の建前の下、公議所、左院、元老院など議事機関が政府内に次々につくられたが、その権限は小さく、行政官が事実上立法権を有する状態であった。政府部内でも、それら議事機関の権限を拡張すべきとの意見がしばしば出されたが、大隈はそうした意見に加担する動きは一切見せていない。議事機関を設立してそれを通じて民意を汲み取り立法する必要性をこの時期の大隈は感じていなかったものと思われる。また憲法を制定すべきだとする議論も、大隈の庇護者であった木戸孝允をはじめ、多くの識者から出されているが、大隈はそうした動きにもほとんどコミットしていない。

この時期の大隈は、圧政の元凶として地方官や保守派から指弾されるような施策すら行なっており、明らかに民意の政府への取り込みよりも、統治の論理の貫徹にこだわっていたということができるだろう。民衆や士族に対しては時に過酷とも言える対処を行なってでも、中央集権化と財政的基盤の確立に大隈はこだわった。

もちろん大隈は一方的に中央集権化だけを目指し民衆の負担を省みなかったわけではない。一八七一（明治四）年の「大藩同心意見書」にも、「農税ヲ軽クシ商税ヲ興スノ目途及重斂《〔ママ〕》ヲ廃」[*117]すという方針が立てられており、台湾出兵に際しても可能な限り増税を避ける方向性で財政策を練ってはいた。ただそれはあくまで、「収税ハ平準ヲ以テ要旨トス而シテ従来之法多ク偏重偏軽ノ弊アリ」[*118]というように、「公平」でバランスの取れた制度をつくることが目的で、明治初年に前原一誠が行なった年貢半減のような極端な仁政は論外であった。

「大隈参議全国一致之論議」の中で「自主ノ権」「自主自衛」に言及していたように、大隈は最終的には人民が自治的営みを行なうことが国家の富強につながるとの考えを持ってはいた。しかし当時の日本は、いまだその前提条件に達していないというのが大隈の認識であった。この頃の大隈は、目の前の民意に迎合することなく、統治の論理を貫徹することによって、将来的な「自治」の基盤づくりをしようと考えていたのだと思われる。民衆がいまだ「仁政」に慣れきって自立していない段階では、自治などおぼつかない、まずは中央集権化によって政府権力を強化することが先決であり、政府主導による経済発展と、教育基盤の整備とによって国民を育成していくことが必要だと大隈は考えていたのである。教育を重視していたことは、学制発布に際して大隈が取った態度にも現れている。

統治の論理を貫徹したとはいえ、先に述べた「公平」やバランスを重視する姿勢や、たとえば歳計表を作成して公表し、予算公表の先例を作ったことなどからも窺えるように、行政を可能な限り透明化し、国民に示すことを意図していることは注意すべきである。[*119] こうした姿勢は次章において見るように、その後も継続され、法令公布日誌創刊計画や、統計院の設置などにもつながっていく。統治の論理を貫徹する代わりに、可能な限り公明正大な体制をつくり、国民が成長した暁には民意によるチェックを受けられるようにしていく必要があると考えていたのであろう。

第三章　「立憲の政は政党の政なり」——明治一四年の政変

参議筆頭としての大隈

本章では、西南戦争後、大久保利通暗殺によって参議筆頭の立場に立った大隈が、明治一四年の政変で政府を追放されるまでの時期を取り扱う。本章で扱う時期は、明治初年に統治の論理に則って行動していた大隈と、一八八二（明治一五）年に立憲改進党を結党し政党政治家として活動するようになる大隈とを結び付ける時期だと言える。

維新期に大隈の課題であった「全国一致」＝中央集権化は、廃藩置県、地租改正、秩禄処分等の諸政策によって、まがりなりにも実現の目処が立った。大隈は、のちに『大隈侯昔日譚』において、西南戦争後の社会の変化を次のように回想している。

> 当時までは封建廃滅に対する種々の疑惑もあつたが、之も〔西南戦争によって〕一掃されて了《しま》つた。又徴兵制度に対する疑ひは実に大なるもので、武士ならざれば百姓や町人が何の役に立つものかと云ふ有様であつたが、薩摩隼人と腕に覚えの勇者達を西郷が引き伴《つ》れても、遂に百姓や町人の徴兵と戦つて負けて了つた。こゝに国民皆兵の事実は明確に証明されて、我が国将来の軍隊組織の上に好個の教訓を与へたんである。

西南戦争は、封建制度の廃滅を明確に示す画期的出来事だったのである。それだけではない。これを機に、武力ではなく言論の力によって社会を変革しようという動きが前面に出てくる。新聞や雑誌、演説会を通じて、議会開設や国民の権利を求める動きが盛りあがってくるのである。

大隈は、前章で見たように、「全国一致之論議」中で、国民の「自主ノ権」、言い換えれば「自治」の必要性にも言及していた。まがりなりにも「全国一致」が実現され、議会開設を求める世論が高まっていくなかで、大隈は果たしてこうした運動にいかなるスタンスで向き合うことになるのであろうか。

また西南戦争の結果、その膨大な戦費支出によるインフレの昂進と正貨流出にどう対処するか、という難問もまた、この時期の大隈が抱えていたものである。こうした難問に、大隈はどのように対処したのか。そして、参議筆頭の立場にいた大隈が、なぜ政府を追放されなくてはならなかったのか。統治の難問と民意の突き上げのなかでの大隈の動きを検証することによって、政党政治家としての大隈の原点を確認していきたい。

大久保利通の死

一八七七（明治一〇）年、征韓論で下野したのち、鹿児島に帰っていた西郷隆盛らが反政府の旗を揚げ、西南戦争が勃発した。大隈は大蔵卿として、この戦費調達のために奔走する。それでなくても財政の厳しいなかで、軍からは次々と費用請求がなされ、創設されたばかりの第十五国立銀行から一五〇〇万円を借入し、また新紙幣二七〇〇万円の発行に踏み切らざるをえなくなる。

西南戦争に敗北した西郷隆盛は九月、鹿児島で自刃、また木戸孝允も戦争の行く末を憂いながら五月二六日に病歿していた。さらに、政府の事実上の指導者である大久保利通が、戦争の翌一八七八（明治一一）年五月一四日、不平士族によって暗殺されることになる。「維新の三傑」、とりわけ今後の政治を指導していくはずだった大久保の死は、大隈らに大きな衝撃を与えた。大久保を、大隈・伊藤の二名が補佐して近代化を進めていく体制は、大久保が暗殺されたことによって、大隈と伊藤とが並び立って指導していく体制へと変わっていく。

大久保が就任していた内務卿には、伊藤が就任することになる。内務省は、内政の幅広い事務を管掌する役所であり、内務卿は諸省卿の中でも中核的位置にあった。しかしその一方で、参議としては大隈の方が古参であり筆頭格の立場にあった。大久保歿後、果たして大隈と伊藤とのいずれが指導的立場に立つのか。両者が手を取り合って同一の方向に歩んでいる時にはこの問題はさほど顕在化しないであろうが、一旦両者の間に懸隔が生じた場合には、この微妙な関係は、その懸隔をより大きく広げる危険性を孕むものであった。

なお、伊藤が参議兼内務卿に移った結果、井上馨が参議兼工部卿に就任して中央政府に復帰した。井上の復帰に際しては、明治天皇や宮中の保守派から反対意見があったが、大隈は井上の復帰がないなら辞職するとまで述べて井上の復帰を主張した。[*1] 一八七三年に大蔵大輔辞任後、大久保政権下ではやや居場所なき感のあった井上が復帰することにより、かつての「梁山泊」以来の、大隈・伊藤・井上のトリオが復活することになる。

大隈財政の基本路線

さて、西南戦争に伴う膨大な財政支出の後始末を、大隈はどのように行なおうとしたのであろうか。それを見るためには、西南戦争前に遡って、いわゆる「大隈財政」の性格について触れておく必要がある。

留守政府期の井上大蔵大輔と各省との衝突にも明らかなように、明治政府にとって、近代化に必要な財源の不足という難題をどう乗り越えるのかが大きな課題であった。特に、外国製品の輸入と、海外と日本の為替相場の不均衡とによって、正貨（金銀）が大量に海外に流出していた。しかし不平等条約の下では、関税障壁を設けて輸入を防ぎ税収を確保するという方策も採ることができなかった。

前章末尾でも触れたように、こうした財政難に大隈は積極財政で臨んだ。かつて井上馨が主張したように、緊縮財政を敷くという方法も一つの選択肢としてありえたが、大隈は、緊縮財政に拠って正貨を蓄積するのみでは近代化は達成できないと考えた。そのために大久保利通内務卿と連携して殖産興業政策を推進し、運輸などの社会資本整備と、金融制度の整備による産業資金供給の円滑化を進めようとした。とはいえ、財政出動のためには、正貨が不足している。したがって、インフレに注意しつつ不換紙幣をある程度活用していかざるをえない。民間の金融システムが発達していないなかで、大隈はその資金供給に果たす政府の役割を重要視し、政府紙幣を融通させるために兌換《だかん》紙幣にこだわらずに紙幣を発行した。また一八七六（明治九）年八月には国立銀行条例を改正して銀行設立を容易にして銀行紙幣の増刷と融通とを図った。[*2]

大隈はかつて三岡八郎による金札発行を批判したように、本来不換紙幣の発行には否定的であった。しかし正貨蓄積が一向に増えない当時の状況のなかで近代化を成し遂げるには、ある程度の不換紙幣の発行はやむをえなかった。三岡財政の後始末以後不換紙幣の相場安定に一定の成果が現れていた上に、米価の高騰によって高い税収を確保できていたということもあって、[*3]大久保＝大隈の積極財政と殖産興業政策は安定して進められていった。

限られた正貨保有額のなかで、民間に資金を供給して産業の発展を促すには、大隈が採った以外の方策はなかったであろう。そして西南戦争以前においては、紙幣価格は安定し、また歳入は歳出を上回り、年々多額の剰余金を国庫準備金に繰り入れており、[*4] 大隈財政は成功と言える状況であった。[*5] 経済史家の山本有造氏は、この大隈財政モデルは、のちに二〇世紀になって、開発途上国が限られた外貨保有枠のなかで、通貨の弾力的供給によって成長を達成した施策の先駆と言える財政モデルであると指摘している。[*6] このように西南戦争以前の大隈財政は安定的に進められていた。とはいえ、この財政モデルが有終の美を迎えるためには、ほどない時点で経済成長に伴い貿易が輸出超過の方向に転じる（あるいは最低でも輸出入均衡の状態を迎える）ことによって、正貨準備が再び増加し（あるいは最低でも流出に歯止めがかかり）、そのことによって紙幣の信用が確保されることが必要であった。ところがそうした経済発展による正貨の蓄積が進む前に、西南戦争による紙幣増刷を余儀なくされ、紙幣の信用が失われていくことになってしまう。

西南戦争後のインフレとそれへの対処

西南戦争の征討費は約四一五七万円にも上り、この額は一八七七（明治一〇）年の経常歳出の九割強にも当たる金額であった。前述したように大隈は、第十五国立銀行からの借入金一五〇〇万円と、増発紙幣二七〇〇万円によってこれを乗り切らざるをえなかった。従来の政府紙幣の流通高が約九四〇〇万円であったから、西南戦争に際しての紙幣増発がいかに多額であったかがわかるであろう。だが西南戦争によるインフレを大隈個人の責任とするのは酷である。誰が財政当局者であろうとも、この財政支出は不可避であった。しかし、その後このインフレにいかに対処するか、という点は大隈の手腕が問われる大きな難題となる。

西南戦争後のインフレは、物価の上昇＝紙幣価格の下落を意味している。しかしこの紙幣価格の下落をどのように捉えるか、という点には、二つの解釈がありえた。すなわち、正貨の量に比して紙幣の流通量が増えたために紙幣価値が下がり、インフレが起こったと考えるのか、それとも、紙幣の流通量に比して銀の量が減り、その結果として銀価格が高騰したために、相対的に紙幣の価値が下がったと考えるのか、である。どちらも同じ事実の表と裏にすぎないけれども、この解釈の相異は大きな意味を持つ。

大隈は、後者の解釈を採った。すなわち、西南戦争以後も紙幣の流通量が多すぎるとは考えなかった。インフレは、紙幣価格の下落ではなく、輸入超過＝正貨の流出に伴う銀価格の騰貴のためであると判断した。紙幣が多すぎるのではなく、銀が少なすぎるために、紙幣の価値が下がっているのだと判断したのである。一八七八（明治一一）年八月二九日、大隈は「公債及紙幣償還概算書」[*7]を正院に稟議しているが、その紙幣の償却計画は、一八九二（明治二五）年度までは西南戦費二七〇〇万円分に当たる小額紙幣を補助鋳貨に交換するにとどめるというもので、特に一八七八年度から一八八二年度までは回収額を年五〇万円とするという、極めてゆるやかなものであった。

しかしインフレは大隈の予想を超えて進み、翌一八七九（明治一二）年六月二七日に大隈は「財政四件ヲ挙行セン事ヲ請フノ議」[*8]を提出することになる。「四件」とは地租の再査定、備荒儲蓄《びこうちょちく》の整備、紙幣償却の増額、対外支払（外国人雇傭・輸入品使用・海外派遣等）の節減の四つである。三番目の紙幣償却に関しては、大隈はこの意見書の中でも、物価騰貴の原因は政府紙幣の過剰発行ではなく、貿易収支のマイナスと、貿易通貨である銀貨の欠乏による銀価上昇が原因であると主張していた。したがってその対策としては道路港湾の修築、交通運輸便益の増大、農工商諸産業の振起、物産増殖・輸出伸長などの、従来同様の経済発展策が大事だとしている。大隈がこうした見解を持ったのは、何よりも経済発展を重視するがゆえに、一定程度の貨幣流通量の必要性を否定することができなかったからであろう。しかし同じ意見書の中で大隈は、現実に紙幣増発をインフレの原因であるとして批判する声が高まっており、その世論の沸騰が紙幣の信用を失わせてさらなるインフレを招く結果になっているとして、紙幣償却もやむをえず行なわざるをえない、とも論じている。こうした意見の延長線上に、大隈は、前年の「公債及紙幣償還概算書」に比べ、より短期間の償還計画である「国債紙幣銷還《しょうかん》方法」（減債方案）[*9]を作成、紙幣償却にとりかかることとした。西南征討費を一八七八年度より一八八五年度までの八年間で償還することとし、一八七八年度に約七一六万円、一八七九・八〇年度は各二〇〇万円の紙幣を償却する計画であった。

洋銀相場対策

以上のように、大隈はインフレの進行に対してやむをえず紙幣償却計画を立案したものの、インフレの主因を紙幣の過多による下落ではなく洋銀の欠乏による高騰に求めていたために、その紙幣の償却計画も対症療法的なものにとどまっていた。そして、紙幣の償却よりも洋銀相場対策に力を入れることになる。大隈は一八七九年二月「洋銀取引所設立ノ儀ニ付伺」[*10]を上申、これにより翌年三月、横浜洋銀取引所が開業し、洋銀取引が政府の監督下に置かれ相場の安定が図られることになる。また同年一二月には横浜正金銀行の設立を太政官に上申[*11]、これにより翌一八八〇年二月横浜正金銀行が設立されることになる。また東京・大阪株式取引所に金銀貨幣取引を許可するなど、洋銀相場の抑制・支配を目論んだ。このように大隈は、相場監視という方策により、その騰貴を抑制しようとしたのである。

しかしこうした監視は必ずしも上手くいかなかった。投機的取引は減らず、貿易決済における元銀為替の需給関係を反映するものとはならなかった。[*12]大隈の施策が効を奏さなかったのは当然であった。というのも、当時のインフレ＝紙幣価値下落は、西南戦争の財政出動に伴って起こったことからも明らかなように、銀の騰貴というより紙幣価値の下落として捉えるべきであったからである。当時の日本の経済規模を考えるならば紙幣流通量は適正なものとは言えず、西南戦争の戦費に加え、国立銀行条例改正の結果として国立銀行券の供給量増加が続き、明らかに通貨供給量が過多となっていた。相場取引もそうした貨幣価値の不安定さを見越して行なわれていたものであった。こうした点に、大隈の大きな誤認が存在したのである。

準備金の運用

なお、以上のほかに大隈が用いたインフレ対策に、準備金の運用があった。準備金とは、政府紙幣の兌換準備、すなわち本位制度（当時は金銀複本位制）の確立のために政府部内に積み立てられた正貨のことである。西南戦争以前より、大隈はこの準備金を、収入の見込まれる鉱山・鉄道などの官業に出資したり、また通常予算に貸付金として投入するなどの運用を行なって積極財政を展開していた。[*13] 西南戦争後、インフレが進むと、この準備金を、長期的対策としての産業保護奨励のためだけでなく、短期的対策としての正貨供給増加のために使用することになる。産業保護奨励のための官業および民間産業への貸し付けが強化されるとともに、正貨供給増加のために準備金保有正貨の市場売り出しを行なった。前述したように、大隈はインフレの原因を紙幣の増加ではなく正貨の欠乏に求めており、その正貨の欠乏による紙幣信用下落への対策として準備金を市場に供給しようとしたのである。また準備金から海外への輸出品を扱う貿易商に政府紙幣での貸し付けを行ない、輸出商品の売却代金によって外貨で返納させるという海外荷為替制度を創設し、直輸出奨励と対外支払資金の獲得を図った。

しかしこのような運用を行なったために、準備金中の正貨保有高は一八七五（明治八）年六月に一九九九万円であったものが、一八八一（明治一四）年六月には八六九万円まで激減してしまうことになる。そのうえ、インフレは一向にとどまる傾向を見せなかった。[*14]

参議・省卿再分離

大隈はもともと、幕末期に志士としてさしたる功績があったわけではなく、藩閥的な後ろ盾も持っていなかった。外交と財政の手腕が大隈の権力の源泉であったのであり、その能力を買われていたからこそ、政府内で重きをなしていたのである。しかしインフレの昂進を改善できない状況は、大隈の能力に対する疑義を政府部内に発生させることになる。

こうしたなか、大隈の財政への影響力を減退させる官制改革が一八八〇（明治一三）年二月に行なわれる。参議と省卿との兼任を解き、分離することになったのである。これは伊藤博文の建策に基づくものであった。参議が省卿を兼ねていることにより、各省のセクショナリズムに乗る形で一線級の指導者間の統一が取れない状況を改めようとしたものであった。なお、この時の伊藤の目論見は大隈の勢力を削ぐことにあったとする書物もあるが、それは一四年の政変を知っている後年の視点から見た結果論であろう。大久保という求心力を失い、ともすれば各省の立場に拘束されて分離傾向を見せつつあった内閣を一つに結束させることがその最大目的であったと考えられる。もちろん、大隈の財政政策に対する不信感も背景にあったではあろうが、改革後も大隈は会計部担当参議として財政に対する発言力を保持しており、伊藤の眼目は大隈排除にはなく、むしろ財政政策も含めて参議が協力して難局に当たろうということにあったように思える。

もちろん、財政を一人で握るか、それとも集団指導体制を取るかという点は大きな違いであり、かつ権限の大きな大蔵卿という立場を離れることは、大隈の指導力の低下につながる可能性はあった。また藩閥的背景を持たない大隈の立場は、集団指導体制となった場合、薩長出身の政府高官に比して不利でもあった。そのため大隈は、当初この官制改革に留保的姿勢を見せた。しかし結局、伊藤や岩倉の説得を受け入れ、佐賀出身の佐野常民《つねたみ》を大蔵卿に据えることを条件に、この改革を受け入れた。この官制改革の結果、大隈は参議専任となった。また各参議には担当部局が割り当てられたが、大隈は伊藤、寺島宗則とともに会計部の、また川村純義《すみよし》、井上馨とともに外交部の担当参議となった。[*15]

外債五〇〇〇万円募集案

同郷の佐野常民を大蔵卿に据え、また会計部担当としての立場を保持することにより、財政への影響力を残した大隈は、五月、意見書「経済政策ノ変更ニ就テ」[*16]および「通貨制度改定ノ議」[*17]を提出することになる。

前者は、官営工場払下げ、少額補助金の廃止、皇室領の制定、各省局課の整理再編の四つの経費節減を主張したものである。いわば、従来の殖産興業計画に変更を加え、財政整理によって正貨の蓄積を図ろうとするものである。また後者の意見書では通貨制度改正について建議している。大隈は、インフレは害悪のみでなく、生産力増進のためには利益もあるとして、従来の紙幣供給政策を弁護しつつも、しかし経済がいまだ発展せず、かつ関税自主権未確立の状況では「応変ノ政策」が必要だとして、外債五〇〇〇万円を募集し、また準備金運用と銀行条例改正によって、従来よりも大規模な紙幣償却を行なうことを提案したのであった。それまでの大隈が漸進的な紙幣償却を主張していたことから考えると、この提案は大きな政策転換であった。しかしその一方で、その紙幣償却のための費用を外債五〇〇〇万円募集によって調達するという案は、政府部内で大きな反撥を受けることになる。

その反撥は、まず大隈が推薦して大蔵卿に就任させた佐野常民から起こった。この巨額の外債を危険視した佐野は大隈の意見に反対し、外債の額を一五〇〇万円に修正すべきであるという意見を具して、大隈案を内閣に諮《はか》ったのである。内閣では意見が真二つに割れた。黒田、西郷、川村、寺島ら薩摩出身参議は大隈の提案に賛成したが、佐賀出身の大木、長州出身の伊藤、井上、山県有朋、山田顕義が反対の立場に立ち、また各省卿では、大山巌《いわお》、榎本武揚、田中不二磨が賛成、松方正義、佐野常民、河野敏鎌《とがま》、山尾庸三が反対、さらに三条、有栖《ありす》川宮《がわのみや》、岩倉の三大臣も反対の意見であったという。[*18] 最終的には、この外債募集案は明治天皇の反対の裁断により、廃棄が決定される。

この建議は、この時期の大隈の楽観的・積極的財政観をよく示している。大隈には、生涯を通じて諸事に楽観的な傾向を見てとることができるが、特に明治前期の財政・経済政策においては、大隈自身がイギリス人の外交官や財政家と親しい交遊を持っていたこともあって、財政運営に積極的に外国人の力を借りようとしていた。この外債募集も大隈はかねてから親しく助言を仰いでいたオリエンタルバンクの支配人ロバートソンを介して募集するつもりであったようである。またこの頃大隈は、英国人シャンドに対して横浜正金銀行の海外支店開設に関する助言と、正金銀行海外為替業務の担当を依頼している。[*19] このように大隈の正貨蓄積・紙幣整理策はイギリス人との密接な連携の上に成り立っていた。しかしそれだけに、松方正義ら外国資本の日本進出に警戒的な人々からの反撥を受けることになったのである。

伊藤の疑念

外債募集案の廃案を受け、新たなインフレ対策の方針を練るべく、会計担当の三参議に佐野大蔵卿を加えた四人が財政取調委員に任命され、それに代わる処置方法について調査することとなった。だがこの調査の過程で、伊藤博文は大隈に対して不信感を強くすることになる。前述したように、大隈はインフレ対策として準備金を運用していたが、その結果として準備金が大幅に減少してしまっていることを、調査の過程で伊藤が知ったのである。準備金は本来、正貨兌換制度確立のための積立金であり、その積立金が減少しているということはインフレ対策のための紙幣償却を行なううえでも大きな障害となるものであった。

しかも大隈は、この準備金の運用を内閣に諮ることなく独断で行なっていた。伊藤は大隈への怒りをあらわにし、大隈と協力して財政問題に当たることを拒否するに至ったのであった。[*20]

しかしこの時は、三条実美を通じて明治天皇が、伊藤に対して、大隈と協力して難局打開に尽力せよとの内諭を下したため、伊藤も怒りを収め、再び大隈と協力して事態打開の方策を練ることとなる。とはいえ、大隈の独断に伊藤が怒るという図式は、その後再び憲法問題をめぐって繰り返される。この一件はその大きな前兆をなすものであった。

伊藤との共同提案

前述した調査の結果として、大隈は伊藤との協力体制の下次々とインフレ対策の提案を行なっていく。まず一八八〇(明治一三)年九月頃、大隈は「財政更革ノ議」[*21]を提出、税制改正と財政整理によって剰余金を生み出し、それによって紙幣整理を行なうことを提案した。そしてその具体化として、同年九月二七日、酒造税則を改正し、税率を二倍にしてその収入を紙幣償却の元資に充てることとした。また同年一〇月二七日、金札引換公債条例を改正、公債によって紙幣を回収する方策を採った。一一月には伊藤とともに農商務省の創設を共同で建議し、[*22]農商行政事務の一元化によって行政の簡素化を図るとともに、従来の多額の政府支出を伴う農商行政を改めて財政整理を行なうことを提起した。

一八八一(明治一四)年七月末には伊藤と連名で「公債ヲ新募シ及ヒ銀行ヲ設立センコトヲ請フノ議」[*23]を提出した。これは外債ではなく、内債五〇〇〇万円を募集し一大中央銀行を設立することを提案したものであった。大隈が洋銀相場取引の監視・適正化を目的に設立した横浜正金銀行は、その後相場取引の監視よりも、輸出資金として紙幣を前貸しし、それを輸入代金により正貨で回収することによって正貨蓄積を行なうという役割が重視されるに至っていた。この建議は、その横浜正金銀行を公債募集によって中央銀行的存在にまで拡大し、正貨兌換制度を実現しようと図ったものである。この中央銀行設立案はのち日本銀行設立案へとつながっていく[*24]（ただし横浜正金銀行は貿易金融機関として存続）。

従来、明治一四年の政変で大隈が追放されたことや、松方財政の顕彰を目的とした『明治財政史』が明治期財政研究の根本史料として用いられてきたこともあって（同書の副題は「一名松方伯財政事歴」となっている）、幣制改革や金融制度の確立、紙幣整理など金融部門における松方正義の功績を強調するあまり、大隈財政を不当に低く評価する傾向が見られる。しかし、しばしば松方の功績として書かれる紙幣償却の基本方針や、中央銀行創設という考案自体は、以上のようにすでに大隈財政末期に用意されていたものであり、大隈財政が仮に続いていたとしても、実現したであろうことは間違いない。

むろん大隈が当局者である限り、松方財政期ほどの抜本的な紙幣償却はありえず、兌換制度の確立も遅れた可能性は高い。しかし、松方の緊縮政策が「松方デフレ」として知られる農村への多大な打撃をもたらし、一部富裕地主への土地集積をもたらしたことと表裏一体であったことも忘れてはならない。大隈の漸進的な紙幣償却方針が実現されれば、たとえ時間がかかったとしても、農村部へのダメージを和らげながら兌換制度を確立しえた可能性も否定できない。勧業政策の面においては、松方財政から日清戦争に至る期間は「一種の政策喪失の状況」と評されるような状況であり[*25]、また農工商の実情調査をもとにその振興方策を提案した前田正名の一大論策『興業意見』も、松方デフレによる地方経済の「名状しがたい惨状」[*26]を黙視するに忍びず構想されたものであった。このように大隈・松方両財政とも、それぞれ一長一短の側面を持つ政策であり、どちらかの一面だけを強調することは避けなくてはならないだろう。

福沢諭吉との接近

これまで述べてきた大隈による西南戦争後のインフレ対策立案に際して、それを政府外からサポートしていた人物がいる。福沢諭吉である。横浜正金銀行の設立も、もともとは福沢諭吉が大隈に「貿易銀行」の設立を提案したことに始まるものであった。[*27]

大隈がのちに設立する早稲田大学と、福沢諭吉の設立した慶応義塾大学とは、強いライバル関係にある学校として知られているが、創設者の大隈と福沢とは肝胆相照らす非常に親しい間柄であった。いつ頃からこの二人が親しくなったのかははっきりとはわからないが、一八七三（明治六）年前後であるらしい。[*28]そして一八七八（明治一一）年頃から、西南戦争後のインフレ対策への意見交換を通じて、二人は急速に親密の度を加えていく。[*29]福沢が大隈に宛てた書翰のうち現存する最も早いものは同年二月二八日付のものであるが、それによれば、この二日前、福沢は地方の有志大勢を連れて、大隈の紹介により大蔵省の金庫を見学したようである。[*30]大蔵省に正貨が大量に保管されている様子を地方の有志者に実見させることによって、政府財政の信用を高め、紙幣価値の下落に歯止めをかけようとしたのである。また同じ頃福沢は著書として『通貨論』[*31]を発表、その冒頭の一部分と末尾を『民間雑誌』にも掲載し、金銀より紙幣の方が通用に便利であること、政府に信用があれば準備金が多少少なくても紙幣発行に不安はないと論じるものであり、まさに大隈財政を民間から言論によって後援しようとしたものであった。[*32]また大隈は、この頃財政危機に陥っていた慶応義塾が政府からの資金援助を願ったのに対し、それを援護している。結局、政府部内で伊藤博文と井上馨が反対したためにこの援助は実現しなかったが、[*33]福沢は大隈の好意に対して感謝の意を強く持った。[*34]

福沢門下の推薦

大隈は、こうして肝胆相照らした福沢に、優秀な門下生を政府の官僚として推薦するよう依頼する。最初に福沢から推薦されたのは矢野文雄（竜渓《りゅうけい》）であった。もともとは一八七八（明治一一）年三月に、大隈から福沢に、「エンサイクロペヂヤ」（『百科全書』）の編集担当者の推薦を依頼したことに始まるが、[*35]折しも大久保利通の暗殺など、政府部内の事情の変化などもあり、結局矢野は大蔵省三等少書記官として省内の会計検査局に勤務することになった。

同じ頃、井上馨の抜擢により、福沢門下の俊秀であった中上川彦次郎と小泉信吉が政府に出仕していた。この二人についても福沢から大隈に後見依頼があったようである。[*36]中上川は外務省勤務であったが、のちの一四年政変で退官する。小泉は一八八〇年横浜正金銀行の設立に際して大蔵省を去り副頭取に就任していたため、政変の影響は受けていない。また大蔵省に出仕した福沢門下としては、ほかに田尻稲次郎、森下岩楠らがいる。田尻は明治一四年の政変で辞職はしなかったが、のち大隈が設立した東京専門学校に講師として出講して協力している。森下は政変で官を去り、立憲改進党に参加、また『時事新報』に入社するなどジャーナリズムに携わった。

特筆すべきは尾崎行雄と犬養毅《つよし》であろう。のちに「憲政の神様」と呼ばれることになる犬養と尾崎は、ともに喧嘩っ早いことで共通しており、大隈は「其頃から犬養、尾崎と云ふ先生は、若い青年ではあつたが却々《なかなか》変つて居たんである。此両人は政府を退くと報知新聞に入つたが、犬養君は誰とでも直ぐ喧嘩をやる。尾崎君は長上にでも誰にでも、喰つてかゝつて、反抗すると云ふ始末で、〔中略〕尾崎君と来たら、福沢に対しても、時々反抗的態度に出るやうなこともあつたから堪らない、〔中略〕これが尾崎の尾崎たる所で、実に無邪気な面白い先生であるんである」[*37]「〔尾崎の〕其始めの鼻息と来たら大変なもので、我輩を目して『大隈は老耄《おいぼれ》だ何が解るか』と云ふ始末だ。所が我輩の所へ来てからは、我輩が大いに議論を吹きかけるので、トウ〳〵尾崎君『大隈さんは案外な人であつた』と感心したことがあるんである」[*38]とのちに回顧している。

一方尾崎の側も、矢野の紹介で大隈に初めて面会した際の回想を残している。

当時世間では、大隈参議は飾り物で、偉さうな顔をしてゐるけれども、実は偉くも何ともない。その下にゐる書記官等が偉いのであつて、それ等の人々が、勝手に大臣参議を傀儡に使ふのだなどと言つてゐた。〔中略〕私は、世間の評判通り、大隈侯は大変な評判であるが、その下に矢野といふ偉い人があるから、偉さうに見えるのだと思つてゐた。〔中略〕ところが行つて見ると、弟子と思つた大隈侯が、しきりに先生然として講釈をしてゐる。先生と思つてゐた矢野君は、頭を下げて謹聴してゐる。どうも不思議で堪らなかつた。それは私がゐるから、わざとこんな芝居を打つて、大隈侯を偉さうに見せてゐるのぢやないか〔中略〕そのうち誰であつたか、某省の長官が来た。また大蔵卿をしてゐて随分幅の利いた佐野常民君もやつて来たが、この人すら、矢野君よりももつと謹慎して、大隈侯の講釈を聴いて引き退つてゆく。まことに可笑しな様子であつたが、私はそのときはじめて、大隈侯はほんとに偉いんだなアといふことがわかつた。[*39]

大隈は、彼ら若手の俊秀をかわいがり、彼らも大隈の下でよく働いた。こうして福沢門下の多数の俊秀を得た大隈は、彼らを担い手として、議会の開設を実現させようと考えるようになっていく。

会計検査院と統計院

その議会開設の手始めとして、大隈は会計の公正なチェック機能の確立が必要であると考えた。そして一八八〇年三月五日、大隈の建議[*40]に基づき、会計検査院が設立された。[*41] それまでは大蔵省検査局が金穀出納や決算の検査を行なっていたが、これを大蔵省から独立させて太政官直属とし、公正かつ独立した立場から国家財政の検査監督を行なわせることとしたのである。議会開会の暁には、予算の審議がその中心的な役割となることが予想される。そのためにも、公正な会計検査の仕組みが不可欠と考えたのであった。また会計検査院設置には、国費の濫用を防ぎ、紙幣償却に役立てるという、インフレ対策としての目的もあった。[*42]

会計検査院が設置されると、ほどなく矢野文雄と小野梓《あずさ》の二人が二等検査官に任命され、その中核を担うこととなる。小野梓は、土佐出身で、義兄の小野義真《ぎしん》が大蔵省に出仕していた関係から大隈の知遇を得ることとなった。[*43]小野は官僚でありながら立憲政体の導入を主張していたが、民間知識人の団体「共同衆」での活動が政府内で問題となり、かつ政府の立憲制導入への消極的姿勢に嫌気が差し辞職を考えていたところを、大隈が慰留、会計検査院に入れたのであった。[*44]大隈にとって、会計検査院の導入は立憲政体導入への準備として位置付けられていたので、小野のような人物は最も必要な人材であった。こののち、小野は矢野と並ぶ大隈のブレーンとしての役割を果たすようになる。

さらに一八八一年五月三〇日、太政官直属の独立官庁として、統計院が設置される。これも「現在ノ国勢ヲ詳明セサレハ政府則チ施政ノ便ヲ失フ過去施政ノ結果ヲ鑑照セサレハ政府ソノ政策ノ利弊ヲ知ルニ由ナシ」との文章に始まる大隈の建議に基づき、[*45]従来、大蔵省統計寮として存在していた統計作成機関を分離・独立させることとしたものである。統計院設置に際して矢野文雄はその幹事となり、矢野は福沢門下から犬養毅・尾崎行雄・牛場卓造の三名を大隈に推薦した。[*46]

統計院は、その名のごとく、統計の作成を主務とする機関である。このことは言うまでもなく、来るべき議会開設の際に、貴重な国勢情報を備え置くという意図があった。そして、ここで新進気鋭の若手を調査に従事させることによって、人材育成を行なうという目論見が存在していた。矢野文雄は、統計院の目的を、「モウ二三年後には立憲制度を布くと云ふ計画であつたので〔中略〕これ等の連中〔尾崎や犬養など〕に事務を執らすと云ふよりは、他日大いに用ふべき、新人予備隊を蓄へ置くに在つたのである」[*47]と語っており、また尾崎行雄も、矢野から推薦されるに当たって「大隈参議などは、明治十六年には国会を開く希望で、すでにその準備に着手した。国会が開かれれば、国務の説明をさせる政府委員が多数必要であるから、今のうちに民間の人材を抜擢して政府に入れ、二年間政務の練習をさせることにした」との説明を受け、また実際統計院に出勤すると「お前たちは将来政府委員となつて国会に臨むのであるから、そのつもりで研究しろ。統計そのもののためには、力を尽さぬでもよろしい。国務全体の調査に力をそそげ」との訓令を受けたと回顧している。[*48]

『法令公布日誌』発行計画

さらに、大隈は、伊藤、井上と協力して、議会開設のための準備として新聞発行を計画、その担当を福沢諭吉に依頼することになる。『法令公布日誌』と呼ばれる新聞発行の計画がそれである。この新聞は、紙名からも明らかなように、「公報」として政府法令の伝達を行なうのが第一の目的であった。しかし特徴的であったのは、「公報」と対をなす「私報」の部分を持ち、そこで法令の解説や政治的な議論を掲載することによって、世論を誘導しようとしていたことである。[*49]

この新聞発行計画については、のちに明治一四年の政変によって頓挫したため、それに憤った福沢諭吉が経緯を細かく記した史料を残すことになる。[*50] それによれば、当時民間の国会開設運動が盛り上がっていたものの、福沢は「往々茶話の端にも世上に所謂駄民権論の愚を嘲り」、在野の民権運動を冷ややかな眼差しで見ていたという。そうしたなか、一八八〇年一二月、井上より中上川彦次郎を介して、突然新聞発行の引き受けを打診された。さらに同月二四、五日頃、大隈、伊藤、井上の三人と福沢は会談、井上から「今の新聞なり演説なり唯民心を煽動して社会の安寧を妨るの具たるに過ぎず」、それとは異なる国民教育のために、新聞発行を引き受けてほしいと正式に依頼されたという。在野の民権運動に対する見方は共通していたものの、福沢は政府に加担することにも躊躇し、引き受けを渋っていた。しかし一八八一年一月、井上邸で再度会談、その席上、井上から、実は政府は国会を開設するつもりなのだと打ち明けられ、福沢は驚愕する。井上は「国会開設と意を決したる上は毫も一身の地位を愛惜するの念あるなし。仮令ひ如何なる政党が進出るも、民心の多数を得たる者へは最も尋常に政府を譲渡さんと覚悟を定めたり、何卒この主義を以て此度の新聞紙も論を立て公明正大に筆を振ひたきものなり」とまで話したという。福沢は、政府がこれほどの決意を持っていることを知り、「其主義全く諭吉の宿意に合したるを以て、弥《いよいよ》この勢を以て国会を開き、其これを開きたるときには必ず今の政府の人をして多数を得せしめん、〔中略〕兎に角に今の政府は人才の集る所、人望の属する所なれば、我輩は之に応援して穏に内の政権を維持して外に向て大に国権を皇張すること」を目指そうと決意し、新聞を引き受けることとなった。

一八八一年二月に入り、福沢が大隈を訪問すると、その語るところは井上と異なるところはなかった。またこの新聞の件はもともと大隈の奏議によるものだということを知り、大隈と新聞発行の細目について相談した。福沢は、「此一発を以て天下の駄民権論を圧倒し、政府真成の美意を貫通せしめんとするの丹心」で、発行の準備を進めた。

三月末か四月初頭に、いつ国会を開設するのか、その時期と方法について福沢が大隈に尋ねたところ、大隈は「中々以て大事なれば明言し難し、今正に伊井二氏〔伊藤博文と井上馨〕と相談中にして二氏も亦非常の尽力、鹿児島参議へも頻に説得中なれば、漸次進むあるも退くなし、就ては彼の新聞紙の一条も大凡そ政府論勢の方向を定めたる上に発表する方可然との事」と返答されたという。また別の時には大隈は「〔国会開設は〕幾年も幾年も待つべきにあらず〔中略〕政府議定の日は必ずしも秋風の起るを待たざる可し」と話した。これより先、一月頃井上に国会開設の期日を尋ねた際には、井上は「先づ三年さ」と答えていたという。もちろんこれは文字通りの三年という意味ではなく、「唯其用意の難きを表するもの丶如し」、つまり、或る程度準備の時間がかかる、という口ぶりであったという。また伊藤は、福沢邸を訪問した際に、「国会開設の前に元老院を改革して士族を云々する」旨発言したという。これらから福沢は、「大隈君の考と伊藤井上二君の考とは少しく緩急の別あるが如くに覚へたれども、畢竟同志団結の三参議大同論中の小異議と思ふて軽々之を看過」し、準備を進めていった。しかしその後、明治一四年の政変によって大隈は政府を追放され、福沢の新聞発行の話はなかったことになってしまうのである。

以上の経緯からわかることは、大隈、伊藤、井上の三者がこの時期、協力して議会開設に邁進しようとしていたこと、そしてそのための宣伝部門を、在野の民権運動を「駄民権」と冷眼視する福沢に担当させることによって、民権運動に対し先手を打とうという方策であったということである。立憲制度を政府のイニシアティヴで創設し、福沢の先導によってそれを支える知識層を育成し、官民一致の着実な立憲政体を実現することによって、在野民権派の拠りどころをなくしてしまおうという意図があったものと思われる。ただし、福沢も記しているように、議会開設のスケジュールや憲法の内容に関する合意は彼ら三人の間にはできておらず、そのことが政変へとつながっていくことになる。

なお、すでに新聞発行の準備を進めてしまっていた福沢は、政変の翌年、独自に『時事新報』を創刊する。また、政府の法令公布に関しては、一八八三（明治一六）年に『官報』が創刊される。『官報』には「私報」に当たる部分は存在せず、「公報」部分のみが『官報』に結実したのであった。政府による世論誘導の部分を廃し、純粋に法令公布のみとしたという意味では、形式的には当初の構想よりも公平中立なものとなった。しかしその一方で政府は『東京日日新聞』をはじめとする複数の政論紙に資金を提供して世論誘導にも力を入れることになる。

井上・伊藤の議会開設構想

話を大隈、伊藤、井上の議会開設構想に戻そう。西南戦争後、在野の国会開設運動が大きな盛り上がりを見せ、政府批判が高まるなか、政府も手を拱《こまね》いて事態を静観していたわけではない。すでに一八七五（明治八）年に、漸次立憲政体樹立の詔勅によって、時期こそ明言しないものの、憲法制定・議会開設を約束していた政府は、集会条例の発布などにより民権運動を弾圧する一方で、元老院に命じて憲法草案を作成させるなど、調査を進めていた。しかし元老院によって作成された憲法草案は政府首脳部の意に沿うものではなく、一八七九年末に山県有朋が憲法に関する意見書を提出して以降、続々と各参議が憲法に関する意見を提出していくことになる。

井上馨は一八八〇年七月に意見書を提出した。その趣旨はまず上院を設立して民法を制定し、その後憲法の制定、議会（下院）の開設という順序で進めていくことを主張するものであった。[*51] ただし、議会の開設を必要とする理由は世間一般の民権論とは異なり、「今ヤ幸ニ輿論ノ国会ニ帰向スルアリ当ニ此機ニ乗シテ之ヲ開キ以テ明治政府ノ基礎ヲ鞏固ニ」[*52] することを目的とするもので、議会開設によって民権派のお株を奪い、政府の基礎を強固にしようという算段であった。

一方伊藤博文は、一八八〇年一二月一四日に意見書を提出、元老院を拡張して上院とし、その議員は華士族より選ぶこと、府県会議員より会計検査院員外官を公選し、財政公議の端緒を開くこと、さらに詔勅を渙発して漸進主義の方向性を天下に明示することを主張していた。[*53] 井上同様、議会開設を主張しながらも、政府の議会開設と在野の民権運動を明確に区別した上で、漸進主義の詔勅により立憲制運用の主導権を自らの側に確保しようという戦略であったものと考えられる。

伊藤・井上ともに、議会の開設を是としながらも、下院の組織や憲法の内容についてはほとんど触れず、

1879（明治12）年夏、香港総督ジョン・ポープ・ヘネシー一家を囲んで。後列左より、井上勝之助、安藤太郎、大隈、ヘネシー、井上馨、遠藤謹助。前列左より、安藤文子、井上武子、ヘネシー夫人キャサリン、ヘネシー長男リチャード、大隈綾子、井上末子。（早稲田大学大学史資料センター所蔵）

ただ、いかにして議会の開設にこぎつけるかという手順に留意して意見書を執筆していることに注意する必要がある。たとえば、黒田清隆が一八八〇年二月の意見書で、立憲制導入を時期尚早と論じていたように、在野の民権運動を警戒し、立憲制導入尚早を唱える人々が政府内にはいまだ多かった。そうしたなか、いかにして穏便に議会開設にこぎつけるのか、ということが伊藤や井上の重要な関心事であったことがわかる。また、のちに彼らの意見となる、ドイツ流の憲法の制定というような見解は、この段階ではまだ表明されていないことにも注意しておく必要があるだろう。

　一八八一（明治一四）年正月、伊藤、大隈、井上の三人は熱海に寒を避け、国会開設や新聞発行などについて会談することとなった。同じ頃、黒田清隆も熱海に湯治中であり、三人が熱海に集まったのも、保守的で国会開設に消極的な黒田を説得し、黒田以外にも保守的な人々の多い薩摩参議の説得につなげ、国会開設の方向性について参議間の意見を一致させようという考えであったようである。[*54] 伊藤、井上、大隈は国会開設が必要であるという点に関しては一致していた。しかし、その細部の方法や、開設の時期については、必ずしも意見の一致は見ていなかった。さらに、こうした保守的な薩摩の動向が、開設の時期・方法にも大きな影響を持ってくることが予想されたことは留意しておく必要がある。そしてこの時は黒田の説得は必ずしもうまくいかなかったようである。

大隈の憲法意見書

井上、伊藤が早期に意見を提出していたのに対し、大隈は憲法意見書をなかなか提出しなかった。明治天皇は大隈が意見書を提出しないことを不審に思い、左大臣有栖川宮熾仁《たるひと》親王を通じて督促した。大隈は、書面では誤解・漏洩の恐れがあるため、口頭で直接言上したいと言ったが、天皇は書面で差し出すよう再び督促し、一八八一（明治一四）年三月、ついに意見書を有栖川宮に提出した。提出に当たって大隈は、大臣参議には決して見せないようにと固く申し出たという。[*55] なお、このいわゆる「密奏」は、ライバルの伊藤を出し抜こうとしたものだと評されることも多いが、後述するように、伊藤は大隈にとってともに政府党を形成すべき同志と考えられていたのであり、これはむしろ政府部内保守派への漏洩を恐れたという側面が強いのではないかと筆者は考える。

本意見書は以下の七節構成で書かれている。[*56]

第一　国議院開立ノ年月ヲ公布セラルヘキ事
第二　国人ノ輿望ヲ察シテ政府ノ顕官ヲ任用セラルヘキ事
第三　政党官ト永久官トヲ分別スル事
第四　宸裁ヲ以テ憲法ヲ制定セラルヘキ事
第五　明治十五年末ニ議員ヲ撰挙シ十六年首ヲ以テ議院ヲ開クヘキ事

第六　施政ノ主義ヲ定ムヘキ事
第七　総論

以上の章題からもある程度の内容は類推できるが、大隈の意見の第一の特徴は、一年後の議員選挙、二年後の議院開会という極めて急進的なスケジュールを述べていることである。伊藤・井上の意見書が、議会（下院）開設以前にまず上院開設あるいは元老院の拡充を行なうべきだとし、時期についても明言していないのとは大きな違いがある。そして二年後に議会を開設するということは、当然、その前に大至急憲法を制定する必要があるが、この憲法に関しては、大隈は欽定憲法論を主張、内閣で委員を定めて速やかに着手し、年内に公布するように主張している。憲法の要はその実、すなわち慣習的な運用にこそあるので、「極テ簡短ニシテ大綱ニ止ランコトヲ要ス」としている。また憲法は「治国政権ノ帰スル所ヲ明ラカニスル者」と「人民各自ノ人権ヲ明ニスル者」という二つの性質を具備すべきものであり、後者すなわち人権については詳細に規定した憲章を添付することが必要であると述べている。人権規定の重要性についてことさらに言及していることは注目される。また当時民間では、民意を取り入れた合議方式での憲法制定の主張（国約憲法論）が幅広く見られたが、大隈はそれを排し、欽定憲法論を主張していることにも注目すべきである。あくまで政府主導によって優れた憲法を策定し、そのことによって民権派のお株を奪い、立憲政治の主導権を握る、というのが大隈の方策であった。

大隈意見書の第二の特徴は、「国人ノ輿望ヲ察シテ政府ノ顕官ヲ任用」する、すなわち、選挙で最大多数を得た政党の首領に天皇が内閣組織を命ずるという形で、議院内閣制（政党内閣制）の採用を主張していることである。「輿望」すなわち民意を反映させた内閣を組織させることこそが、行政と立法との一致による円滑な統治の実現につながる、というのである。いわば、明治維新の理念であった、「公議輿論」

の重視と、一元的統治のシステムとが、この議院内閣制によって初めて統一的に実現しうるのである。ただし、議院内閣制というものは、国民の選挙によって首相が任命されるものであり、したがってそこに天皇の意思が介在する余地はない。のちに井上毅《こわし》によって批判されるように、この点が「万機親裁」という理念を真っ向から否定するものと受け取られかねなかった。したがって、憲法が「欽定」であることは、「万機親裁」の理念と、「公議輿論」の尊重を矛盾なく統一するうえでも、必要不可欠なものであった。天皇が自らの意思で、議院内閣制を選んだのだとすれば、議院内閣制は「万機親裁」の理念と矛盾することはないからである。

ただし、政党内閣の制度を敷くに当たって、すべての官を政党官とすることは不可である、とも言う。大隈は、治安や公平性担保の必要上、政党官と中立官とを明確に分けておく必要があると主張している。政党官とされるのは「参議各省卿輔諸局長侍講侍従長等」であり、それより下位の奏任官・属官などが中立官とされる。以上の政党内閣の更迭の仕組みや、政党官・中立官の区別などは、概ねイギリスの制度に倣《なら》ったものとなっている。また「三大臣」および「軍官警視官法官」は永久中立官とすべきであるという。[*57]この永久中立官とされる「三大臣」は、イギリスに範を採ったものではなく、当時存在していた太政大臣・左右大臣を想定したものであることは言うまでもない。

この意見書は矢野文雄が原案を起草したもので、[*58]トッドの『英国議院政治論』[*59]を参考にして書かれたものであるといい、多くの部分がイギリスの制度に倣って立案されている。ただし、前述したようにこの三大臣の制度のみは日本独特の制度として構想されたもので、矢野によれば、「[矢野が]最も熱心に主張して、大隈侯も賛同してくれた」ものであるという。[*60]これには、三条、有栖川宮、岩倉への配慮という要素が当然あったと考えられる。もしこの三大臣が不安に思うような制度であるならば、大隈意見書の採用はおぼつかない。ただ、その一方で、この三大臣には単にそうした現実政治上の要請というだけでなく、軍、警察、司法を統括する公平な天皇直属組織として、政党政治の公平な運営を期するための防波堤という役割もあったようである。[*61]

政府主導の政党政治

以上のように、大隈意見書は、極めて急速なスケジュールによって政党政治の実現を打ち立てようとするものであった。意見書の末尾では、「立憲ノ政ハ政党ノ政ナリ政党ノ争ハ主義ノ争ナリ故ニ其主義国民過半数之保持スル所ト為レハ其政党政柄ヲ得ヘク之ニ反レハ政柄ヲ失フヘシ是則チ立憲ノ真政ニシテ又真利ノ在ル所ナリ」との明確な理念が打ち立てられている。それまで議会政治の中での「政党」の位置付けが明確に議論されるということは、愛国公党から国会期成同盟に至る、在野の自由民権運動のなかですら稀であった。すなわち大隈意見書は、政党内閣、議院内閣制を、日本の歴史上初めて現実政治の場において明確に提唱したものであった。議会政治の在るべき姿についてははっきりと述べ、政党内閣の主張、内閣更迭方法についての詳細な叙述、人権の詳細規定の必要性の主張など、憲法の具体的内容にまで明確に踏み込んでいる点で、大隈意見書は他の参議の意見書を凌駕していると言ってよい。しかし、そうした断然たる改革が主張されている半面で、当時伊藤や井上が苦心していた、どうやって薩摩系参議ら政府部内保守派を離反させることなく立憲政体に軟着陸するのかということについては、ほとんど配慮がなかった。立憲制導入への反撥がいまだ根強い当時の政治状況のなかでは、問題化する可能性の大きい意見書であったと言える。そして結果的には、政府部内の保守派や在野の民権派を出し抜くつもりが、自らの同志と考えていた伊藤までもが、出し抜かれたと感じ怒りをあらわにすることにつながってしまうのである。

また以上の大隈の政党政治実現の意見は、決して在野の民権運動に迎合したものではなく、むしろそれへの対抗から、早期の立憲制導入を不可避とするものであった。意見書第六節には、「施政ノ主義ヲ定ムヘキ事」として、「現在内閣ヲシテ一派ノ政党ヲ形クル者タラシメント欲セハ其成立ニ最モ緊要ナルハ則チ施政主義ヲ定ルノ一事是ナリ」とし、現在の内閣を基礎に一つの政党を作ろうという意志が見られる。ただし何を主義とすべきかについては「他日別ニ之ヲ具陳スベシ」とされている。この「主義ヲ定ル」という意見は、伊藤意見書にあった、詔勅を渙発して漸進主義の方向性を天下に明示すべしという方策と共通する部分があるように思われる。前述した福沢の新聞発行計画に関する回顧と併せて考えてみても、いまだ在野政党が成立していない当時の状況のなかで、先手を打って漸進主義の立場で政府党を組織し、福沢による世論誘導を経て政府党勝利を目論む、というのが大隈の腹案であったのだろう。一年後の選挙という極めて急なスケジュールも、こうした在野民権運動の機先を制して政党を結成し、選挙での勝利を目指すという方策と関連していたと推測することが可能である。そしてこうした勝利を目指すためには、断然かつ公平な立憲制の樹立が必要であった。不完全な制度を導入するのでは、民権派のお株を奪い選挙に勝利することは決してできない。もちろん、それは民権派に対抗する単なる「手段」でしかなかったわけではない。議院内閣制の断然たる導入こそ、民意の支持を調達しながら、行政と立法との一元的な体制の下、円滑に統治を行なっていくための理想的な制度なのであり、その意味では明確な理念でもあったのである。

だが、政党内閣制度の下では、下手をすれば内閣参議がこぞって下野することもありうる。その意味では政府首脳にとって相当衝撃的な意見書であったことは言うまでもない。三大臣を中立永久官として設置したのも、有栖川宮や三条、岩倉のその点への懸念を避ける意味があった。ただし大隈が同志であると考えていた伊藤と井上はともかくとしても、それ以外の薩長参議がこのような意見に賛同するか否かは心もとない部分もあっただろう。果たして、この意見は政府首脳部に大きな波紋を投げかけることになる。

大隈意見書への反応

大隈意見書を受け取った左大臣有栖川宮熾仁《たるひと》親王は、意見書の内容に驚き、他見させないようにとの大隈の依頼にもかかわらず、三条と岩倉に見せてしまう。意見書を一読した岩倉は、大隈にどのような意図でこれを書いたのかを尋ねた。大隈は、「時勢今日ニ迫リ姑息ノ法ハ行ハレズ譬ヘハ門ノ片扉ヲ開ケハ一時ニ群入スル如シ寧ロ両扉ヲ開キ内ハ百官有司一途ニ力ヲ尽クシ外《そと》国会家〔在野の民権派〕ニ先達テ国憲ヲ実行セラル、ヲ今日ノ適当トスル」と答えた。前述した通り、姑息な方法ではなく、断然たる方法でなければ、民間の国会開設運動のよりどころを奪い取り、立憲制度を政府主導の下円滑に運営することはできない、ということである。そこで、岩倉は、伊藤との意見の異同を尋ねたが、大隈は「大異ナシ」と答えたという。[*62]

大隈が意見書を提出したのはおそらく三月一一日と推定されるが、[*63]岩倉がそれを見たのはそれからほどない時期であったろう。三月三一日付の大隈宛書翰で岩倉は次のように書いている。

内密一筆申入候。昨日者午後四時より伊藤入来数時間内談種々之談に渉候得共、今日之儘に而者所詮不可保との見込に而有之候。就而は貴卿意見書之事未た御咄し無之候は丶幸其前得と御内談申度存候事に候条、不取敢《とりあえず》一筆申入候。今日は小生不参候に付如此候。早々以上。[*64]

岩倉と面会した伊藤が「今日之儘に而者所詮不可保」すなわち立憲制導入は不可避と考えていたことを伝え、伊藤にまだ意見書の内容を話していないならば、その前に一度内談したい、という内容である。おそらく、この岩倉との内談において、大隈は伊藤の意見と「大異ナシ」と答えたのではないだろうか。ただし、右の書翰を読む限り、岩倉にさほどの切迫感は感じられない。大隈の意見を急進的だと岩倉が考えたとしても、書翰では、伊藤も立憲制導入が不可避であると述べたと書かれるなど、必ずしも大隈意見書に強い危機感を抱いている様子はないのである。そして実際、この三月末から六月半ばまでの約三ヶ月間は、この大隈意見書が廟堂をゆるがす問題になることはなかった。

ところが、六月中旬に至って、急にこの大隈意見書が問題となり始める。六月二一日になって岩倉は、三条実美と有栖川宮に対し「大隈建言も断然には候得共、実に可恐廉《おそるべきかど》も可有之と存候」[*65]と書き送り、大隈意見書の「可恐廉」に危惧を抱くようになっていく。また伊藤博文も二七日になって、三条実美を通じてこの意見書を筆写し、七月二日に至り「大隈此節の建白熟読仕候処、実に意外之急進論にて、とても魯鈍の博文輩驥尾《きび》に随従候事は出来不申」[*66]と、怒りをあらわにして辞職を願い出るに至るのである。

井上毅の暗躍

六月下旬になって大隈意見書が突如問題化されるに至ったのはいったいなぜなのだろうか。この背景には太政官大書記官であった井上毅の暗躍があった。実は、この六月、太政官大書記官の井上毅が、憲法問題に関して岩倉に積極的な働きかけを行なっていたのである。[*67]岩倉から大隈意見書を見せられた井上は、六月一四日、「欧洲各国殊ニ独乙国ノ如キハ、決テ英国ノ如キ十分之権力ヲ議院ニ与ヘ、立法之権而已《のみ》ナラス、併テ行政之実権ヲモ付与スルニ至ラス、彼レ秘書〔大隈意見書〕ノ如キハ、其主義全ク英国ニ依リ、改革セントスルモノニテ、一蹶シテ欧洲各国之上ニ凌駕セント欲ス、此事実ニ容易ナラサル儀ト存候」[*68]と進言し、複数回にわたって憲法に関する意見書を岩倉に送ったのである。こうした井上毅の働きかけの結果、岩倉は、井上に対し六月一九日、「過日秘書御一見及内談候末、三ヶ度之来簡、且書籍洋人政体抜書及意見書等追々及熟覧、深ク了解ニ至」「感佩之至」と伝え、[*69]大隈意見書の「可恐廉」をはっきりと認識するに至ったのである。

他方、井上毅は伊藤博文に対しても強く働きかけを行なった。六月末、井上毅は伊藤に対して、長文の意見書を提出し、英国の政党内閣制を強く批判した。[*70] こうして伊藤も大隈に対して強い不信感を抱くようになる。七月一日、伊藤は三条に宛てて「甚邪推ヶ間布《がましく》候へ共、大隈の建言は、恐らくは其出処同氏一己の考案には有之間布様狐疑仕候。唯今の形勢なれば、甚恐縮の至に御座候へ共、博文は当官御放免奉願候外無御座《ござなく》候」[*71] として辞職をほのめかしている。「同氏一己の考案には有之間布《まじく》」とあるのは、背後に福沢系の人々の影響があるとの意味であろう。井上毅は伊藤に対してプロシア流憲法の確立を訴えるとともに、「福沢ノ交詢社ハ、即チ今日全国ノ多数ヲ牢絡シ、政党ヲ約束スル最大ノ器械ニ有之」[*72] と、大隈意見書の背後に福沢派ありとして、危機感を煽りたてた。さらに井上毅は井上馨に対しても同様に英国憲法の危険性を説き、井上馨も「実ニ英政体は〔中略〕其実は米国之脇《ママ》和政体よりも甚く〔中略〕早く独乙法ニ習ひ以て吾憲法を定むる」[*73] べきだという考えを抱くに至った。前述したように、井上馨はこれより先、福沢に対して、「国会開設と意を決したる上は毫も一身の地位を愛惜するの念あるなし。仮令ひ如何なる政党が進出るも、民心の多数を得たる者へは最も尋常に政府を譲り渡さんと覚悟を定めたり」と述べていたのであって、政党政治を必ずしも危険視してはいなかったはずである。この井上毅の働きかけが、井上馨にいかに大きな転換をもたらしたかがわかるであろう。

ただし、伊藤博文は、この段階ではいまだ大隈を政府から排斥するまでの決心には至っていなかった。イギリス流政党内閣の危険性については、この意見書が却下されれば済む問題である。伊藤が激しく怒ったのは、議院内閣制の危険性もさることながら、それだけでなく「此迄小生〔伊藤〕ハ何事も総テ大隈ト相談元老院建言〔伊藤の憲法意見書〕も打合セ候事然ルニ此建言ヲ同列江も不計出シ抜ケニ上奏スルハ不都合千万」[*74] というように、大隈が、これまで盟友として活動してきたはずの伊藤に何ら相談せず、独断・

秘密裏にこの意見書を提出したことにあったと思われる。かつて参議・省卿分離制度の導入を伊藤が主張したのも、参議の協調による集団指導体制を確立するということが意図にあった。参議間の協調体制の下、自己がゆるやかなリーダーシップを発揮して政治を動かしていくというのが当時の伊藤の考えであったのだと思われる。にもかかわらず、大隈が独断でこのような行為に出たことに、伊藤は強い怒りを感じたのであった。

こうした伊藤の怒りに対し、大隈は伊藤を訪問、「今般ノ事ハ粗暴ノ次第、何共申訳無之」と謝罪した。伊藤は大隈に対して、独断・秘密裡に意見書を奏上したこと、およびその意見書が「全ク君権ヲ人民ニ抛棄スル」ものであると批判、さらに「福沢如キ者ノ代理ヲ勤ムル、尤モ可笑」と述べた。大隈は福沢へ相談したことはなく、これは自分一個の意見であると弁解したが、伊藤は、「福沢ノ私見国憲」と大隈の意見が同一だと言って納得しなかったという。[*75] 大隈が、伊藤と相談せず、福沢らと結託した（と伊藤が感じた）ことが、伊藤に強い不快感をもたらしたことがわかるであろう。ともあれ、参議間の協調による集団指導体制を重んじる伊藤は、一旦は大隈の謝罪を受け入れることとなった。

大隈に「陰謀」があったか

ここで問題になるのは、なぜ大隈が伊藤に事前に意見書について相談しなかったのか、ということである。ここから、この意見書提出が、伊藤・井上らを出し抜こうとした「陰謀」である、との噂が駆けめぐり、明治一四年の政変につながっていく。

だが、この大隈の行動を「陰謀」と考えるには、不審な点が多すぎる。というのも、この「密奏」は、もともと大隈から積極的に行なったのではなく、有栖川宮の督促に断わり切れず、しぶしぶ提出したものである。そのうえ、天皇が大隈意見書をそのまま採用するということは考えられず、いずれ内閣において議論にならざるをえないとするならば、内閣で味方になりうるのは伊藤と井上の他にいないはずである。すでにその方向性で福沢にも新聞発刊依頼を三人共同で行なっているのであり、大隈が事前に伊藤に見せなかったことは、逆に大隈の側にそうした陰謀がなかったことを示しているとすら言えるのではないか。

意見書の執筆者と目される矢野文雄は後年「何も政府を倒さうとか、薩長の人を倒さうとか云ふのではない、〔中略〕其人達を大いに説いて正式な政治を布かせ、漸々《だんだん》に立憲制度に拠らすやうにしようと云ふのであつて、薩長の勢力を全然覆へさうと云ふに非ずして、これを矯《た》めて政府の基礎を固めようと云ふにあつた」[76]「なるべく薩長有力者との間柄を円満にして、立憲制度の樹立に便にしたいと思つて居たのである」[77]と、「陰謀」説を否定している。この回想は、すでに大隈に薩長藩閥と闘った「民衆政治家」としてのイメージがつき、また元老ら「非立憲的」な勢力に対する非難も高まっている時期の回想であって、大隈や自己を讃える意図ならば、むしろ薩長との対決姿勢を強調した方が適切であったに違いなく、そうでありながらこうした回想を残していることには信憑性がある。

矢野と並ぶ大隈のブレーンであった小野梓も伊藤との提携を主張していた。のちに政変直前の九月二九日に大隈に宛てた書翰でも「或は閣下と伊藤参議とを離間せんとする悪漢有レ之哉に承候得ば、此辺は兼て御戒心被《あそばされ》レ游度」としたうえで、伊藤の態度に多少不満があろうとも連携を維持するようにと忠告しているほどである。[78]なおここでいう「悪漢」が井上毅を指すことは言うまでもあるまい。その一方で、小野は、在野の民権運動について、「反覆表裏之徒」が名を民権に借りているに過ぎないと批判し、[79]また政変直前に大隈に宛てた意見書の中でも、「在廷官吏の鏘々《そうそう》たるもの及び在野負望の士にして其影響を内閣の議に及ぼすに足るべきもの」に「賛成者」を求めるべきで、「白面の書生、軽薄の者流にして所謂る筆舌の愉快を一時に取るもの」に求めてはならないと論じている。[80]あくまで、伊藤・井上らと協力しつつ、福沢門下をはじめとする政府内外のエリート層を取り込んでいこうというのが小野の構想であり、在野の反政府運動と結託して、井上や伊藤を出し抜こうという構想は、大隈も、大隈のブレーンたる矢野・小野も一切考慮していなかったのである。

もちろん、大隈は自分の意見が急進的であり、誤解を招くということは自覚しており、だからこそ誰にも見せないようにと有栖川宮に依頼したのであった。あくまで自分一個の意見であり、採用されるか否かは、衆議の場での議論次第と、気軽に考えていたのではないか。しかし、大隈の側に陰謀的意図がなかったということと、それを伊藤がどう受け取るかということは全く別の問題である。この部分を大隈は甘く見過ぎた。大隈の政治姿勢におけるこうした根回しの不在は、生涯を通じて看取できる。

伊藤や井上は、その憲法意見書の内容からも明らかなように、いかにして議会開設を軟着陸させるかに苦心していた。伊藤は、参議による集団指導体制を維持しつつ、立憲制導入のために薩摩の参議らを説得すべく動いていた。ところが大隈は、思ったままに断固たる措置を主張し、公の場での弁論で事態を動かしていこうと考えていた。こうした態度は伊藤にとって、薩長の融和による集団指導体制を打ち壊すものに見えたに違いない。こうした二人の政治姿勢の違い、とりわけ大隈の根回し軽視の政治姿勢が、井上毅に付け込む余地を与えていったのだと言えよう。

開拓使官有物払下げ事件

大隈の謝罪によって、一旦は修復した伊藤と大隈との関係であったが、その後ほどなく、二人の関係を再びゆるがすことになる問題が起こる。開拓使官有物払下げ事件である。すでに述べたように、大隈は政府財政を整理し紙幣償却費用を調達することを目的に官営工場払下げを建議、一八八〇年、工場払下概則を制定して、払下げを開始したが、もともと財政整理・費用調達目的であったため、払下げ条件が厳しく、はかばかしく進まなかった。そうしたなか、開拓使の官有物が、政府と縁故のある人々に格安で払下げられることが決定され、世論が沸騰することになるのである。
世論沸騰の発端となったのは、一八八一年七月二六日の『東京横浜毎日新聞』社説「関西貿易商会ノ近状」であった。なお、従来、この官有物の払下げ先は、五代友厚経営の「関西貿易商会」と表記されることが多いが、「関西貿易社」が正式名称である。そのうえ、払下げ先は実際には開拓使官員の安田定則・折田平内らの設立した北海社が中心であって、関西貿易社は官有物のうちのごく一部（岩内炭坑と厚岸官林の二件のみ）の払下げを受けようとしたにすぎない。ただし関西貿易社には北海社との合併案もあったので、実態は一つであるという見方もある。[*81]
この払下げに対して、有栖川宮とともに大隈が強く反対したとの風説が流れた。ただし、この件に関する大隈の意見がどのようなものだったのかを直接的に示す史料はなく、真相はよくわからないのが実情である。のちに陸奥宗光《むつむねみつ》は、大隈は払下げそのものに異存はないが、官有物運転資金として九万円を下付することには反対であった旨、「老官人」から聞いたと記している。[*82]もともと官営工場の払下げ方針を、正貨蓄積のための方策として大隈が提案していたことを考えると、格安での払下げや補助金交付はそれに反することになることは事実である。現在史料からわかっているのは、当初「内閣中にも異論」[*83]があったということ、および、仮に大隈が反対していたにしても、八月二日付大隈宛伊藤書翰で「追々御談合申候開拓使上申之会社設立一条ハ如御承知御聞届相済候」云々とあることから、[*84]八月初頭の段階では大隈も払下げについて了承していたということである。
そもそも五代は梁山泊時代からの大隈の親友であり、関西貿易社自体、大隈の直輸出政策に五代が賛同して設立したものであった。[*85]五代に対する攻撃が盛んになされていた八月二七日、五代自身が自己に対する攻撃を嘆く書翰を大隈に送っており、その文中には払下げ対象である岩内炭坑に関して言及され、また五代の事業への大隈の協力の様子も記されていて、少なくともこの両人のレベルで懸隔がなかったことは明らかである。しかも払下げの多くは、前述したように五代の関西貿易社ではなく、北海社に対するものであった。だがこれ以後、民間政論紙は政府ならびに五代・関西貿易社に対して激しい批判を繰り広げていく。のちに政府御用紙となる福地源一郎の『東京日日新聞』や丸山作楽《さくら》の『明治日報』までもが、政府攻撃の論陣を張り、「維新以来日本全国の人民智となく愚となく挙つて政府の措置を非議せしこと未だ此時より甚きはなし」[*86]と評されるほどの状況であった。

こうしたなか、これらジャーナリズムの批判は、大隈が裏で糸を引いているもので、福沢諭吉や、この前年払下げを出願して断られた三菱と結託し[*87]、在野の民権運動と呼応しながら政府転覆を目論んでいるのだという噂が、まことしやかにささやかれるようになっていく。大隈にとって不運だったのは、七月三一日より明治天皇の東北巡幸に供奉《ぐぶ》し東京を離れていたことである。本人不在の間にさまざまな風説が盛んに流されたのである。

さらに、福沢が実際に門下生を動かして反対運動を行ない、三菱も実際にそれに関わっていたらしきことも、こうした大隈陰謀説を強める結果となってしまった。のちに福沢門下生の矢田績は、福沢の命令によって函館で官有物払下げの反対演説をさせられ、その費用は三菱が出していたと証言している[*88]。また大阪でも福沢門下で『大阪新報』に筆を執っていた加藤政之助が払下げ批判を展開し、八月二〇日には大阪戎座での交詢社臨時演説会で、加藤のほか福沢門下の藤田茂吉、鎌田栄吉、鹿島秀磨らが払下げ批判の演説を行なうなど[*89]、福沢が裏で糸を引いていると信じるに足る情勢が形作られていた[*90]。

そのうえ、大隈のブレーンである小野梓もまた、この政府批判の盛り上がりを政局に利用しようという考えを持つに至っていた。会計検査院の検査官を派遣して調査を行なうとともに、検査官による払下げ中止建議書の提出を目論んだのである[*91]。小野梓は大隈に建言した「若我自当」の中で、この開拓使官有物払下げ反対は憲法制定のための「方便」であり、必ずしもこの問題で勝利を得る必要はないと明言している[*92]。

世論を盛り上げることによって薩長藩閥を追い詰め、憲法制定を認めさせようという算段であった。

しかし、いまだ国民に選挙権のない段階で世論を盛りあげても、その実効性には限界がある。むしろ、そうした世論の盛り上がりは、小野の目論見とは逆に、大隈を窮地に陥れることになった。小野は同じ土佐出身の河野敏鎌《とがま》と親しく、河野は機関紙『東京毎日新聞』に拠って開拓使問題で政府を追及している嚶《おう》鳴社《めいしゃ》と深い関係を有していたから、福沢―大隈―小野―河野―在野民権派が結託して政府転覆を謀っていると受け取られるような材料を提供する結果にもなった。

小野のような世論に訴えるという方策よりも、大隈の憲法意見書が問題となった際に井上毅が行なった、政治家を個別に説得するという手法の方が、当時の政治環境においてははるかに有効であったろう。むろん、このような世論重視の姿勢こそが、小野らの立憲政体・政党内閣樹立の見解と結び付いていたのであるから、このような評価は後知恵でしかないかもしれない。しかし、結果としてこれが大隈への不信感を増幅させ、命取りになったことは間違いない。

大隈・福沢・三菱の陰謀説を真に受けた開拓使長官黒田清隆は怒り狂い、その怒りは薩摩参議に伝播、川村純義などは「大隈ノ如キ奸物トハ共ニ朝廷ニ立タレズ」と話していたという。[*93] 天皇側近の元田永孚《ながざね》にも「大隈ノ奸計ハ実ニ可恐、聖上ニテ其辺ハ能々御存知無之テハ、他日天下ノ大害ナラン」と松方正義が伝えており、[*94] 天皇にまでおそらく大隈の「奸計」の風聞は届いていたものと思われる。

こうしたなか、長州出身の山田顕義は、払下げ問題は枝葉の問題であり、むしろ大問題は憲法編成に関して、大隈の意見が採用されるか、それとも内閣各員の意見が採用されるかである、もし大隈の意見が採用されるなら大問題であり、内閣はみな辞職するだろう、逆に内閣各員の意見を採用するならば、大隈およびその党与を排斥されることを願うとの意見を岩倉に上申した。[*95] 黒田も断然たる処分を求め、[*96] 伊藤・井上もまた大隈の罷免を岩倉に迫った。[*97] 大隈が東北巡幸供奉から帰京する直前の一〇月九日、閣議で大隈罷免が内決され、一一日、天皇が巡幸から戻ると、大隈抜きの御前会議で大隈罷免は正式決定された。そして一二日、開拓使官有物払下げの中止と、明治二三年を期して国会を開設する旨の勅諭《ちょくゆ》が出された。

退職勧告

巡幸供奉中、東京で反大隈の動きが起こっていることについては、大隈の元にも続々と報告が来ていた。巡幸供奉から帰京後、辞職勧告を受けた際のことを、大隈は次のように回想している。

〔東北巡幸より〕還つた日の即夜内閣会議を開いて、我輩を追放することを決し、何でも夜中の一時頃であつたと思ふ、参議の伊藤と西郷（従道）とが、我輩の所へ遣つて来て、唯単純な言葉で『容易ならざることだから』とだけで、ドウか辞表を出してくれと云ふ。此方《こちら》は多くを聞かずとも、其間の消息は大概分つて居る。『ヨシ明日我輩が内閣に出る、辞表は陛下に拝謁してから出す』と云つたら、これには両人一寸当惑したらしいが、直ぐに是を止める訳にも行かぬ。然《しか》し、流石《さすが》にそれは不可《いか》ぬと止めはしなかつたが、我輩が宮中に行つた時は、モウ門衛が厳重に遮つて入れさせぬ。有栖川宮、北白川宮とは御巡幸中同行でもあつたが、有栖川宮様に行けば、矢張りこゝにも門衛を置いて固く門を鎖し、我輩の入るを拒絶すると云ふ始末、昨日まで供奉申し上げた陛下にも、御同行申し上げた宮様にも、今日は固めの門衛から拒絶されて御会ひすることすら出来ないと云ふ急転して体《てい》のいゝ罪人扱ひとなつて了つたんである。御免の辞令は司法卿の山田（顕義）が友人として持つて来て渡して呉れた。*98

こうして参議筆頭という立場であった大隈は、政府を去ることになる。さらに、大隈免官に際して、大量の退官者が出た。自発的に官を去った者もいれば、退職を強要された者もいた。大隈・福沢派の官僚が一掃された、とされることが多いが、退官者をよく見てみると、大隈・福沢系統の者とは別に、河野敏鎌、島田三郎、中野武営、波多野伝三郎、田中耕造など、農商務省・文部省に勤務する一群の官吏も退官を余儀なくされている。多くは民権結社嚶鳴社《おうめいしゃ》や、一八八一年末に河野が設立する訴訟鑑定所修進社に関係を有する人物である。その後嚶鳴社の人々も立憲改進党に合流するため、彼らも「大隈・福沢系」と一括されてきたが、実はこれ以前に、彼らと大隈とが政治的に結託していたことを明確に示す史料は存在しない。また退官者の中には田中耕造のように、のちに自由党に所属する人物も存在する。嚶鳴社系の退官は、その拠点である『東京横浜毎日新聞』が開拓使官有物払下げ問題批判の急先鋒であったことや、大隈との結託の風評が広く出回ったことに基づくもので、通説的理解とは異なり、彼ら嚶鳴社系の人物は「大隈系官僚」と呼ぶことはできないのではないかと考える。むしろ政変で追放されたことが、両者の政治的接近の重要な契機となったと考えるべきだろう。[*99]

民権運動と藩閥政府のはざまで

嚶鳴社と大隈との別、ということは、大隈の自由民権運動に対するスタンスと関連して、非常に重要である。大隈が議会開設を主張するに至ったのは、決して自由民権運動に迎合したからではないからである。前述したように、大隈も福沢もともに、在野の民権運動については冷ややかな眼差しで見ている。

しかしその一方で、いつまでも藩閥政府による専制政治が行なわれていてよいとは大隈も考えなかった。大隈のブレーンである小野梓は、すでに一八七九（明治一二）年「唯有日本」を、当時参加していた民間知識人団体の共存同衆で演説し、藩閥の専制政治となっている当時の政府の有様を批判していたが、[*100]こうした意見を有する小野を重用した大隈もまた、同様の考えを持っていた。そして、大隈の主観では、伊藤博文や井上馨も、小野と同様に、藩閥政治に批判的であると見られていた。

其頃は伊藤も井上も我輩等と同様の改革意見を有つて、眼中薩長無しと云つて居た。〔中略〕我輩等は、〔中略〕速かに国会の開設を断行しなければならぬと云ふことに一致主張したんであるが、然し当時薩長の力は頗る強大にして、我々の力のみを以てしては、容易に動かす訳には行かなかつたのであるが時代は我々に多少の力を与へてくれたし、新聞は出来て来たし、国会開設、代議制施行の声は盛んに揚がつて来た。*101

実際、井上馨は福沢に「余が宿説に於て薩長の藩閥は最も心に慊しとせざる所にして、何時までも此閥を存す可きに非ず」と語っていたというから、伊藤・井上に対するこうした見方がある程度説得力を有する実態が当時はあったということであろう。*102 小野梓や矢野文雄が、大隈と伊藤との協調体制を重視していたことはすでに述べた。藩閥専制に反対する小野が、伊藤との連携を重視するということ自体が、大隈派が伊藤に対してどのような期待を抱いていたかが理解できるであろう。こうした伊藤・井上という同志の存在、そして、福沢門下や小野梓に代表される進歩的な若手官僚の擡頭こそが、大隈に立憲政治導入の決断を抱かせるきっかけとなったのであった。

大隈らは政府が優れた憲法と議会政治のシステムを断然たる態度で導入することこそが、在野民権運動の拠りどころを奪い、政府主導の漸進主義的な政党政治を実現するために不可欠の手段であると考えたのであった。そして、その議院内閣制というシステムは、単に在野民権運動に対抗するための手段としてのみではなく、民意の後押しを受けながら、行政と立法とを一致させて円滑な政治運営を行なうことのできる統治体制として、まさに理想的な政治システムであると考えられていた。以上のことを理解してはじめて、明治一四年の政変で政府を追放された大隈が、その後、在野民権派とも、藩閥政府とも異なる第三の道として、立憲改進党を設立したことが理解できるのである。在野民権派に共感していたならば、自由党と別政党を結成する必要はないし、逆に政党内閣が、単に在野民権派に対抗して政府の利益を図るだけの手段にすぎないならば、政府を追放されてなお、その政党内閣のシステムにこだわり続けることもないだろう。

大隈の「不幸」と「失敗」

しかし、この政府主導の政党内閣導入というプランは挫折を余儀なくされたばかりか、大隈自身が追放されるという結果に終わってしまった。明治一四年の政変の原因は、一つに帰することができない。大きな理由としては、(一)インフレの進行とそれへの対策として提案された外債問題によって、大隈の財政運営能力への不信感が醸成されたこと、(二)参議への根回しなく、秘密裡に急進的な意見書を提出したことで、参議の協調的指導体制を重んじる伊藤の怒りを買い、またイギリス流政党内閣を危険視する井上毅の付け込む余地を与えたこと、(三)開拓使官有物払下げ問題で世論が沸騰し、不運にも大隈が東北供奉巡幸中で不在だったこともあり、大隈陰謀論が盛んに唱えられたこと、という三つが挙げられるが、このうちのいずれか一つでも欠けていれば、政府内での紛糾こそあれ、筆頭参議の大隈が追放されるというような事態には至らなかったのではないか。

大隈が後年この政変を振り返る際には、自分を追放した藩閥政府への怒りというものはあまり窺えず、「これは我輩の思慮の足らぬ所からでもあるが、一つには時勢が急変したので、恰も山巓《さんてん》より石を転ばすが如くに、天下の人心自《おのずか》ら我れに向へり、藩閥も軍人も眼中に無し、と過信したのが我輩の大いなる誤りであつた。伊藤、井上は元々長州の出であるから、我輩と行動を共にして頗る立場が苦しくなる。其処《そこ》で後に至つてソロ〳〵躊躇し始めた、逡巡し始めた。遂に伊藤、井上も我輩と離れると云ふ不幸に陥つた」[*103]というように、「思慮の足らぬ」自己の「失敗」と、時勢による「不幸」という見方が顕著である。

この辺りにも、大隈の意図が、決して藩閥政府との全面的対抗にはなく、むしろ政府部内進歩派による政党内閣の実現ということにあったことが窺える。しかしそれを行なうには、あまりに方法が稚拙すぎた。いかにして政党内閣に軟着陸させるのか、というプランが、大隈には見られなかった。

ただし大隈の言う「失敗」とは、やり方がまずかったという意味であり、民意と統治を一致させ円滑な政治の運営を進めうるシステムとしての政党政治という理念の提示を「失敗」だったとは考えなかった。

この理念の延長線上に、大隈は政党結成を進めていくことになるのである。

第四章　漸進主義路線のゆくえ——立憲改進党結成から条約改正交渉まで

「第三の道」のゆくえ

大隈重信は明治一四年の政変によって政府を追放された。しかし、野に下ってのちも、大隈は日本に政党政治を確立するという理念を抱き続け、本章で見るように、一八八二（明治一五）年、自ら立憲改進党と称する政党を組織することになる。本章では、この立憲改進党が何を目指し、政府および自由党とどう向き合ったのかを扱う。

もともと大隈の政党内閣構想は、前章でみたように、早期に議会を開設して、政府部内進歩派を糾合した政党を結成することによって、在野民権派のよりどころを奪うという戦略に基づいていた。ただしそれは単に民権派への対抗だけが目的であったのではなく、政党内閣制という、民意の調達をシステマティックに行なうことが可能な制度を日本に導入することによって、穏健着実な進歩的政治体制を敷くことを大目的とするものであった。しかし大隈は政府を追放され、議会開設は一〇年先のこととなり、政党結成も、当初の大隈の政府内進歩派による与党構想とは異なる、非政府党という形で実現することになる。

ここで問題になるのは、もともと在野の自由民権運動に対して冷ややかな眼差しを注いでいた大隈が、自らが在野の立場に立つことによって、その姿勢をどう変化させたのかということであろう。かつて対峙すべき相手であった在野民権派勢力＝自由党とは、政府と対抗するという意味においては同じ立場に立つ横並びの状態となる。また、大隈を追放した政府＝薩長藩閥勢力は、もはや大隈が構想していたような進歩的与党たりえない。このようななかで、立憲改進党はどのようにそれらの勢力と向き合おうとしたのか。本章では、下野後、政府と在野勢力とのはざまで揺れ動く大隈の姿を追っていく。その歩みは必ずしも直線ではない。政府との関係も、また自由党との関係も、状況のなかで揺れ動いていかざるをえなかった。

洋行の風評

政変後の大隈の挙動は官民いずれもが注目するところであった。政府を追放されたことから、第二の西郷隆盛となり、叛乱を起こすのではないか、との危惧を抱くものも存在した。しかし大隈は建白書提出や新聞での意見表明などの軽挙妄動を控え、雉子橋《きじばし》の自邸（現在の千代田区役所付近）に籠って目立った挙動を見せなかった。

沈黙を続ける大隈に対し、都下の新聞には、この機会を利用して大隈は外遊するのではないか、などという風説が盛んに掲載された。かつて大隈は岩倉使節団の派遣を主唱し、またイギリス流の立憲政治の導入を唱えていたことからしても、海外を実際に視察するという選択肢は当然ありえたし、それを勧める者も周囲にはいた。[*1] しかし大隈は海外に出ることを選ばなかった。それは、引き続き、立憲政治・政党政治を日本に導入するための活動を行なう必要を感じていたからであった。すなわち、政党政治の一刻も早い実現という理想は、下野することによっていささかも変化しなかったのである。そしてそのために、まずは政党を設立し、その活動を軌道に乗せることこそが急務であると大隈は考え、水面下でその準備に着手し始めることになる。

とはいえ、政党ということであるならば、大隈の辞職からほどない時期に、それまで国会開設請願運動を展開してきた人々によって日本最初の政党・自由党が結成されていた。すなわち、大隈の辞職六日後の一八八一（明治一四）年一〇月一八日、自由党は盟約・規則を制定、二九日には総理（党首）に板垣退助が選ばれることになる。[*2]政府と対峙していくことを最重要視するのであれば、大隈がこの自由党に合流するという方策も選択肢としてありえたはずである。しかし大隈はその道を採らなかった。つまり、下野後も大隈は自由党の方向性には賛同せず、自由党とも藩閥政府とも異なる漸進主義路線を堅持しようとしたのである。その意味で、政党内閣の設立と、漸進主義政党の結成という政変以前からの理念は、何ら変化を見せることはなかった。

立憲改進党の結党

では、立憲改進党はどのような経緯を経て結党されたのであろうか。実はその動きはすでに政変前から始まっていた。すなわち、一八八一年六月一〇日に、小野梓と小川為次郎が「中立政党」設立について話し合ったのが、現時点で確認できる最も早い動きである。[*3]ここで問題になるのは「中立政党」という名称がいかなる意味を持つのかということであろう。おそらく、大隈参議を含む政府とも、在野の民権運動とも距離を保つという意味で、小野は「中立」と称したのではなかったかと思われる。というのも、この時点で、小野は大隈にこの政党設立について何ら相談していないからである。小野は、少なくとも当面の間は、大隈を含めた政府重鎮とも民権派とも一定の距離を保つことを意図し、外から大隈と伊藤との連合を後援するという算段だったのであろう。しかし政変によって情勢が変化したことを受け、下野後の小野はこの政党結成計画を大隈に打ち明け、両者は合流して会談を重ね、当初の「中立政党」は、大隈を中心とする政党へと具体化していくことになる。

この結党の地ならしの過程で、明治一四年の政変でともに辞職したとはいえ、それまで大隈とは関係の薄かった嚶鳴社系の人々が、大隈・小野の政党結成の動きに合流してくる。嚶鳴社は政変前、自由党に結集するグループに近い立場であったが、自由党結成に当たってそこから排除され孤立していた。一二月初頭に、嚶鳴社のリーダー的人物であった沼間守一《ぬまもりかず》は運動に合流すべく小野に面会を求めた。小野は「余素より沼間の人となりを信ぜず」と不信感を日記に記しながらも、面会を諾している。[*4] 嚶鳴社の合流に当たっては河野敏鎌の役割も大きかった。のちに改進党の副総理的立場となる河野は嚶鳴社と深い関係を持っており、かつ小野梓とも同じ土佐出身で個人的に親しく、小野は下野後の一一月九日、河野を訪問して政党への参加を呼び掛けていた。[*5] こうしてそれまで民権運動の一翼を担っていた嚶鳴社が、大隈を戴く政党に合流することになる。

翌一八八二（明治一五）年三月一四日、政党組織の趣意書が発表され、四月一日には大隈以下三〇人あまりが小野梓起草の趣意書と約章（政治綱領）について議論して決定をみた。そしてついに四月一六日、東京の明治会堂で立憲改進党結党式が挙行された。結党式において河野敏鎌から大隈が総理（党首）に推薦され、党員全員がそれに賛成、大隈も就任を受諾した。さらに大隈は党の掌事（幹事）として、小野梓、牟田口元学《むたぐちげんがく》、春木義彰《よしあき》の三名を指名した。

改進党の政治綱領

立憲改進党の趣意書には、「政治ノ改良前進ハ我党ノ冀望シテ止マサル所ナリ〔中略〕然レトモ急激ノ変革ハ我党ノ望ム所ニアラス」[*6] と明記され、漸進主義を標榜し、自由党や藩閥政府と自らを区別する姿勢を示している。また趣意書には以下のごとき「約束二章」が掲げられた。

第一章　我党ハ名ケテ立憲改進党ト称ス。

第二章　我党ハ帝国ノ臣民ニシテ左ノ冀望ヲ有スル者ヲ以テ之ヲ団結ス。

一　王室ノ尊栄ヲ保チ人民ノ幸福ヲ全フスル事
二　内治ノ改良ヲ主トシ国権ノ拡張ニ及ホス事
三　中央干渉ノ政略ヲ省キ地方自治ノ基礎ヲ建ツル事
四　社会進歩ノ度ニ随ヒ選挙権ヲ伸濶スル事
五　外国ニ対シ勉メテ政略上ノ交渉ヲ薄クシ通商ノ関係ヲ厚クスル事
六　貨幣ノ制ハ硬貨ノ主義ヲ持スル事[*7]

自由党の綱領である「自由党盟約」が、「第一章　吾党は自由を拡充し、権利を保全し、幸福を増進し、社会の改良を図るべし」「第二章　吾党は善良なる立憲政体を確立することに尽力すべし」「第三章　吾党は日本国に於て吾党と主義を共にし、目的を同くする者と一致協合して、以て吾党の目的を達すべし」[*8]というやや抽象的なものであったのに対し、立憲改進党の「約束二章」は、より具体的な政策を掲げていた。自由党の首領板垣退助が、自由党を「創業ノ政党」と位置付け、細かな政治的意見よりも、大まかな「主義」のみを掲げて団結力を強めることこそが重要と考えていたのに対し、[*9]立憲改進党は、政党内閣（議院内閣制）の実現という理念を有しており、政党は統治を担う存在として、具体的政策を掲げることが必須であると考えていた。また立憲改進党は、入党に当たって党員三人以上の紹介が必要であるとの厳しい入党資格を定めていたが、[*10]これは、綱領＝施政主義に賛同する者のみを結集し、不純な分子の参入を防ごうとする意図の表われと見ることができるだろう。前年の大隈意見書においても、政党は施政主義によって成立するもので、政党の争いも施政主義の争いでなくてはならない、と論じられていた。政党内閣を実現し、統治の任を自ら担うためには、施政主義を明らかにし、それによって人心の支持を得ることが不可欠であると改進党は考えていた。こうした両党の姿勢の違いには、政府に対抗するための力の結集を重視するのか、それとも、議会政治を見据えて、政権担当能力・政策立案能力を重視するのか、という政党認識の相違が明確に表われていた。

改進党内の勢力構造

こうして結党された立憲改進党であったが、その内部は系譜的に大きく四つのグループから成り立っていた。その一つは福沢門下生を中心とする三田派で、結党直前の二月二二日に東洋議政会と称する団体を結成していたことから東洋議政会系グループとも呼ばれる。矢野文雄、尾崎行雄、犬養毅、藤田茂吉、箕《みの》浦勝人《うらかつんど》、加藤政之助らが属していた。彼らの多くは政変以前から『郵便報知新聞』を足場に言論活動を行なっていたが、一八八一年一二月末、大隈を通じての資金提供により矢野・藤田が新聞社自体を買い取り、[*11]以後大正期に至るまで大隈系の機関紙として継続することになる。三田派は福沢門下の錚々たる人材を多数擁し、党内での影響力も非常に大きかった。

ただし福沢門下生が多く改進党に集まったのに対し、福沢諭吉自身は、改進党への参加を見合わせたのみならず、門下生の参加を制止する行為に出た。[*12]加藤政之助によれば、沼間ら嚶鳴社系統の人々との合同を嫌ったためではないかとされている。[*13]福沢は改進党結党後ほどない一八八二年六月下旬、岩倉具視を訪問して、後藤象二郎と大隈の政府復帰による官民調和の実現を訴えており、[*14]それまで白眼視してきた民権派との合同を嫌い、政変以前の、政府内進歩派勢力結集という構想を維持し続けていたようである。しかし福沢の制止にもかかわらず、多くの門下生が改進党に参加した。

東洋議政会と対峙する一大勢力であったのが沼間守一を中核とする嚶鳴社系グループである。嚶鳴社系グループは『東京横浜毎日新聞』を足場に言論活動を展開していた。沼間以外では、島田三郎、肥塚竜、角田真平、丸山名政《なまさ》、波多野伝三郎などがこのグループに属していたが、前述したようにこの嚶鳴社グループは、明治一四年の政変以前は大隈と政治的関係が深かったわけではなく、もともとは自由党と近い立場にあった人々も多いため、当初は党内では「外様大名扱ひ」[*15]であった。しかし以後改進党の一大勢力として重きをなし、三田派とともに改進党の両翼をなすようになる。

このほか、政党結成に中核的役割を果たした小野梓は、東京大学の学生であった高田早苗《さなえ》らとともに、二月二七日に鷗渡会《おうとかい》と称する団体を結成していた。この鷗渡会系グループは人数こそ少ないものの、小野の大隈側近としての地位もあって、党内に無視しえない力を持っていた。特に東洋議政会と嚶鳴社という二大勢力の対峙する党内において、この両者を融和する役割を果たしていた。[*16]なお鷗渡会員の多くはのちに開校する東京専門学校の講師を務めることとなる。また鷗渡会グループは機関新聞として『内外政党事情』を発刊したものの、短期で廃刊されている。

また、鷗渡会同様数は少ないながらも、党の中核に位置したのが修信社グループである。修信社とは、一八八一年末に、河野敏鎌、牟田口元学、春木義彰、北畠治房、中野武営ら農商務省・司法省に在籍していた旧官吏を中心とする人々が設立した訴訟鑑定所（今でいう弁護士事務所）である。[*17]副総理格の河野、掌事の牟田口・春木を有しており、また河野敏鎌は、かねてより嚶鳴社とも深い関係を持っていたため、影響力も大きかった。

東京専門学校の設立

政党結成と並んで、下野後の大隈は、さらにもう一つの大きな事業を手掛けることになる。早稲田大学の前身・東京専門学校の設立である。大隈は、政党を結成するだけではなく、将来の政党政治を将来的に担っていく人材の育成が急務であると考えていた。もともと大隈は、大隈英麿《ひでまろ》（旧大名南部家の出で、大隈の長女熊子と結婚して大隈家の養子となった）がアメリカで天文学を学んでいたこともあり、政変以前より、早稲田の別邸に理科系の小さな学校を設立することを考えていた。そこにたまたま、小野梓によって、小野の周囲に集まっていた東京大学の学生たち（鷗渡会グループの面々）を紹介されたため、彼らを講師に据えて、理科系だけでなく、政治・経済・法律をも教授する学校を設立しようと考えるに至ったのである。[*18]

そしてこの学校設立の挙は、当時の若者たちの需要にも応じたものであった。かつて幕末・明治初期に「蘭学」「英学」「仏学」と国別の分類をされていた学問が、この時期になると「政治学」「法律学」「経済学」と内容による分類がなされることに示されるように、専門的な学問がそれなりに日本にも導入され、学術的な訳語も定着し始めていた。他方で、「学制」による新教育を受けた人々が成長し、自由民権運動の隆盛の影響もあって、社会には政治や法律について学びたいと考える若者たちが多く存在していた。しかし、当時、専門的学問の教授機関たる大学は、東京大学一校が存在するのみであった。また幕末・明治初期以来の洋学塾は専門的学問教育の発達に対応しきれずにこの時期次々と閉鎖されていた。こうしたなかで洋学塾とは明確に異なる専門的な学問を教授するための学校として、一八八〇（明治一三）年に専修学校（現在の専修大学）、東京法学社（現在の法政大学）、一八八一（明治一四）年に明治法律学校（現在の明治大学）などの私立法律学校が設立され始めていた。とはいえ、これらの専門学校の主眼は法律家の育成にあり、政党政治を担う人材の育成を直接の目的としていたわけではなかった。大隈や小野は、法律家のみならず、議会政治・政党政治を担っていく人材を育成する必要を感じ、それまで東京大学以外存在しなかった政治学の教授を看板に掲げる学校の設立を思い立ったのである。

東京専門学校は、一八八二（明治一五）年九月二八日に東京府から設立認可が下り、一〇月二一日、開校式を迎えた。校長は大隈英麿、議員（評議員）に鳩山和夫、成島柳北、小野梓、矢野文雄、島田三郎が名を連ね、幹事には秀島家良が就任した。議員・幹事はすべて立憲改進党員であった。ただし大隈重信はこの時、学校の役員に名前を連ねてはいない。その理由は後述する。

外国の学問からの独立

開校式において小野は、東京専門学校設立の趣旨を論じる演説を行ない、建学の理念である「学問の独立」について解説を加えた。[*19] 小野がこの演説で宣言した「学問の独立」という理念は、以後東京専門学校の学風が形作られるに当たって、決定的な意味を持っていくこととなる。

東京専門学校が掲げた「学問の独立」の理念は二つの意味を持つものであった。まず小野が何よりも強調するのが、外国の学問からの日本の学問の独立である。小野によれば、これまでの日本の学問は輸入学問であり、輸入元が中国から欧米へと変化したとはいえ、いずれにせよ外国の学問の受け売りでしかなく、自ら新たな見地を打ち出して日本にその学問を根付かせることがなされてこなかったという。それでは、こうした外国の学問の受け売りから、「学問の独立」を成し遂げるにはどうすべきなのか。小野は、自国の言語ではなく、他国の言語によって学問を教授していることが、学問の独立を達成する上での障碍になっていると述べる。当時、東京大学では日本人講師ですら英語で授業を行ない、また他の私学でも教科書は洋書を用いるのが普通であった。こうした状況は、学生にとっては学問本体を学ぶ前に言語の勉強から始めなければならないことを意味しており、学問の蘊奥《うんのう》に達するまでに非常に多くの時間を要することになるため、それが結果として学問が自国に根付くのを妨げ、外国の学問の受け売りに終わることにつながっているというのである。こうした観点から、東京専門学校は、高等な学問を、外国語ではなく、日本語を用いて教授するという方法を打ち出した。この日本語による速成教授という方法は、東京専門学校の経営面での最大の売りでもあり、多くの学生を惹きつけることになる。

政治権力からの学問の独立

そして、以上のような、外国の学問からの日本の学問の独立という意味のほかに、「学問の独立」の理念にはもう一つ、政治権力からの学問の独立という意味があった。小野はこの演説の末尾で「本校ヲシテ本校ノ本校タラシメント欲スル是レナリ」と述べている。前述したように、東京専門学校創立時の議員・幹事はみな立憲改進党の党員であった。しかし、そのことは、東京専門学校が立憲改進党の党員養成のための学校であることを意味するのではない、と小野は言う。いかなる政党に入るかは、卒業の後に卒業生が自分で考えればよいことであって、決してこの学校は立憲改進党の党員養成所ではない、この学校はあくまで「真正ノ学識」を授ける教育機関なのである、と小野は宣言したのである。立憲改進党は当然のこと、それ以外のあらゆる政治権力からも、学問は独立すべきである、そうした理念が、「学問の独立」という言葉の中には含まれていたのである。

なお小野は、こうした理念が自分一人ではなく、大隈をはじめ創立関係者に共通の理念であると述べている。小野によれば、もともとこの「学問の独立」の理念は、政変前に大隈が小野に対して、日本の学問が独立しないのは学者に名誉と利益を与えないからであり、政府として全国の山林を選んで皇室林とし、その収益を学者に与えて学問の蘊奥を探求させたい、と話したことから生まれた理念であった。[*20] そして大隈は、この「学問の独立」の理念を自ら実践した。すなわち、学校の創立者として多大な金銭を出費していながら、自らの政治的立場と学校との関係との誤解を避けるべく学校の開校式にはあえて出席せず、学校の役員にも名前を連ねなかった。そしてその後も長らく学校の運営についてはすべてを講師ら実務担当者に委ね、教育内容に関して一切干渉がましいことはしなかったのである。[*21]

政府による弾圧と鍋島家からの後援

政党政治の実現を目指し着々と歩を進める大隈に対し、政府は警戒感を強めた。政府は、改進党が将来「政治上に於て可恐党派を形成するに至る」[*22]ことを危惧し、その資金源と考えられた三菱会社を苦しめるべく、共同運輸会社を設立して、当時海運業で独占的勢力を伸張していた三菱に対抗させた。[*23]しかし、大隈の語るところによれば、実際に大隈を資金的に後援していたのは三菱ではなく、旧主鍋島家であった。もちろん政府は当然鍋島家にも手を回しており、大隈を援《たす》けないように仕向けたが、旧主鍋島直大は、「大隈は私の家には大切な男である、閑叟公の遺言だから……」として一切受け付けなかったという。

また政府は各銀行にも手を回して大隈との取引を行なわないように仕向けた。そのため、大隈は政党活動や学校経営に必要な金銭を調達できず甚《はなは》だ苦しんだ。通常の金融機関が融通しないために、高利貸として当時悪名高かった平沼専蔵から一三万円近くもの額を借りたという。[*24]世間では平沼を悪く言うものが多かったが、この時の恩を大隈は忘れず、平沼を後年まで徳とした。[*25]

政府の妨害は東京専門学校にも及んだ。当時東京専門学校幹事を務めていた秀島家良は「開校後第一に困難を感じましたものは、政府及び反対党の妨害で、〔中略〕教場といはず、寄宿舎といはず、間諜様の者が入込み居りまして、機会だにあらば騒擾を醸し、開校の翌年の如きは、百二十八名の多数者に一時に退校を命ぜざるを得ざるに至りました」[*26]と述べている。実際政府の公文書の中には、校内に入り込んでいた「間諜」によると思われる報告が見られる。[*27]また東京専門学校が日本語による速成教育を打ち出したのに対抗して、政府は一八八三年七月、東京大学にも短期間で課業を収められる「別課法学科」を創設し、[*28]また従来講義を英語によって行なっていたのを、日本語で行なうように変更することを決定した。[*29]さらに、東京大学教授や判事・検事が私立法律学校へ出講することを禁止し、同年一二月には徴兵令を改正して、それまで私立学校にも認められていた徴兵猶予を官公立学校に限定、その結果東京専門学校をはじめ各私立学校は大量の退学者を出す状況に追い込まれた。[*30]

自由党との関係

こうした政府による妨害のなかにあって、改進党同様に政府と対峙していた自由党といかなる関係を結ぶのかという問題は、政党活動の前途にとって大きな意味を有していた。前述したように改進党は明確に漸進主義的主張を行ない、自由党と自らをはっきりと区別していた。『東京日日新聞』に掲載された記事によれば、大隈は改進党設立に当たって「政府ト言ヘバ善悪ヲ弁セズ郡吏巡査モ攻撃セント欲シ民権ト言ヘバ政府ニ抗スレバ得ラル、者ト思ヘリ其最モ甚シキ者ハ自由党ノ類ナリ」[*31]と述べ、これを矯正するために改進党を設立するのだと述べたという。政府系新聞の記事であるため注意が必要とはいえ、政変以前からの大隈の姿勢から見ても、同様の趣旨の発言をした可能性は高い。実際、改進党の綱領を解説した『郵便報知新聞』の記事は、改進党の立場を、急進党・保守党と対峙し「三党鼎立《ていりつ》」の姿を現出する中道政党であると述べている。[*32]

しかし、政策綱領が中道であることは、当面の戦略として、急進・保守のいずれかと共同戦線を張ることを否定するものではない。『郵便報知新聞』は、三月末、前述した『東京日日新聞』の大隈の談話記事を、自由党と改進党との離間策であるとして否定するに至る。[*33]そして自由党は改進党の「良友」であり、ともに「政敵」である「官憲党」と対決するべき存在であると主張するようになる。[*34]人民の権利の拡張という方向性においては、改進党は決して自由党と相反するものではなく、自由・改進両党を合わせて「民権党」とする呼称も紙面では用いられている。[*35]また『東京横浜毎日新聞』も自由党と改進党との関係を「自由党ト我改進党トハ合フニ易クシテ離ルヽニ難キ関係ヲ有セリ。〔中略〕論スル所概ネ皆大同小異ノミ」と論じた。[*36]つまり、政府との厳しい対抗関係が予想されるなかで、自由党と共闘する方向を改進党は選択したのであった。そして実際、各地府県会においては、一八八二年後半の段階まで、改進党系議員が自由党系議員と共同歩調を取っていくことになる。[*37]

しかし、前述したように、自由党はもともと、政府に対峙する勢力の結集を目的に結成され、そのために明確な政治的主張を棚上げする姿勢を取っていた。そのようななかで、改進党が自由党とは別個に、明確な綱領を掲げて登場したことは、自由党に対する妨害行動であると受け取る者も多かった。特に自由党結党時に袂《たもと》を分かった嚶鳴社系グループが改進党に加わったことは、自由党との関係に悪影響を及ぼしかねないことであった。[*38]そうした自由党の反改進党感情が爆発するきっかけとなったのが、その資金の出処が政府筋ではないかとささやかれていた板垣退助の洋行問題であった。嚶鳴社系グループの機関紙的存在であった『東京横浜毎日新聞』がこの洋行に対し忠告する社説[*39]を掲載すると、一八八二（明治一五）年一〇月二四日の『自由新聞』社説は、改進党が自由党に対する誹謗中傷を行なっているとして、改進党と断絶し「独立特行」することを宣言するに至る。[*40]翌年に入ると自由党は、改進党は三菱と癒着しその私的利益を代弁する「偽党」であると攻撃する「偽党撲滅」の大キャンペーンを展開することになる。こうして、自由党と共同歩調を取り政府と対峙するという改進党の方策は挫折を余儀なくされるのである。

改進党の地方への発展

設立当初、立憲改進党の指導部はほとんどが元官吏の経歴を持っていた。また当初の入党者の多くは、東京在住の新聞記者、代言人（弁護士）、学校教員などであった。いわば結党当初は元官吏を中心に、都市知識人階層が結集した政党であった。[*41]大隈意見書に政党の争いは主義の争いであるとの言葉があったように、改進党は、いたずらに人数を集めるのではなく、まずは東京で中核組織と綱領を立ち上げることを重視した。それまで野にあって国会開設運動に従事していた各地の有志者を結集することを重視した自由党とは明確に異なる方策を採ったのである。

とはいえ、政党として議会に勢力を結集するためには地方にも勢力を拡張していく必要がある。党中枢を固めた改進党はついで地方への党勢拡張運動を展開し、結党から一年の間に続々と地方に党員を確保していく。地方への党勢拡張に際しては、関東を中心に、東日本各地に支社を有していた嚶鳴社が大きな役割を果たしたほか、『大阪新報』で言論活動を行なっていた加藤政之助をはじめとする東洋議政会グループの福沢門下生が大きな役割を果たし、矢野文雄も関西方面に遊説に出向いた。また小野梓ら改進党中央部は積極的に関東各地に遊説活動を行なった。[*42]

地方の加入者の多くは、府県会議員を務めるような地方名望家層であった。改進党はこれら議員による府県会を足場とする活動に拠って政府に対抗し、地域的地盤を拡大しようとする方策を採った。こうした府県会活動は、改進党の中核的主張のひとつであった「自治」の理念とも密接に関わるものであり、府県会の権限拡張を政府に請願しながら、内治改良を図り政治的成果を上げていこうとするものであった。

さらに改進党は、この建議運動を通じて全国の府県会議員のネットワークを構築しようと考えていた。しかし政府は、一八八二年一二月一二日、「請願規則」を発布して政府への請願に厳しい規制をかけ、ついで同月二八日、府県会議員の連合集会・往復通信に制限をかけるといった弾圧策をもって対抗した。[*43] さらに政府は、当時都下最大の集会場であり、結党式をはじめ改進党が演説会でしばしば使用してきていた明治会堂を、所有者の福沢諭吉から買い上げて使用不可能にし、改進党が計画していた府県会議員懇親会開催を妨害するという挙に出た。[*44] その後も、明治会堂の代わりに用意した会場の浅草本願寺も政府の圧力で会場を断るなど妨害は続き、やっとのことで一八八三（明治一六）年二月二日両国中村楼にて開催にこぎつけることができたのも束の間、翌日政府は引き続き開催予定であった懇親会に禁止命令を出した。[*45] このように、府県会を足場とする政治活動は政府による厳しい妨害攻勢に見舞われ、運動は苦境に立たされることになる。[*46]さらに、前述した自由党による偽党撲滅運動も、府県会レベルでの自由党との共同戦線を困難に陥れる一因となった。

黒田清隆との接近

こうして苦境に立たされた改進党は、その運動方針に行き詰まることとなる。自由党と連携して運動していくことが困難となったいま、考えられるもうひとつの方策は、政府との関係を改善し、それによって自らの政見の実現にこぎつけるという方策であった。ただし、明治一四年の政変とその後の行きがかりを考えれば、政府との関係をすぐに改善することは難しいことも事実であった。とりわけ、政変以後断絶状態にある薩長藩閥要人と大隈との人間関係をどのようにして修復するのかということが、政府との関係改善にあたっての大きな難題であった。

しかし、この大隈と政府要人との関係改善の兆しが、偶然のきっかけから見え始めることになる。きっかけは、一八八三（明治一六）年四月に松方正義邸で起きた火災であった。この時、松方邸に黒田清隆が駆けつけて尽力、それを聞いた元開拓使出仕の西村貞陽がかつての上司である黒田を慰労のため訪問すると、西村が佐賀出身で大隈とも旧知であったことから、黒田は大隈や副島といった佐賀出身者の近況を尋ね、そこから佐賀出身者との会合を開催しようという話が持ち上がったのであった。[*47]大隈の側も、おそらく政変直後、あるいは結党直後であれば黒田と面会することはなかったかもしれないが、改進党の運動が行き詰まるなかにあって、会談の承諾に踏み切った。そして黒田ら薩摩要人と、大隈・副島ら佐賀人との会合は、同年四月から六月にかけて、判明しているだけで四回にわたって開催され、大隈はそのすべてに出席した。[*48]また第三回目の会合は早稲田の大隈邸で開催された。[*49]

この会合には、黒田や大隈のほか、かつて開拓使官有物払下げの内約を得ていた安田定則らも参加しており、第二回の会合に同席した薩摩出身の税所篤《さいしょ》と吉井友実が「実ニ不思議」「実ニ意外なり」[*50]と驚くような顔ぶれであった。会合の席上、黒田は大隈に対し、いくら政党を結成して議論を重ねたとしても、「腕力」が備わっていなければ理念を実現できず全くの無駄であるとし、政府に復帰するよう説いた。[*51] 明治一四年の政変以後、黒田は参議兼開拓使長官を辞し、内閣顧問という閑職にあって政府への不満を高めつつあり、また前年朝鮮で起こった反日クーデタの壬午事変など、緊迫化する東アジア情勢に強い危機感を抱いていた。そこで自分が仲介役となって大隈や副島らを政府に引き入れ、挙国一致体制を実現することを目論んだのであった。[*52] ところが黒田の勧誘にもかかわらず、大隈は「後来の模範と相成程の公平の一党を起し、官民間の権度ヲ平均し、風俗の改良を求ん為めニ一己の自党を企タレは今更故なく解散ハ不相成」[*53]と明言し、改進党からの離脱を拒絶する姿勢を見せた。大隈はあくまで政党を基盤に運動を続けるという意思をこの時点では固く保持しており、政府との関係修復も、その前提の上においてのみ許容されるものであったのである。したがってこの時点での大隈の政府復帰は、実現することはなかった。

とはいえ、明治一四年の政変に際して、参議中最も大隈に対する怒りをあらわにしていた黒田が、この段階で大隈と和解し、さらに政府への復帰までも勧めるという姿勢を見せたことは、政府にとっても、またその後の大隈および改進党の方向性にとっても、大きな意味を持っていた。黒田が大隈と和解したということは、その後大隈が政府に復帰する場合に想定される最大の抵抗勢力が無くなったということである。それ以前から兆しを見せていた政府との関係修復という改進党の方向性も、より強いリアリティを帯びてくるものとなったのである。

甲申政変への対応

黒田が大隈に接近した背景に、東アジア情勢緊迫化への危機感があったことを述べたが、一八八四（明治一七）年一二月には、いわゆる甲申政変が勃発する。この政変は、朝鮮の漢城（現ソウル）で、日本の後援を受けた朝鮮開化派がクーデタを起こし守旧派の閔氏政権打倒を図った事件であるが、結局清国軍によって鎮圧され、日本の公使館は焼かれ、竹添進一郎公使が仁川に逃れることとなった。この政変に対し、民権派は議論沸騰、かつて綱領に内治優先を掲げた改進党内でも、開戦論を主張する人々が出ることとなる。政府の密偵報告によれば、当時改進党内では次のような議論がなされていたという。

改進党ノ重立タル人々ノ論スル所ヲ聞クニ専ラ開戦論ヲ主張シ若シ此際政府ニ於テ開戦セサル如キ事有之候節ハ該党ハ切リニ論鋒ヲ以政府ヲ攻撃シ一方ニハ人心ヲ鼓舞セント目下切リニ其辺ニ注意シ居ラレ過般改進党カ井生村楼ニ於テ開キタル演説ノ際モ専ラ人心ヲ鼓舞シ且ツ開戦論ヲ主張セシナリ尤モ同党ノ目的ハ専ラ今回ノ朝鮮ニ於テ人望ヲ買ヒ而シテ政府ニ攻撃セントノ見込ナリ且ツ二十三年ノ国会開設ニ至レハ我党カ勢力ヲ占ムルハ勿論ナレトモ二十三年ヲ待スシテ我党ノ主義ヲ貫カント言ヒ居レリ[*54]

すなわち、党員の多くが開戦論を主張し、政府がそれに対し弱腰な姿勢を見せるならば、それを切り口に反政府の猛キャンペーンを開き、民心を掌握しようと目論んでいるというのである。この事件を好機に、対外危機によるナショナリズムの高揚を味方につけ、運動を再び盛り上げようという動きが出てきていたのである。こうした動きに対して、大隈はどのように対処したのか。別の密偵史料では次のように報告されている。

或人大隈氏ヲ訪ヒ語朝鮮ノ事ニ及フ大隈氏其思想ヲ述フ〔中略〕此度ノ事ヲ処スル須ラク平和ノ主義ヲ執ルヘシ而シテ此主義ヲ把持シテ確然動カサルハ伊藤井上二君ノ外ニハ内閣ニ於テモ数人ヲ得サルヘシ〔中略〕今回日韓談判ノ事ハ首尾相全シテ更ニ間然スヘキモノナシ参議井上君其人ニ非サルヨリハ亦此良果ヲ得ヘカラサルナリ某《それがし》国家ノ為メニ之ヲ賀ス〔中略〕又早苗田〔早稲田〕専門学校其他各所学校ノ生徒輩ノ此問題ニ付キ政府ノ処分ノ緩和ナルニ不平ヲ懐キテ躁キ立ツルハ甚タ患フヘシ其中ニハ往々不良ノ種子モ含ミ居レリ余カ懇意ナル人ノ中尾崎行雄抔ハ狂セルカ如シ某モ之ヲ箝制スルニ困シメリ*55

これによれば大隈は、伊藤・井上の事変処理に信頼を寄せるとともに、ナショナリズムの「狂セルカ如」き高揚に加担することを危険視したというのである。当時、民間の世論は政変に対する怒りに沸騰しており、政府と対峙することを最優先するのであれば、尾崎行雄らのように民意を煽《あお》る方が有効であったろう。しかし大隈は、内治優先という改進党綱領を堅持し、機に乗じようとする動きを制したのであった。四年前まで政府当局者として財政を取り仕切っていた大隈であるから、当時の国力が朝鮮およびその保護国たる中国との戦争に耐えうる状況ではないこともよくわかっていたであろう。ナショナリズムを煽り外交問題を政争の具とすることの危険性を大隈は認識し、安易な行動を戒めたのであった。そしてこの対外危機は、かえって政府の方策と内治優先という改進党綱領との共通性を意識させることもつながった。こうした大隈の動きが密偵史料で逐一報告されていることからも明らかなように、政府の側もこうした大隈の動きを把握しており、それが大隈に対する認識を改める機会になったと推測される。すなわちこの事件は、政府がのちに大隈を外相に迎え入れようとする一つの前提になったであろうと考えられるのである。

改進党員と政府要人の接近

　このようななかで、大隈個人だけでなく、党員の中からも、集会や演説会などによって世論を盛り上げて政府と対抗するよりも、政府高官との接近を政策実現の有効策と考える方向性が出てくるようになる。たとえば大隈の側近である小野梓は、一八八四年七月二八日に、自著『条約改正論』を携えて外相官邸に井上馨外相を訪問、条約改正の方針について自説を展開している。[*56] また、翌一八八五（明治一八）年五月末には、小野は『民間衰退論』を伊藤博文と井上馨に贈呈し、伊藤博文とはその後も交信を重ね、複数回にわたり借金までしている。[*57] このほかにも、一八八四年八月に、田中正造が角田真平の仲介で内務大輔土方《ひじかた》久元に面会して栃木県令三島通庸《みちつね》の不法を訴え、また島田三郎と同伴で内務卿山県有朋と直接面会して訴えるなどの動きも確認できる。[*58] 元官吏の多い改進党にとって、政府との人脈的関係は豊富であった。

　一八八四年に鷗渡会グループの山田一郎が著した『政治原論』には、政党は施政主義から急進、改進、保守、守旧の四つに分類されるとしているが（それぞれ当時の政治状況では、自由党、改進党、政府内進歩派、政府内守旧派になぞらえることができる）、このうち改進と保守とは「之ヲ識別スルヤ頗ル難事」というほどに近い関係として捉えられている。[*59] 似たような分類は少し後に矢野文雄も行なっており、『郵便報知新聞』掲載の論説で、日本の政治勢力を「在朝道理党」「専制党」「在野道理党」「破壊党」の四派に分類したうえで、「在朝道理元素と在野道理元素とは本と同質にして異体の違ひあるのみなれは四元素の中にては事理に於て互に最も親和力の強かる可き訳けなり」と論じている。[*60] もともとの政府内での大隈の立場を考えれば、こうした議論はかなりの説得性を有するものであった。自由党との共同歩調が不可能となり、かつ政府と対峙するという方向性が行き詰まるなかで、こうした改進党と政府との政策的類似性をもとにして、政府との対決姿勢を修正しようという動きが見られるようになっていくのである。

とはいえ、そうした政府との接近という動きは簡単に進むものでもなかった。先に見たように、朝鮮での事変に際して改進党員の中には、強硬姿勢を煽ることによって活路を見出そうとする動きもあった。こうした抵抗と妥協とのはざまに揺れる改進党は党としての進路に悩むことになる。

この頃、いわゆる松方デフレとして知られる農村不況が頂点に達するなかで、それまで政党活動の担い手であった豪農層が窮状に陥り、思ったように運動費も捻出できない状況に陥った。改進党と敵対していた自由党は、群馬事件や加波山事件といった一部党員による激化事件が発生したこともあって、一八八四年一〇月二九日、解党を決するに至った。

そして改進党でも解党論が登場してくることになる。[*61] 発端となったのは、一〇月はじめ頃から提起されるようになった党員名簿廃止論であった。この名簿廃止論は、従来党員三名の紹介を必要とするなど入党に際して設けていた高いハードルを撤去し、幅広く同調者を党に集めることによって活動の活性化を図ろうとする議論であった。しかしこれに対しては、運動の停滞状況のなかで名簿を廃止すれば、それこそ党の実質的解体につながるとして反対する動きが起こった。

またその一方で、立憲改進党は、府県会を拠点とする闘争が挫折を余儀なくされたのち、地租軽減を明確に活動の旗印に掲げるようになっていた。それは松方デフレに苦しむ農村への対応策でもあった。そしてこの地租軽減を、元老院に建白しようという案が党内から出された。建白という形で広く民衆の支持を集めようという意図であった。そこで同年一一月二九日の集会で、建白問題と、名簿廃止問題が議論され、激しい論戦が交わされた。建白問題に関しては、元老院に建白書を出すというのは卑小な方策であり、三〇万、四〇万といった多大な人々の支持を集めた上で、内務・大蔵両卿と直接談判するという方策が必要だという反対論が唱えられた。広範な民意の支持を政治的源泉に、政府に直接働きかけようという議論であった。

しかし、民意を背景に政府と談判するということは、民意を武器にした政府への脅迫と受け取られる危険性の高いものであった。名簿廃止を唱えていた河野敏鎌や前島密らは、政党活動が行き詰まるなか、そうした袋小路に運動が入り込むことを危惧し、議論の紛糾のなかで党の行く末に深く絶望を深め、そして改進党そのものを解党することを主張するようになっていく。改進党にしがみついていては、自己の政治生命が失われることになるとの判断も河野らにはあった。一二月五日、解党反対の沼間守一・尾崎行雄と、解党を主張する河野との間で、激論が交わされた。こうしたなか、それまで態度を明確にしていなかった大隈も一二日、解党の方針を固めることになる。

なぜ大隈はこの時解党という方針を固めたのか。後年の大隈の回顧によれば、当時大隈の頭の中には、河野敏鎌、前島密、北畠治房、春木義彰ら修信社系の旧官吏たちの将来を慮り、彼らを再び任官させる道筋をつけねばならないという考えがあったとされている。[*62] 後年の回顧のため検証が必要ではあるが、その背景には、政府との接近を考え始めた大隈の姿勢の変化があったと考えられる。また若手の多い東洋議政会や嚶鳴社の面々と比べて、彼ら修信社系の人々は比較的年長でもあり、長らく官から離れていることによる財政的困難もあったことは事実である。そして後述するように、大隈自身もまた財政的困難を抱えていた。刻々と党の先行きが不透明となるなか、幹部である彼らが解党を主張するようでは党の未来はなく、そうである以上、彼らを党につなぎ止めるわけにはいかないと、大隈は判断したのであろう。

大隈の脱党

しかし大隈の解党論にもかかわらず、党内の大勢としては解党に反対する人々の方が多く、その後も必死の巻き返しが続いた。どちらも譲らない状況のなか、大隈は、解党を強硬に主張し続けることはしなかった。すなわち、議論冷めやらぬ一二月一七日、大隈は党副総理格の河野敏鎌とともに脱党届を提出し、突如党を去るという挙に出たのである。解党論者は数こそやや少ないとはいえ、河野をはじめとする元政府高官が主唱者である以上、その意向を無視するわけにはいかない。しかしもし最後まで解党に固執しそれを強行することになれば、党員多数との完全な政治的訣別をも覚悟せざるをえない。そこで、脱党という挙に出たのであった。窮余の一策とはいえ、結果的には巧妙な判断となった。すなわち、解党反対の党員多数との決定的対立を避けるとともに、それまで育ててきた党組織は消滅せずに存続し続け、かつ脱党した修信社系の元政府高官らは政府に復帰することもできる。そしてもし彼らの政府への復帰が実現すれば、それは大隈や改進党の政権への接近にとっても大きな意味を持つ可能性すらある。[*63] このように、この脱党という収拾の仕方は、いろいろな可能性を将来に残す方策であった。

こうして、党の消滅や、党員間の決定的決裂という状況は避けられた。大隈とともに、修信社系・鷗渡会系グループの多くが党中央から離脱し、党内多数勢力であった嚶鳴社系と東洋議政会系の二グループが、大隈不在となった党を支えていくことになる。そして大隈は、党に残った人々と決定的対立に陥ることなく、以後も隠然たる影響力を改進党に保持し続けることになる。当時強硬に解党反対論を唱え、大隈があくまで解党にこだわるなら東京専門学校を叩き潰すとまでまくしたてたという尾崎行雄も[*64]、のちにこの大隈の脱党という方策は見事であったと認めている。[*65] 最悪の状況の中での最善の選択であった。

大隈の資金繰り

修信社系元政府高官だけでなく、大隈自身もこの頃金銭難に陥っており、それが解党論の大きな原因でもあった。前述したように、政府は政変後、銀行に手を回して大隈への資金提供を妨害していた。それに対し、改進党も鍋島家からの援助のほか、党の金融機関として壬午銀行を設立するなど、[*66]懸命に金策に励んだ。しかし松方デフレ下で、地方党員の経済状況が悪化するなか党の資金繰りも悪化、東京専門学校の経営も多額の費用を必要とし、一八八六（明治一九）年三月には学費値上げに踏み切らざるをえなかった。[*67]また大隈の経営する『郵便報知新聞』も民権運動の退潮のなかで読者数が減少して経営難に陥り、[*68]大隈の財政状況もいよいよ苦しくなっていった。

しかし、これまで述べてきたような大隈の側の政府接近の動きや、大隈が党を脱けたことの影響からか、政府も兵糧攻めの手を緩めはじめた。前述したように、小野梓が伊藤博文から複数回にわたって借金をしていることなどはそれを端的に示している。そして大隈は苦境を乗り切るべく雉子橋の邸宅の貸与または売却を検討しはじめることになるのであるが、政府はそれを妨害するどころか、渋沢栄一を介して榎本武揚に貸与する話が浮上するなど、積極的に関与しようとしていた様子が窺える。[*69]

結局雉子橋邸はフランス公使館に売却されることになったが、この売却先も政府の関与がなかったとは考えにくい相手であり、史料的に確認できないが政府筋の何らかの関与があったことは間違いないだろう。なお、かつて大隈・改進党撲滅のため、大隈の資金源と目されていた三菱会社に対抗して設立された共同運輸会社も、競争激化による共倒れの恐れを理由に、一八八五（明治一八）年一〇月、三菱と合併して日本郵船会社に生まれ変わっていた。さらに一八八七（明治二〇）年五月には、大隈は伯爵の爵位を授与され、「皇室の藩屛《はんぺい》」たる華族に列せられるに至っている。以上のように、政府側の姿勢は、当初の弾圧一辺倒から、次第に宥和の方向へと傾いていった。

なおこの間、一八八六（明治一九）年一月、それまでブレーンとして大隈を支えてきた小野梓が、数え三五歳（満三三歳）の若さで世を去った。改進党綱領の策定や東京専門学校の設立・運営に最も力を尽くした小野の死は、大隈にとって大変な痛手であった。のちに大隈は、この時のことを「両腕を取られたよりも悲しく思ったんである」と語っている。[*70]

大同団結運動

政府との距離が次第に近づいていたとはいえ、政府と対峙するという方向性が全く消えたわけではなかった。一八八六年秋頃より、議会開設を四年後に控えて、民間政党勢力の復興を目指す大同団結運動が旧自由党系の星亨《とおる》・末広重恭らによって提唱されることになるが、この大同団結運動に参加して再び政府と対峙する方向性も選択肢としては存在していた。

この運動が提唱された背景には、かつて自由党と改進党とが激しく対立し、結果的に政府を利することになったという反省があった。したがってこの大同団結運動には、大隈および改進党にも参加の誘いがあり、密偵報告であるため真偽は定かではないが、藤田茂吉から自由党員に対し、大隈は「公然タル会」には出席できないが「茶飲ミ話位ノ小集会ニハ出席」するとの話があったと報告されている。[*71]実際には大隈は懇親会には出席しておらず、改進党も党として参加を決めたわけではなかったが、個人レベルでの参加は容認し、矢野ら『郵便報知新聞』系の人々は参加に消極的であったものの、『朝野新聞』に筆を執る尾崎行雄・犬養毅や、旧嚶鳴社系のリーダーの沼間守一らは運動に参加する姿勢を見せた。しかし、同じ頃、政府からも、後述する大隈入閣交渉の動きが出てきており、このまま事態が進行すれば、政府と組むのか、それとも、旧自由党と組むのかという岐路に改進党は立たされることになることが予想された。

だが、一八八七年一〇月四日、改進党員も参加して行なわれた芝三縁亭での有志懇親会に際して、星亨配下の壮士が沼間守一を殴打するという事件が起こる。この事件を機に、沼間をはじめとする改進党員の多くが大同団結運動から手を引くことになる。ここに、旧自由党系と連合して政府と対峙するという方向性は潰えることになる。

外相就任交渉の開始

大同団結運動は、「地租軽減、言論・集会の自由、外交失策の挽回」の三つのスローガンを掲げた三大事件建白運動と相まって、大きな盛り上がりを見せるが、そのことが政府にも危機感を募らせていく。特に井上馨外相が進めていた条約改正交渉への批判は高まる一方であった。井上案に盛り込まれていた外国籍判事・検事の採用、法典の外国による承認などの規定が屈辱的であるとして大きな批判の対象となり、鹿鳴館に象徴される欧化主義的方針も、松方デフレによる不況の傷跡が残るなか外国に阿《おもね》るものとして不満の世論は高まった。閣内においても谷干城農商務大臣が欧化主義批判の意見書を提出して辞職するなど意見の不一致があり、結局一八八七年七月末、井上は条約改正交渉の無期延期を列国公使に通告し、九月に辞職することになる。

このように政権基盤が脆弱な状態のまま議会開設を迎えるならば、政府はいったいどうやって政治運営をしていくのか。政党勢力を完全に敵に回すことが得策ではないことは政府首脳部も理解していた。そこで井上は、外相辞職に当たって、大隈を後任に推挙した。[*72]辞職直後、井上馨は伊藤博文に書翰を送り、大同団結運動が全国に広まることへの危機感を吐露し、有能な人材を政府に入れて、支持基盤を広げる必要性を述べている。[*73]さらに井上は、少壮官僚や実業家・地方名望家などを基盤に、政府支持党（自治党）を形成しようという意図を持っていた。[*74]井上は、この自治党に加え、大隈の入閣によって、改進党をも政府支持党に引き入れることができると考えていた。井上馨外相の外交方針は欧化主義として批判されたが、イギリスを模範国と考える改進党の人々は必ずしも欧化に反対の志向を持つものではなく、政策的類似性は近いと考えられた。[*75]

また難航する条約改正についての、大隈の外交的手腕も期待された。第二章で見たように、もともと大隈が明治政府で急速に出世したのも、その外交的手腕がきっかけであった。大隈の手で条約改正が成功すれば国家にとって大きな利益となる。かつ条約改正成功で声望の増した大隈の下、改進党が与党として議会に大きな地歩を占めることにつながることも期待しうる。また逆に、万一条約改正が失敗に終わっても、それは大隈および改進党の名望を傷つけるだけのことであり、それはそれで藩閥政府にとって利益になりうる。そうした狡猾な計算が井上や伊藤の側にはあったと考えられる。

入閣交渉の仲介役となったのは、それ以前から大隈と接近していた黒田清隆であった。[*76] とはいえ、大隈としては、政府から誘いがあったからといって、おいそれと入閣することはできない。かねてより主張してきた改進党の主張を政府が呑むのかどうか、それが焦点であった。黒田から入閣の打診を受けた大隈は、改進党幹部を集めて協議を行ない、議会開設後八年以内に責任内閣（政党内閣）とすること、衆議院議員選挙権の獲得要件を直接国税一〇円以下とすること、一八八九（明治二二）年を期して議会を開設することなどの入閣条件を提示することを決めた。[*77] こうした条件、とりわけ政党内閣の実現という条件は、一四年政変の行きがかりを考えても、伊藤・黒田の側が簡単に認められるものではなかった。また政府部内は大隈入閣で一致していたわけではなく、内務大臣山県有朋や警視総監三島通庸、外務次官青木周蔵など、大隈入閣に強く反対する人々も多数おり、このような条件を呑んでまで大隈を迎え入れるということは到底難しい状況であった。

伊藤博文の芝居

こうして入閣交渉は一旦頓挫しかけたが、伊藤・黒田の側はあきらめず、粘り強く交渉は続けられた。従来語られているところでは、こうした袋小路に入り込みそうな状況のなかにあって、話をうまくまとめたのは伊藤であったとされている。すなわち伊藤は大隈との交渉の場において、大隈が持ち出した条件書を取り上げると、「マア、今そんなことを云ふナ、欧羅巴のやうには行かぬ、又分らず家共《やども》が三人寄つて内約した等と云ひ出すと五月蝿《うるさ》いし、大権干犯だとか何だとか面倒になる」[*78]「君も永い間の友人でありながら、覚書などを出すのは、余りに水臭いではないか、こんな事は書面などに認めるものではない、以心伝心で相許して居ればそれで沢山だ」[*79]と言って、それをストーブの中に入れて焼いてしまったというのである。しかし、他の史料と照らし合わせるならば、ストーブの中に入れて焼いたのは伊藤ではないらしい。谷干城がのちに伊藤博文に聞いたところでは、条件書を見た伊藤が「怒て座を起ち帰り去る而して黒田氏の書記官長たりし小牧某追来り先刻の書面は直に火炎中に投したれは右様心得へ呉れよと申し来りし」[*80]という。そして実際これを裏付ける、黒田が条件書を火中に投じたとする書翰も存在する。[*81]

しかし、先に引用した伊藤の言葉は、大隈の回想と伊藤側の伝記の双方に記されている上に、かなりの具体性があり、完全な作り話とも思えない。伊藤は「友人」という言葉を出して理解者のようなふりをする反面、怒りをあらわにしてその場を立ち去るという芝居を打ったのではないだろうか。伊藤・黒田の側としては、大隈の条件を呑めば必ずや政府部内で大反撥が起こる。さりとて完全に拒否するならば、大隈は入閣を拒絶し、政府は孤立無援のまま議会開設を迎えなくてはならない。苦境のなかで、伊藤は怒った様子を見せてその場を去りつつも、「友人」「以心伝心」というような大隈の心情をも汲みとる言葉を残しておき、黒田に交渉をまとめさせようとしたのであろう。そうでなければ、大隈の側も、おそらく条件を取り下げることはなかったに違いない。また一方で伊藤は大隈と同郷の大木喬任に説得工作を依頼、それを受けた大木は大隈に対し「余り無理之御主張」を持ち出すべきではないと説得を重ねてもいた。[*82]

大隈や改進党にとっても、この話は決して悪いものではなかった。何より、当時まだ憲法は発布されておらず、政府部内にいればその憲法の審議に関与することも可能であると考えられた。議院内閣制を主張する彼らにとって、憲法がどのようなものになるのかということは極めて重要な問題であった。さらに、改進党はもともと自由党の急進的姿勢には反対の立場であった。当時、大同団結運動の盛り上がりとともに、「壮士」と呼ばれる暴力的政治青年が横行する事態も目につくようになっており、こうした暴力によって民間と政府とが対峙する状況を、改進党幹部も危惧していた。[*83]

もともと一四年政変以前においては、大隈は在野民権派の粗暴性を批判し、政府内の進歩的勢力の糾合を図っていたのであるから、いわば大隈の入閣は、事態を一四年政変以前の状況へと戻すことを目論むものであったと言うこともできよう。このような経緯を経て、大隈の側は条件に固執せずに入閣することを決定、一八八八（明治二一）年二月一日、外務大臣に就任することになる。なお、その後ほどない四月三〇日、黒田清隆内閣が組織され、大隈は引き続き外相を務め、伊藤は枢密院議長に就任した。

条約改正の方針

大隈が外相として向き合った最大の課題は、幕末以来懸案となっていた不平等条約の改正であった。[*84]前任者の井上馨外相は対象となる各国の代表を一堂に集めて改正交渉を進めたが、この方式は列国の団結や議論の紛糾をもたらすだけだとして、大隈は各国別に談判を行なう形式で交渉を進めた。ただし、旧条約には最恵国待遇が規定されているため、新条約をすべての締約国と結ばない限り、日本は新たな権利を取得できないことになってしまうという危惧があった。しかし大隈は、この最恵国待遇は無条件的なものではなく、有条件的なものであると解釈する方針を採り、旧条約国が新条約に規定された新たな待遇を享受するには、新条約に規定された譲歩を行なう必要があると主張して、個別交渉を有効に進めようとした。さらに、新条約の交渉に応じる国には有利な条件を付与する一方、旧条約締結国には条約廃棄をも辞さない姿勢を見せるアメとムチ的な交渉手法を採るとともに、旧条約の規定を厳密に適用することによってその不便を感じさせる「条約励行」を実践するなど、従来よりもかなり強硬な姿勢で交渉に当たった。

大隈案の主内容としては、外国人に土地所有権を与えること、列国の領事裁判権を五年後に廃止すること、その代わり大審院に数名の外国人判事を任用することなどが規定されていた。井上前外相が交渉の土台としていた英独案では外国人判事・検事の任用が規定され、特に控訴院・大審院は過半数を外国人判事とするとされていたので、それに比べ任用範囲は大幅に狭まっている。また外国人に日本の法律を適用するに当たって、日本の法律の整備が問題となるが、井上案では「泰西主義」すなわち西洋に倣った民法以下の諸法律を整備するとされていたが、大隈案ではそうした規定はなく、速やかに諸法典を改定し、英訳を各国に通知するとされるのみであった。前任者井上の条約改正案が、国権を棄損する屈辱的な改正案であるとの批判が国内で起こって頓挫したことから、譲歩の度合いを下げるとともに、民法以下諸法律を日本が主体的に制定することを打ち出し、条約励行論や最恵国待遇の有条件的解釈などの強硬的姿勢を取ることによって、交渉を有利に進めていこうとしたのであった。以上の交渉方針は効を奏し、一八八九（明治二二）年二月二〇日にアメリカと調印、六月一一日にドイツと、八月八日にはロシアと調印を済ませるに至った。

世論の沸騰

大隈は交渉を進めるに当たって、その草案を公表することなく、一切を極秘としていた。ところが、四月一九日、大隈案がイギリス紙『タイムズ』に掲載され、それが五月三一日から六月二日にかけて新聞『日本』に訳載されるに至って、屈辱的・売国的条約改正案であるとの批判が高まることとなる。[*85] 反対派の主張は、大審院への外国人判事の任用や、国内法の整備に際して外国政府にその内容を事前に通知するという約束が屈辱的であるということ、および内地雑居（外国人土地所有権）への反対という点にあったが、特に外国人判事任用の問題は、日本の国権を毀損するものであるとして強い批判を受け、また二月に発布されたばかりの憲法の第一九条「日本臣民ハ法律命令ノ定ムル所ノ資格ニ応シ均シク文武官ニ任セラレ及ヒ其ノ他ノ公務ニ就クコトヲ得」の規定に違反するものであるとの意見が叫ばれた。こうした批判に対して政府は、帰化法を制定して憲法との整合性を高めようとしたが、この帰化法案が民間に漏洩するに及んで、糊塗的対応策であるとのさらなる批判が政府に加えられ、火に油を注ぐ結果となった。

全国の旧自由党系の民権派や、保守的・国家主義的団体は、こぞって大隈案を批判し、全国各地から改正交渉中止を求める建白書が提出された。その一方で、立憲改進党は、大隈案の擁護で一致団結し、ここに交渉中止派と断行派の大論争が演説会や新聞・雑誌を通じて激しくたたかわされることになる。反対派から政府に提出された建白書は一八五通、署名者総数五万六八五七人であったのに対し、改正断行論の建白書は一二〇通、署名者総数六七五九人であった。[*86] 署名者数において反対派が九倍以上に上るにもかかわらず、建白書数にはそれほどの違いがない。改進党は一通当たりの署名者数が少なくとも、多くの建白書を提出することによって、何とか反対派と対等の状況にあることを演出しようとしたのであった。[*87] しかし世論の大勢が反対に傾いていることは覆うべくもなかった。

改進党の団結力の強さ

反対運動の盛り上がるなか、それに抗する改進党の結束力は特筆すべきものがあった。運動上の方針に全く相違・対立がなかったわけではないが、条約改正を支持するという一点においては一致結束し、党を割って反対の側に投ずるものがほとんど出なかった。これは必ずしも、改進党員がすべて条約改正方針に全面的賛成であったからではない。市島謙吉はのちに、「[改正案の]中には反対のことがない訳でもないけれども、どうもそれは反対する訳に行かぬ」という苦しい立場であり、特に地方の人士に対して説明するのに非常に困却したと回想している。[*88] 意見において一致していたがゆえに団結が固かったのではなく、党の指導体制が確立していたことが大きかった。前述したように、改進党は当初、中央において指導部が確立され、その指導部によって施政主義が明確に掲げられて、その後地方に多くの入党者を見るという手順で組織が拡大してきたため、指揮系統がはっきりしていた。またその指揮系統を有効に機能させるに当たっては、大隈の参謀であった矢野文雄の果たした役割が大きかった。矢野は地方の指導者に対し、一日に二度三度と手紙を送って、地方党員の結束を固めるために尽力した。また改進党は自由党に比べて比較的少数党であったことも、その団結力を維持するのに幸いした。逆に自由党は、国会開設運動に由来する地方のさまざまな勢力の連合体であって施政主義が不明確であり、かつ改進党に比べ全国規模の多数の党員を有していたため、常に分裂的傾向を孕んでいた。

閣内での反対意見と交渉の頓挫

しかし世論の反対には改進党の結束で対抗したものの、政府部内からも次第に反対の声が挙がってくることになる。それは難航していたイギリスとの交渉がきっかけであった。イギリスは日本と最も経済的関係が深く、そうであるがゆえに改正による貿易への悪影響を危惧して交渉に乗り気ではなかった。こうしたイギリスの消極的姿勢に対して、大隈は旧条約の廃棄を示唆することによって改正交渉を前に進めようとしていた。この旧条約廃棄論は、国際法的には、内閣法律顧問ロエスラーや外務省顧問デニソンらによって正当なものであるとのお墨付きを得ていたものの、かなりの強硬的手段であることは間違いなく、イギリスとの関係悪化を危惧する立場から、閣内に改正交渉への反対の動きが生じることになる。その急先鋒は松方正義であったが、もともと大隈の外相就任を後押ししていた伊藤博文や井上馨もこうした強硬方針に危惧を抱き、次第に非協力的態度を取るようになっていった。[*89] こうした紛糾のさなか、一〇月二日、ヨーロッパ視察から帰国した山県有朋も反対の意見を表明し、同月一一日、伊藤は枢密院議長の辞表を提出、政府内の大勢は反対の方向に傾き、大隈の立場は一層苦しくなった。しかしその一方で黒田清隆首相は一貫して大隈を擁護し、反対派の攻勢に怯《ひる》むことなく改正交渉の継続を主張した。こうした紛糾状況をまとめるべく、一〇月一五日、一八日と御前会議が開催されたが、結局この閣議でも議論がまとまることはなかった。

議論に決着をつけたのは、閣議ではなく、その帰途に起こった事件であった。すなわち、一〇月一八日の閣議後、大隈は馬車で官邸に戻る途中、霞が関の外務省門前において爆弾を投擲《とうてき》され、重傷を負うことになるのである。爆弾を投げたのは福岡の国権派団体玄洋社の社員来島恒喜《くるしまつねき》で、満二九歳の青年であった。来島は爆弾を投げた後、その場で短刀で喉を突き自殺した。

遭難後の改進党と政府

大隈の遭難によって条約改正交渉は中断を余儀なくされた。しかし、このことが自動的に大隈・改進党と政府との決裂を意味したわけではない。大隈遭難から一週間後の一〇月二四日、黒田清隆首相をはじめ各大臣は交渉失敗の責任をとり辞表を提出するが、大隈のみは治療中のために辞表を提出せず、改進党はなお与党としての立場をすぐに捨て去ったわけではなかった。

大隈が右脚を切断して入院生活を続けるなか、党の舵《かじ》を取ったのは矢野文雄であった。矢野は大隈遭難後、地方の政友に対して、内閣が条約改正を完全に中止するのかどうか、また後継内閣が改進党に対して近い立場か否かによって改進党の態度を決めたいとの書翰を送っている。[*90] 改進党としては、これまで世論の大勢が反対に傾くなか、大隈を強硬に支援してきた経緯があり、条約改正が失敗に終わったまま総選挙に臨むことへの強い不安があったと考えられる。そのためにも、後継内閣が、条約改正の継続を主張して大隈のメンツを立て、また大隈に近い立場の者による内閣が組閣されることに望みをかけ、可能ならば与党としての立場で議会を迎えたいと考えていた。

しかしながら、大隈を全面的にサポートしていた黒田清隆はすでに首相を辞し、一一月二五日、三条実美が臨時首相に就任していた。そして今後の条約改正方針について閣議が重ねられた。大隈や改進党の処遇とも関係する事態であるため閣議は紛糾したが、[*91]結局、一二月一〇日、調印済みの新条約について実施を無期延期することが閣議決定される。すなわち、大隈案の否定という結論であった。この閣議決定につき説明を受けた大隈は、翌日外務大臣の辞表を提出した。この時点まで辞表の提出を引き延ばしたことが、いかに大隈・改進党が与党としての立場に未練を残していたかを示している。

さらに一二月二四日、二年前に大隈が外相に就任するに当たって反対し、政党に対して強い警戒心を抱いていた山県有朋が後継内閣を組織することが決定すると、この日付で、大隈は外相を依願免官となり、枢密顧問官に任命された。ここに改進党は政府与党として総選挙・議会開設を迎えることを完全に断念せざるをえなくなるのである。大隈は、創痍いまだ癒えずとの理由をもって枢密顧問官および前官礼遇に対する辞表を提出したが、これは政府への抗議とみることができる。しかし天皇は土方久元を大隈の元に派遣して慰撫し、辞表は却下された。[*92]

1889（明治22）年12月、静養中の大隈。中列右から2人目が綾子、ついで長女熊子。後列左端に加藤高明。（早稲田大学大学史資料センター所蔵）

なお、大隈の外務大臣在任中の問題として、条約改正以外に特筆すべきものに、憲法草案の審議および発布が存在する。伊藤博文が中心となって作成した草案は、一八八八年六月から七月にかけて、枢密院での審議にかけられることとなった。しかし大隈は大臣としてこの会議に出席する資格を有していたが、実際には審議にほとんど出席せず、出席した際にも一切発言を行なっていない。こうしたことから、大隈の憲法への無関心が指摘されることも多い。だが実は、六月一四日から七月四日にかけて、大隈は公用のため関西地方に出張していたのであり、[*93]物理的に出席が不可能だったのである。その後の再審・三審会議に際しても、条約改正交渉をはじめ多忙を極める公務との兼ね合いは難しかったのではないかと推察される。また出席した回において発言をしなかった背景には、専任の顧問官ではなく内閣大臣としての資格での出席であったことも影響していよう。

そして実はこうした背後で、大隈は議会にとって必要な権限が憲法に盛り込まれるよう、運動を行なっていたようである。すなわち、後年大隈は、議会による法案起草の権利と、天皇に対する上奏権、さらに議院内閣制の規定を憲法に盛り込むべく運動し、うち前二者は自らの運動によって実現したのだと述べている。[*94]もともと伊藤博文らがまとめた夏島草案や、その後枢密院に提出された草案には、議会による法案提出権は記載されていなかった。枢密院での審議において法案提出権を付与すべきとの意見が出されたものの、その意見も結局その会議上では採択されなかった。にもかかわらず、その後の内閣での修正作業において法案提出権が明記され、枢密院での再審会議にかけられるに至るのである。ただし、この修正草案では、法案提出権が付与された代わりに議会の上奏権が削除されていた。これに対し、かつて改進党副総理格であった河野敏鎌が、再審会議において、法案提出権と上奏権の両権をともに付与すべきだと主張した。この河野の意見は会議上では採択されなかったものの、その後、内閣が作成した再修正案にはこの両権がともに付与されるに至り、枢密院の第三審会議で可決されたのである。枢密院で可決されなかった意見が二度にわたって修正案に盛り込まれていること、また河野が示し合わせたように会議において熱弁を振るっていることなどを勘案すれば、大隈が背後で働きかけを行なっていた可能性は高いように思われる。

超然主義か政党内閣か

こうして最終的に裁可を得た憲法には、議院内閣制の規定こそなかったものの、議会の法案提出権、衆議院の予算先議権、上奏権など、議会にとって最低限必要な権限は明記されていた。大隈は憲法発布直後の一八八九（明治二二）年二月二一日、自邸に府県会議長を招待し、次のように語っている。

我憲法の事に就き世間にては種々の説を為す者ありて、演説に新聞に不服を訴ふるが如き有様なれど一体憲法の妙は運用如何に在ることなれば法文の規定が不充分なりとてさのみ不服を唱ふるに当らず、特に夫の政党内閣の制の如きは憲法中に規定すべき筈の者にあらざれば固より明記しあらざれとも、若し政党員にして皇帝陛下の御信任を得併せて輿望の帰する所となりたらんには、政党内閣の実を見ること難きにあらざるべし、現に英国の如きも歴史上の発達に依りて今日の状態を致せる者なれば、我国とても政党の発達次第にて英国と同一の状態を見ること能はさるの理あることなし[*95]

もともと一四年の政変の原因となった憲法意見書でも、憲法は「極ク簡短ニシテ大綱ニ止ランコトヲ要ス」とされ、運用こそが重要であると論じられていた。議院内閣制の規定はなくとも、それを否定する文言もないのであり、大隈はこの憲法であれば、時間をかけて政党内閣を実現することは充分可能だと判断したのであった。

とはいえ、憲法発布の翌日、黒田清隆首相は地方官に対して「政府ハ常ニ一定ノ方向ヲ取リ、超然トシテ政党ノ外ニ立」つ必要があると論じ、[*96] また憲法の起草者伊藤博文も、発布の四日後、府県会議長に対して行なった演説のなかで「今後議会を開き政事を公議輿論に問はんとするに当り、遽に議会政府即政党を以て内閣を組織せんと望むか如き最も至険の事たるを免れす」[*97]と論じるなど、政府の公式見解は政党内閣を否定する「超然主義」の立場にあった。しかし一方で、井上馨のように自治党を結成し改進党と協力して政府の与党を形成しようという構想も抱く者もあり、「超然主義」は必ずしも政党を完全に排除するものではなかった。[*98] また伊藤は右演説のなかで「遽に」の言葉を付しているように、将来的な内閣のあり方には含みを持たせていた。実際その後伊藤自身複数回にわたって政党結成を試み、最終的に立憲政友会を組織することになることは周知の通りである。議会が開設される以上、その議会を足場にする政党の協力なくして政治運営はできないのであり、問題はその政党の行政への関与をどの程度まで認めるのか、ということであった。大隈は政党内閣の実現を一足飛びに求めることなく、徐々にその力を拡大していくという方策を採ろうとした。すなわち政党内閣が実現するかどうかは、議会開設後に持ち越されることになったのである。

民意の反撥のなかで

以上見てきたように、一四年政変後の大隈・改進党は、自由党と政府との三つ巴《どもえ》のなかで、揺れ動いた。当初の、自由党との連合も辞さずに政府と厳しく向かい合う姿勢から、次第に政府へと接近し、外相として入閣することによって、一四年政変以前の政府部内進歩的勢力の結集構想が一旦は再現されたかに見えた。しかし、大隈の強引な条約改正方針は世論の反撥と政府部内の危惧を招き、一発の爆裂弾によって破壊されることになる。改進党の運動方針は振り出しに戻ってしまったのである。

大隈は、民意を統治機構に活かすシステムとしての議院内閣制を主張していた。しかし、大隈が外相として行なったことは、反対の世論を無視する強硬な改正交渉であった。また甲申政変に際しての世論の沸騰についても、それに迎合する姿勢を見せていない。前章以前においても見たように、一四年政変以前の大隈は参議として、民意に反する施策を採ることも多かった。そうした姿勢は一四年政変後においても基本的に変わっていないことがここに確認できる。改進党の組織方針も、地方の民意を積み上げていくというボトムアップ型ではなく、中央で策定した方針を、地方に下ろしていくというトップダウン方式でなされていた。しかしその一方で改進党は地方自治の実現を綱領に掲げ、また松方デフレに際して地租軽減を主張するなど、民権の保護・拡張には積極的な姿勢を見せてもいた。すなわち、明言こそしないものの、そこには、日本の民意がいまだ遅れたものであり、それを大隈・改進党がリードしていかなくてはならないという、いかにも知識人政党らしい自負があったものと考えられる。いわば、当面の間、民意に反する施策を行なってでも、改進党が与党となり、統治の座に就くことが大事であり、そのことが結果的に民意を統治と結び付けるシステムたる政党内閣の実現へとつながるのだと考えていたのであろう。

しかしそうした民意無視の姿勢は選挙の結果に帰結した。翌一八九〇（明治二三）年七月一日に行なわれた総選挙において、改進党は総議席三〇〇席のうち過半数はおろか六分の一にも満たない四六議席しか獲得できず、[*99] 民意による手痛いしっぺ返しを受けることになるのである。大隈はここにまた挫折を経験する。統治の立場から民意をリードしようとした大隈の姿勢は、この挫折によって修正を余儀なくされていく。議会開設後の状況のなかで、大隈は民意といかに向き合いながら、統治の側に立つこと＝政権獲得を目指していくのか。次章においてそれを見ていきたい。

第五章　理念と権力のはざまで——初期議会期の政党指導

苦境のなかでの議会開設

議会の開設を見据えて、外相として入閣し政府に復帰した大隈は、議会開設まであと一年という時期に、失意のうちに外相を辞任することになった。来島恒喜の投じた爆裂弾は大隈から右脚を奪っただけでなく、与党として議会を迎え、その立場から自らの政見を実現に近づけようという目論見をも奪うことになった。改進党は、再び在野の立場で政府と向き合わざるをえなくなったのである。

本章では、こうした在野の立場に戻った改進党が、どのような姿勢で議会活動を行ない、政府と向き合ったのかということを扱っていく。議会の開設によって、予算や法律はすべて議会の承認を得ることが必要となった。制限選挙であるとはいえ、選挙を媒介に民意を通じて議員が選出される議会政治下においては、政治過程における民意の持つ意味が、格段に大きくなる。とはいえ、憲法には議院内閣制の規定はなく、初期議会期においては、依然として藩閥勢力が政権を握っており、議会を足場とする政党が、彼ら藩閥政府とどう向き合うのかということもまた、重要な問題として存在し続けることになる。

政府と厳しく対峙して明治政府に取って代わるのか。それとも、政府と対話を重ねて妥協を引き出し、政府の一角に足場を築くのか。理念を単に唱えるのではなく、それを実現するためにどのような方策を採り、民意と、そして統治権力と、どう向き合っていくのかが問われていくことになる。

矢野文雄の政界引退

一八九〇（明治二三）年元旦の『郵便報知新聞』において、矢野文雄が政界からの引退の意思を表明した。[*1] 大隈が政府に復帰する際の交渉から、条約改正の過程に至るまで、大隈のブレーンとして最も精力的に活動してきたのは矢野であった。引退の理由は不明確な部分も多いが、すでに矢野は大隈入閣の際から引退を心に決めていたとも言われる。しかし、当初は、改進党が与党としての地位を固めたのを見届けた上で引退するという算段であったものが、結果的にはむしろ逆に、条約改正の失敗と改進党の野党化を見届ける形で引退が実現することになってしまった。矢野は三月に郷里の大分に隠棲し、八月に改進党を脱党、一一月には宮内省に出仕することになる。

もう一人の大隈のブレーン・小野梓はすでに死去しており、大隈は改進党結党以来のブレーン二人を失うことになる。また党内嚶鳴社系グループの重鎮であった沼間守一も、この年五月一七日に亡くなる。矢野の東洋議政会と沼間の嚶鳴社グループは地方に大きな影響力を持っており、議会開設を迎えようというこの時期に、党内大グループのリーダーが相次いでいなくなったことは、大隈にとっても改進党にとっても大変な打撃であった。

条約改正による打撃

一八九〇年三月、府県会議員の半数改選が行なわれた。来るべき衆議院議員総選挙の前哨戦とも言うべきこの選挙において、改進党は多数の府県で敗北の憂き目にあった。当時高田早苗が主筆を務め改進党系の立場であった『読売新聞』は、この選挙では反対党に七割の議席を取られてしまったがその原因は条約改正問題にあると分析している。[*2]

尾崎行雄は「条約改正案を支持する改進党は、国家の独立を危くする者であるといふので、〔中略〕全国的反対を受けた。なかには、改進党と語呂が通ふので、我々を『奸臣党』と呼ぶものすらあつた。若し総選挙が、大隈侯の遭難以前に行はれたら、改進党はかなりの多数を得たであらう。しかしそんなわけで、公然改進党といふ看板を掲げて当選したものは、僅々十三四人しかなく、その他はみな改進党の看板を外して、候補者になつた」[*3]と証言している。

七月一日、第一回衆議院議員総選挙が挙行されるが、総選挙の結果は予想通り惨憺《さんたん》たるものであった。当時分裂状態にあった自由党系の大同倶楽部五五名、愛国公党三五名、再興自由党一七名、九州同志会二一名で、これらを併せて自由党系の当選者が合計一二八名に上っていた。これに対し、立憲改進党は当選者四六名であり、自由党の約三分の一の議席しか獲得できなかった。[*4]世論の反対のなか強引に条約改正交渉を進めようとした結果、改進党は声望を失い、総選挙での敗北を余儀なくされたのである。

進歩党合同問題

選挙において比較少数の議席しか確保できなかった改進党は、単独では議会での影響力を発揮しえない。条約改正交渉中止の経緯から政府と再び手を組むことは難しく、かつ政府にとっても議席が少ない改進党と接近するメリットは少なかった。とするならば、改進党が議会において影響力を発揮するには自由党と共闘して政府に対抗するほかない。選挙戦において多くの候補者は地租軽減を訴えており、その点では自由党と改進党の主張は近かった。すでに選挙前の一八九〇年二月四日の段階で、かつて大同団結運動に対し冷淡な態度を取っていた『郵便報知新聞』が、社説において、進歩主義各派は協力して共同の敵に当たるべきであると論じるに至るなど、[*5]政府との関係が断絶したことを前提に、単独で行動するのではなく、旧自由党系勢力と協力しながら政府と対峙する方向性を改進党は探り始めていた。

旧自由党系勢力は、大同団結運動のなかで再び息を吹き返したものの、運動方針をめぐって大同倶楽部、大同協和会、愛国公党の三派に分裂して活動していた。しかし議会開設を目前に控えて、これらを結集することが焦眉の急となり、六月二七日、三派が合同して庚寅倶楽部が設立されていた。さらにその後、この庚寅倶楽部と改進党とを合同させて、一大進歩政党を設立しようという動きが起こってきた。これより先、九州では進歩的勢力が結集した九州同志会が設立されており、この九州同志会が、旧自由党系勢力と、改進党の島田三郎、箕浦勝人、尾崎行雄らを訪問、進歩主義勢力の合同を説いたのであった。

九州同志会がこうした動きを見せたのは総選挙前のことであったが、すでに改進党の選挙での苦境は予想されており、与党という立場を離れた以上、旧自由党系勢力との連合は望ましいことであった。改進党評議員会はこの提案に賛成の決議を行なった。選挙の結果が明らかになると、七月一二日、改進党中央は地方党員に書翰を発し「全国進歩諸派の聯合を計るべし」[*6]という党評議員会の決答案を示した。しかし、党内には合併への反対論も存在した。議員数が少ないということは、対等の合併ではなく、自由党主導の合併になる可能性が高かったからである。[*7]それでは自由党に改進党が吸収されるだけであり合併の意味はない。自由改進両党の対等な合併であることが最低条件であった。

そして八月一二日から自由党系の人々と改進党系の人々の会合が始められることになる。しかし、会合の多数は自由党系の人々で占められており、少数派の改進党の意見はなかなか容れられなかった。合同委員で議論された原案では、政党の党名は「代議政党」、主義は「自由主義」とされ、綱領は「第一　皇室の尊栄を保ち、民権の拡張を期す」「第二　内治は干渉の政略を省き、外交は対等の条約を期す」「第三　代議政体の基礎を鞏固にし、責任内閣の実行を期す」の三条であった。綱領は改進党の綱領をもふまえたものではあったが、主義を単に「自由主義」とだけしていることに改進党の委員島田三郎らが反撥、「自由改進」双方の文字を入れることを主張した。しかしこの意見は受け入れられず、一三日の協議で改進党員は協議の場を退席するに至る。[*8]
すでに政界引退を発表していた矢野は、八月二四日、大隈に書翰を送り、旧自由党との合同が頓挫すれば「最早や改進派は末運に属し可申候」と危機感をあらわにし、大隈を訪問する党員に対しては、合同を拒否するのであれば以後一切面倒は見ないとまで申しつけてほしい、と依頼している。[*9] この書翰の内容から窺うに、自由党との合同方針は大隈も支持していたものと思われる。しかし対等合併が難しい状況下では、合同の実現は難しく、矢野書翰の翌日、「立憲自由党」の結党が決定され、九月一五日、正式の結党式が挙行されることになる。合同は結局頓挫したのである。[*10]

民党連合路線

ただし、合併こそ成立しなかったものの、両者が協力して政府に対峙するという方向性はその後も維持されることになる。合同案の綱領に改進党の綱領をふまえたものが容れられたことは、政策において自由党と改進党が共闘可能なことを示してもいた。実際、立憲自由党の綱領には合同協議の際の原案とほぼ同じものが採用された。特に来るべき議会の予算審議において、大幅な予算削減を行なうという方向性では一致をみることが確実であった。立憲自由党は結党に際して定めた党議の冒頭に「政務を簡便にし政費を節減する事」[*11]と規定していた。また前章で述べたように、改進党もかねてより地租軽減を主張しており、政策的には両党の方向性は一致していた。

さらに、旧自由党系勢力の当選者は一三〇名を超えており議会第一党としての地位を占めてはいたものの、定員三〇〇名の単独過半数には至っておらず、自由党にとっても改進党との協力は不可欠であった。

もちろん、改進党としては、自由党と連合せず、政府に是々非々主義で向かう、あるいは好意的態度で向かうということも状況次第ではありえた。しかし黒田内閣倒壊後誕生したのは、政党に対してネガティブな考えを持つ山県有朋の内閣であり、到底改進党と協力の姿勢を取るとは思えなかった。以上の経緯から、合同こそ頓挫したものの、改進党は第一議会において、自由党と協力の下、政府に対峙していく方針を採ることになる。

なお、以上の合同問題に際して、大隈はほとんど表面に出てきていない。爆弾事件後、すでに前年一二月には病院を退院していたが、その後表立った活動はほとんどしていなかった。当時大隈は枢密顧問官であり、政党活動に関与することは許されない立場であったが、もし政府との完全な対峙を決断するのであれば、頃合を見て枢密顧問官を辞して改進党に復帰し、旗幟《きし》を鮮明にするという選択肢もあったはずである。おそらく、大隈自身は、改進党の民党連合路線を当面の戦略として認めつつも、自らは表に出ないことによって、将来的な政府への復帰の可能性も残しておこうという算段であったのではないかと考えられる。[*12]

第一議会の予算審議

一八九〇(明治二三)年一一月二九日、帝国議会の開院式が行なわれた。これまで民権派をはじめ多くの人々が待ち望んでいた議会の開設がここに実現したのである。政府は総額約八三〇〇万円の予算案を衆議院に提出するとともに、一二月四日、山県有朋首相は、衆議院において施政方針を演説、国家の独立が急務であり、そのためには主権線(日本の国土)だけでなく、利益線(国土の安全に関係ある隣接地域=朝鮮半島)も防護することが必要だと述べ、歳出額の約四分の一を占めていた陸海軍経費の必要性を訴えた。

これに対し、自由党・改進党などのいわゆる「民党」勢力は、「政費節減」による「民力休養」を唱えて対抗した。こうした趨勢《すうせい》のなかで、予算の削減は不可避の情勢であったが、いったいどの程度削減するのかをめぐって激しい駆け引きが繰り広げられることになる。議員数が少ない改進党は、予算審議に力を集中する戦術を採り、議員総数がわずか四一名[*13]であるにもかかわらず、予算委員会に、総員六三名の約四分の一に当たる一五名もの多数の人物を送り出し、影響力を保持した。[*14]特に所属議員阿部興人《おきんど》は自らの大蔵省勤務経験を活かして、主導的に予算修正案を作成した。議会の審議を経た修正案を「査定案」と呼んだが、その「査定案」の言葉も阿部の命名であるという。他方、自由党系の院内会派弥生倶楽部所属議員は、何割削減といった大まかな議論はできても、細かな予算策定は不得手で、予算委員会は改進党が主導権を握っていた。[*15]

予算委員会では、予算案の約一割、八八〇万円の削減を要求し、予算委員会においてこれを決議した。その中には、憲法第六七条の規定に該当する費目、すなわち政府の同意を必要とする費目（憲法上の大権に基づく既定の歳出や法律上政府の義務に属する歳出など）が含まれており、この費目の削減について、政府の同意を、衆議院の議決前に求めるのか、議決後に求めるのかという議論が起こった。民党の多くは議決後の同意を求めることを主張、すなわち、衆議院の議決を以て政府に突きつけ、真っ向から対立するという方策を取ろうとした。しかしこれに対し、自由党の一部が政府によって切り崩され（いわゆる「土佐派の裏切り」）、結局議決前に同意を求める緊急動議が可決されることとなる。この動議に基づいて、議決前に政府に同意を求める交渉が行なわれたが、政府はこの査定案を拒否、議会が選出した特別委員と政府との交渉の結果、一般会計六三〇万円と特別会計二〇万円の合計六五〇万円の削減で折り合うこととなった。この六五〇万円削減案は衆議院で再議に付せられ、自由党土佐派らが賛成に回り、可決されることになる。

むろん、当初の削減額よりは低いとはいえ、政府もかなりの程度譲歩し、また自由党の一角が崩されたものの、それも単に腐敗・堕落と言えるものではなかった。海外からも注視されている日本で最初の議会を、解散という形で終えてしまうのではなく、しっかり予算を可決する形で終え、日本にも立憲政治の運営能力があることを示したいという気持ちが、彼らの背後に存在していた。その意味では、政府と民党との本当の戦いは第二議会から始まると言ってよかった。

予算案に対する大隈の意見

以上の改進党の動きにどれだけ大隈が関与・賛同していたかはわからない。当時の新聞報道においても、大隈は「初期の議会に於て俄かに九百余万円を減ずるは行政機関の運動を止息するを顧みざるものなり〔中略〕初期の議会に於ては先づ二三百万円位を減じ十分政務の調査を遂げ果して減ずべきものなれば第二期第三期等に於て漸次減額の方向を取るこそ穏当の事ならん」[*16]「議院が予算案査定に付《つき》官制にまで立入らんとしたるは実に驚き入りたる次第なり」[*17]と語ったと報じられている。また政府の密偵報告の中でも、大隈は議会での改進党の動きと異なり温和説を唱えていたと報告されている。[*18]当時の新聞報道、密偵報告はともに信憑性が薄く、単なる風聞をもっともらしく書いている例も多いため、史料として使用するには慎重でなくてはならないが、実際、前島密など結党以来の古参党員の中には、改進党が自由党と一緒になり政府に反対する粗暴な行動を取っていることに批判的な者もおり、[*19]新聞・密偵報告などが総じて大隈の温和説を報じているということは、ある程度信用するに足る部分があるように思える。

しかし、もともと大隈は部下に対して細かい指示を出すタイプの政治家ではなく、大まかな方向性のみを示すタイプの指導者である。おそらくは、行政の円滑な運営と近代化の推進を阻害しかねない、統治の理念を捨て去った過度な削減額の提示に対しては批判的でありながらも、民力休養・民党連合路線による政府との対決姿勢についてては追認し、あくまで戦略としてそうした急進的姿勢を取ることを黙認するという状態であったのであろうと考えられる。

板垣との接近と枢密顧問官辞任

このように第一議会期において大隈は、枢密顧問官であったこともあり、自ら政治的な行動や意思表明をすることなく裏面から改進党の動向を見守っていたが、第二議会を目前にして、政治的活動を顕在化させることになる。すなわち、一八九一（明治二四）年一一月八日、中江兆民ら民党有志の仲介で板垣退助と会見したのである。[*20] 第一議会での民党の敗北への反省から、自由・改進両党の結合をより強固にすることを目的としたものであった。政府への復帰の可能性や、枢密顧問官としての立場をも省みずそのような行動を取ったのは、以後民党主義に徹して政府と対抗していく決断を大隈が下したことを意味する。

こうした大隈の動きに対し、政府は、同月一一日に閣議を開催（なお内閣は同年五月、松方正義内閣に変わっていた）、天皇の諮問役たる枢密顧問官の現職にありながら政治活動を行なったことを問題視し、同日大木喬任文相が大隈邸に来て病気を理由に辞表を提出するように勧告した。大隈は抵抗の姿勢を見せたものの、大木の懇願もあり、結局翌一二日、辞表を提出した。[*21]

一三日以降、民党の所属代議士は第二議会に関する協議を行ない、一七日には浅草鷗游館にて民党連合大懇親会が開かれ、民党が連合して政府に当たる体制が整えられた。

第二議会の解散と選挙干渉

一一月二一日、第二議会が召集された。第一議会終了後ほどなく山県有朋は首相を辞し、松方正義が内閣を組織していた。松方首相は、一一月三〇日、議会において積極主義の方針を述べ、民党は第一議会同様、民力休養・政費節減を説いて正面衝突した。一二月二二日には、樺山資紀《すけのり》のいわゆる「蛮勇演説」（諸君は藩閥政府を批判するが、明治維新は薩長人によって行なわれたのであり、今日あるのは藩閥政府のおかげではないか、との趣旨）があり、議会は紛糾する。日本最初の議会であった第一議会とは異なり、妥協して何とか平和裡に議会を終えようという気持ちは政府にも民党にも存在せず、予算の大削減を議決した衆議院と政府は折り合わず、二五日、衆議院は解散されることとなった。

解散後の一二月二八日、一八八四年末以来脱党したままになっていた大隈が改進党に復帰し、改進党代議総会の会長に就任した。代議総会とは党大会で選出される評議員三〇人による臨時緊急問題に関する議決機関である。これ以外に党の意思決定に関わる会議としては、定期大会・臨時大会・評議会・月次会などが存在したが[*22]、評議員でもない大隈がいきなり代議総会の会長に就任したのは、事実上の党首の位置に返り咲いたものと見てよい。とはいえ、党員から総理の座に就任して欲しいとの声もあったにもかかわらず、大隈は体調を理由にあえて党首の地位には就かなかった[*23]。

そして三〇日、さっそく改進党は代議総会を開き、選挙の方針について話し合い、自由党と選挙において協力していく方針を決定した[*24]。こうした中央の方針はその後必ずしもすべての地方で守られたわけではなく、実際には民党同士の争いもあったが、政府に対抗するという点において自由・改進両党が共同歩調にあることは明らかであった。

一八九二（明治二五）年二月一五日衆議院議員総選挙が行なわれる。結合を強くした民党に対し、内務大臣品川弥二郎、内務次官白根専一の主導により、各府県知事に内訓が発せられ、金力・暴力を用いた激烈な選挙干渉が行なわれた。特に大隈の出身地である佐賀県や、板垣の出身地である高知県では、強烈な干渉が行なわれ、佐賀三区に至っては選挙当日になっても紛擾が激しく、投票が延期になったほどであった[*25]。この選挙の結果、「吏党」と呼ばれた政府系政党の所属議員は九五名と増えたものの、自由党は九四人、改進党は三八人、また同じく民党系の独立倶楽部も三一人を当選させ、なおも民党が過半数を確保した。しかし改進党単独としては、前回よりもさらに数を減らす結果となり、苦しい状況が続くこととなった。

第三議会

上記のような激しい選挙干渉に対しては政府部内からも批判の声が出た。陸奥宗光農商務大臣と後藤象二郎逓信大臣は品川内相に対して責任を追及し、関与した官吏の処分を求めた。その結果、三月一日品川は内務大臣を辞任した。また追及した側の陸奥も三月一四日に辞任した。品川内相の後任には大隈と同じ佐賀出身で板垣とも親しい副島種臣が、また陸奥農相の後任には元改進党副総理格の河野敏鎌が就任した。両人は大隈・板垣に接近して融和を図ったが、選挙干渉に対し憲政史を汚すものとして憤懣やるかたない民党はこれに応じず、五月に特別会として第三議会が開会すると、選挙干渉について政府に猛批判を加え、大臣の処分を求める「選挙干渉ニ関スル決議案」を可決した。政府はこれに対し七日間の停会を決定した。

予算案については、第二議会の解散に伴いすでに前年度予算の執行が決定しており、第三議会では総額二八一万円の追加予算が提出されたのみであった。衆議院はこれに対し約九五万円の削減を議決、貴族院で若干の修正がなされたが結局一八九万円の追加予算が成立した。

松方内閣は議会を何とか乗り切ったのち、辞意を表明、その後を承け、一八九二年八月八日、第二次伊藤博文内閣が成立する。黒田清隆、山県有朋、井上馨、大山巌ら元勲級指導者が内閣に顔を並べた強力内閣であった。また選挙干渉の張本人であった品川弥二郎は、西郷従道と図って、これより先の六月、吏党系議員を糾合して国民協会を組織、約七〇名の議員が参加した。藩閥政府首脳が直接携わった吏党は国民協会が初めてであり、民党との対決に臨む政府の決意の強さを思わせた。

第四議会と民党連合破綻の兆し

一一月二九日、第四議会が開会する。民党はこれまで同様、民力休養・政費節減の方針で議会に臨んだが、政府も強い決意で議会に対抗した。特に政府としては、東アジアにおける清国との対抗の必要上、予算に盛り込まれた軍艦建造費を何としても通過させる必要があると感じていた。政府は、提出の約八三七六万円の予算案に対し、衆議院は約八五〇万円の削減を議決したが、政府は、政府の同意を必要とする憲法六七条に該当する費目において削減を断固として拒否した。こうした状況に対し伊藤博文は天皇の詔勅によって事態を乗り切ることを策し、一八九三（明治二六）年二月一〇日、いわゆる「和衷協同の詔勅」が下された。この詔勅は、内閣に対して行政整理を求める一方、予算のうち建艦費について、六年間、内廷費から毎年三〇万円を下付し、かつ官吏俸給の一〇分の一を割いて充当することを条件に、議会に対して妥協するよう求めたものであった。この結果、議会は政府と妥協することとなり、総額八一一三万円の予算修正案が成立することになる。

この修正案の策定において、改進党は建艦費と官吏俸給の復活以外は認めないとの姿勢を示すなど強硬姿勢を捨てなかった。しかし自由党は政府側に妥協的姿勢を示し、それにより修正案が成立した。この頃から自由党は政府との接近を水面下で進め始めており、たとえば同年一月七日の自由党演説会で、星亨が改進党を「過激粗暴」と攻撃し、「民党」という呼び方も好まないと発言するなど、民党亀裂の兆しが見え始めた。*26

「責任内閣」の主張

一八九三（明治二六）年一月五日、大隈は改進党員を招き新年祝賀会を開催した。席上大隈は「責任内閣」の必要性を主張した。この「責任内閣」の語は初期議会期から多く使われるようになった言葉だが、やや曖昧な言葉であり、使う人により意味の違いなども存在する。大隈自身の言葉を借りればそれは「立憲政治の本質は国民の輿論に従て政治を施すにあり国民の輿論に従て政治を施すには内閣を議会の上に組み立てゝ議会と内閣と一致の運動を為さしむるにあり諸君が十年一日の如く主張せし責任内閣制なるもの即ち是なり」[*27]とされるもので、議会に基礎を有する内閣の実現を主張したものであった。またその内閣が首相を中心にひとつにまとまった形で行政への指導力を発揮するべく、内閣の連帯責任も併せて主張された。

ことさらに「政党内閣」ではなく「責任内閣」の言葉を用いたのは、国務各大臣が天皇に対して責任を負うとのみ規定されていた（つまり議会に対して責任を負う規定のない）大日本帝国憲法の下、議会の多数が首相を選出する政党内閣制＝議院内閣制に対し、天皇大権を犯すものであるとして強い反撥を抱く藩閥官僚が多く存在していたからであった。議会に基礎を有するというだけであれば、完全な政党内閣ではなく藩閥と政党との連立内閣であったとしても、充分責任内閣としての要件を満たすのであり、大権干犯の批判は起こらない。また「国務大臣ノ責任ハ直接ニハ君主ニ対シ、間接ニハ議会ニ対シテ有スルノデアル、即チ議会ニ多数ヲ制セネバ、陛下ニ対シテモ責任ガ立タヌハ当然デアル」[*28]と大隈が述べるように、天皇に対する責任と議会に対する責任は表裏一体のものであるという論法も使われた。さしあたっては、「政党内閣」の語に固執して藩閥官僚の反撥をいたずらに招くのではなく、こうした言葉を用いることによって、政権を議会に基盤を持つものへと変えていき、政党内閣に少しでも近づけていこうという戦略であった。

とはいえ、当面の政局下においては、藩閥との提携による連立内閣は実現可能性のあるものではなく、議会開設以来改進党は、民党連合によって政府に対抗し責任内閣・政党内閣を実現しようという路線を追求してきた。だが「現今の内閣に反対する党派は民党と称して一大結合を為せども是れ素と数党派の連合なれば一党が一党として運動する如く敏活巧妙なるを得ず」[*29]と大隈自身認めるように、民党連合は政府への反対という点における連合でしかなかったから、そのような連合体に政権担当能力があるかどうかも未知数であり、いつどのように自らの政権参加が実現しうるかも見えない状況であった。そのうえ前述したように、自由党は政府との接近を始めていた。かつて、急進的な自由党に対して、穏健な進歩主義政党を目指して設立された改進党であったが、ここにきて自由党が政府との接近姿勢を見せる一方、改進党が政府に対し強硬姿勢を取り続けるという、かつてとは逆の構図が成立しつつあった。民力休養を軸にする民党連合路線だけでは政府を追い詰めることが難しくなりつつあったのである。

条約励行路線の採択

こうしたなかで、改進党は、民力休養に加え、新たな政策軸を確保することになる。すなわち、条約改正に関する「現行条約励行」という方針である。一八九三（明治二六）年一一月四日、第五議会開会を前に、立憲改進党大会が挙行された。従来の民党路線を確認するとともに、「現行条約の厲〔励〕行及び条約改正の実行を政府に要求すること」という方針が決議された。[*30]当時、伊藤博文内閣の下、陸奥宗光外相による条約改正交渉が進められていた。治外法権が撤廃となれば、それと引き換えに居留地が廃止され、外国人の内地雑居が許可される見込みであったが、外国人による土地の取得や経済的収奪、キリスト教の蔓延などを危惧する人々は内地雑居に反対していた。内地雑居反対派は、一〇月一日、大日本協会を設立したが、同協会には、自由党を脱党した大井憲太郎ら東洋自由党の一派、安部井磐根《あべいいわね》・神鞭知常《こうむちともつね》をはじめ政務調査会や国民協会などの党派に所属する衆議院議員、さらに対外硬派の貴族院議員も来賓として出席するなど、超党派の色彩の強い組織であった。

自由党が民党連合離脱の動きを見せるなか、来るべき第五議会においてもこの内地雑居問題は争点となるに違いなく、政府および自由党と対峙するためには、この問題を軸に自由党以外の人々と共闘することが改進党にとって望ましいことは明らかであった。しかし大隈重信はかつて外相として条約改正交渉を自ら担当し、その改正案の中には当然内地雑居も含まれていたのであるから、これに正面から反対するならば、変節の誹《そし》りはまぬがれ難い。したがって改進党は「内地雑居反対」を表に出すのではなく、大隈が条約改正に対して採った戦術、すなわち現行条約を厳しく適用する「現行条約励行」という論理を旗印にすることによって、変節の誹りを避けつつ、内地雑居派の尚早論と共闘しようという手段に出たのである。

もとより、大隈の行なった励行は、内地雑居を含む改正実現のための方策であり、大日本協会らの主張する現行条約励行の目的は内地雑居阻止にあったのであるから、目的において全く逆であったはずである。大隈自身、「大日本協会の唱ふる所は煙の如きのみ論ぜずして可なり」「幾万の洋人来て内地に雑居するも亦た何かあらん」「国家の一大屈辱たる現行条約の改正は豈に一日も曠《むな》くすべけんや」[*31]というように、内地雑居容認、条約改正断行の立場であった。しかし、改進党は、議会政略を理念よりも優先したのである。言葉の連続性とは裏腹に、内実においては事実上の変節といって間違いない。政府との対抗の必要上、戦略的に採られた方策であった。

大日本協会の賛同者の中にはかつて大隈条約改正案に反対した国権主義的色彩の強い人物も多く含まれており、従来であれば大隈ら改進党の人々とは相容れない思想傾向の人々も多かった。すでに述べたように、かつての条約改正交渉によって改進党は世論の大きな風当たりを受け議席数の低迷を招いていたが、この時点でも各地から内地雑居に反対する請願書が多数政府に届けられていた。[*32]自由党が政府との接近の姿勢を見せるなか、議会での影響力を確保するには、彼らとの共闘を選ぶほかない。ここに、改進党は、「対外硬」という新たな路線を採ることになっていく。以後改進党は、「硬六派」と呼ばれる対外硬派の一角をになうようになる。この政略は一定程度功を奏し、後述するように、のちに進歩党を結成する方向性を形作ることになるが、それとともに、次第に大隈および大隈系政党にはナショナリズムの高揚を利用する方向性が顕在化するようになっていく。

第五議会

政府と接近しつつあった自由党を牽引していたのは、「押し通る」の綽名《あだな》で知られた剛腕政治家の星亨であった。しかし、自由党内には、依然として民党路線の継続を維持しようとする人々も存在していた。一一月、第五議会が開会すると、星亨に株式取引所新設に絡む収賄の疑いがかかったことに対し、対外硬派に属する人々の主導で星亨弾劾の動きが進められ、星に対する弾劾上奏案が可決される。星はこれを拒んだが、一二月一三日、衆議院から除名されるに至った。星除名後の議長には楠本正隆が、副議長には安部井磐根が就任したが、両者ともに対外硬派に属する人物であり、以後の議会運営は対外硬派が主導権を握っていく。

星追放で勢いに乗る対外硬派は、さらに現行条約励行建議案を提出するなど政府との対決姿勢を強めた(一方予算審議については、改進党はさほどの力を入れておらず、予算委員は自由党系の代議士が多くを占める結果となった)。結局、対外硬派の攻勢に対し、伊藤首相は衆議院を解散、第三回総選挙が挙行されることとなった。

選挙は一八九四(明治二七)年三月一日に行なわれた。改進党は自由党を新しい吏党であるとして批判したが、結果は立憲改進党が改選前の四二人から四八人へと若干の増加、自由党は改選前の八〇人から一二〇人に当選者を大きく伸ばした。改進党以外の対外硬派は現状維持あるいは減少となり、前回選挙では吏党中央交渉部が九五議席を獲得していたにもかかわらず、その後身というべき国民協会は二六議席のみの獲得に終わっていた。自由党勝利の要因は、自由党と政府の接近に反発した国民協会が反政府的傾向を帯びつつあったことから、前回の選挙で吏党を後援していた知事・警察らが吏党を応援せず、中立的姿勢を取ったことにあった。つまり、吏党の議席が自由党に奪われた形となったのである。前議会において対外硬派は全体の約三分の二を占めていたが、選挙の結果、改進党以外は議席を減らし、合計で議会の半数以下に追い込まれた。なお、対外硬派に属する同盟倶楽部と、自由党内の反星派が脱党して結成した同志倶楽部は、第六議会直前の五月九日、合同して立憲革新党を結成、以後改進党と協同歩調を取っていくことになる。

自由党と改進党の溝が広がっていたとはいえ、自由党は星亨の追放によって政府との対抗の動きを再び強めることになった。こうした状況に政府はなすすべなく、同年五月一五日に開会した第六議会は、民党の政府弾劾の動きが相次いだ結果、前回の選挙からわずか三ヶ月の六月二日、またも解散が宣告され、再度選挙戦が開始されることになる。

日清開戦

解散に次ぐ解散という政府の方針に、民党は猛烈な批判の火の手を上げ選挙戦の準備を進めていった。しかし、折しも、朝鮮で起こった農民叛乱に端を発し、朝鮮に日清両国が出兵、日清戦争が開始される（八月一日宣戦布告）。近代日本最初の対外戦争に民心は注がれ、政争は一旦棚上げの状態となる。九月一日総選挙が挙行されたが、選挙戦は盛り上がりを欠いた。前回選挙で苦戦した対外硬派は、今回は対外自主派中央選挙本部を設置して選挙協力を図り同士討ちを避けた。[*33] 結果は立憲改進党四五名、自由党一〇五名、立憲革新党四〇名、国民協会三〇名、中国進歩党三名であった。改進党は解散時より三名減であったが、中国進歩党は犬養毅率いる改進党系政党であったから、これを合わせればほぼ同数となる。これ以外も、自由党は一二議席減、立憲革新党は一名減など多少の変動があった程度であった。一〇月、日清戦争のための臨時会として第七議会が、大本営の置かれた広島で開催され、臨時軍事費予算案や戦争遂行のための諸法案は全会一致で可決された。さらに一二月、第八議会が東京で開かれたが、ここでも政府提出予算案はごくわずかな減額のみで可決された。このように、政府との対決は戦後に持ち越されるかたちになった。

日清戦争と大隈

『大隈侯八十五年史』によれば、大隈は日清開戦前には、清国との戦争は極力避けるべきだと考え、駐日公使李経方が大隈を訪問した際にも、開戦回避の忠告を李鴻章に伝言したとされる。[*34]こうした大隈の意見を受けてか、大隈系の新聞である『郵便報知新聞』も、開戦に消極的な意見を掲載し、そのために開戦熱に浮かれる世論のなかで売上が落ち、深刻な経営難に陥ることになる。[*35]開戦からしばらくの間は大隈は沈黙を保っていたが、戦況が日本優勢で進むと、新聞・雑誌に意見を発表するようになる。

すなわち、大隈は「清国を膺懲して再び我に抵抗する能はざらしめんと欲せば、四億の人民をして我軍の勇武絶倫なるを悟らしめ、以て我威武に伏せしめ、一跌復た起つ能はざらしむるにあらざるよりは東洋永遠の平和は以て得たりとする能はず、出師の大目的は以て貫きたりと云ふ可からず、之を為す如何、他なし盛京、直隷両省の要所を攻撃占領するの外、一方に於ては威海衛を衝て山東省を占領し進んで蘇江〔マヽ〕省に入り、一方に於ては又更らに三軍を起して台湾を占領し、揚子江畔の土地をも占領するに在り」というように北京への進撃を主張、また台湾については、兵略上・経済上重要な土地であり、占領することにより割譲に結びつけることを主張している。[*36]

実はこのような強硬論はすでに各新聞紙上でも見受けられていた。国民は戦勝に酔い、北京への進軍、多大な土地の割譲を望むようになっていた。「我が要求の程度は、戦争の進行に伴ふて増減す、〔中略〕開戦の始めに当ては、政府の人々は勿論、対外硬派の士と雖も、今日の如き希望はあらざりしならずや、但だ清国の弱きこと意想の外に出で、我が陸海軍は連戦連勝の勢ひに乗じて、既に盛京省の過半を占領し、海上権をも掌握するに至りしが故に、其の希望は弥よ益々増進せるのみ」[*37]と大隈自身いうように、戦局の推移とそれに伴う国民世論の盛り上がりを汲み取りながら、大隈も強硬論を主張するようになったのであった。改進党もこうした大隈の意見や世論の盛り上がりを背景に、一二月一六日の臨時大会において「帝国ノ威武ヲ揚ケ又精神的ニ清国ヲ膺懲シ以テ東洋ノ平和ヲ永遠ニ維持センカ為メニハ我党ハ如何ナル場合ニ於テモ軍隊ヲ北京ニ進ムルノ必要ヲ認ム」[*38]という文言を含む宣言書を発した。

ただし、大隈は、満洲を占領すべきだとの意見が世間で行なわれていることについては、兵力から考えて無謀であると批判しており[*39]、世論の盛り上がりにそのまま迎合したわけではなく、一定の歯止めがかかってはいた。また、講和の翌年、大隈は、「日本今後の国是は何ンとしても支那朝鮮を味方とせさる可らず。二十七八年の戦争には我れ勝利を得なから、之れを利用して彼れ両国を吾味方とはなさず却て彼等を敵としたり。是れ何んたる無策ぞ。若し他日欧洲諸国に於て支那を分取りせんとするの時もあらば我れ支那を救はさる可らず」[*40]と側近の市島謙吉に語っており、戦勝を「利用」して友好を深めること、つまり一度は強硬な態度によって中国の日本への敵対心を挫いておき、そのうえで、戦後は友好を深めて、相互に助け合って欧米列強と対抗していくべきであるとの考えであったようである。

母の死

なお、日清戦争のさなか、一八九五（明治二八）年の元旦に、大隈の母三井子《みいこ》が九〇歳で歿した。第一章で見たように、大隈は一三歳の時に父を亡くして以来、母三井子によって女手一つで育てられてきた。

三井子が大隈に精一杯の愛を注いだことはすでに見たが、維新後もそれは変わらず、一八七九（明治一二）年、大隈が四二歳の厄年に当たった際には、三井子は自ら蓮の糸を紡ぎ、それを西陣の織物工伊達弥助に織らせて子安観音を描かせ、全国の四八の著名な寺に奉納したほどであった。この藕糸《ぐうし》観音は現在でも各地に残っている。こうした母の深い愛に応え、大隈も母には孝養を尽くしてきた。一八九三（明治二六）年には米寿を迎えた母のため、三月六日から一〇日までの五日間にわたって、数百人を招いての祝宴を催していた。[*41]それだけに、この母の死は大隈にとってはショックの大きい出来事であった。葬儀は一月六日、音羽護国寺にて行なわれた。葬儀に際し、大隈は母の遺言に従い、護国寺近辺の貧民に四〇余石の白米を配布、数百人がこの恵みに与ったという。[*42]

日清戦後経営論

一八九五年四月一七日、日清講和条約が調印され、日清戦争は終結した。賠償金二億両（三億円）のほか、遼東半島、台湾・澎湖《ほうこ》列島を日本に割譲することなどが決定された。しかし、遼東半島については、周知の通りロシア・フランス・ドイツによるいわゆる「三国干渉」によって返還を余儀なくされた。

この戦勝をふまえ、戦後におけるさらなる日本の発展を目指す「戦後経営」の議論が盛んに行なわれることになり、大隈もまた、世界を舞台に活躍する日本を目指すべく、積極的な「戦後経営」を行なうべきだと主張するようになる。大隈は、戦後財政の使途として、第一に、軍備の拡張、特に海軍の軍艦建造に最も多くの経費をかけねばならないと主張、このほか、外交、教育、鉄道、治水、山林、港湾、その他諸般の事項に、強国・文明国たるにふさわしい費用をかけて拡張していく必要を説いた。[*43]

そしてこうした戦後経営のためには、従来に比して五〇〇〇万円程度の経費の増加が必要であるが、その資金として、大隈は日清戦争の償金をすべて使い果たすべきではないと主張した。日清戦争の軍資として消費した正貨は三〇〇〇万円にすぎず、いきなり償金二億両＝三億円が市中に流通することになればインフレが起きるため、三億円のうち一億円程度は、いつでも正貨に交換できる外債を購入して国庫に備蓄しておくのがよく、その外債の利子収入によって財政の節減も可能になると論じている。[*44]

償金のほかに大隈が財源として主張したのは税法改良であった。船税、車税、菓子税、地方の営業税・雑税など、比較的下層の階級にとって負担の大きい税の廃止を主張し、また所得税三〇〇円以下の人々に対する課税の議論が盛り上がっていることに関しても、「頗る苛酷の沙汰」と批判、むしろ三〇〇円以上の所得の税等級を細分増加し、高所得者ほど高負担になるよう、税率を累進させるべきだと主張した。このほか、酒税、煙草税といった嗜好品に対する課税や、条約改正を早期に実現して海関税の増加を期すことなども主張している。[*45]下層階級を苦しめず、富裕層や嗜好品への課税を強化することで積極的戦後経営の財源を賄うべきだというのが大隈の見解であった。[*46]従来から大隈・改進党は民力休養を説いていたが、積極的に戦後経営を行なっていくに当たっても、民力、特に中下層の力を疲弊させることなく、近代化のための費用を捻出していくべきであると考えたのであった。

大隈のこうした意見は、藩閥政府ともある程度一致している部分もあり、たとえば同年一二月召集の第九議会に第二次伊藤内閣が提出した酒造税諸法案および葉煙草政府専売法、および営業税法案（地方諸税を改廃整理統一して国庫に移すもの）、登録税法案（不動産や船舶などの登記の際の課税）などは前述した大隈の税法改良の意見と方向性を同じくするものであったため、大隈はこれらの政策には賛意を表明した。[*47]日清戦後、松隈内閣の誕生に至るまで、しばしば大隈の入閣の風聞が新聞紙上で取り沙汰されているが、その前提にはこうした財政論の共通基盤が存在していた。

日清戦後の政局

以上のように、大隈と政府との政策的方向性は財政論において近づきつつあったものの、戦後の第九議会においては、立憲改進党は依然として政府に対抗する姿勢を取っていくことになる（他方で、自由党は政府との本格的な提携を宣言する）。第九議会開会を控えた一八九五年一〇月一九日、評議員会を開き、遼東半島還付ならびに折しも朝鮮半島で起こった三浦梧楼公使による閔妃殺害事件に対する政府の責任追及、陸海軍の拡張と内部の整理、産業の発達、鉄道電信の増設、航路の拡張、教育の振興、税法改良・財政整理、人民の権利・自由の確保や責任内閣の確立などを決議した。[*48] しかしこの決議のうち、財政的問題については、必ずしも政府と真っ向から対立する論点ではなかった。

したがって、一二月二八日に第九議会が開会すると、改進党は財政問題ではなく主に外交問題で政府の責任を追及する方策に出る。しかし、自由党と国民協会とが政府を支持することによって、政府弾劾上奏案は否決されることとなり、予算案も自由・国民両党の賛成により政府案にわずかな削減を加えたのみで通過した。そして、日清戦後経営の財源確保のために、登録税、営業税の新設と、酒造税の増徴、葉煙草専売制度の導入などが決定した。改進党は自由党・政府との対抗上、予算案や増税案にも反対の姿勢を取ったものの、外交問題に比べてその力の入れ方は低く、日清戦後経営による積極的近代化の方針では大隈・改進党も、自由党や政府と同じ方向を向いていることは明らかであった。したがって、後述するように、その後、政府の側でも、伊藤博文が自由党だけでなく、大隈との提携をも視野に入れていくようになる。民力休養と積極政策とを対立軸に、民党連合と藩閥政府とが対立するという初期議会の構図はこうして崩れることになるのである。なお、第九議会閉会後の一八九六（明治二九）年四月一四日には、板垣退助が内務大臣として入閣することになった。

進歩党の結成

このように財政政策における共通の方向性があったとはいえ、自由党と藩閥との提携という事実を前にして、当面、改進党はそれに対抗していく必要があった。そのため、日清戦前以来の、対外硬派を合同させて、新政党を結成しようという動きが第九議会中から進められる。その結果、立憲改進党四二名をはじめ立憲革新党二九名、中国進歩党三名、帝国財界革新会三名、大手倶楽部九名、無所属一二名、自由党一名の合計九九名が参加し、一八九六年三月一日に進歩党という名の新政党が結成された。政綱は「一　政弊ヲ改革シ責任内閣ノ完成ヲ期ス」「二　外政ヲ刷新シ国権ノ拡張ヲ期ス」「三　財政ヲ整理シ民業ノ発達ヲ期ス」[*49]のわずか三ヶ条からなるもので、かつての改進党の綱領と比べても漠然としていることは否めないものであった。自由党に対抗する勢力を結集するため、具体的施策を棚上げしたものと思われる。これまで改進党は議席数の少なさに苦しめられてきたが、この合同により一挙に議席数が増えることになる。とはいえ、大隈の下で結束を誇っていた改進党に、かつて大隈の条約改正交渉に反対した経歴を持つ人々をはじめ、改進党とは異質の流れを汲む人々が合流してきたことは、党の結束を損なう危険性をも孕むものであった。

公衆の面前へ

大隈は明治初年以来、対面でのディベートこそ得意であったが、大勢の前で演説を行なうことはあまり無く、新聞・雑誌に意見を発表するということも熱心には行なってこなかった。[*50]しかしこの頃から、そうした姿勢に変化が見え始める。一八九三年四月一日から、『郵便報知新聞』に幕末以来の自らの経歴を綴らせた「大隈伯昔日譚」を連載するが、これが一つの転換点となる。これ以降、特に日清戦争以後は、メディアに大隈の談話が掲げられることが飛躍的に増えていくことになる。

さらに、進歩党結成後の一八九六年四月二一日に東京を発した佐賀帰省旅行はこうした大隈の変化を明確に印象付けるものであった。大隈はそれまで、選挙のための遊説も行なったことがなかったが、この維新以来初となる佐賀への帰省の途次、沿道至るところに歓迎会が開催され、大隈はそれらの場において演説や談話を盛んに行ない、そしてこれを新聞・雑誌等のメディアが好意的に伝えることとなった。これ以後、大隈が公衆の面前において演説することも次第に多くなっていく。

進歩党結党以前の改進党は党勢振るわず、選挙においても常に自由党に大きく水を開けられていたが、こうしたメディア戦略の有効性を、大隈はこの頃から意識するようになったのである。一方のメディアの側も大隈の談話を積極的に求めるようになり、大隈も気さくにそれに応じるようになる。

松方との接近

前述したように、第二次伊藤内閣は板垣退助を内相に据えたが、一八九六年八月に入ると、伊藤は井上馨の進言により、松方正義を蔵相とし、同時に大隈を外相に据えて内閣を強化し、戦後経営に挙国一致の体制で臨もうと考えるようになる。しかし大隈の入閣は、改進党と対抗関係にある自由党にとっては望ましいものではない。したがって大隈入閣には内務大臣の板垣退助が強く反対し、結局松方正義のみに入閣交渉が持ち込まれることになった。だが、松方は大隈とともに入閣するのでなければ受けられないとして、この申し出を断った。

なぜ松方は大隈との入閣にこだわったのか。接近の発端は、日清戦争終了後の一八九五年八月、松方蔵相が戦後財政計画を内閣に提出、その実現のために臨時議会の開催を求め、伊藤がこれを拒否したために松方が蔵相を辞任したことにあった。[*51] 大隈は、かねてから戦後経営のための積極政策を主張、また緊迫する東アジア情勢のなかでは軍備拡張も不可避であることから、多少の増税は避けられないと発言しており、[*52]松方のこの挙を称賛、新聞記者に対して、戦後財政のためには国民の希望を容れて臨時議会を開き、国民に説明することが必要だとして、松方に同意する旨を表明していた。[*53]この後、後藤象二郎によって大隈と松方とを接近させようという動きがあり、その背後には大石正巳《まさみ》・犬養毅らの動きがあった。[*54]

さらに同一八九五年一一月下旬には、伊藤首相が辞意を表明するが（のち撤回）、その際伊藤内閣に大隈を入閣させるか、もしくは伊藤に代わって黒田に内閣を組織させて大隈を入閣させようという動きが起こっていた。[*55]この時、犬養毅は、議会対策上松方・樺山もともに入閣しなければ前途はおぼつかないとして大隈に自重を求めているが、[*56]犬養は大隈入閣勧誘の情報を薩摩出身で黒田・松方とつながりのある柏田盛文から仕入れており、薩摩系と進歩党系の人々の間に連絡が通じていたことがわかる。

松方も大隈もともに戦後経営の必要性と、その実現のための増税と財政整理の必要性において意見が共通していたが、こうした姿勢は実業界にとっても望ましいものであり、九州で炭坑経営を行なっていた平岡浩太郎や安川敬一郎らによる斡旋の動きもあった。そして前述した大隈の佐賀帰省旅行の帰途、一八九六年五月二一日に、岩崎弥之助の仲介によって、大隈と松方との会談が、京都の岩崎邸において実現、提携の約が成立することになったのである。こうして松方は先に述べたように単独入閣を拒否、第二次伊藤内閣は補強ならずして辞職を余儀なくされるのである。

入閣交渉

こうした経緯で、松方と大隈・進歩党の距離は近づいていたが、しかし入閣に大隈が必ずしも積極的であったわけではないようである。当初大隈は、責任内閣と内閣連帯責任の実現、言論・集会・出版の自由拡張、特別市制の廃止、海軍拡張重視と陸軍拡張の一二個師団への制限（台湾派遣の三個旅団もこの中から派遣）、財政整理の断行など、詳細かつ具体的な条件を掲げ、「自分が総理大臣でゝもあるかの如く頻りに内治外交あらゆる方面に向つて意見を述べ」[*57]たのであった。しかしこうした意見は、薩派とりわけ樺山資紀や高島鞆之助などの受け入れるところとならず、大隈はここで入閣を拒否する姿勢を見せる。

しかし、進歩党の幹部は、すでに松方はじめ薩派と強いつながりを持っており、何とかこの薩派と進歩党との連立内閣を成立させたいと考え、粘り強く大隈を説得した。[*58]こうした経緯でしぶしぶ入閣を引き受けたため、のちに内閣が倒れた際には、大隈は「どうだ解つたか、俺が初から駄目だと云ふのに君達が喧しく言ふからやつたのだが、どうだ解つたか」と尾崎行雄に述べたという。[*59]

こうした交渉のため、八月二八日に伊藤博文が辞表を提出して以来、九月二二日の大隈の外相就任により新内閣（松隈《しょうわい》内閣と呼ばれた）の陣容が固まるまで、約一ヶ月という長期間を要することとなった。最終的に大隈が入閣を承諾するに至ったのは、前述したような条件をより絞って、「第一　国務大臣は国民の輿望を担へるものを任ずる事」「第二　言論、集会及び出版の自由を認むる事」「第三　民間の人材を登庸し、政務の発展を図るべき事」[*60]の三条件とし、これを松方が呑んだからであった。

内閣の顔ぶれは、松方首相兼蔵相、大隈外相のほか、薩摩出身の樺山資紀内務大臣、高島鞆之助陸軍大臣兼拓務大臣、西郷従道海軍大臣、および旧幕臣だが薩摩出身者と関係の深い榎本武揚農商務大臣などの、いわゆる「薩派」に、長州出身の野村靖逓信大臣、熊本出身で山県系の清浦奎吾司法大臣、および貴族院を背景とする蜂須賀茂韶文部大臣であった。進歩党からの大臣は大隈ただ一人であり、他には党から内閣書記官長に高橋健三、法制局長官に神鞭知常が就任し薩派との連絡に力を尽くしたものの、進歩党勢力は閣内では微弱であった。事前に施政方針について摺り合わせをしてあったこともあり、大隈と薩摩系閣僚との関係は良好であったが、これに対し野村や清浦、蜂須賀が大隈に対する抵抗勢力として常に足を引っ張ろうとする構図であった。

松方は一〇月一二日、地方長官を召集して新内閣の施政方針を発表したが、「帝国議会の協賛を完ふするを務め上下一致の効を図り至尊に対して大政の責に任ぜんと欲する」「言論出版集会等憲法上人民の享有すべき権利自由は政府厚く之を尊重し其保障を固からしめん」ことを明言、責任内閣論や言論集会の自由の尊重といった大隈との約束がしっかりと盛り込まれていた。[*61] 進歩党もこの施政方針を党の方針に沿うものとして、内閣支援を決定した。

二十六世紀事件

こうした矢先、内閣書記官長高橋健三が主宰していた大阪の政論雑誌『二十六世紀』一〇月二五日号に、土方久元宮内大臣が伊藤博文と結んで宮中で専横を働いていると非難する論説「宮内大臣論」が掲載され、それを一一月五日に新聞『日本』が転載したことで問題化することになる。いわゆる「二十六世紀事件」である。土方はこの論説に激怒し、首相、内相、法相に厳重な処分を要求した。土方は土佐出身であるが、長州閥と近い関係にあり、閣内では、野村、清浦、蜂須賀、榎本の四人が発行禁停止の処分を主張したが、大隈と樺山はすでに言論集会の自由を尊重すると決定した以上こうした処分には強く反対する旨を主張、一三日の閣議で一旦は無処分と決まった。しかし藩閥内部では、不敬罪・官吏侮辱罪による起訴を求める声すら起こっており、翌日、土方や徳大寺実則侍従長らにより松方に対して説得が行なわれるなど、強い巻き返しがあった。

結局当初反対していた樺山内相が折れ、閣議を経ずに、『二十六世紀』に発行禁止、『日本』に発行停止の処分が下されることになる。[*62] しかし、不敬罪・官吏侮辱罪による処分については、松方首相は、言論の自由に関する大隈との約束や、高橋が内閣書記官長であったことなどをふまえ、そうした処分は行なわずに保留とすることとした。またその直後、松岡康毅内務次官と小野田元熙警保局長が更迭され、発行禁停止処分を行なったことに対する責任を取らされる形となり、大隈や進歩党派の面子を立てる形での配慮がなされた。[*63]

せっかくの連立が崩れては元も子もないと考える進歩党執行部は、禁停止処分を非難すべきは当然だが、しかしこの問題だけを以て政府に総攻撃を加えるのは早計であり、今後は政府に猛省を促し公約の実行を求めていきたい旨の意見表明を行なうことによって、とりあえず事態収拾を図った。[*64] なおこの間自由党は、この事件を不敬事件であるとして激しく攻撃、言論の自由を守るよりも反対党攻撃を優先させた。[*65]

第一〇議会

一二月二二日、第一〇議会が召集された。大隈は翌一八九七（明治三〇）年一月二二日、予算委員会で議会での初の答弁を行ない、二月一六日には本会議において外交方針演説を行なった。大隈は、明治維新以来の国是である「開国進取」の主義の下、万国に並び立つことを外交方針とし、一層日本の進歩のために邁進すると述べるとともに、日清戦勝による日本の世界的地位の高まりに伴い公使館・領事館の増設など外交費用の増額が必要であるとして、予算への協賛を求めた。またこれまでの秘密外交を改めていくことを宣言した。[*66] そして二月二六日には、かねてから議員からの質問のあった日露協商の内容を世間に公表した。[*67] 大隈は、前年一一月二七日にも現役外相として東邦協会に出席し、外交方針について説明する演説を行なっていたが、これも、外交という国民に多大の関係を有する事項については可能な限り国民に情報を提供することが必要だという考えに基づいていた。大隈自身が「日本の御役人が公然自分の議論を公衆に向つて述べたと云ふことは、多分始めてであつたらう」[*68]と述べるように、こうした姿勢はそれまでの大臣には見られないものであり、とりわけ外交に関する事項は機密として議会や国民に説明されることが少なかったことからしても、画期的なことであった。

このような大隈の姿勢は、かつて自由党に属して改進党に対峙し、一八八九年の条約改正交渉の際の大隈負傷に際しては犯人教唆《きょうさ》の疑いで収監された小久保喜七が、日露交渉公表の翌日に、「近日来閣下が衆議院にての御行動を見真に立憲大臣の資格に相応するを知」ったとの感激を伝える手紙を大隈の元に送ったように、[*69]広く好感をもって迎えられた。また大臣としての演説では、それまで通常自称を「本大臣」とするのが一般的であったのに対し、大隈が「私」という表現を使ったことも爽やかな印象を与え、反対党議員からの野次もなく、満場粛として聞き入った。またそれまでの大臣と異なり演説後も席を立たず、質問を待ちそれに丁寧に答えた。[*70]かつて世論の反対を無視して条約改正交渉や帰化法改正を進めようとした一八八九年の外相時代とは姿勢の違いが顕著であった。

予算案審議においては、政府は一億三七二二万円の軍拡予算を含む支出総額約二億三九六七万円の大規模予算を提出、前年度支出に比して約五六〇〇万円の増加を含むものであった。進歩党は従来、政費節減・民力休養を主張してきており、その経緯からこれに難色を示す議員もいた。だが、この予算は前内閣の戦後経営計画に基づいて策定されたものであり、松方首相が、内閣誕生後日が浅いため、今回は遺憾ながら前内閣の予算を踏襲するのだと明言し、かつ予算委員会の審議結果に対して、次の議会までには財政整理を行ないたい旨を述べることによって、進歩党もこの予算案に賛成することとなった。[*71]前内閣の踏襲である以上、前内閣与党であった自由党もこれに反対することは難しく、予算はほぼ政府原案通り可決されることになる。

新聞紙条例改正と金本位制施行

このほか議会で議論された重要法案としては、新聞紙条例改正案と、集会及政社法改正案がある。言論集会出版の自由は松隈内閣誕生の際の公約でもあり、新聞紙条例改正は、提出前の閣議で、野村、清浦、蜂須賀の三名が強く反対したものの、大隈は職を辞する覚悟で実行を迫り、[72]薩摩系閣僚も大隈に賛同したため、一二月二五日、第一〇議会でも最も早い政府提出案として議会に提出された。ただし政府改正案は、内務大臣・拓殖務大臣による発行禁停止は緩和されたものの、先述した三名の反対の結果として、皇室の尊厳の冒瀆、政体変壊、朝憲紊乱や社会の秩序又は風俗を壊乱する記事による、一週間以内の発行停止権は残されたままであった。しかし大隈・進歩党は、三大臣の反対をかわすために、議会において進歩党から禁停止全廃の主張を出すことを当初から目論んでおり、[73]実際に、議会において進歩党の主張に沿う形で法案に修正が加えられ、行政権による発行禁停止処分は全廃されることになる。[74]この改正はメディア規制における一大進歩であり、松隈内閣下の最大の成果の一つと言ってよいものであった。しかし他方で、集会及政社法の改正案については、審議未了のまま可決することができなかった。

またこの議会では貨幣法案が提出・可決され、清国からの償金をもとに金銀複本位制から金本位制へと転換することが決定された。大隈は主務大臣でこそなかったが、元老の伊藤・井上をはじめ反対意見も多いなか、松方を助けて改正実施にこぎつけるために力を尽くし、また多くの新聞・雑誌に賛成意見を発表して内閣を助けた。[75]金本位制の施行は欧米との経済の結び付きを強め、特に外債募集に際して効果を発揮した。のちに日露戦争の際に募集された巨額の外債もこの金本位制を前提として成しえたことであった。このほか、鉄道敷設法中改正法律案、重要輸出品同業組合法、遠洋漁業奨励法、生糸直輸出奨励法など戦後経営を推進するための法律案が多数可決され、資本主義の発展を後押しした。

農商務大臣兼任

第一〇議会では、田中正造をはじめとする進歩党所属議員から、足尾鉱毒事件に関する厳しい責任追及がなされた。また一八九七（明治三〇）年三月三日には栃木・群馬両県の被害農民が警察の阻止をくぐり抜けて大挙上京し、両院議長官邸や外務省を訪問した後、榎本農商務大臣と面会、鉱業停止を訴えるなどの挙に出た。しかし榎本農商務大臣の反応や答弁は農民達の納得できるものではなく、二四日農民が再び上京、二六日に榎本は政府が責任を持って調査することを約束するとともに引責辞任した。そしてその辞任を受け、三〇日より大隈が農商務大臣を兼任することになる。大隈は調査を進めるとともに、五月一三日と二七日の二度にわたり鉱毒予防の厳命を下し、排水その他の処置ならびに護岸砂防工事を行なうよう命じた。さらに、その工事を短期にて完了するよう期限を設定し、その期間内に行なわない場合は鉱業停止を命じる旨通達した。

なお、農商務大臣就任後の四月二日、大隈は農商務次官に大石正巳を抜擢し、さらに商工局長として武《たけ》富時敏《とみときとし》を、鉱山局長に肥塚竜を任命した。また七日には外務省通商局長に高田早苗を据えた。その後、大隈は農商務大臣としては官制改革を進め、六月には商工局を商務局と工務局に分割、さらに水産局を増設することを発表、戦後経営のための機動力を高めることを図った。また工務局では職工条例（工場法）の立案に着手し労働者保護の先鞭をつけようとしたが、成案とほぼ同時に大隈が辞任したため、後任の山田顕義農商務大臣によって撤回されることとなった。[*76] 実際に工場法が成立するのは約一五年後の一九一一（明治四四）年、施行されるのは第二次大隈内閣の一九一六（大正五）年まで待たねばならなかった。

勅任参事官設置問題

四月一〇日、勅令によって各省に一名ずつ勅任参事官を設置し、大臣次官の命を受け、審議立案に当たらせることが定められた。かねてから大隈らは、議会の内閣への影響力を増大させて責任内閣の実を挙げ、かつ政務と事務との区別を明確にすべく、政務次官の設置を主張していた。しかし政務次官の設置に対しては官僚から強い反撥があり、[*77] 勅任参事官という、地位・権限が縮小された形での実現を余儀なくされる。

そして八月に入り、この勅任参事官に進歩党員や関係者が任命されていくことになる。すなわち、大蔵省に武富時敏、内務省に徳富猪一郎（蘇峰）、農商務省に駒井重格、外務省に尾崎行雄、拓殖務省に蒲生仙が任命された。また同時に農商務省山林局長に志賀重昂、商務局長に箕浦勝人、拓殖務省北部局長に新井章吾が任命された。しかし、陸海軍省ならびにかねてから大隈の政策に反対傾向を持っていた三大臣が長を務める司法、逓信、文部については勅任参事官の任命はなかった。またこのほか、代議士から県知事に任命されたものが九名おり、うち七名が進歩党員であった。

これらは、進歩党による私利私欲のための「猟官」であるとして野党や政府内の反対派などから強い批判を受けることとなった。しかし、政党の政策意思を官僚機構に貫徹させる手段であると考えれば、政党員の任官自体は非難されるべきことではない。任官することで実際に何が行なわれたかによって是非が問われるべき問題である。党利党略によって国務の継続性を失うことになればそれは国家・国民にとっての不利益であり批判されるべきであるが、民意を受け政党の政策を実現するための風通しを良くするのであれば、それはむしろ歓迎されるべきことであったはずである。だが、その後、実績を残す間もなく松隈内閣が倒れてしまったために、猟官批判のみが後に残ることになる。

松隈内閣倒れる

他方で閣内にも分裂の兆しが見え始める。まず五月に会計検査院内の紛擾が問題化した。事の発端は、三月に会計検査院長渡辺昇が検査官による合議を経ずに軍事費に関する上奏を行なったことにあったが、五月に入り、反撥する検査官が渡辺院長によって退官を命じられる事態となり、渡辺院長に対する批判が高まった。院長更迭論が渦巻くなか、それが実現されないことで、進歩党内にも内閣を批判する動きがくすぶっていく。

さらにこの年六月頃より、台湾総督府にまつわる醜聞が種々発覚し世論の批判が高まっていくが、こうした総督府の腐敗に批判的で、その刷新を主張していた台湾高等法院長高野孟矩《たけのり》が、一〇月一日に非職処分にされるという事件が起こった。大隈は高野の意見に耳を傾け同情的に対応していたが、[*78]薩派の高島鞆之助の主導によって処分は断行され、大隈・進歩党の政府への不信感は強まった。こうした混乱のさなか高橋健三内閣書記官長が四日に肺病を理由に辞表を提出（八日退官）、さらに神鞭知常法制局長官が高野問題への不満を背景に翌五日辞表を提出する（受理が引き伸ばされた挙句二八日に退官）。これまで内閣と進歩党の調整役を務めていたこの両者の離脱は、極めて大きな影響を及ぼすことになる。

折しも、閣内では来るべき議会に提出する予算案が議論されていたが、かつて地租増徴に否定的であった松方が、ここに至って歳出の増大を補うために地租増徴を不可避と考えるようになった。大隈はこれに対し民力に過度の負担を与えることになるとして閣議において強硬に反対した。

以上の諸問題が重なって進歩党と内閣の関係は極度に悪化、一〇月二二日、進歩党は常議員会を開き、（一）内閣の異分子を排除して同志を入れる内閣改造、（二）予算の再調整と経費節約、（三）台湾統治方針の変更と政弊の改革、（四）非立憲的動作を厳禁し立憲政体の運用を完備ならしむること（議会や選挙区での腐敗を予防し、政務官・事務官の区別を行なう）という四点について、松方内閣に求めていくこととなった。[*79]閣内の反大隈派たる野村、清浦、蜂須賀らを外して進歩党の意見を通りやすくするとともに、地租増徴を撤回、高野罷免の閣議変更を行ない、また猟官に対する批判のなか、政党の弊害を自ら予防することによって責任的統治政党たることを示そうとしたものであった。

松方は進歩党の要求に対し、閣僚と相談し善処すると述べたものの、二九日、この内容が新聞に漏洩したことを理由に進歩党への不信を表明、内閣の施政について外部からの容喙《ようかい》を受けるわけにはいかないと拒否回答を行なうことになる。[*80]進歩党は一〇月三一日、松方内閣と断絶することを決議し、一一月六日、大隈は外相を辞任した。すでにこれより先、進歩党出身の官吏は辞表を提出、一部は官吏でありながら現内閣に反対する行動を取ったとして清浦司法大臣の発議により懲戒免職となるに至っていた。[*81]

松方内閣は藩閥内閣へとその性格を変え、第一一議会が一二月に開会するも、進歩党は行財政改革なき増税には反対であるとして、松方内閣を攻撃した（増税否定明言を避けたのは直近まで与党であったこと、さらに今後の内閣復帰を考慮してのものであった）。進歩党、自由党、国民協会いずれもが内閣反対の決議を行なうなか、議会を乗り切れないと見た松方首相は、一二月二五日に衆議院を解散した上で、二九日、辞表を提出することになる。なお、この時松方は、大隈側の情報漏洩と進歩党の攻撃に対して憤り、以降生涯にわたって大隈に対する強い不信感を持ち続けるようになる。

早稲田での初演説

先に、大隈が日清戦争前後より公衆の前に出ていくようになったことを述べたが、意外なことに、実は大隈は自らが設立した東京専門学校においても、創立から一五年もの間、一度も公的な式典に出席せず、演説を行なったこともなかった。しかし外相在任中の一八九七年七月、創立一五周年式典と同時に行なわれた得業証書授与式（卒業式）に、大隈は初めて出席し、卒業生に対して演説を行なうことになる（なおこの時も、学校側の要請に対し、大隈は二度まで演説を断ったという）。[*82]この時の演説で大隈は卒業生に対し、次のように呼びかけた。

卒業生諸君は数年勉強の結果、今日此名誉ある得業の証書を貰つて始めて社会に御出になるのは、先づ謂はゞ複雑なる社会に於て百戦奮闘する初陣である、所が中々初陣といふものは余程六ケしい、どうも諸君が向ふ所には種々の敵が沢山ある、種々の伏兵にも出会ふ、〔中略〕此敵に向つて諸君は必らず失敗をする、随分失敗をする、又成功があるかも知れませぬけれども成功より失敗が多い、失敗に落胆しなさるな、失敗に打勝たなければならぬ、度々失敗するとそれで此大切なる経験を得る、其経験に依つて以て成功を期さなければならぬのである。[*83]

東京専門学校卒業式にて。1891（明治24）年頃。大隈の左に大隈英麿、鳩山和夫、天野為之。（早稲田大学大学史資料センター所蔵）

卒業生に対し未来の前途洋々を祝すのではなく、「必ず失敗する」と喝破したことに、学生たちは度肝を抜かれたことであろう。しかし大隈は、その失敗こそが学びの機会として大事なのだと続け、かつそのように難しく複雑な社会の大洋を航海するためには、学問という羅針盤が必要であり、卒業後も決して学問をやめてはならぬ、と学生に呼びかけた。これまで多くの失敗を重ね、その失敗から再起してきた大隈ならではの祝辞であった。この時の演説は、大隈の名演説として今日まで語り継がれるものとなっている。

第三次伊藤内閣

松方内閣倒壊後、伊藤博文が首相に就任し三度目の内閣を組織することになる。伊藤は議会対策のために、進歩・自由両党との提携を目論み、まずは一八九七（明治三〇）年一二月三〇日から正月にかけて大隈と会見し、外相としての入閣を要請した。しかし大隈は、外相ではなく内相としての入閣を求めるとともに、進歩党員に三大臣の椅子を用意するよう要求するという強硬な態度に出た。三月に総選挙が予定されていることもあり、内務大臣として選挙対策を打ちたいという思惑があったものと思われる。伊藤はついで板垣にも交渉したが、板垣もまた内相を要求した。伊藤は、総選挙を前にして政党人を内相に据えることをよしとせず、交渉を断念し、政党と提携を組まない超然内閣を組閣するに至った。

しかし一八九八（明治三一）年三月一五日の総選挙では、三〇〇議席中、自由党が九八名、進歩党が九一名を獲得、民党は圧倒的勝利を収めることになる。この状況では到底議会を乗り切れないため、伊藤は伊東巳代治《みよじ》を通じて板垣との入閣交渉を開始するが、これに蔵相井上馨が強く反対し、伊東巳代治が農相を辞任するに至る。その傍ら、五月一四日召集された第一二特別議会では、自由党と進歩党とが協力して内閣を攻撃し、六月一〇日、政府提出の地租増徴案を圧倒的多数で否決することになる。これに対し、伊藤は即時議会を解散した。

憲政党の結党

こうした伊藤の動きに対し、自由党と進歩党は協力の動きを強めていく。六月初頭より両党の領袖《りょうしゅう》が会合して一大民党結成の相談を行なっていたが、解散の翌日、両党の評議員会が合同を決定、一二日には左記の通り合同後の綱領が策定された。政府は政党の協力なくしては議会を乗り切ることができず、このチャンスを逃さず倒閣・政権奪取すべきと見たがゆえの、急ピッチの合同であった。

一、皇室を奉戴し憲法を擁護する事

一、政党内閣を樹立し閣臣の責任を厳明にする事
一、中央権の干渉を省き自治制の発達を期する事
一、国権を保全し通商貿易を拡張する事
一、財政の基礎を鞏固《きょうこ》にし歳計の権衡《けんこう》を保つ事
一、内外経済共通の道を開き産業を振作《しんさく》する事
一、陸海軍は国勢に応し適度の設備を為す事
一、運輸交通の機関を速成完備する事
一、教育を普及し実業科学を奨励する事*84

この綱領の内容は、かつての立憲改進党の綱領と似ている部分が多い。議会開設以前の綱領に、議会開設後のこの段階での綱領が類似しているということは、それだけ具体性が欠如しているということでもある。実際第三項目以下は極めて漠然とした条目となっており、新政党の設立が政権奪取を目的に急ごしらえでなされたことは否定しえない事実であった。

六月一六日には、民党同志大懇親会が開催され、大隈と板垣とがそれぞれ演説を行なった。大隈は演説において次のように訴えている。

今日最も政治社会に勢力を持つて居る所の自由党進歩党の如き党派が率先し且其他の諸名士が結合して今日大政党の必要を感じて手を結ばうと云ふ企ての起つたのは国の為に是程の喜びは無いのである、併しながら成るのは難くして破るゝのは易いのである、〔中略〕夫故に私は切に望む幸に斯の如き大政党が起つたならば必ず十数年以来の目的を達することは既に掌の裡にある、〔中略〕一度合した以上は此

目的を達しなくては止まぬと云ふ所の精神を以て此覚悟を以て臨めば今日の政治の腐敗内治外交は社会上何を為さうとして為し能はんことはない何でも出来るのである、〔中略〕如何しても此結合を鞏固にしさうして久しきを保つと云ふことを切に望みたいと思ふ[*85]

六月二一日、自由・進歩両党は解党し、二二日、一大政党たる憲政党が設立された。とはいえ、従来合同の試みがなされても実現せず、対立の絶えなかった両党である。大隈が述べたように、この結合を強固に維持し、結党以来の目的を達成することができるのかどうかが以後問われていくことになる。

隈板内閣の成立

こうした民党合同の動きに対抗すべく、伊藤博文はこれに対抗しうる政府与党を自ら組織することを目論んだ。しかし、元勲たる伊藤が政党を結成することについては、超前主義の理念に反するものであり、山県有朋・桂太郎らから強い反対意見が出された。その結果、伊藤は新党結成を断念、六月二五日に首相を辞任することになる。辞職に際して伊藤は明治天皇に対し、大隈・板垣の両名、山県、黒田のいずれかが後継首班の候補者にふさわしいと推薦した。

伊藤辞職を受け、元老会議が開かれるが、一大政党による議会多数支配の確実な状況下において火中の栗を拾う者はなく、元老中の誰一人として後継を引き受けようとしなかった。これにより、伊藤が推薦した通り、大隈・板垣の両名に大命が下ることが決定、山県有朋がこの時親近者に宛てた書翰中の言葉を借りれば「遂に明治政府は落城して、政党内閣と為」[*86]ったのである。こうして一八九八（明治三一）年六月三〇日、日本最初の政党内閣たる第一次大隈重信内閣（通称隈板《わいはん》内閣）が誕生する。

政党内閣の誕生

本章では、議会開設から、日本最初の政党内閣たる第一次大隈内閣の成立までの動きを見てきた。議会開会にあたって改進党は、少数党たることを余儀なくされたため、当初は自由党との民党連合路線によって政府に対峙していくことになる。しかし、より多くの議席を獲得するためには、大隈はより積極的に民意と向かいあっていく必要があった。こうした要請のなかで、大隈自身の政治姿勢は変化の兆しを見せ始める。すなわち、日清戦争前後から、大隈はそれ以前に比して、公衆の面前に出て演説することや新聞・雑誌等への露出を増やしていくようになる。

他方、財政政策の面において、日清戦後の大隈の議論は、政府との共闘の可能性も持つようになっていく。そして大隈は、民党連合による政党内閣の成立か、それとも藩閥との連立による責任内閣の成立かの間で揺れ動くことになる。最初に実現したのは後者（松隈内閣）であったが、しかしその藩閥との連立は、理念を捨て去った野合ではなく、一定の政策の実現を条件としたものであった。

しかし、第一次大隈内閣成立の前提となった自由党と改進党との合同に際しては、事前に政策に関する具体的で細かな合意がなされたわけではなく、大まかな綱領の下、急ピッチでの政党合同が行なわれた。その意味では、政党内閣の誕生ということが最優先され、そこで何を行なうのかという明確な政策的合意はなかったと言ってよい。つまり、藩閥政府との連合（松隈内閣）の場合には、相手が政党と対峙する藩閥であるという警戒心があったがゆえに、事前に政策的なすり合わせが行なわれたのに対して、逆に日本最初の政党内閣の成立に際しては、反藩閥という点での一致と、組閣のチャンスを逃してはならないという状況判断の下で、かえって政策合意のない野合が行なわれるという皮肉な結果となったのであった。

とはいえ、かつて対外硬派の合同によって誕生した進歩党もまた、十全な政策的すり合わせのないままに結党されたものであった。しかし、その進歩党は、松隈内閣において、新聞紙条例改正などの一定の成果を残したと言える。したがって、成立の経緯はどうあれ、その後第一次大隈内閣が何をなしうるかは、その後の大隈・板垣および党員の働きにかかっていたと言ってもよい。

大隈が立憲改進党設立以来目標においていた政党内閣がここに初めて実現し、大隈はその首班の座に就いた。民党勢力の結集という第一議会前からの悲願を達成し、民意を背景に衆議院の三分の二の議席を保持し、藩閥政府に顧慮・妥協することなく自らの理念を実現する条件は整った。しかし、この内閣は結局短期間で崩壊することになる。それはいったいなぜなのか。次章において、内閣崩壊の過程と、その後の大隈の政党指導の苦悩について見ていくこととしたい。

第六章　政党指導の混迷——第一次内閣以後の政党指導

政党内閣の失敗と長い混迷の時代

明治一四年の政変の起因となった憲法意見書の提出以来、大隈は一貫して政党内閣の実現を目指して政治活動を行なってきた。前章で見たように、立憲改進党の結成から一六年、帝国議会の開設から八年で、ようやくその目標であった政党内閣が誕生することになる。

しかしこの政党内閣は、旧進歩党と旧自由党との合同によって成立した寄合所帯であった。日清戦争前後から自由党と政府との接近の動きが進むなかで、両党は対立の色合いを濃くしてきたが、その両党が果たして一致団結して内閣を運営していくことができるのかという危惧が当初から存在していた。そして実際、この内閣は両派による内訌《ないこう》をきっかけとして、短期間での崩壊を余儀なくされることになる。

議会に多数の与党を有していた日本最初の政党内閣は、なぜ短期で崩壊しなくてはならなかったのか。そして、隈板内閣崩壊後、大隈率いる憲政本党は長らく停滞を余儀なくされ、一九〇七（明治四〇）年には、ついに大隈が党首の座を降りざるをえなくなるが、いったいそれはなぜなのか。隈板内閣以後の約一〇年間に及ぶ大隈の政党指導は、まさに混迷を極めた時代であった。本章はそうした大隈にとっての試練の時代を追っていくことになる。

隈板内閣の組閣

一八九八（明治三一）年六月二七日、明治天皇から大隈と板垣の両名に対して組閣の大命が下った。そして翌日、両名から明治天皇に対して、閣僚名簿が奉呈される。名簿中に尾崎行雄の名があることに対し明治天皇は危惧の意を示したが、[*1]結局両名推薦の通り六月三〇日親任式が挙行された。総理大臣兼外務大臣大隈重信（旧進歩党）、内務大臣板垣退助（旧自由党）、大蔵大臣松田正久（旧自由党）、司法大臣大東《おおひがし》義徹《ぎてつ》（旧進歩党）、文部大臣尾崎行雄（旧進歩党）、逓信大臣林有造（旧自由党）、農商務大臣大石正巳（旧進歩党）、陸軍大臣桂太郎（長州・留任）、海軍大臣西郷従道（薩摩・留任）という陣容であった。閣僚のうち、旧進歩党出身は四名、旧自由党出身は三名であり、自由党が一名少なかった。旧自由党系閣僚は内務省・大蔵省という大きな権限を有する重要省庁を抑えていたものの、進歩党系では大隈が一人で首相と外相とを兼ねており、また内閣書記官長に武富時敏（旧進歩党）、法制局長官に神鞭知常（旧進歩党系）が就任したことを考えると、自由派（旧自由党系）が一歩譲り、進歩派（旧進歩党系）が優位を占めた形になっていた（三月の選挙では、自由派の当選者は九八名、進歩派が九一名であり、それ以前も議席数において自由党は常に進歩党を上回っていた）。

また陸海軍大臣は前内閣からの留任という形となったが、これは明治天皇による留任の勅命があったためである。当時の規定では、文官であっても陸海軍大臣になれないわけではなかったため、政党内閣の誕生によって、政党の勢力が軍部に及ぶことを山県有朋は恐れ、かねてから宮中に手を回していた。[*2]留任に際しては、桂太郎が大隈に面会し、内閣が軍備縮小の方針を取らないこと、日清戦後経営を継続していくことなどを確認したうえで、留任を受け入れた。[*3]山県をはじめとする軍部は、陸海軍大臣をこのような条件付きで留任させることによって、内閣を掣肘《せいちゅう》しようとしたのである。

なお、この陸海軍大臣留任交渉をもって、大隈が従来の理念をかなぐりすてたのであるとし、厳しい評価を下す研究者もいる。しかしながら、すでに見たように大隈はこれ以前においても軍備縮小の方針を唱えてはおらず、むしろ海軍を中心に軍備を拡張すべきことや、一定の行政整理を前提に、積極的な日清戦後経営を行なっていくことを主張していたのであり、ここでの条件は、必ずしも大隈の従来の持論と齟齬するものではなかった。軍部大臣武官制は法制的に明文化されてはいなかったとはいえ、現実問題として、軍の協力無くして内閣を運営していくのは、当時の情勢下においては困難であった。むしろ問題は、より具体的に、どの程度の軍備拡張を認めるのか、またどの程度の戦後経営を行ない、そのための費用捻出の手段をどうするのか（行政整理の規模や増税・募債の有無など）というような、より具体的な議論に進んで初めて出てくる問題なのであり、この時の交渉のみを以て、大隈が従来の理念をかなぐり捨てたと結論付けるのは早計であろう。

内閣の方針

七月五日、大隈は首相として地方官会議にて演説を行なった。演説において大隈は、史上初めての政党内閣であることから、世人の疑惑や不信感を惹起しないよう留意する必要があること、政党内閣である以上政務官に政党員を充てることは当然であるが、他方、事務官は政務官とは職掌を異にするものであるから、無用の更迭を行なうことは避けねばならないことを訓示した。また議員の選挙は公平を旨とすること、そして地方行政については、効率的運営のための行政整理が必要であるとも述べた。[*4] 政党内閣に対して不安・不信を感じる人々が多いなか、政務官・事務官の区別や選挙の公平性を強調して、政党内閣であっても責任ある政治を担えることを示していこうという意図が明確に感じられるものであった。

そして、こうしたことを大隈が強調したのは、政党内部の人々に対する呼びかけという意味もあった。

つまり、政党内閣の成立直後から、憲政党内部で党員の官吏就任への期待が一挙に高まっていた。官僚を徹底的に入れ替えて、藩閥勢力を一掃すべきだとする意見書が[*5]大隈・板垣の両名に対して党員から提出されるなど、官吏への政党員の採用を求める声が殺到していたのである。大隈はそうした猟官熱を牽制し、任官の範囲にしっかりとした分界を設けるべきであると説いたのであった。

また内閣は、経費節減と、適材適所による円滑な行政の運転とを目的とする行政整理のために、七月一二日、臨時政務調査委員会を設置し、板垣内相を委員長として、毎週二回の会議を開催することとした。もともと、行政整理については、第二次松方内閣（松隈内閣）の際に、大隈の提起によって臨時政務調査委員会が組織され、議論が開始されていた経緯があった。その後同内閣の崩壊によって審議は中断していたが、今回隈板内閣の成立によってこの臨時政務調査委員会が息を吹き返し、松隈内閣時の議論の延長線上に審議が行なわれていくことになるのである。[*6]

他方、憲政党内部にもまた、調査委員会が設置され、行政整理の事項を調査し、内閣に提出した。その内容は、文部省、司法省および警視庁を廃止すること、裁判所の数を減らすこと、文官任用令を改正して無試験任官の範囲を広めること（すなわち猟官可能な範囲を拡大すること）、現在の勅任官と奏任官を全て更迭すること、判任官を三分の一に減らすなど、極めて急激な改革案であった。[*7]その内容の過激さは、前述したような大隈の姿勢とも反するもので、到底内閣としてそのまま受け入れられるものではなく、臨時政務調査委員会で侃々諤々《かんかんがくがく》の議論が闘わされていく。

過大な猟官要求とのせめぎ合い

大隈は七月二一日には、東京専門学校校友大会にて総理就任の挨拶を述べ、「日常自ら持するに生涯のポリチシヤンたらんよりは一のステーツマンたらんことを希望する者なり」とし、内閣組織は政党の私利私欲を実現する機会なのではなく、国家的見地に立って理想を実現することこそが大事であると述べていた。[*8] 大隈としては、政党から提示される過大な猟官要求を可能な限り抑え込み、あくまで政治的理念の円滑な実現のために必要な範囲で任用を行なうべきだという考えであり、そのためにも政務官・事務官の別を明らかにする方針を貫こうとしたのであった。

なお、この内閣時に行なわれた官吏更迭は、政党の猟官要求の酷さが強調される。ただし、それが論功交渉的な、行政事務の運営を全く無視したものであったかといえば、必ずしもそうとは言い切れない。隈板内閣下では、陸海軍以外の各省次官と、局長・地方官・秘書官等に五七名の党員が就任しているが、[*9] たとえば、文部大臣尾崎行雄の下で次官を務めた柏田盛文（自由党）はそれ以前から衆議院で教育問題に尽力していた人物であり、また第四高等学校校長や県知事としての経歴も有していた。[*10] またその下で同省参事官（のち専門学務局長兼任）となった高田早苗も、東京専門学校で長らく学校経営の実務に携わっており、適任と言える人物であった。また大隈兼任外相の下で次官を務めた鳩山和夫は、米国留学後、外務省取調局長兼翻訳局長、帝国大学法科大学教授を歴任した経歴を持ち、前任の小村寿太郎次官も鳩山を適任者であると評価したというし、[*11] 同省政務局長の早川鉄治は外交官としての経歴を持ち、また通商局長の重岡薫五郎は外交官経歴こそないものの、フランスで法学博士を取得した俊秀であった。[*12]

一方で、内務省系の官吏や地方官は、論功行賞的な意味合いが強い人事がなされていた。内務次官兼土木局長の鈴木充美（旧自由党）は、外交官としての経歴はあるものの内務行政に関しては専門家とは言えなかったし、内務省県治局長の山下千代雄（旧自由党）や、同北海道局長の中島又五郎（旧自由党）、警視総監の西山志澄（旧自由党）なども、それまでの前歴だけを言えば、相応の経歴を有していたとは言い難い。また、地方官人事にも党員の猛烈な猟官熱の矛先が向けられることとなった（内務大臣が板垣であったこともあり、その就任者の多くは旧自由党系の人物であった）。ただしそれでも、党員からの猟官要求に比すれば、内閣の方針はあくまで抑制的であり、そのことが党員間に多くの不満を募らせ、内閣の基盤であるはずの憲政党内部、とりわけ大臣数において劣る自由派内に不満が蓄積されていくことになる。自由派の人々からは内閣に対し、文官任用令を全廃し、全く自由に猟官を行なえるようにすべきであるとの要求までも提出された。[*13]しかし、大隈はこうした要求を撥ね付けたのであった。

ただし、無制限な猟官要求は論外としても、一定の歯止めがあるならば、猟官と有能者の任命とは両立しうる。論功行賞によって任命されるにしても、それはそれまでの活動で政党内にそれなりの地歩を築いていた人々が任命されるということでもある。仮に当該部局の専門的知識や官僚としての実務経験には欠けていたとしても、彼らがその後官僚としての経験を積み成長を遂げれば、民意を汲んだ適切な省務運営は可能となったであろう。しかし結果的には、隈板内閣は短期で倒れ、そのような政党員の成長の機会は失われることになる。政党員がこうした貴重な経験を積む機会を逃したことは、その後の日本の政党政治や政官関係のあり方において、大きな損失となったと筆者は考える。

第六回衆議院議員総選挙

六月に前伊藤内閣によって議会が解散されたことを受けての第六回総選挙が、八月一〇日に挙行された。これに先立ち、大隈内閣は選挙取り締まりに関する緊急勅令を発布、従来藩閥政府が選挙干渉をたびたび行なってきたことに対し、暴力や金力による選挙を防ぎ、政党内閣としての模範的姿勢を見せようとした。そして実際の選挙も、官憲による干渉はなく、比較的公平に行なわれた。[*14]選挙の結果、憲政党は二六〇名の多数を当選させ、全三〇〇議席中の八六パーセントを占める圧倒的な勢力を衆議院に占めることになったのである。また、その内訳は、自由派が九五名、進歩派が一一〇名とされており（残り五五名は中立・その他）、議会開設後初めて大隈系党派の当選者数が自由党系の議席を上回ったことも注目すべき現象であった。憲政党が多数を占めたこの選挙の結果、議会での予算や法案の通過に対する障壁は存在しないことになり、内閣運営はこれで万全かと思われた。しかし、問題は党内部から生じてくることになる。

その最初の発端となったのが、外相専任問題であった。この頃から、旧自由党関東派から、進歩党が内閣において優勢を占めていることへの不満が高まり、大隈が兼務している外務大臣を専任とし、大臣に星亨を充てるべきであるとする運動が起こり始めたのである。当時星は駐米全権公使であったが、自由派の人々は星を帰朝させるべく運動し、八月一五日に至り、日本に帰着することになる。星はかつて、自由党を藩閥政府と接近させ、自由改進両党の民党連合路線にひびを入れた張本人であった。「押し通る」と綽名されたその強引な政治手法の存在から、星が内閣に入っては必ず内閣に波乱が起こると旧進歩党系の人々は危惧し、星の外相就任要求を認めなかった。しかしそのことが、組閣当初から強い猟官熱を持っていた旧自由党系の人々の中に不満を鬱積させていくこととなった。

尾崎文相の「共和演説」事件

こうしたなか、さらなる紛擾の種となる事件が起きる。尾崎行雄文相による、いわゆる「共和演説」事件である。八月一一日に、文部省は、学校教員・生徒の集会言論取締りに関する各種令達を廃止し、自由に学術演説・講演などを行なえるようにした。[*15] リベラルな人々からはこうした施策は歓迎されたものの、他方で、藩閥政府や宮中にいる保守的な官僚などからは、そのような文部省の方針が治安上悪影響を与えるのではないかとの危機感が生じていた。そうしたなかで、共和演説事件は起こった。すなわち、八月二二日、帝国教育会主催の全国小学校教員講習会での演説において、尾崎文相が拝金主義を批判する文脈のなかで「日本に仮に共和政治ありと云ふ夢を見たと仮定せられよ恐らく三井三菱は大統領の候補者になるのであらう」[*16]と発言、これが「不敬」であるとして問題視されたのである。あくまでこれは架空の仮定の話に過ぎないものであり、共和政治を主張するものでもなかったが、かねてから尾崎に危惧を懐いていた保守層はここぞとばかりに言葉尻を捉えて騒ぎ立てたのである。そしてさらにそれに追い打ちをかけたのが、ともに内閣を構成しているはずの憲政党内自由派に、尾崎を弁護するどころか、逆に攻撃しようという動きが出てきたことであった。かねてから進歩派に不満を懐いていた自由派にとっては揚げ足取りの格好の材料ができたといっても過言ではなかった。自由党は、盛んにこの事件を問題化し、尾崎罷免論を唱えた。

こうしたなか、桂太郎陸相は大隈に対し、事態を沈静化させるためには尾崎を参内させて天皇に謝罪させるべきだとの忠告を行なった。大隈はこれを受け入れ、尾崎を諭して参内させ、天皇に粗忽を陳謝させた。しかし、尾崎は謝罪するだけではなく、併せて自己の発言を弁解するような言辞を述べたとして、軍部・宮中の保守勢力は、かえって尾崎に対する反撥を強めた。[*17] 桂太郎陸相と川上操六参謀総長らは尾崎弾劾の動きを強め、それを受け、一〇月二一日に至り、板垣内務大臣までもが参内して尾崎行雄を弾劾するという挙に出た。これを受け、明治天皇は、侍従職幹事岩倉具定を大隈の元に遣わし、尾崎に対しすでに信任のない旨を伝えた。[*18] こうして、二四日、尾崎は辞表の奉呈を余儀なくされるのである。そして後述するように、その後任をめぐって、さらに紛擾は続くことになる。

予算の策定

一方で、来るべき議会に提出すべき予算案の編成が進められていた。前内閣を地租増徴法案否決によって倒して成立した隈板内閣としては、地租増徴を行なうことはできない。しかし、地租増徴をせずに、いかにして戦後経営と軍備拡充を成し遂げるのかというのは、難しい課題でもあった。

各省の要求を取りまとめた結果、歳出総額は前年度を超える二億三〇〇〇万円余となり、約四五〇〇万円の歳入不足が計上された。板垣内相は財源不足を補うために地租増徴を提起したが、大隈は頑として受け入れなかった。[*19]松田蔵相は、各省の要求を精査し、新規事業についてはその多くを削減した。また歳入不足四五〇〇万円を、酒造税増税、砂糖税新設、葉煙草専売価格と所得税・登録税の引き上げで賄うという方策を取った。地租増徴を行なわずに、奢侈品への課税で財源問題を解決するという、従来からの大隈の主張に則った解決策であり、大隈首相がかなりのリーダーシップを発揮したものと推測される。

一〇月一五日にこの予算案が閣議に提出されると、陸海軍は地租増徴による軍備拡張を求め、特に桂陸相は、就任の際、大隈が軍備縮小の方針は採らないと約束したことを楯に激しく抗議した。しかし翌日に至り、桂陸相の側が折れ、陸軍予算の削減を呑み、閣議での予算案審議は結了した。しかし、大隈の粘り腰によってようやく妥結を見た予算案も、こののち議会開会より前に内閣が倒れたために、議会に提出されることなく、第二次山県内閣に引き継がれることになる。[*20]

行政整理

他方、財源捻出と円滑な行政運営を目的とした行政整理についても、臨時政務調査委員による調査を経て、一〇月に成案を得るに至った。その眼目である官制改革案については、上奏・裁可を経て、一〇月二二日、官報に掲載・公布された。官吏四五二二人を減じ、俸給額七四万二五〇七円を減じるものであった。[*21]しかし、こうした行政整理は、陸海軍両省にまでは手を触れることができなかった。予算案の策定で譲歩を勝ち得るのが精一杯であったのである。なおこの官制改革の公布と同時に内閣は訓令を発し、単に人員を削減するだけでなく、行政の停滞を防ぐべく事務官の進退には慎重であるべきこと、また判任官だけでなく奏任官にも特別俸の制度を設け、功績ある官吏にはそれなりの報酬を与え、能吏をして長くその地位に安んぜしむるべきこと、また従来物価の騰貴に比してその昇給が抑えられてきた下級官吏に対する俸給を厚くすべきことなどを命じた。[*22] この官制改革が、近年しばしば見られるような、経費節減だけを目的とした安易なリストラや給与削減の議論とは一線を画するものであったことがわかる。優秀な官吏に対してはそれなりの待遇を与えてそのモチベーションを維持し、必要なものは認め、不必要なものは削り、行政の円滑な運用を目指すものであったのである。

文相後任問題

さて、前述した尾崎文相辞任後も、その後任をめぐって憲政党内自由派と進歩派との間で争いが続いていた。進歩派の尾崎が辞任したのであるから、後任も進歩派から補うべしとする意見と、両派の均衡のため自由派から出すのが至当とする意見との対立であった。板垣退助は、当初自由派の江原素六を推していたが、両派対立のなかでは政党外から出すのが至当として長州出身の青木周蔵を推薦するに至った。しかし大隈は青木が藩閥（長州）出身であることを理由に拒絶し、代わりに公爵近衛篤麿《あつまろ》を推薦した。しかし近衛はかねてから進歩党との関係が深く、かつて松隈内閣の際にも文相に推す動きがあったほどの人物であったから、今度は板垣がこれを拒否した。しかし桂太郎陸相が回想するところによれば、一〇月二五日の閣議後大隈は、誰にするかはともかくとして、一旦は争いを収めるために政党以外の人物を充てるということには同意していたという。[*23]

ところが、翌二六日の閣議では、大隈は一転、説を翻すことになる。すなわち、閣議において、板垣が、事態を収拾させるために西郷海軍大臣か、もしくは桂陸軍大臣が兼任することが至当であると主張したのに対し、大隈が犬養毅を後任に据えることを主張し始めたのである。おそらくは夜間に進歩派からの猛烈な働きかけがあったのであろう。さらに、板垣が西郷もしくは桂といった軍部大臣による文相の兼任を主張したことも、大隈にとっては全く首肯しえないものであったろう。結局閣議はまとまらず、大隈は内閣不統一を以て天皇に進退を伺うに至った。しかし明治天皇は大隈の辞任を許さず、結局大隈は自分の主張を貫き、改めて犬養を文相後任に推薦することになる。

しかし板垣はこれに対し、二七日、犬養の親任式に先立って、辞表を奉呈する挙に出た。辞表は伊東巳代治が執筆したもので、[*24] 尾崎行雄の共和演説から大隈の専断までを厳しく弾劾する内容となっていた。明治天皇は板垣を慰留するも、憲政党の亀裂はもはや修復しようのないほどに広がっていた。大隈はもはや自由派の辞職は止めえないとして、進歩派による単独内閣を組織する心積もりであった。ところが、明治天皇は、自分は板垣と大隈の両名に組閣を命じたのであるとして、単独内閣への改造を許さなかった。すでに山県有朋、桂太郎ら藩閥政治家によって倒閣のための周到な手が回っていたのである。大隈は伊藤に急電を発し、帰朝して支援することを求めたが、時すでに遅く、三〇日には、海軍大臣西郷従道からも辞職の勧告を受け、やむなく、一〇月三一日に辞表を提出した。

他方、元老は一一月二日に会議を開き、後継首班につき協議、その結果五日に明治天皇から山県有朋に組閣の命が下り、八日、第二次山県内閣が成立した。

改進党結党から一六年、議会開設から八年で、ようやく誕生した政党内閣は、以上の如き内部分裂によって、一度も議会を迎えることなく瓦解を迎えた。しかも、その内部分裂が政策論争によるものであるならばまだしも、人事をめぐるものであったことは、政党の権力欲の浅ましさを世間にまざまざと見せつけることになった。

解党と再編

これより先、自由派は、憲政党内閣の分裂が必至と見るや、いち早く憲政党を解党させることによって党本部を押さえ、分裂後の優位的立場を確保しようと考えた。一〇月二九日、自由派は神田青年会館にて、自派の総務委員のみによる臨時協議会を開催、憲政党を解党するとともに、新たな政党を結成することを決議、新政党の名を、旧政党と同じ「憲政党」と名づけ、警察に届け出るという挙に出た。本来、両派合同の正式の党大会が一一月一日に開かれる予定であったのだが、先手を打たれた進歩派は、完全に後手に回ることとなった。進歩派は警察に自由派による届出の無効を訴えたものの、自由派の板垣内相・西山志澄警視総監の下にあった警察はこれを受け付けず、それどころか多数の警官を派遣し、自由派壮士らによる党本部の占拠を援助するという挙に出た。

進歩派には、多くの壮士を配下に持つ大井憲太郎なども所属していたため、自由派に対抗して壮士を動員しようという意見も出されたが、それでは「彼れの暴に対して我れも暴を働くこと丶なり結局上下の望を失ふに至らん」[25]という意見が優勢を占め、暴力的対抗手段は採られなかった。警察が自由派を後援しているなかでは、たとえ壮士で対抗したとしても進歩派側にとって不利であるという情勢判断もあった。旧進歩派はやむなく、一一月三日、旧自由派の（新）憲政党に対し、自らが本流であることを示す「憲政本党」の名で、新政党を組織するに至る。[26]

支那保全論の提唱と康有為・梁啓超の保護

隈板内閣は以上の経緯で崩壊したが、この内閣時に大隈は、対中国政策に関する注目すべき発言を行なった。すなわち、「支那保全論」の提唱である。一〇月一九日、大隈はアジアの連帯と興隆を目指す人々が超党派で組織していた東邦協会にて演説を行ない、中国を列強諸国の勢力圏に分割することは、中国にとっても列強にとっても得策ではなく、むしろ中国を近代化させて、門戸開放・機会均等の原則の下、各国が経済的利益を享受できるようにすることが必要であると主張した。中国を列強で分割しようという「支那分割論」は日清戦争以前から内外で唱えられていた議論であったが、日清戦争における日本の勝利の後、さらに現実味を帯びたものとして主張されるに至り、ジャーナリズムをはじめ、藩閥主流や自由党幹部らにもそうした認識を抱く者が多くなっていた。[*27] そうした内外の分割論の盛り上がりに対して、大隈は反論を述べたのである。

隈板内閣組閣に先立つ一八九八年六月より、清国政府では、光緒帝の支持の下、康有為・梁啓超らにより、明治維新に倣って統治機構の近代化を進めようとする政治改革運動「戊戌の変法」が行なわれていた。しかしほどなく守旧派からの反撥が高まり、西太后らによってわずかな期間で改革は挫折させられ、変法派多数が処刑されることになり、変法派の中心人物であった康有為、梁啓超の二名は日本に亡命した。

大隈は、中国の近代化は、地理的にも文化的にも近い日本にこそそれを扶助すべき使命があると考えていた。[*28] そして、かねてから期待をかけていた康有為・梁啓超らを手厚く保護し、いずれは中国政界に復帰し再び近代化を成し遂げることができるようにと期待したのであった。[*29]

しかし、大隈内閣が短期で退陣し、新たに第二次山県有朋内閣が成立すると、陸軍は清国政府との関係上、清国政府からの逮捕命令が出ていた康有為・梁啓超らを日本から追放することを画策し、内閣も両者を冷遇するに至った。こうした動きに対し大隈は、伊藤博文や林権助らと連絡を取りながら対応を練り、その結果、一八九九（明治三二）年二月に康有為一人が日本を離れる代わりに、梁啓超は引き続き日本にとどまることが可能となった。[*30] 康有為は日本を離れたものの、その庇護に対して生涯にわたって大隈を徳とし続けた。のち一九一一（明治四四）年に再び来日した際には、大隈を訪問して一三年ぶりに再会、早稲田大学でも演説を行なっている。[*31] 現在早稲田大学図書館には、康有為から大隈に送られた書翰四通のほか、大隈の歿後、康有為がその徳を称えた「大隈侯大徳頌」の書軸が遺されている。また梁啓超は、大隈の「支那保全論」を雑誌に翻訳して清国に紹介し、大隈の議論は広く清国人に知られるようになった。[*32]

大隈の「支那保全論」は、アメリカの中国に関する有名な外交政策である「門戸開放・機会均等」の形成にも影響を及ぼしたとされている。すなわち、この翌年の一八九九年に、マッキンレー大統領の政治顧問で、コーネル大学総長を務めていたシュアーマンは、フィリピン視察ののち日本に立ち寄り、大隈と会談し、その「支那保全論」に直接触れる機会を得た。そしてシュアーマンはこの大隈の意見に大きな影響を受け、中国領土の保全と門戸開放をマッキンレー大統領に進言したのであった。さらに、大隈の「支那保全」を主張する演説は英文に翻訳・紹介され、米国の世論に直接間接の影響を与えた。マッキンレー政府は一八九九年九月、門戸開放覚書を発表し、翌一九〇〇(明治三三)年七月には、中国における門戸開放・領土保全の通牒を発し、列国の承認を求めるに至る。*33

第二次山県内閣と地租増徴問題

隈板内閣退陣後、旧自由党系の人々が中心になって作られた新しい憲政党(旧自由党)は、山県内閣と提携した。この内閣下で争点となったのは地租増徴問題であった。大隈・憲政本党は、一八九八年一二月八日、貴族院の谷干城ら地租増徴に反対する諸勢力とともに地租増徴反対同盟会を結成した。同会は同一五日に同志大懇親会を開催するが、谷干城が開会の趣旨を述べるや否や、警察は治安妨害による解散を命じ、すぐに会は中止させられてしまった。明らかな警察権の濫用であったが、同盟会はこれに屈せず、一七日には各地から上京した委員による集会を行ない、大隈も演説した。大隈は、商工業が発展したとはいえ、日本はいまだ農業生産額が商工業の生産額の一〇倍に達する農業国であり、農業に大打撃を与えるような増税は国の経済への打撃が大きい、かつ地租増徴は土地所有の大小を問わず一律に増税することになるため、特に小農にとって大きな打撃となり、その結果、一部富裕層に土地が集積し、社会問題が発生することにつながりかねないと、増徴に反対の意見を述べた。農業はもともと利益率が低い上に、当時の日本はいまだ小学校の未就学率が四割に達するほどに、生活水準も高くなかった。こうしたなかで、とりわけ中小農民に負担の大きい地租増徴は避けるべきであり、富裕層の嗜好品を中心に消費税を課税していくことこそ代替財源としてふさわしいというのが大隈の見解であった（当時の消費税は現在のように全品一律にかけるのではなく、物品ごとに課税するものであった）。[*34]

当時の議会は「地主議会」と呼ばれたように、選挙権を有する者のうち農村の地主の比重が極めて高く、憲政党内部にも多くの反対議員がいたため、当初地租増徴法案は成立困難かと思われた。しかし星亨らによる懸命な切り崩し工作によって、憲政党内反対派議員の多くが賛成に回ったほか、憲政本党内からも七名の議員が賛成に回り（のち脱党）、一二月二〇日、衆議院にて地租増徴は可決されることとなる。こうして地租増徴反対運動は敗北を余儀なくされた。しかし、この地租増徴は五年間という年限付きのものであり、その後も大隈は非増租を主張し続けていくことになる。

山県内閣による文官任用令の改正

山県首相はかねてから政党による猟官を快く思っていなかったため、憲政党員を大臣とせず、中央省庁への猟官は許さなかった。その代り、内閣に協力する見返りとして、地方官への登用や党勢拡張運動への資金提供、さらには議員歳費（俸給）の大幅増額など多くの便益を憲政党に対して提供した。しかし、地租増徴案が可決され、無事議会が閉会した後、山県内閣は文官任用令を改正し、政党員の官吏への登用を厳しく制限した。また陸海軍省官制を改正して軍部大臣現役武官制を確立するなど、政党勢力の伸長に対する大きな防波堤が築かれてしまうことになる。これにより、強固な官僚制システムが構築され、民意が行政へと浸透していく回路が狭められ、官僚機構を議会や民意と没交渉に運営しうる仕組みが構築されたのである。

尾崎行雄はこの間の経緯について「山県内閣を憲政党が助けたといふことは、政党側からいへば、政党の自殺であったと同時に、藩閥の方から見れば、政党撲滅の効を奏したわけである。その後ながく政党が力を伸すことのできなかったのは、全く山県内閣のやった仕事であった」[*35]と述べているが、山県内閣のこの施策によって、各省大臣は、民意および議会の意思を省庁へと浸透させていく存在としてよりも、各省庁の利益を代表する存在としての意味合いを強くすることになる。こうした官僚勢力の強い身分保障によって、行政への議会・政党勢力の意思貫徹が思うようにできないという事態は、その後今日に至るまで極めて大きな負の影響を日本の政党政治に及ぼし続けることになる。

義和団事件と「支那保全論」

一九〇〇（明治三三）年、清国で、秘密結社義和団と民衆が呼応して外国人排斥の運動を起こし、清国政府もこれに同じて列強に対して宣戦布告するという、いわゆる義和団事件（北清事変）が発生した。この事件を機に、中国をどう扱うべきかが再び世界的な議論の的となった。大隈が「支那保全論」を唱えていたことは前述したが、大隈はこの時も引き続いて保全論を提唱した。特に大隈はこの時、「二十世紀に於る世界人類競争の中心は支那にあり。而して支那をして世界禍乱の噴火口たらしむるも、若くは之を開導保全して、永く東亜の与国たらしむるも、其の主たる責任は日本にあり」[*36]と、二〇世紀の世界情勢の焦点は中国にあり、世界が平和になるか戦争になるかも、この中国問題をどう解決するかにかかっているのであると主張した。言うまでもなく中国分割の競争がエスカレートすれば、それは戦争へと続くものであり、そうした分割競争を防ぎ平和を維持すべき日本の責任は重大であるというのである。

日本をはじめとする列国の共同出兵によって事変が落着すると、大隈はかねてから後援してきた変法派の人々を復権させて、戊戌変法の再開を列国から求めていくべきだと主張した。[*37]また大隈は、今回の事変では、列国公使館など多くのものが破壊され、かつ多額の戦費もかかったことから、列国からは清廷への改革要求だけではなく、賠償もしくは権益＝「支那分割」を求める動きが起こってくるであろうが、日本はあくまで領土保全を主張して列国と交渉し、そうした動きを抑えていく責任があると論じた。

中国の領土を保全し、清政府による文明化政策が行なわれれば、列国は経済的に大きな利益を得るのであり、それこそが、分割を防ぐよう列国に働きかける大きな説得材料になる。逆に、各国で辺鄙な土地を分割しても決してその利益は大きくなく、「単に統治権を得ると云ふ丈けで巨額の経費を要した上で結果は少しも前と変らないのである」と大隈は主張したのであった。[*38]

清国人教育への貢献

このような考えを持つ大隈は、清国政府の依頼を受け、数多くの人材を政府顧問として送り出し、近代化を支援しようとした。一九〇一（明治三四）年に、清国当局者からの依頼により北京の学堂（教育機関）に教員二名を送り、一九〇二（明治三五）年四月には、重慶総督からの依頼で重慶府顧問兼学校教頭一名を紹介したほか、同年、袁世凱からも北京へのさらなる人材派遣の要請を受け、また福建省へも学堂の副総裁を務める人物を派出していた。[*39]

そして、以後も大隈は中国の発展のため、その人材育成に大きく力を尽くしていくことになる。特に大隈が創設した東京専門学校（一九〇二年に早稲田大学と改称）がその際大きな役割を果たした。同校は一八九九年以来、多くの清国人留学生を受け入れていたが、一九〇五（明治三八）年に科挙の廃止が清国で決定されると、早稲田大学に清国留学生部を設置することを決定、率先して多くの留学生を受け入れた。清国政府の対日留学政策の変更や、清国内での教育機関の整備といった事情を受けて、清国留学生部はわずか五年で廃止が決定されるが、清国留学生専門の部局を設けて独特のカリキュラムを組んだ意義は大きく、この間、一〇〇〇名を超える膨大な数の学生を受け入れ、また清国留学生部閉鎖後も、早稲田大学には数多くの中国人留学生が集まることになった。そしてこれら留学生の中からは中国各地の学堂の校長や幹部が、数多く輩出されることとなる。

また大隈は、日本に留学した清国人学生の前でも積極的に演説を行なった。たとえば、一九〇六（明治三九）年一〇月以降、在日清国留学生の組織する政法学会の求めに応じて、五回にわたり長大な「日本政党史論」を講義しているが、多忙の合間を縫って行なわれたこうした熱心な講演活動は、清国における立憲政治創設を少しでも助けたいという思いからなされたものであった。このほかにも大隈が中国留学生の前で行なった演説は極めて多い。大隈が中国の近代化を応援していることは留学生の間にも知られており、それゆえ多くの依頼が集まり、そして大隈の側も積極的に応じたのであった。

立憲政友会結成と尾崎行雄脱党問題

さて、話を国内政局に戻そう。一九〇〇（明治三三）年八月、伊藤博文が立憲政友会の創設に着手する。すでに見たように、伊藤は元老の中でも比較的進歩的な考えの持ち主であり、政党の支持なくしては政治の円滑な運営はありえないということを早くから見抜き、かねてから政党結成を必要と考えていた。しかし、藩閥内部には、藩閥政府の重鎮自らが政党を組織することは、当初から藩閥が主張してきた超然主義の理念に反するという考えも根強く、伊藤は政党結成を果たせずにいた。しかしこの段階に至り、山県と手を切った憲政党の間からも伊藤を党首に戴こうという動きが出、また官僚中にもこれに呼応する動きがあり、九月、伊藤を総裁とする立憲政友会が成立、一〇月には同会を与党とする第四次伊藤内閣が成立する。

伊藤の政党結成には、憲政本党内部からも合流しようという動きを見せる議員が出た。意外なことに、最初にその動きを見せたのは、東京専門学校校長を務める鳩山和夫や、同校卒業生で議員であった三田村甚三郎・鞍谷清慎など、東京専門学校関係者であった。さらにその後、自由民権期から大隈の側近として、また、党の中核的人物として活躍してきた尾崎行雄が伊藤博文と会見、政友会に参加しようという動きを見せ、党内には大きな衝撃が走った。鳩山らは説得によって政友会への合流を見合わせたものの、尾崎は大隈の説得を聞くことはなかった。尾崎は当初、自分だけでなく、憲政本党全体を政友会に合流させようと考えていたようである。そしてそのための資金として、伊藤から大量の資金が提供された。伊藤之雄氏によれば、政友会結成と、その後の第四次伊藤内閣の成立に際しては、明治天皇から二二万円（現在の貨幣価値にして約三三億円）もの政治資金が供与されたが、そのうち一万円（現在の価値で約一億五〇〇〇万円）もの金額が尾崎行雄に流れたという。[*40] 結局、尾崎以外には、志賀重昂、望月小太郎、蔵原惟郭ら少数が脱党したにとどまったものの、この尾崎の脱会に際しての大隈のショックは大きく、のちに尾崎自身が「平生ちつとも怒つたことのない大隈侯が、この時ばかりは声色ともに怒気をもらした」[*41]と証言したほどの動揺を受けたのであった。

しかし大隈は、ほかならぬ元老伊藤が政党を結成したこと自体については、「従来政党を敵視し甚しきは国賊を以て之を目したるに拘らず元勲の一人として閥簇《〔ママ〕》中最も有力なる伊藤侯が立憲政治の下にありて最早政党を無視すること能はざることを悟り従来の意見を棄て自ら新政党を組織するに至りしは実に国家機運の進歩を表せるもの」「国家の為め且つは朋友として大に喜ぶ所なり」というように、政党勢力の伸長を示すものとして、慶賀の意を表していた。そのうえで、「政党は常に両立せざるべからず若し之をして単独ならしむるときは即ち永く政治上の権力を一政党に付与するときは勢ひ腐敗を免れず一内閣をして永続せしむることは立憲政治の下に於て最も厭ふべき弊害にして是非とも之と相対抗する監督者を置くの必要あり」[*42]として、二つの政党の競争と相互監視によって初めて政党政治が正しく運営されるのであると主張した。

党総理就任

当初政友会に加入する姿勢を見せ、のちにそれをとどまった鳩山和夫らは、党に残る条件として、大隈の党総理（党首）への就任を要求した。党の分裂、ならびに伊藤を戴く政友会という一大対抗勢力の出現という難局に対処するためには、大隈を総理として押し立て党の動揺を防ぐことが必要であるというのが建前であったが、鳩山としては、従来の憲政本党の民党的な主張、すなわち減税・民力休養というような意見と、そうした意見の源泉であり党内に大きな力を持っていた犬養毅を抑えるために、大隈総理を担ぎ上げ、自らを中心とする執行部を形作ろうという目論見があった。[*43]

こうした鳩山らの運動の結果、一二月一八日、大隈は憲政本党の総理（党首）に就任する。一八八四年に立憲改進党を脱党して以来、大隈は一六年ぶりに公式に党のトップの座に就いたのであった。しかし、大隈は、立憲政友会総裁の伊藤とは、全く異なる党指導方針を採ることになる。すなわち、伊藤が政友会に「総裁専制」と呼ばれる強い総裁権限を持つ上意下達的指導体制を敷いたのに対し、大隈はそれまで同様、党に対して強い規制を加えることには自制的であった。その背景には、政党というものは、国民の意見を政治の場に届けることこそがその本来的任務であり、したがってその前提として各党員の自由な発言と行動とを許容することが必要だという考えがあった。あくまで統治の側の視点から、政党を議会操縦のための道具と考える伊藤と、逆に民意に基づく統治こそが必要なのであるとする大隈との思想の違いが、こうした党に対する指導方針の在り方に明確に現れていた。もちろん、後述するように、大隈の政党指導方針はやや放任的でありすぎた側面もある。多様な民意を集約しつつ、党としての一体性を維持し、団結力のある党組織をいかにして構築していくかということには、大隈はほとんど無頓着であった。そのことが逆に、後述するように、一部幹部による専制と党内抗争を生むことにもつながっていくのである。

増税問題をめぐる分裂

前述のように鳩山は、大隈を党首に戴くことで、従来の党の減税主義的方針を改め、日清戦後経営のために必要な支出を認める方向への転換を求めていたが、[*44] 大隈自身も、日清戦後経営の必要性についてはかねてから主張しており、隈板内閣時代にも奢侈品への消費税を中心に増税計画を立てていた。こうした流れを受け、大隈および憲政本党幹部は、伊藤内閣による酒税・砂糖消費税・海関税の増税計画について、政府を支持することを決定した。しかし、それまで長く民力休養を主張してきた憲政本党が、一転して内閣を支持するということには抵抗が多く、党内の多くの議員も反撥、議員三四名が脱党することになる（脱党者は彼らの人数と明治三四年の三四をかけた三四倶楽部を組織）。憲政本党に残った議員数は七〇に満たず、党は大きな打撃を受けた。

なぜ大隈は分裂の危険を冒してまで増税を支持したのであったか。それは伊藤内閣の増税計画が酒・砂糖という贅沢品への課税を中心とするものであること、および義和団事件の勃発を受けて、その出兵経費の財源が必要であったことなどが背景にあった。一月二九日に開催された党大会において大隈は、統計を引用しながら増税賛成の理由を滔々《とうとう》と述べたが、それは理路整然としたものであり、増税反対派の新聞ですら「兎に角近来の好演説なりき」[*45] と評価するような内容であった。

大隈は隈板内閣期にも、また地租増徴反対運動の際にも、仮に増税が必要であるとしても、小農の多い日本では地租などの直接税を増やすことは中等以下の民衆に及ぼす打撃が大きいため、それよりも、奢侈品への消費税課税を優先させるべきであると主張していた。[*46] その意味で、伊藤内閣の増税策は、それまでの大隈の見解に反するものではなかった。さらに、伊藤内閣は、藩閥の一角である伊藤が率いていたとはいえ、まがりなりにも政党に基盤を有する内閣である。二大政党による競争を旨とする大隈にしてみれば、政策において一致しているにもかかわらず、それに対抗するためだけにむやみに反対することによって、政党否定派に漁夫の利を得させるわけにはいかないとの考えもあったと思われる。それでも、もし党内の意見が増税反対でまとまっていれば、大隈も強いて自己の意見を押し付けることはなかったであろうが、党トップへの就任と、それを道具に増税に否定的な犬養を抑えようとする鳩山らの動きとがあいまって、こうした党の方針が決定されることになったのであった。

桂太郎内閣の成立と憲政本党

その後、一九〇一(明治三四)年五月二日、閣内不一致を理由に、伊藤首相は辞任する。財政難を理由に公債支弁事業の中止を訴える渡辺国武蔵相と、積極主義を主張する政友会の原敬逓信大臣らとの間で紛議が生じたことによるものであった。

続いて六月二日、第一次桂太郎内閣が成立した。従来の首相がいずれも太政官制時代に既に参議となっていたいわゆる元勲級指導者であったのに対し、桂新首相はそれより若干若い世代に属し、かつ閣僚に元勲級指導者が一人も入らなかったことから、当初は実力不足により短期で倒れるのではないかと見られていた。しかし結果的に第一次桂内閣は、こののち日露戦争を経て一九〇六年初頭まで継続する長期政権となる。

前内閣の倒壊の経緯にも現れているように、財政難にいかに対処するかが桂内閣の課題であった。公債支弁事業に属する経費不足額七〇〇〇万円を、事業繰り延べと外債募集によって補うというのが桂の方針であったが、米国での外債募集は失敗に終わり、結果さらなる経費節減・事業繰り延べを行なわざるをえなくなった。[*47] 国内の不景気と、政府の財政難は誰にも明らかであり、大隈は党大会において、もはや国債を募集することは不可能であり、倹約主義による財政整理を行なうほかなく、これは桂内閣の方針と同一であるが、しかしそれは我々が政府に追随したのではなく、逆に、政府の側が当初外債を募集しようとして失敗した結果、その不可を悟り、我が党と同一の財政政策を抱くに至ったものであると発言した。[*48]実際に、大隈は桂内閣成立以前から非募債と租税歳入による支弁を主張していた。[*49]国内の不景気と、政府の財政難という、この時期の厳しい経済状況のなかでは、行なえる政策は限られており、財政政策は否応《いやおう》なく類似性を帯びざるをえなかった。当初政友会が桂内閣に対抗する姿勢を見せると、憲政本党は桂首相に接触を求め、一二月一九日の代議士総会で政府財政案に同情的な決議を行い、[*50]財政政策の一致を梃子《てこ》に、内閣との接近が図られたのである。

しかしその後、桂首相は見事な交渉力で政友会の妥協を取り付けることになる。その結果、議会において過半数を有する政友会に比して、微弱な勢力しかない憲政本党との提携は、桂の眼中から消える。政府に接近するにせよ、政府と対峙するにせよ、憲政本党の勢力は微弱に過ぎた。議会で常に政友会の下位に立つセカンドプレーヤーとしての位置しか有することができないことは、その後も憲政本党の混迷を招いていくことになる。

大隈邸の火災と資金難

憲政本党の党勢が振るわず、混迷を続けていく一因として、この頃党の財政状況が苦境に陥っていたことがあった。憲政本党の機関誌である『党報』も、一八九九年四月を最後に休刊状態に入ってしまう。こうした憲政本党財政の苦難は、大隈個人の財政状況と関連していた。

一般に大隈の資金源は三菱であると言われることが多いが、噂の域を出るものではない。第四章で述べたように、明治一四年の政変後にあっては旧主・鍋島家からの援助が大きかったし、また株式投資による利益もその後大隈にとっての大きな資金源となっていたようである。ところが隈板内閣崩壊の頃から、大隈が所持していた東京馬車鉄道会社や東京株式取引所の株が下落を始め、早稲田邸を建築する際に勧業銀行から借りていた一〇万円の年賦返済にも困却する状況となっていた。[*51] こうした苦境は、大隈から憲政本党への資金提供にも停滞をもたらすこととなった。

そのうえ、一九〇一年三月一四日に、ストーブの出火に端を発し、大隈邸が火災で半焼するという不幸があった。この火災は資金面で大きな打撃を大隈に与えた。邸宅の再建のために、大隈は一八九七年に構えたばかりの大磯の別邸を売却し、またかなりの株を処分せざるをえなかった。それでもまだ足りなかったが、鍋島家から三万円の援助があり、また渋沢栄一も無抵当で一万五〇〇〇円を貸与してくれた。これによりなんとか息をつくことができたものの、党に資金を回す余裕はなくなっていた。なお、この時、大隈との関係を噂される三菱は、東京馬車鉄道株を抵当に入れてようやく金を貸してくれるような状況であり、その後、抵当に入れた株価が下落すると抵当を増やせと猛烈に督促してくる始末であった。大隈は、側近の市島謙吉に「一体世間では兎もすると三菱から加勢を仰くかのことく解釈して居るけれども実際はなか〳〵そうでなく、金銭にかけては随分厳酷である、豊川〔良平、三菱重役〕はどうしても増抵当をしなければ困ると云ふ、おれは癇癪に障つたから、増すべき抵当はないから、入れてある抵当は勝手にせい、と云ふたら遂に売つて仕舞つた、そんな様な訳であつてなか〳〵容赦は無い」と語っているが、三菱からの借金が決して援助というような性質のものではなかったことがこの一事をもってしてもわかるであろう。[*52]

なお、この翌一九〇二（明治三五）年二月には、大隈家に養子に入っていた大隈英麿《ひでまろ》が、妻で大隈の長女の熊子と離婚し、南部家に復籍するという事件も起こっている。なお、その原因は英麿が友人の借金の保証人となったことにあった。その額は二万円、現在の貨幣価値に換算して三億円にもなる金額であり、折しも大隈家はこのような手元不如意の状況であったために、離縁のやむなきに至ったのである。[*53] 英麿離縁後の同年一〇月、旧平戸藩主松浦家の出である松浦常《まもる》が、綾子の養女である光子《こうこ》と結婚して大隈家に養子に入り、名を信常と改めた。なお信常の妻となった光子は公的には三枝守富の子で綾子の養女とされていたが、実際には、明治一七年に、大隈が母の身辺の世話をしていた女性との間につくった子であった。＊54

新築された大隈邸と台所

このような金銭難にあった大隈だが、しかし邸宅の再建に際しては、過度に節約することなく、立派なものを拵えた。新邸宅は一九〇二年に竣工するが、特にその台所は、当時最新鋭のものであった。大隈邸の台所訪問記はいろいろ存在するが、ここでは、かつて『報知新聞』記者を務めていた羽仁もと子が見学した際のレポートを引いておこう。訪問した羽仁に対し大隈は「台所は明るくなければならん。光線――これが第一に必要である。空気の流通も大切である。排水がよくなければならん。食品を種類に依つて貯蔵する設備や、蠅などが黴菌を媒介するのを防ぐやうな工夫もしなければならん」と解説したという。台所の床は板敷で縦横に排水溝が整えられ、「光線はたゞ周囲からばかりでなしに、天井にも硝子窓がありまして室内は塵一つ葉も目につくほどです。清浄なる水は二つの甕に絶えす威勢よく供給せられ、燃料は凡て瓦斯を利用することになつて居ります、一方に据へてある大ストーブは大園遊会の客を饗するためにも優に役立つのでありますが、少量の料理にも至つて調方」と羽仁は報じている。＊55

当時、一般的には、炭や薪を使用した竈《かまど》で米を炊くのが当たり前で、食事のたびに煙が燻っていた。ガス燃料の調理器具を備えた広大な台所はそうした憂いもなく、また火力の調節も容易で、かつ温度が一定に保てるために調理にも大変便利であった。このように最新の設備を持ち、光線や排水に気を遣った清潔な台所はまさに世の驚くところであり、当時のベストセラーである村井弦斎の『食道楽』でも紹介されて広く世に賞賛され、上流階級の模範的台所とされた。この台所で、平日には数十人、園遊会の際には何百人前もの食事を調理したという。[56]

温室

台所と並んで大隈邸の名物であったのが温室である。この温室は、一八九八年に完成したもので、前述した火災の際には幸いに廊下以外は焼失を免れた。それまで、温室が大学や農業試験場に建てられることはあったが、在日外国人の邸宅などを除き個人の家ではほとんど見られないもので、大変珍しいものとして評判となった。温室は中央・南室・北室の三つに分かれており、南室の一隅に置かれたボイラーから通じる温水パイプによって温度が維持されていた。中央室にはラン科植物が主に栽培され、特に南方からもたらされた当時の日本では珍しい植物が多数栽培されていた。大隈はこの温室を人々に見せることを好み、しばしばこの温室で人々と面談したほか、面識のない人物であっても紹介者があれば快く温室を見せたという。

当時温室の様子を報道した『風俗画報』の記者は、「運動、娯楽、皆な人生の要素なり、今や貴族紳士、書画骨董を楽しみ、或は囲碁点茶を娯しむ、敢て不可なるにあらざるも、多くは箇人的の快楽に止まれり、甚だしきは酒食に沈湎し、弄花闘牌、言ふに忍びざるものあり、伯の如きは大に然らず、其楽しむに方りてや、衆と与に楽しまむとす、大丈夫なる哉、其意を植物に寓するもの決して偶然にあらざる也」[57]と評している。大隈は趣味の多いほうではなかったが、植物栽培は最も力を入れていた趣味であった。

大隈の園芸趣味

大隈の園芸趣味は、園芸が好きだった両親の感化であり、[58]一八七〇（明治三）年に、妻綾子と浅草見物をした際に盆栽を買ったのが端初であるともいう。[59]また明治初年、雉子橋に住んでいた頃の話であるが、ある日、大隈邸にやって来た訪問客が、大隈が数十鉢の紅白のバラに芸者の名前を付けて並べていたのを見て驚いたことがあった。大隈はその時、俺は芸者遊びをする代わりに花を愛するのだと語ったという。[*60] 大隈は特に蘭や菊の栽培を好み、毎年秋には邸内で観菊会を開いて人々と交流し、学校生徒や各団体が希望すれば縦覧を許したため、邸内が公園のような賑わいを見せた。[*61] またのちには、蘭の愛好家による帝国愛蘭会の会長にも就任した（一九一六年）。同会は現在も全日本蘭協会として存続している。

このほか、大隈は春秋二回の園遊会を毎年開催し、朝野名士との交流を深めるのを楽しみとしていた。大隈が金銭的苦境のなかにあっても、邸宅の構築に金を惜しまなかったのは、人々とのこうした交流に必要不可欠なものであったからである。そしてこうした交流が大隈の貴重な政治的リソースを形作ってもいたのであり、一見単なる大名趣味のように見えて、実は投資効果には大きなものがあった。なお余談だが、のちに産児制限運動などに従事し、衆議院議員を務め、治安維持法を強く批判し右翼に暗殺されたことなどで知られる山本宣治が、園芸家を目指して大隈邸に住み込んでいたことがある。将来渡米して園芸家になりたいという山本の志望を大隈は応

大隈邸の温室にて。米国民主党大統領候補ブライアンとともに。1905（明治38）年。（早稲田大学大学史資料センター所蔵）

援し、英語学校の学費も支給するなど、大隈邸での生活は山本が社会への目を見開く大きな機会となったとされている。[*62]

大隈邸の温室はその後一九一五（大正四）年に改築されて中央の他に南北各五室合計一一室へと拡張された。うち二室が蘭に、二室がメロンの栽培に充てられ、またもう一室は「装飾温室」として、室内に石灯籠や唐獅子などが据え付けられた。[*63] メロンに関しては、新種「早稲田」も開発された。なお、大隈がマスクメロン協会の会長であったと書かれている書物を目にすることがあるが、マスクメロン協会の設立は大隈歿後の一九二四（大正一三）年のことであり、これは誤りである。なぜこうした謬説が出回るかというと、実は、一九一九年に、日本最初のメロンの品評会が、家庭園芸会と華蕾会の共催で、大隈邸にて開かれたという因縁があるからである。そしてこの時の品評会では、大隈邸で開発・栽培されたメロン（前述の「早稲田」）が一等賞を獲得した。[*64] このメロンは大正天皇にも献上され、どのメロンよりも美味しいとの褒詞を受けた。[*65] またこの時の品評会に際して、大隈が自説の人生一二五歳説に絡めて、長生きするためにはメロンを食べるのが良い、と発言したことにより、メロンが一般に広く認知されるようになり、それ以前より格段に売れるようになったとのことである。[*66] このほか、装飾温室ではマンゴーも栽培されていた。[*67]

早稲田大学の開校

大隈が創設した東京専門学校は、高田早苗ら実務者の努力もあって、その後も発展を続け、大隈邸火災の翌年、一九〇二（明治三五）年に、早稲田大学と改称することになる。一八八二年に政治科・法律科・理工科の三科で出発した東京専門学校は、ほどなく理工科が廃止されたものの、一八九一年に文学科が設置され、一九〇一年時点で卒業生二三〇〇人以上、在学生一〇〇〇名以上を数える一大教育機関に成長していた。この学校をいずれは大学にしたいというのは創設時からの大隈らの願望であったが、約二年前からの周到な準備ののち、一九〇二年一〇月、早稲田大学と改称するに至った。法制度上は依然として専門学校扱いではあったが、一年半の予科を備え、大学部三年を経たのちには学士の称号を授与する、大学としての実質を有する学校へと発展したのであった。

早稲田大学の開校式において、伊藤博文が祝賀演説を行なったことは世間の注目を集めた。伊藤は、「此東京専門学校を以て政党拡張の具となさんとするもの丶如く誤り見たるものが多い〔中略〕これは大隈伯爵の識量を誤認したものと認める。大隈伯爵は政治教育共に熱心であるが、素《もと》より政治と教育との別を知つて居られる。学校教育の事業は之を政治の外に置き、教育機関を濫用して党勢拡張の具とするの策は、断じて取られなかつた事は明かに認める。これは世の中の具眼の人は分つて居るか知らぬが、多くはこれを誤解して居つた」[*68]と演説したが、これはかつて学校に圧迫を加えた政府の一員としてその非を認め、早稲田大学の教育機関としての質を認めた「懺悔《ざんげ》演説」であるとして、大学関係者は歓喜したものであった。早稲田大学はその後、一九〇四年に商科、一九〇九年には理工科を設置し、総合大学としての実質を整えていくことになる。

「私立」へのこだわり

大隈らは、なぜ専門学校を大学へと発展させることにこだわったのか。特に、それを国立ではなく、なぜ私立として設立する必要があると考えたのか。大学への改称の準備を進めていた時期に、大隈は次のように述べている。

抑も教育と云ふものは普通教育、是は国家自から十分に力を尽して往くとしても、此高等の教育の方になれば、之は凡て国家の設備の下に教育をして往くことが果して利益であるや否や頗る疑問である、随分国家の力を以てやればやれぬ事はないが、或場合に於て国家の目的と云ふものが実に其時の政府の目的であつて真に国民の目的を代表することが出来ぬことがある、或場合には所謂国家の目的が正当の軌道を逸する事がある、其時には多少国を危しくすると云ふ実に畏る可き事が来るのである、〔中略〕彼の科挙の制の如き殊に明以来の制に於ける、其教育の目的なるものは如何なるものであるかと云へば、全く人間の自由の意志の発動を禁じて、只君に柔順に唯だ命是れ従ふと云ふ人を拵へやうと云ふのである、〔中略〕今日将に滅びんとして居る清国は、其原因何に胚胎するかと云へば、〔中略〕即ち教育の目的を国家が誤つたからである、而して其時に当ては国家の目的に定めた以外の学説を唱ふる者は、異端なりとして酷い目に遇はして仕舞ふ、又其目的に従つて及第しなければ社会に出られぬ、又官吏にもなれぬと云ふので、凡ての国民が官吏になると云ふこと〔ママ〕唯一の目的として居る、是れ実に畏るべき弊害であると思ふ。[*69]

つまり、国家が大学を経営する場合、その大学は国家の目的に奉仕する柔順なだけの人間だけを育成するものになってしまう可能性がある。だからこそ、国民自身の手によって、国民のための大学が設けられる必要があるというのである。大隈は、この頃実際に、帝国大学がそうした方向へ向かっていると見ていた。新聞記者に語った談話では、帝国大学の「学者哲学者輩」が、「保守的思想ノ指導者」となり、大学を「曲学阿世ノ製造所」たらしめ、口を開けば「国家ノ必要」といい、その「国家ノ必要」のためには、「国防可ナリ増税行フベシ」「民ノ自由何カアラン国ノ憲法顧ミルニ足ラズ」とまで主張して、「国家ノ組織ハ国民必ズ之ガ基礎タルベキ政治的組織ノ原則ヲ忘レ」てしまっていると強く批判している。[*70]

国家への奉仕を旨とする学問を教えるのではなく、自由な学術討究の場を用意して、国民の立場に立つ学者や、社会に足場を持つ国民を育成していきたいという理想が大隈にはあったのである。

日本女子大学校への援助

またこの時期の大隈の教育への関与ということでは、一九〇一年に開校した日本女子大学校への援助を挙げておく必要がある。大隈は同校の創立委員長を務めて寄付金集めに奔走するなど、同大学の創設を発起した成瀬仁蔵を強力にサポートした。その熱心さには、早稲田関係者が、大隈を女子大学に取られてしまうのではないかと憂慮したほどであった。[71]

大隈はかねてから、「女子の教育なきは賢母を生ぜざるの因となり、賢母なきに至り〔ママ〕は国を挙げて妄想惑溺の人民たらしめ」[72]るとして、女子教育の必要性を強く主張していた。大隈は、一八九七年三月に世間に協力を求めるために開催された「創立披露会」において演説し、折しもこの年から金本位制が施行されることになったこととかけて、「男女複本位論」を開陳、従来の日本は女子に服従を強いる「男性単本位」の社会であったが、男女の協力なくして社会の発展はありえないのであり今後は「男女複本位」の社会であるべきで、そのためにも女子の高等教育が必要なのだと主張した。[73]女子大学での教育内容として大隈が想定していたのは家政に関わるものであり、必ずしも良妻賢母主義の枠を出るものではなかったが、[74]しかし「智力の点から云へば、今日の女は、男子に及ばないが、然し是れは、今日迄の社会の罪で、男子同様、女子にも教育をする様になつて以来、僅かに、一世紀にしかならないのであるから、今日の女が、男に劣つて居るからと云ふて、男女の智力に相違があると云ふのは、浅薄な話である、〔中略〕孔子は「女子と小人は養い難し」と云ふたが、思ふに、孔子はあんな人であるから、女にモテなかつたのに違ゐない、それで彼れは、あんな間違つた事を云ふたのである」[75]と、「女子は智力に於て男子に劣る」[76]というような議論が横行していた時代に、「男女の間に優劣なし」と明言し、[77]女子にも高等教育が必要だと力説したことの意味は大きい。

大隈が良妻賢母主義的な女子教育論を主張したのは、女性には妊娠・出産という務めがあり、男子と役割分担をする方が効率的であるという理由からであった。しかし根本に先述したような男女の平等感があることから、女子が職業に従事することについても否定せず、むしろそれを推奨しており、[*78]女子にも実業教育が必要だとの主張も行なっていて、[*79]その女性論は当時の社会においてはかなり進歩的なものであった。大隈の機関新聞であった『報知新聞』が、他紙に先駆けて羽仁もと子や磯村春子といった女性記者を雇用していたことも、こうした大隈の思想に基づくものであった。

また婦人参政権についても、「男女の間に優劣がなく、人格が同様である以上は、是れにも、選挙権を与へるのは当然の事で、殊に婦人たりとも、一家を創立し、租税を納むる限りは、選挙権は納税の義務に対する権利であるから、婦人にも此権利は与ふべきであらう」[*80]と述べ、即時断行を主張したわけではないものの、女性への参政権の付与にも賛成する姿勢を示していたことは特筆しておく必要がある。

大隈はこのように早稲田大学以外の学校にも援助の手を差し伸べており、かつて外相として条約改正交渉にあたっていた時期には、新島襄による同志社大学設立運動に賛同し、外相官邸に渋沢栄一や岩崎弥之助、大倉喜八郎らの実業家を招待して多額の寄付金募集にこぎつけたこともあった。結局この同志社大学設立運動はこの時には実を結ばなかったものの、その後大隈は同志社から「社友」として遇され、京都に立ち寄った際には同志社で演説するのを常とした。他にも慶応義塾や、日本医学専門学校（現在の日本医科大学）、東京女医学校（現在の東京女子医科大学）など、多くの学校に大隈は支援の手を差し伸べた。

第七回・第八回総選挙

一九〇二（明治三五）年八月一〇日、第七回総選挙が挙行された。この選挙は、帝国議会開設以来初の、任期満了に伴う選挙であった。山県内閣と憲政党との連携、そしてその後の伊藤による政友会の結成によって、政局は安定し、初めて任期満了まで解散が行なわれなかったのである。しかしその安定は、大隈・憲政本党にとっては政権から疎外され続ける苦境を意味していた。この時の選挙結果は、政友会一九〇名に対し憲政本党は九五名の当選者であり、一〇〇名近い大差をつけられた。改選前の議席は政友会一五八名、憲政本党七二名であったから、両党とも議席数を増やしてはいた。しかしそれは山県内閣時の選挙制度改革によって議員定数が三〇〇から三七六に増えたためで、総議席に占める割合の変動は小さかった。

選挙後の九月、桂内閣は閣議にて、地租増徴の継続を決定した。これが政治的争点となって次の政局を形作ることになる。すなわち、山県内閣時に可決された地租増徴は、五年間限定という期限付きであったのであるが、この五年の期限切れ後も、増徴を継続していこうという方針を内閣が打ち出すのである。憲政本党がこれに反対であったのは言うまでもないが、今回は政友会も反対の方針を打ち出した。そして伊藤前内閣の外相を務め、かねてから大隈との関係も深かった加藤高明の仲介により、両者の提携が図られることになる。一二月三日、大隈は伊藤博文と会談し、翌日、憲政本党と政友会はそれぞれ党大会を開いて、地租増徴継続に反対し、ともに内閣に対抗していく方針を確認した。六日に第一七議会が開会するが、両党の提携を前に、桂内閣は一二月二八日衆議院を解散した。

一九〇三（明治三六）年一月七日、憲政本党は大隈邸で幹部会議を開き、政友会と協力して選挙戦を戦うことを決定した。三月一日に行なわれた第八回総選挙では、政府は強い姿勢で猛烈な選挙干渉を行ない、そのため結果は政友会一七五名、憲政本党八五名と、ともに議席を減らすこととなった。両党は政府に対して抗議したが、政府からは何の返答もなかった。[*81]

伊藤と桂の接近

ところが、こうした連合の裏で、実はすでに選挙戦の最中から、政友会総裁伊藤博文が山県有朋らと連日のように往復し、政府との接近を試みていた。[*82] 選挙が終了すると、再度の解散と政府財政の不足を恐れる伊藤は、接近の度を加速させていった。[*83] そして、四月二五日に至り、政友会と政府は妥協を公表した。憲政本党は裏切られたのである。むろん、政友会内には妥協に納得しない人々もおり、地租増徴案そのものは衆議院で否決された。しかし、桂と政友会領袖は、鉄道財源の海軍拡張への流用、公債による鉄道予算の欠損補塡を条件として、地租増徴継続案を撤回することに合意し、五月三一日に公債募集に関する二法案が衆議院本会議を通過、桂内閣は最重要政策たる海軍拡張費の確保に成功する。その一方で、行政整理は約一〇〇〇万円にとどまり、また政友会の求める積極政策の多くが繰り延べられることにもなった。

大隈・憲政本党は、伊藤の策動に足をすくわれ、妥協は伊藤と桂との個人的な約束に過ぎず「多数の代議士は恐らく昨年と同一の主張を以て進む事と信ぜざるを得ない」と希望的観測をする以外、何も手を打つことができなかった。[*84] 大隈の言う通り、政友会からは、尾崎行雄をはじめ、党所属議員の約三割に当たる多数の議員が脱会届を提出したが、公債法案は可決されてしまった。しかし、多くの脱党者を出して絶対過半数を割った政友会の内部にも、代議士に諮ることなく頭越しに行なわれた妥協を憤る声は多く、七月には伊藤博文が枢密院入りのために政友会総裁の辞任を余儀なくされた。後任総裁には西園寺公望《きんもち》が就任、伊藤の去った政友会は、来る一九議会において再び憲政本党と提携することを望み、一〇月二七日、星ヶ岡茶寮で両党の会合が行なわれ、ここに再び両党は提携関係を結ぶこととなったのである。

憲政本党の苦衷

なぜ憲政本党は、二度にわたって政友会との提携を選択したのか。憲政本党の目論見は、二党が連携して内閣を倒し、政友会との連立内閣を樹立することにあった。しかしこの方策は果たして有効であったか。直近の総選挙で明らかなように、憲政党が政友会と協力して政府を批判したとしても、それは憲政本党にとって現状維持にはなっても党勢拡張にはつながらない。

とはいえ、もし政友会と連合を組まなかったとすれば、どうなるか。少数党たる憲政本党は、単独では、議会において限定的な影響力しか発揮しえない。一方で政友会と対峙し、他方で内閣と対峙しながら、少数党たる憲政本党が勝利を収めることは至難の業であった。もし内閣と政友会が連合を組んでしまえば、いくら憲政本党が反対の立場に立ったとしても、議会において影響力を行使することはできない。少数党たる憲政本党が議会で影響力を発揮して内閣を追い詰めるためには、政友会との連合が必要なのであった。

とりわけ政友会は、日清戦後、府県議会による地方予算配分を梃子とする利益誘導によって、着々と支持基盤を拡大してきており、[*85] たとえば政友会成立前年の一八九九年の府県会議員選挙では、地方での積極政策要求の高まりを前に、政友会の前身たる憲政党が憲政本党に圧勝する結果となっていた。[*86] その基盤の上に、伊藤系官僚勢力との連合が成立したのであるから、憲政本党にとってはまさに強大な難敵が出現したのだと言ってよかった。

こうしたなか、その政友会と対抗するのではなく、連合を組み、内閣と対峙していくとすれば、数の力によって内閣を追い詰めることが可能である。議会においても、政友会との交渉次第で影響力を行使できる。こうして両者が共闘して内閣を倒せば、連立内閣の一角に組み込めるかもしれない。これが政友会と連合を組むことを是とする論理であった。

しかしながら、ここには大きな落とし穴があった。政友会の側には、憲政本党との協力とは別の選択肢として、藩閥との妥協という選択肢が常に存在していたのである。いわば、政友会からすれば、憲政本党との連合は、その藩閥との妥協を引き出すためのカードであったのであり、いつでも捨てることが可能なものであった。そして桂内閣にとっても政友会は議会の最大勢力として最も取り込みたい相手であった。つまり、連合を組むか否かの主導権は、実は憲政本党にはなく、政友会の側にあったのである。憲政本党は、衆議院において、政友会の下に位置するセカンドプレーヤーとしての立場を常に余儀なくされ、どの選択肢を選んだとしても、自党の影響力を限定的にしか発揮しえないという、袋小路に陥っていたのであった。政友会成立から日露戦後にかけての憲政本党には常に内部対立が存在し、分裂の危機を孕んでいたが、その背後には、こうした袋小路に入り込みつつある憲政本党の苦境があったのである。

党幹部による政党指導

党内では、大隈および幹部の主導する政友会との再度の提携に対し、異を唱える代議士が続出した。提携反対派は連署して提携を批判する意見書を提出した。これに対し、党幹部は、政友会に対してのみ提携するのではなく、政見を同じくする者とは政友会に限らずどの派とも議会において同一の行動をなす旨の覚書を出し、あくまで政策を基軸に、是々非々主義的に同じ意見を持つ者と提携するのであると明言することによって、何とか非提携派を納得させた。[*87]

当時の憲政本党は、総理の大隈が選任する三〜六名の政務委員が党の最高幹部としての位置付けにあったが、大隈は独断でこれを任命していたわけではなく、党内幹部間の権力状況をふまえて人事を決定していた。[*88] 大隈自身が党の方向性に強い指導力を加えることもなかった。前述したように、これが大隈率いる憲政本党と、伊藤博文による「総裁専制」体制が敷かれた立憲政友会との大きな相違であった。

しかし大隈のそうした党内の議論や幹部の意向を重んじる姿勢は、党内民主化をもたらすのではなく、むしろ幹部による専制と、幹部間の抗争を招く傾向があった。こうした組織構造の不備も、度重なる党内紛擾の原因となっていたのである。初期立憲改進党の結束力が強かったことは第三章で述べたが、その後進歩党さらに憲政本党へと変わっていくなかで分離と結合を繰り返したことにより、初期のような結束力は失われていた。他方の政友会には、自由党時代以来の各地域ごとの代議士団のまとまりが存在しており、その基盤の上に幹部の指導がなされていた。他方、そうした地域的基盤を持たず、中央の少数幹部が指導する憲政本党は、党内に大きな組織的欠陥を有していたのである。

日露開戦論の高揚

こうしたなか、一九〇四（明治三七）年二月に、日露戦争が開戦する。それに先立つ一九〇二（明治三五）年一月には日英同盟が成立していた。この戦争に際して、大隈はどのような態度を取ったのであろうか。それを見るためには、日露戦争前の極東におけるロシアの動向について簡単に説明しておかなくてはなるまい。

一九〇〇（明治三三）年の義和団事件後、ロシアは満洲各地に兵をとどめ、一九〇一年秋には、ロシアの鉄道保護のための駐兵権や鉄道敷設権などを盛り込んだ露清密約を結ぶよう清国を脅迫、最後通牒《つうちょう》を発するまでの状況に立ち至った。しかし、これに対して列国はロシアに対して抗議を行ない密約を阻止し、さらに一九〇二年に日英同盟が締結されると、その圧力もあって、露清間には撤兵条約が結ばれることになった。ところが、撤兵を約束したロシアは、第一次撤兵こそ行なったものの、一九〇三（明治三六）年春に予定されていた第二期撤兵を実行せず、これに危機感を強めた日本は、以後、韓国・満洲をめぐってロシアと交渉を行なうことになる。民間では、こうしたロシアの姿勢に対し、三国干渉以来の対露敵愾心ともあいまって、日露開戦論が次第に高まっていく。

こうしたなか大隈も、一九〇三年半ば頃までは、「兵隊は国の粧飾物《かざりもの》ぢやない、場合に依つて最後の決心を要するのは当然だ」[89]「我国は今回の満州〔ママ〕問題に付て遠慮無く大胆に露国と折衝して可なり」[90]と戦争も辞さない姿勢でロシアと強硬に交渉すべきだと主張していた。ただし、これは当時の状況をふまえても、即時開戦を主張したものではなく、あくまで戦争を辞さない強硬姿勢でしっかりと主張せよという意見として読むべきであろう。というのも、その後さらに開戦論が高まり、主戦論が沸騰していく同年七月以降になると「此〔ママ〕日主戦論を為すもの少からぬやうだが、平和の国交を維持し居れる与国に対し外交上当然尽くすべきの途を尽くさず、直に開戦とか非開戦とか云ふ様な乱暴なことが言へるものか」[91]と、開戦論を戒めつつ、外交交渉を進められない政府を批判する発言が目立つようになっていくからである。八月九日に対露強硬派が開催した対外硬同志大会へも、出席依頼があったにもかかわらず出席せずに祝辞のみを寄せ、また一〇月に開催された対露同志会の大会にも出席を求められながらそれを拒むなど[92]、対露強硬論と一線を画するような姿勢を取った。しかし、その後日露の交渉がさらに進められていき、ロシア側の交渉姿勢が誠意あるものでなく、中国の保全どころか朝鮮半島すら危ういという状況が見えてくると、大隈も、開戦を辞すべきではないという意見を述べるようになっていく。[93]

この間、政府に対する批判的姿勢のみは一貫していた。特に、日露政府間の交渉の内容について、ほとんど国民に対して情報開示されることがないことを大隈は批判した。かつて大隈は松隈内閣の外相時代、情報を広く国民に知らしめることに留意していたこともあり、「凡そ外交は機密を貴ぶ、勿論それに相違ないが、或る程度までは、公にしても宜いことだと存ずる」「斯の如き国の運命に関るものを、何故に暗黒の中に葬つて、今日まで、国民に或る程度までも知らせぬと云ふのは、誠に遺憾なことであります」と批判[94]、国民的議論のためにも差支えない範囲で情報を公開すべきことを主張した。政府が情報を正確に公開しないがゆえに、国民の間に流言浮説が飛び交い極端な議論が生じるのであるし、戦争になれば犠牲を強いられるのも国民なのであるから、情報を公開し、国民が和戦の是非について冷静に議論し、万一の場合には決心を固めることができるようにすることが大切なのだと大隈は主張したのである。[*95]

奉答文事件と日露開戦

一九〇三年一二月五日、第一九議会が召集された。一〇日の衆議院本会議で、河野広中《ひろなか》議長が、天皇の開院勅語に対する奉答文として、「今や国運の興隆洵に千載の一遇なるに方て閣臣の施設之に伴はす内政は弥縫を事とし外交は機宜を失し臣等をして憂慮措く能はさらしむ仰き願くは聖鑑を垂れ給はむことを」[*96]という政府批判の文言を含む文章を読み上げた。しかし、通常奉答文は政治的内容の含まれない儀礼的なものであるために、議場にいた議員は内容に全く注意を払っておらず、そうした政府批判が盛り込まれていることに誰も気付かないまま全会一致で可決されてしまったのである。散会後、この事実が発覚して大騒ぎとなり、内閣は奉答文の上奏直前に議会に解散を命じることとなった。

この解散を受けた総選挙が翌一九〇四（明治三七）年三月一日に行なわれることとなったが、二月に日露戦争が開戦したことから、国民の関心は戦争に集中、選挙戦は盛り上がりを欠くこととなった。結果は政友会一三三名、憲政本党九〇名であった。政友会が解散前の一二八から五議席増、憲政本党も解散前の八五から五議席増であった。政友会との連携という方策が現状維持にしかつながらず、選挙政略として有効でなかったことをこの結果は示している。

三月一六日、政友会は党大会を開き、戦争のための経費負担を辞さない旨の決議を行なった。[*97]また、憲政本党も同日党大会を開き、決議を行なったが、たとえば「帝国は露国の東洋に対する侵略を防制するを以て目的とす。故に帝国は固より自から操守すべき範囲を越へざると同時に、絶対に露国将来の侵略を防制するに足るべき必要の措置を講ずる事」とし、戦費については公債を主とし租税は補充とすることや、増税は戦費に限ること、財政行政の大整理を断行すること、増税の限度を定めることなど、政友会の決議に比して、具体的な制限を設けることによって政府を監視していこうという色彩が強い詳細な決議となっていた。[*98]日清戦争の際に、政府に全面的協力の姿勢を打ち出したことと比べるならば、戦時においても政府監視の機能を果たそうという姿勢を失わない、政党としての進歩のさまを窺えるものであった。三月一八日に臨時会として召集された第二〇議会に際しても、桂首相が予算案を政友会と憲政本党に内示して了解を求めたのに対し、両党合同で桂首相との交渉を行なって非常特別税を戦争終結後一年以内に廃止することや、宅地以外の地租増加率二分を一分八厘とすることなど、いくつかの削除・修正を実現している。

桂と政友会との接近

同年一一月二六日、通常議会の開会が近づくなか、政友会は定期大会を開き「必要の戦費は之が弁給を辞せず。唯財源の取捨賦斂の軽重は慎重審議」することを決議した。[*99]また同日、憲政本党も大会を開き決議を行なったが、その文言には「増税の已むべからざるは論を俟たずと雖も煩苛なる誅求は生産の発達を害し国民耐久の力を減殺して却て収入の目的を誤まるものなり故に我党は政府の増税計画に対し相当なる修正を加へ行政を整理して諸般の経費を節約し」云々と記されるなど、[*100]憲政本党の方が明らかに政府監視の色彩が強かった。戦時であっても、いやむしろ戦時であるからこそ、専制国家ロシアに対峙する立憲国家日本として、国民の目による監視が必要であるとの姿勢を持したのである。

しかしこうした姿勢を持する憲政本党は政府にとっては、厄介な存在にほかならなかった。こうしたなか桂首相は、政友会と接近することにより、政友会と憲政本党との提携関係を分離させようと働きかけていく。一二月八日、桂は政友会の原敬と会見して、政友会の政府支持と見返りに、自らの辞職後、政友会総裁の西園寺公望を首相に推薦すると発言、原もそれならば憲政本党との関係を断ち政府を支持すると約束した。[*101] またも憲政本党は政友会に裏切られ、ここに日露戦後のいわゆる「桂園時代」が準備されることになる。それは大隈・憲政本党にとっては、政権獲得のより一層の困難と、政治的意思決定の過程からのさらなる疎外を意味するものであった。

ポーツマス条約と大隈

一九〇四年一〇月頃から、大隈は、戦争における日本の勝利が見えてきたことから、戦後の講和条件についての談話を発表し始める。大隈は、もともとこの戦争は、中国の分割を防ぎ、東亜の平和を実現するために始めた戦争であるのだから、ロシアが再び中国分割を企てることができないような講和条件が必要であるとして、ウラジオストック港の収容、沿海州と樺太の割譲、東清鉄道の譲与、満洲の一時的占領（とその後の中国への還付）などを主張していた。[*102] 実際に結ばれるポーツマス条約に比べると相当に過大な条件であるが、これはのちに大隈自身が「昨年私は少し言ひ過ぎたけれども、実は此の論を以て国民を同意させ、且世界をして此議論を是認させ黙諾させやうと云ふ大胆なる意思を有つて居つた」[*103]と述べているように、国民世論を盛り上げて政府に縛りをかけ、少しでも良い条件で講和させようという算段からなされた発言であったようである。

その後、一九〇五（明治三八）年九月五日、日露の講和条件を定めたポーツマス条約が調印されるが、周知の通り、朝鮮半島における日本の優越権や、旅順・大連の租借権および長春以南の鉄道と付属の利権の譲渡、南樺太の割譲などを認めさせたものの、賠償金を獲得することができなかったことなどから、国民の間には即座に反撥が広がった。同日、日比谷公園で講和条約反対の国民大会が開催され、そこに集まった民衆が解散を求める警察と衝突、その後怒った群衆が警察署・国民新聞社・内相官邸などを焼き打ちする大騒動に発展した（日比谷焼打ち事件）。

九月九日、憲政本党評議員会は、ポーツマス条約に対し「帝国全権委員の同意したる講和条件は宣戦の目的と戦捷の権利とを没却し国民の意思に背反したるものにして千載の屈辱なり故に政府は断じて其責に任すべきものとす」との決議をなすとともに、日比谷焼打ち事件に関しても「政府が憲法の保障したる言論集会の自由に干渉し警察権を濫用し無辜の人民を殺傷し帝都を無政府の状態に陥らしめ遂に戒厳令を布くに至りたるは憲政創始以来の一大失策なり政府は自ら反省して其責任〔ママ〕に任すべきものとす」との決議を行なった。[*104]

大隈は「事実となつて顕れた今日の此平和は果して適当であるや否や、之は此所で敢て深く論ずる必要がないと思うが、併し疑もなく国民の希望に背いて居るには相違ない、今度の媾和条件は国民が総て非常に失望して居ることは蔽ふべからざる事実である」[*105]と述べており、条約の是非そのものよりも民意に背いたという点を突いて政府を批判していた。おそらく大隈も講和条件のやむをえないことはわかっていたと思われる。大隈は戦時中より、「念ふに戦争中なればこそ、国民は忍んで多額の軍費をも供給し居るなれ、〔中略〕若しそれ戦争一たび終了して平和克服するの暁に至らん乎、国民は俄かに負担の苦痛を感ずることとなるべく、随つて戦後の財政は非常なる困難を感ずべきこと、今よりして予想するに難からず」「此の如く多くの財と血とを以て、此の如きの大戦を行へる上は、その結局に於て何分の収穫なくして已むべきにあらず」[*106]と、戦時の国民負担が、平時であれば到底耐えられないレベルに達していることを認識していた。それまでの重い負担を考えるならば、賠償金のない講和条約には納得がいかないという国民の憤激は同情の余地あるものであった。とはいえ、戦争中から、大隈・憲政本党が、過大な講和条件を説いて国民を煽っていた側面もまた否定しきれないのであり、[*107]その意味では政府のみならず、大隈も一定の責任を負うべき立場にあったと言わざるをえないであろう。政治家は単に国民の奴隷ではない。民意を代表することが政党の大きな役割であることは言うまでもないが、それと同時に、国民に対して国家や社会の現状が如何なるものであるかの情報を提示し、正しい判断のための材料を与えることも重要な役割であったはずである。講和のやむをえないことを知りながら、いたずらに国民を煽ったこの時の大隈・憲政本党の姿勢は、ポピュリズムの悪しき側面が出たものであり、政府を批判し、内閣を倒すために国民感情を利用したと言われても仕方のないものであった。

「支那保全論」の継続

日露戦後も、大隈は以前からの持論である「支那保全論」を説き、中国の近代化を説き続けた。ただし、日露戦争勝利という状勢変化によって、次のような主張が出てきたのを見逃すべきではない。

今日支那の一日の安を保つ所のものは全く外交である。日露衝突、英仏衝突、英露衝突の如き、支那に於ける列国の勢力の対抗、列国相互の嫉妬心、猜疑心を起さして、其間に已れが一日の安を保つと云ふ次第である。こゝに於て一つの革新と云ふ観念が無くなつて仕舞つて居る。〔中略〕如何に日英同盟の力が強固でも、支那の保全を図り、支那の門戸開放を図り、支那に於ける機会均等の主義を実行しやうとも、〔中略〕支那では戦国策の外交と結付いて何時も内部から面倒を起して居る。〔中略〕こゝに於て支那の安全を保ち、東洋の平和を保たんとせば、支那に向つて頗る強硬なる威厳を示すことが必要である、若し支那が不信不義の外交を以て、人を欺くと云ふが如きことがあつたならば、踵を廻らさずに、直ちに、支那は滅亡する。〔中略〕日本が友誼的でやるのに、支那が不義な事をやれば、人が亡ぼすのでなく、日本が来つて天に代つて支那を亡ぼす〔中略〕何と勧告しやうとも、それでは迚もいかぬのである。懲罰が必要である。こちらの友誼的勧告を聞かずんば、忽ち罰が来る、之を聞かば、則ち忽ち褒美が来る。此節北京では、独逸の発議で撤兵すると云ふことである、何れ各国共兵を引くだらう、併ながら都合に依らば、忽ち再び兵を送らなければならぬ、東洋の平和を保つ為には、少しも躊躇するに及ばない、断乎として其主張を貫く決心が必要である。*108

従来から、中国を指導するのは日本の使命であると説いていた大隈であったが、中国が自ら改革を実行し信義ある外交を行ないえないならば、武力で懲罰を加えることをも辞すべきでないという威圧的な主張が出てきたのである。もともと、「支那保全論」は、日本、中国、列強諸国すべての利益になるものとして主張されていたが、その中で大隈が最も重視していたものが日本の利益であったことは言うまでもない。日本が列強に対する軍事的優位性を持たない状況において、いかにして日本の利益を確保できるかという観点から「支那保全論」は導き出されていたのであり、したがって状況の変化のなかで、日本の利益のために中国に対し強圧的態度に出るようになることも不思議ではない。門戸開放・機会均等原則を唱え、中国の近代化を目指して種々の援助の手を差し伸べていた大隈が、のちに第二次内閣を組織した際に、なぜ加藤高明外相による二十一箇条要求を採用することになるのかという疑問が時に呈されるが、「支那保全論」の第一義的目的が日本の利益の確保にあったということを考えれば、そうした強硬外交につながる要素は最初から備わっていたものだと言うことも可能なのである。

西園寺内閣の成立と大隈

ロシアとの講和に伴う諸手続きが終了すると、桂太郎内閣は辞職する。そしてその後、政友会と桂との約束通り、一九〇五（明治三八）年一二月、西園寺公望に組閣の命が下ると、大隈は西園寺内閣の誕生を歓迎した。すなわち、一二月二五日の憲政本党懇親会の席上、「戦後国民的勢力に依るの外なきの時、民間党が政府を取て代はるは憲政の為に喜ばざるを得ず。願くば其の過ちなからんことを切望し、且つ衷心より西園寺侯の内閣組織を歓迎す」と述べ、憲政本党は今後、憲政有終の美を済《な》すための監督者の地位に立ち、彼らに失政があればその時はそれに反対し、これに代わる内閣を組織することを目指そうと呼びかけ、「願くば諸君と共に力を戮せば西園寺侯によりて憲政有終の美を済すを得んか、もし然らざれば吾々の力を以て之を成功せしめん。二、三回の内閣更迭は此間大に憲政の進歩発達を見ん、愉快なる時は来れり、諸君と共に大に活動の用意を為さんこと必要なり」と述べたのである。[109] 元老を基盤とする内閣から、政党を基盤とする内閣へと移ったことを、公平な立場から歓迎したものであり、この流れの延長線上に、二大政党による政権交代の時代を実現させようというのであった。

一二月二八日に第二二議会が始まると、西園寺内閣は経費節減のための行政整理を打ち切る旨を宣言した。[110] しかし、大隈は前述したような好意的な姿勢を崩すことなく、第二二議会会期中の党大会においても、「〔政友会の財政政策は〕議会で十分なる討議を致したならば、結局我々の意見と大なる相違はないこと、信ずるのである」「西園寺侯の人格は私は殆ど三十余年親しく知つて居る、中々進歩主義の人である、自由を尊ぶ人である、権力に左右せらるゝと云ふが如き人ではないのである、又甚しき野心のある人でない、私は彼の人の人格には服して居の〔ママ〕である、且つ政治上の能力は相当に在る人である、夫故にまだ世間程失望せぬのである」[111] と述べて、党派的姿勢を戒め、政党政治の進展という観点から、腹を割って西園寺・政友会と話しあえば必ず連携はできるはずだとの見解を主張した。

しかし大隈は、日露戦時中の増税によって「〔国民の〕担税力は殆んど極度に達し」[112] ているとして減税を主張し、また公債募集についても、将来の増税を招くことにつながるとして抑制的であるべきだという主張を行なうようになっており、こうした意見に西園寺内閣が妥協するかどうかは疑問であった。当時の国家財政は日露戦争遂行による巨額の公債残高とその利払いに苦しんでいる状況であったが、他方で民間経済は一九〇六（明治三九）年下半期には好景気の状況にあって積極主義を求める動きが強く、こうした大隈の減税の主張を内閣が受け入れるとは思えない情勢であった。そして実際、政友会は、第二二議会において、憲政本党と妥協する姿勢を見せず、憲政本党が国債整理基金特別会計法案に対し、より抜本的な整理を求めて反対したのに対し、政友会は憲政本党を無視し、藩閥政府に融和的な大同倶楽部と提携して議会を通過させることに成功した。大隈の好意的な姿勢は実を結ばなかったのである。

その後内閣が鉄道国有法案を提出すると、民業を重視する大隈・憲政本党は激しくこれを攻撃することになり、貴族院から回付された同法修正案を討議なしに可決しようとする政友会に対し、憲政本党所属議員が議長席に詰め掛け、議場ではかつてない大乱闘が繰り広げられるまでに至った。[*113] 政党に基盤を有する西園寺内閣への好意的な期待が無残にも裏切られ、かつ、憲政本党の存在が政友会によって全く無視された憤懣が、こうした議会での大乱闘に結び付いたのである。

大隈排斥運動の発生

大隈はそれでも「議会に於て我党は事実上国民多数の意思を代表せり、〔中略〕我党の代議士諸君が極力論争せし所は正さしく国民多数の希望に副ひたるもの〔中略〕実に我党は正義と道理の為め勇戦奮闘せり」[*114]と、民意を代表して批判者としての役割を果たしたことを誇った。国民の意見を代表しているにもかかわらず、議会において影響力を発揮できないことの一因を選挙権の制限に認めていた大隈は、すでに二二議会を迎えるに当たっての党大会で、「一朝事あるときは直ちに剣戟を取り身命を国家の犠牲に供するに拘はらず平時に在つては政治に関与する権利を得ざる如きは如何にも不権衡の事ならずや」として、選挙権の拡張を主張するに至っていた。[*115]

しかし、党内には、その原因を選挙制度ではなく、大隈の資質に求める声が出てきた。彼らは、政権獲得に至る道筋を示すことのできない大隈に不満を高め、大隈を総理から引退させ、藩閥有力者を党内に迎えるべきだと主張するようになっていく。彼ら党内「改革派」の主張するところは敵対する政友会の機関誌『政友』が的確にまとめているように、次の七点に集約されるものであった。

一、大隈総理は言論の雄にして実行の人にあらず且つ其の経歴閥族と相容れざるを以て今後の政党を総理するに不適当なる事
二、大隈総理の思想は陳腐にして英国流の政治主義に偏し到底当代の新潮流と相調和する能はざる事
三、大隈総理は秘密を守るの徳義心薄弱にして政治上の交際に妨害あり、且つ事の情理を観察するに迂闊にして悲観楽観共に往々其の度を失する事
四、戦後経営として鉄道問題の如きは当然賛成せざるべからざる筈なるに種々の情実に制せられて遂に公平の判断を失し其の他政策の往々消極に流るゝは畢竟政府反対の感情に動かされて堅確なる操守の乏しきを表明せる事
五、従来党内に種々の波瀾起るは畢竟幹部の指導宜きを得ざるが為めにして総理と幹部と共に其の責任を免れざる事
六、党の大発展を策するは唯一の目的にして是れが解党の必要あれば解党も為すべく総理の隠退をも勧告せざるを得ざる事
七、民間政党との離合は寧ろ軽く閥族の有力者と結託して将来発展の策を議すること最も必要なる事[*116]

彼等の主張の最大の主眼は、末尾に書かれている藩閥との提携という点にあった。そして藩閥との提携において、大隈の藩閥に対する対決的姿勢や、開放的で国民に語りかけるスタイルの政治姿勢は障害にな

り、また財政に関する大隈の民党的な主張も、藩閥との連携の障害になるものであるとして、排撃の対象とされたのであった。

改革派による党内「民主化」の提案

こうした動きが出てくるなかで、それまで犬養毅と並ぶ党領袖として党を率いてきた大石正巳が、大隈を党首の座から追放することを目論むようになる。[*117] 大石はかねてから、たとえば第一次桂内閣初期における、憲政本党の桂太郎首相への接近の動きを牽引したり、またその後の政友会との連携のなかで「大隈伯を退隠せしめて政友会と合同するも妨なし」[*118] と政友会に持ちかけたりするなど、政見の一貫性よりも政権獲得を重視し、そのためには大隈の追放も厭わない姿勢を見せていた。

そして大石正巳・鳩山和夫らを中心とする党内改革派は、党則を改正して役員を公選し、総務委員を廃止して一五名の常務委員からなる執行部を選出するべきであるとの主張を行ない始める。改革派の主張は、「組織の非立憲なる事」すなわち、党の運営方針が総理の指名する政務委員によって決められており、代議士がそれに関与できないこと、さらに「党是の確立せざる事」すなわち、政友会や藩閥と接近を試みては裏切られるということを繰り返しており、党の方向性が定まっていない、という二点に集約されていた。[*119] 改革派の動きが盛り上がるなかで、公選によって改革派委員を挙げ、大隈および犬養毅を排斥していこうという算段であった。

すでに述べたように、大隈の放任主義は、結果的に党の方針が幹部によって決定されることにつながっており、そのことは日露戦争前より代議士層の不満の種となっていた。また党幹部が伊藤や政友会と協調しようという姿勢を見せては、政友会に裏切られるという失敗を犯してきたことも事実であった。その意味で、改革派の主張には一定の正当性があったということができる(ただしそれならば、幹部として党を率いてきた大石や鳩山もそれに対する責を負う立場にあるはずである)。かねてから、政友会の総裁専制に批判的で、党に対して細かく指示をすることを否定してきた大隈は、こうした党組織の民主化の主張に反対することは当然できず、この意見を受け入れることになる。こうして総理の政務委員指名権は剝奪される。党内民主化といえば聞こえはいいが、しかし、大隈を追放した暁に彼ら改革派が実現しようとしたのは、藩閥・官僚勢力との接近であった。彼らは、政権獲得欲という党内世論を梃子に、それを成し遂げようとしたのであった。しかしそのことは、藩閥・元老勢力を退潮させて政党政治を実現するというかねてからの理念や、減税や民力休養を求める民意を政治へとつなぐ回路を塞ぐことにつながるものであった。ここに、党の民主化が政治の民主化につながらないという、党内民主化をめぐる大きな逆説が存在していた。

大隈の敗北と積極主義の採用

そして、大隈と改革派の両者は、第一三議会を目前にした党大会の宣言案をめぐって、全面対決するに至る。すなわち、党内の改革派が主導する大会準備委員会が党宣言案を作成したのに対し、大隈は総理としてこの案を退け、新しい宣言案を作成させたのであった。大隈の宣言案には、準備委員会案にない行政整理と公債整理が明記され、さらに軍備拡張に財政的理由から反対する文言が盛り込まれていた。この軍拡問題は、来るべき議会において、最大の争点となることが予想されるものであり、かつ山県有朋をはじめ軍を基盤とする元老・藩閥勢力との決定的な対立をもたらすものであった。したがって、藩閥・官僚勢力との接近を意図する改革派としては、容認することのできないものであった。

大隈がここで、従来にない強い姿勢で党宣言案への介入を行なったのも、こうした藩閥への接近のにおいを敏感に感じとったからであった。しかし、政務委員は大会準備委員と協議の上、この大隈案のうち、軍備拡張反対の部分を削ったものを、代議士評議員連合会に提出することとなる。こうした措置に、自らの総理としての立場が完全に無視されたのを見た大隈は、総理辞任を決意する。仮に大隈がこのまま主張を貫いたとしても、党内の多数が、自らの意見に賛同していない以上、党を追放されるのは時間の問題であった。それよりは自ら辞任する方がよいと考えたのであろう。

一九〇七（明治四〇）年一月二〇日の党大会では非改革派から再び軍拡反対条項が提議されたものの、改革派からの妥協案が可決されることとなり、また先述した総理の幹部選任権を剝奪する党則改正案もこの場で正式に可決された。憲政本党は、従来からの軍備拡張反対と経費節減の旗印を下ろし、軍備拡張と積極主義を唱えることになったのである。そして大隈は、大会の議事と役員選挙が終わったのち、総理の地位を去ることを告げる、いわゆる「告別演説」を行なうことになる。[*120]

大隈の「告別演説」

この「告別演説」[*121]において大隈はまず、当時の経済状況から軍備拡張・積極政策への「旗幟《きし》変更」が決して得策ではないと警告した。すなわち「諸君〔党員〕のみならず全国民に私は警告いたしたい一事がある、其警告は何であるかと言つたならば、早晩国民は非常に困難に陥る時が必ず来ると云ふことを予言するに私は憚らぬのである」として、日露戦争の戦費として発行した公債の利払いと償還、さらに戦後の軍拡のために、国民に対して今後非常に重い負担が襲い掛かってくることに警告を発したのである。国民の過大な負担は、民間経済の発達を阻害することにつながる。当時の西園寺内閣は、当面の財政難を公債発行で乗り切っていたが、公債はいずれ利払いを含めて償還しなくてはならないものである。いわば問題解決を先延ばしにし、より大きな負担を将来の国民にもたらすことになる。当時の日本による膨大な外債発行は、一時的に日本の経済的実力をはるかに超える貨幣を国内に流通させることにつながっており、それが株式などの投機に回って、経済は一種のバブル状況に陥っていた。こうした状況を大隈は、「我が無邪気なる国民は危機の伏在せるを思はず唯一意戦後の発展、国力膨脹の空名に酔ひ直に一躍大富国となりたる如き夢想を抱き附和雷同一時の景気に浮かされつゝあるは正にこれ爆裂弾上に舞踏するもの他日一道の火焔、是に触るゝあらば悔ゆるも遂に及ばざるものあらん」*122と批判、短期的視野からバブル状況を喜ぶ国民に警告を発した。

なお、先立って述べておくと、こののち、大隈の予言通り、西園寺内閣の放漫な財政計画と公債政策の矛盾は、大隈の党総理辞任後ほどなくして顕在化し、経済は悪化の兆しを見せる。株式市場は暴落を重ね、一九〇七年四月から六月にかけて銀行の支払停止や取り付けが頻発、また翌年にはアメリカ・ニューヨーク市場の暴落から発した恐慌が日本に波及し、新規募債も、外債を内債に借り換えることも困難に陥る状況のなか、国債償還をどのように行なうのかという難問に直面していくことになる。しかしそうした事態が顕在化しても、不況下において有権者はさらなる積極政策を期待し、その後なお政友会は与党としての有利な立場や豊富な資金力を活用して第一党としての地位を保持し続ける。大隈はこの「告別演説」において、「どうせ無邪気の国民は政治上の思想は乏しいものである、どうしても指導者が之を教育し指導して立憲的国民を拵へなければ真の立憲政治は行はれないのである」と、国民の政治思想の乏しさを嘆いたが、大隈の国民の現状への嘆息は、いくら自分が国民のためを思い、現実の経済状況を語っても、目先の利益を優先する国民が自分の言うことに聞く耳を持ってくれない、という苛立ちに基づくものであったのである。

「国民」に立脚して

しかし、それでもなお「告別演説」において大隈が強調しているのは、政党はあくまで国民の側に立たねばならない、ということであった。大隈は党員に向け「諸君は国民の代表者である」「我々の地位は決して今日権力によつて成立つものではない、国民の意志に依つて成立つものである、我々の土台が国民である、将来我々の立脚地は国民である、然らば国民の輿望を収むるや否やと云ふことは最も大いなる問題である、徒づらに多数を頼んで、強を頼んで私を営むと云ふ訳ではない、強を頼んで政権に近づくといふ訳のものでもない」と、国民の側に立ち、国民の信を得る必要を繰り返し強調することによって、藩閥勢力と結んで政権に近づこうという政友会や憲政本党改革派を批判したのである。

とはいえ、民意をこれほど重視した大隈が、それまでの選挙で国民の支持を背景にした圧倒的勝利を収めることができずにいたことも事実であった。むろんそれは当時の選挙においては、納税額による選挙権の制限が存在していたこと、政権による選挙干渉がしばしば行なわれたこと、選挙に多額の金銭を要し、選挙の勝敗がその運動費の多寡によって決するような側面すらあったこと、また政友会による港湾・堤防の修築や鉄道敷設、河川の浚渫、学校の設置などを謳う利益誘導政策が明治中期から次第に功を奏していくようになっていくことなど、当時の選挙のあり方の問題点も背景に存在しており、選挙で勝てなかったことのみを以て、大隈の政治家としての評価が云々されるべきではない。そして、このように国民が短期的利益にのみ目をくらませ、藩閥と結合する政友会の勝利をもたらしていると批判的に見ていた大隈は、これ以降、そうした状況を挽回すべく、国民教育に邁進していくことになる。

「どうせ無邪気の国民は政治上の思想は乏しい」と大隈が論じたように、大隈は国民の現状を是としなかった。しかし、だからといって、民意を無視したり、権力に迎合して積極政策を唱え、目先の利益分配によって党勢を拡張しようとは大隈は考えなかった。あくまで、教育によって国民を導いていき、思慮ある民意に支えられた、健全な政党政治を育成しようと考え、それが次章で詳しく見る「文明運動」に結実することになるのである。

「政治は我輩の生命である」

したがって、大隈は、党首の座を去るとはいえ、政治から手を引くことは決して肯《がえ》んじなかった。「告別演説」において大隈は、憲政本党総理として七年、党勢の振るわないことを慙愧《ざんき》に堪えずとし、その上で自分が党総理を辞するのは政治に飽きたからではないとした上で、

我輩は国家に対し、畏れながら　陛下に対して死に至るまで政治を止めはしない、政治は我輩の生命である、縦令諸君が我が輩を党から退けやうとも無論我が輩の活動する天地は日本到る処にあるのである、決して止めないのである、是は国家に対する私の大なる義務である、憲法の上から云へば権利である、我輩の権利を曲げる事は如何なる力も出来ないのである、我輩は君主の命令に従ひ、法律の命令に従ふ以上、如何なる権力も我輩の個人の自由を制限する力は世界何処にもないのである、

と強い口調で述べた。そして大隈は、新聞が大隈の総理退任を予言していたことに触れ、「新聞記者は無遠慮に命令をやる、鳩山君の勧告を受けたイロ〳〵なことをやる」と、鳩山ら改革派が新聞に手を回すなど種々の手段を使って大隈を党総理の座から追い落そうとしたことを暴露しつつ、しかし、政治への関与を辞めるつもりはないという強い決意を示したのであった。さらに大隈は、

我輩には随分いろ〳〵な官吏いろ〳〵な友人其他年を老つた人達から昔から忠告を受ける、お前止めたら宜からう、甚しきに至つては党を止めて元勲の仲間に這入ると幅が利く、世の中の人が尊敬すると云ふ、是れが我輩は大嫌ひ、何ゆゑに嫌ひかと云ふと、今国家の政治を乱すものは元勲なりと度々断言し

て居る、政治の責任の帰する所がないじゃないか、〔中略〕全体立憲政治は内輪の相談的、情実的の政治を止めては〔ママ〕公の言論に於て、道理の上に国民の輿論に訴へ、国民の公論に依つて政治を行ふと云ふのが吾々の根本主義である、

と述べ、藩閥への接近を求める声を強く批判し、自分はそうした姿勢は絶対に取らないと断言したのであった。このように、「告別演説」は、国民の側に立ち、健全な政党政治の実現を目指して、これからも力を尽くしていくという、大隈の新たな出発の宣言であった。

以上の「告別演説」は新聞でも大きく報道された。そして世論は改革派の節操のない姿勢に好感を示さず、大隈に同情し、大隈の告別演説を憲政本党への正しき警鐘であるとして評価した。理念をかなぐり捨てた憲政本党は「首領を失ひ、今や主張を失ひ、聞くも憫れの至り」[*123]とジャーナリズムから酷評され、民意を代表する良心的野党としてのイメージを失い、さらなる凋落への道を進んでいくことになるのである。

大隈・憲政本党不振の背景

以上、本章では、隈板内閣から憲政本党総理退任に至るまでの、大隈にとっての苦難の時代を描いてきた。この時期、大隈・憲政本党はなぜ苦境に陥ったのであろうか。

その一つの背景としては、初期議会期の如き「民力休養」対「積極主義」のような明確な対立軸が存在しえないという、政策の限定性という事情があったと考えられる。すなわち、この時期の日本は、日清・日露という二つの戦争を戦ったことで、財政的制約が厳しさを増しており、そのなかで実現可能な政策には自ずから限りがあったからである。もとより、政友会の積極主義と、憲政本党の民力休養的な旗色の違いは明確で対照的ではあった。しかし実際には、政友会は積極主義を政策として唱えたとはいえ、財政的

制約の中で地方への利益分配が無制限に可能であったわけではないし、逆に大隈・憲政本党の側も、日清・日露戦後経営の必要性そのものについては認めていた。すでに日露戦争以前、憲政本党の議会報告書が、第四次伊藤内閣の渡辺蔵相の事業繰延論も、桂太郎内閣の財政政策も「吾党の財政意見を採用したる形蹟あり」[*124]と述べていたように、財政状況の制約の中で、各政治勢力の政策は否応なく類似性を帯びざるをえなかったのである。したがって政府と議会との関係も、政策の優先順位や、財源確保の方法（増税・募債・行財政整理）をめぐって、いったいどの程度で折り合うのかという妥協交渉がその中心にならざるをえなかった。つまり、妥協をめぐる駆け引きが政治状況を形作っていたのである。

伊藤博文を旗頭とし、党内に官僚出身者を多く抱合していた立憲政友会は、そうした妥協交渉において圧倒的に有利であった。政友会は、鉄道や港湾政策を、実際にそれがどこまで実現できるかは別として、その要求を汲み取る姿勢を見せて数多くの決議を行ない、それが有権者に対する有効なアピールとなった。そして、議席数の優勢を背景に、藩閥との交渉も有効に進めることができた。こうした「積極主義」戦略は、非常に有効なものであった。[*125]これに対し、憲政本党にとっての優先的事業はやや不明確で、行政整理の主張のみが表面に出ていた感があった。こうした民力休養路線、とりわけ中下層の民衆の保護を唱える憲政本党の主張は、制限選挙下においては有権者へのアピールという点において見劣りがしたし、またその二大政党による政権交代を理想とする政党内閣制の主張は、藩閥にとって警戒の対象となった。

二大政党か一大政党か

憲政本党が、自党のみならず政友会の政権担当をも歓迎し、政党そのものの地位向上を目指したのに対し、政友会は、藩閥政府と協力していくことによって、政友会の一党優位体制＝一大政党化を目指した。大隈が、伊藤による政友会結成や第一次西園寺内閣の誕生に対して好意的姿勢を取ったのに対し、政友会は、憲政本党と連携の姿勢を見せつつ、裏では藩閥・元老と交渉し、憲政本党を出し抜いた。政権を担当することによって、政友会は、利益分配や選挙資金などの面で、大きな政治的資源を獲得できた。そしてそのことはさらに政友会の議席確保につながる。議席数において政友会に水をあけられたことで、憲政本党は常に後手に回ることを余儀なくされ、それが政友会にたびたび出し抜かれることにつながったのである。

ただ一点、憲政本党が独自色を出しうるとすれば、対外的問題においてであった。日清戦前からの「対外硬」の旗印の延長線上に、民衆のナショナリズムをよりどころに政府に詰め寄るという政策は、実際に日露戦争の前後に見られたものであった。しかし、そうした政略は安易なポピュリズムに陥りやすく、藩閥政治家に対する批判としては有効であっても、憲政本党の外交担当能力が疑われかねない方策であった。そして何より、日比谷焼打ち事件の起こった後は、後述する一九一三年の第二革命中の諸事件に至るまで、世論が大きく二分されたり、政府が激しい批判を浴びたりするような外交的問題は発生せず、憲政本党が対外硬の立場を武器に闘うことも難しい状況にあった。こうして財政問題も、外交問題でも、憲政本党は議論のイニシアティヴを握ることに失敗し、その存在感を低下させていかざるをえなかったのである。存在感の低下＝権力からの疎外は、政策の実現という、政党の目的のひとつの現実性を失わせることにもつながる。政策の実現ができない政党に、どれだけの有権者がついていくか。このような抜け出すことの難しい袋小路に、大隈・憲政本党ははまりこんでいたのである。

多事争論からの公論形成

しかし、このような苦境は、より長い目で見れば、大隈を国民的政治家として成長させることにもなった。すでに述べたように、大隈は議会開設後、次第に国民の前に出てしばしば演説を行なうようになり、情報公開と説明責任を果たす姿勢を見せるようになっていった。政友会総裁の西園寺公望が世間に向かって多くを発言せず、原敬が秘密裏の裏取引を得意としたのに対し、大隈は外部に向かって公の発言を多く行なった。大隈には、「大風呂敷」「二枚舌」といった批判がなされがちであったが、それは国民に向かって広く語りかけ、情報を明らかにしようという姿勢の副産物と言えるものであった。この時期の大隈は、メディアの取材に喜んで応え、演説・講演活動を精力的に行なって、国民への説明責任を意識的に果たそうとした。

また大隈は、人々の前に出て自己の意見を明言することを好む一方で、そうした意見を党員に対して強いることには抑制的であった。政友会の伊藤博文が、「総裁専制」と呼ばれる、政党に対する強い指導体制を敷いたこととは極めて対照的な姿勢であった。それは、政治というものが、多様な意見を持つものの間の討議が存在して初めて良い方向に導かれていくものなのだという大隈の信念に基づくものであり、大隈の二大政党制の議論とも密接に結び付くものであった。政党政治における「反対党」の必要性を大隈は次のように述べている。

人類相集ると利害が異る、利害が異れば必ず党派と云ふものが起る。それは政府党と反対党で、政府を保護する党派と反対する党派、此二つの党派が無ければ政治は腐敗してしまふのである。反対党が無ければどう云ふ我儘も出来るから専制政治と少しも異らない。憲法の沢は殆ど国民は受けない。*126

これは単なる建前として述べられたものではない。たとえば、実際、地租増徴反対運動での遊説の際、増租を主張する憲政党（旧自由党）に対して「自由党は国賊なり」という叫び声が上がったことに対して、大隈は「イヤ自由党は国賊ではない、悉く善良なる臣民である」と、その野次をたしなめる発言をしている。演説会の盛り上がりに水を差すような発言であったが、多事争論こそが政治を良い方向に導くのだという信念を持つ大隈にとって、「其問題を勝手に感情の問題に移し且つ危激なる言語を放つて国賊なり破壊党なりと」レッテルを貼ることは決して許されるべきことではなかったのである。[*127]

のちに「公然団体ヲ組ンデ国民的政治ノ運動ヲナシテ悪イコトハナイ、其力ハ筆ト舌デアル、コレニ反対スル党派ガ出来テ、筆トロデ互ニ切磋琢磨スル中ニ公論モ輿論モ茲ニ現ハレテ来ルノデアル」[*128]という発言を行なっているように、大隈の見るところ、公論・正論というものは、無前提に最初から存在するものではなく、異なる意見を持つものが議論を闘わしていくなかではじめて形成されていくものだと考えられていたのであった。そしてこうした公論形成においてこそ政党の果たすべき役割があるというのが大隈の信念であった。このような大隈の姿勢は、ともすれば反対する立場の人間を「偽党」「国賊」などと罵り、自分の意見のみが国家的・公共的なものであると主張する方向におもむきがちであった当時の日本の政治風土において、極めて稀有な姿勢であったということができよう。

大隈は、出口の見えない政治的苦境の中で、ついには政党の党首の座からの退任を余儀なくされることとなった。大隈にとっては、間違いなく大きな挫折であった。しかし長い政治的苦境と、この挫折とは、大隈を国民的政治家として鍛え上げることにつながった。人間万事塞翁《さいおう》が馬という言葉のあるように、メディアは政党と訣別した大隈を称賛し、政党を離れた大隈は、次章で見るように、そのことでかえって新しい活動の足場を開拓していくことになる。そしてそれはのちに大きな政治的資源となって、第二次内閣へとつながっていく。その意味で、この挫折は、まさに国民的政治家としての大隈の再出発を準備したのであった。

第七章　日本の世界的使命——東西文明調和論と人生一二五歳説

大隈人気の醸成

前章で見たように、大隈は不本意ながら憲政本党総理引退を決断せざるをえない状況に追い込まれた。ところが、この党総理引退から七年後の一九一四（大正三）年、大隈はふとした成り行きで再び内閣総理大臣の地位に就くことになる。この前年の一九一三年、いわゆる第一次護憲運動によって長州出身の第三次桂太郎内閣が倒れ、さらに次の薩摩出身の山本権兵衛《ごんべえ》の内閣もまた、シーメンス事件と呼ばれる海軍の収賄事件がきっかけとなり退陣に追い込まれたことで、大隈に出番が回ってくるのである。薩長出身の首相が相次いで国民の指弾を受けながら辞任したという経緯により、国民の政治不信はそれまでにない高まりを見せていた。そのようななか、またもや薩長藩閥出身の人々が政権を担うことになれば、国民の不満はいっそう高まり、収拾のつかないことになりかねない。また、第一次護憲運動に参加し、ついで山本内閣の与党になった政友会が、数の力を背景に次第に横暴になってきていると、山県有朋らの元老は感じていた。そこで、元老たちは、国民の人気のある大隈なら、護憲運動以降の国民の不満を抑え、かつ政友会の横暴を牽制することができるのではないか、と考えた。そのようなことで、大隈が次の首相に推薦されることになるのである。

そして実際、この時の大隈の人気は凄まじいものであった。首相就任後、一九一四年一二月に議会を解散した大隈は、翌年三月の選挙戦において、それまで衆議院に圧倒的な勢力を占めてきた立憲政友会から八〇議席近くの議席を奪い取って政友会を第一党の座から蹴落とし、三八一議席のうち約三分の二を与党が占めるほどの圧勝を収めるのである。[*1]

一八九〇（明治二三）年の議会開設から、一九〇七（明治四〇）年の引退までの一七年間、大隈が率いていた政党が総選挙で第一党の座を勝ち得たのは、自由党と合同して憲政党を組織していた時期を除いては、ただの一度もない。党総理引退に追い込まれた際も、民衆からの圧倒的支持を背景に、党内の反大隈勢力を押さえつけることができるような状況ではなかった。もちろん、大隈を「四大政治家」[*2]あるいは「明治第二の三傑」[*3]の一人とするような評価はすでになされており、政治家としての存在感はその時点でも大きかったことは間違いなく、一定程度の人気があったことも事実ではある。しかし、大正期に見られたような圧倒的な全国民的人気を得るまでにはまだまだほど遠かった。その大隈が、大正期には前述したような圧倒的人気を確保していたとするならば、この間に大隈に人気をもたらす何かがあった、と考えるのが自然であろう。ではこの間、大隈が行なっていたのは何か。それが本章で取り扱う「文明運動」と「人生一二五歳説」の鼓吹なのであった。

「文明運動」とは何か

「文明運動」とは、大隈が行なっていたもろもろの文化的活動を総称したものである。大隈は、ゆうに一〇〇を超える多数の文化的活動に関わっていたが、それらの多くが、「東西文明の調和」という理念に基づいて行なわれていたことから、これらの大隈の諸活動は一括して「文明運動」と呼ばれている。この言葉は、大隈自身が使用していたものであった。[*4]古今東西の文化を受け入れ、「開国進取」の国是の下に進歩発展してきた日本は、今後は世界的な使命として、学問・教育の普及と、それによる世界各文明の調和を目指し、世界の平和と人類の平等を実現するために貢献していかなければならない、というのがその趣旨であった。[*5] もちろんこの運動は必ずしも一九〇七（明治四〇）年の政界引退を機に始まったわけではない。明確にいつから、と線を引くことは難しいが、日露戦争が一つのきっかけであったことは間違いない。日露開戦後、大隈は『開国五十年史』の編纂に着手するなど、こうした活動を活発化させていく。

しかし、もし一九〇七年の政界引退がなかったならば、あくまでその文明運動は政治活動の余暇に行なわれる規模の小さいものに過ぎなかったであろう。政界を引退したことで、自在に活動する機会を得た大隈は、『国民読本』や「大日本文明協会叢書」シリーズの刊行など、さまざまな出版活動や学会・協会の活動に積極的に関わっていくようになる。大隈は「東西文明の調和」の旗印の下、各種学会・協会等のトップに就任、資金的援助や、その人材ネットワークによる組織運営に寄与し、それら団体での講演活動を積極的に行ないながら、国民の知識向上を目指して活動していくのである。

奇《く》しくも、「東西文明の調和」の理念が本格的に説かれるようになるのも、この政党党首を退くことになる一九〇七年の年頭からのことであった。すなわち、『教育時論』に掲載された論説「日本の文明」において、「開国以来の我日本国は、東西両系統の文明が触接の境地となつて、世界に於ける一切の文明の要素が、雑然として一所に集合した〔中略〕、可驚、世界の識者が全く調和の途無しと断念した、この東西両文明は、開国以来僅かに五十年間で、充分なる調和を得たのである、即はち真正の意味に於て、世界的文明は、我国にて始めて成立したのである」としたうえで、ただしその世界的文明なるものは、まだ大まかに成立したものにすぎないので、今後さらに「之を人性多種の方面に発達せしめて、内に於ては政治、学術、産業、文学、美術となし、更らに又この真文明を以て、外世界の各民族に宣伝し、之を教化誘導するは、実に我日本民族の天職である」と呼びかけたのである。[*6] さらに同年四月二日には、在日清国人留学生を中心とする団体である中華基督教青年会において、初めて「東西文明の調和」の標語を使用した演説を行なうなど、本格的にこの理念の鼓吹に努めていくようになるのである。[*7]

なお、同年四月一七日、大隈は早稲田大学総長に就任する。東京専門学校創設以来、大隈は公的な役職には就任していなかった。政党を率いる自己が学校経営に直接関わることは、政治権力からの独立という意味をも含む「学問の独立」の理念と相反するものとして受け取られかねないため、あえて学校と距離を置いたのであった。しかし政党との関係を離れたことによって、大隈は公式に早稲田大学のトップとしての地位に就任したのである。こうして大隈は、同校関係者とも協力しながら、「東西文明の調和」の理念を高唱していくことになる。

日露戦争と『開国五十年史』編纂の開始

日露戦争の少し前から、大隈は、近代日本の文明発展の歴史を回顧するような講演を多くするようになっていた。日本が一定程度の文明国になりつつあるとの意識を持つに至っていたのであろう。そして一九〇三（明治三六）年秋に、巌本善治《いわもとよしはる》から、英文書籍『英米両国の文明が日本に及ぼせる影響』の編纂総裁に就任することを懇請される。同書の構想がその後『開国五十年史』となり、一九〇四年、日露戦争のさなかに、編纂が開始されることになる。[*8]

日露戦争の勃発とその後の勝利は、大隈にとって、日本文明の、そして世界史の、大きな転換点となる事件だと受け止められた。これまでは日本が一方的に、欧米文明を受容するだけであったが、「今度は世界の新文明に日本の力が貢献する」ことになると大隈は言う。ロシアは欧米の中でも最も遅れた国で、自由のない専制政治の国であった。しかし、ロシアは、今回の敗戦をきっかけに、日本に学び近代化・文明化を進めていくことになるであろう。世界各文明は相互に門戸を鎖《とざ》しているけれども、このように、日本が欧米の文明を受け入れ、その日本の力によって、欧米の文明がロシアにも入り込む。こうして文明の

「門戸開放」が実現されていくことになると大隈は主張する。

門戸開放は世界の輿論であり其の輿論の実行者は日本である。さうすると欧米の文明に依て日本は盛になつて、欧米の文明に対する謝恩の為に、世界に代つて門戸開放主義を実行するものである。而して此の結局は世界の歴史に大なる変化を惹起して、専制侵略と云ふ如き忌むべき怖るべきものは余程打撃を受くる訳であるから、将来に於ては世界は愈々平和となり、世界共同の利益は此戦に依て、愈々進歩すると云ふことは私は信じて疑はぬのである。[*9]

もちろん、この段階では、「東西文明」の調和というよりは、西洋文明のより一層の徹底に日本が力を尽くすということを説いているのであり、その意味ではいまだ明確な意味での「東西文明の調和」の主張には至っていない。しかし日露戦争を契機に、世界の文明の割拠を打破し、世界の平和に貢献する点に日本の使命があるとする、「東西文明の調和」論の原型がここにすでに形作られていることを窺うことができる。そして大隈は、『開国五十年史』の編纂を通じて、その議論をさらに発展させていく。

『開国五十年史』の出版とその結論

編纂開始から三年後の一九〇七年一二月、『開国五十年史』上巻が刊行され、翌年二月には下巻が刊行される。『開国五十年史』は、前述したように、大隈の「文明運動」の開始を示すひとつの指標となる著作であるが、開国以来五〇年の日本の発展を、その当事者に語らせたところに最大の特色がある。上巻冒頭には大隈による総論「開国五十年史論」が掲げられ、ついで本書の目玉と言うべき、大隈による徳川慶喜の聞き取り「徳川慶喜公回顧録」が続く。幕末政治の形勢を、ほかならぬ最後の将軍に語らせたことは、当時としても非常な驚きをもって迎えられた。徳川慶喜は、大隈の依頼を再三にわたって断わったが、大隈は諦めずに何度も依頼を重ね、ようやく承諾を得た。[*10] さらに伊藤博文による「帝国憲法制定の由来」、松方正義による「帝国財政」、山県有朋による「陸軍史」、山本権兵衛による「海軍史」、浮田和民稿で大隈と板垣退助が校閲した「政党史」、渋沢栄一による「銀行誌」「会社誌」、後藤新平による「台湾誌」など、一流の当事者による担当項目が目白押しの内容となっている。また注目すべきは執筆陣だけではなく、取り扱われているテーマの幅広さも瞠目すべきものがあった。政治・経済・軍事はもちろん風俗や衛生、監獄、都市にまで及ぶ極めて幅広い目配りがなされており、とりわけ安部磯雄による「社会主義小史」の項目まで立てられているのは、大隈の視野の広さと思想的寛容さを示していよう。

そして同書下巻の末尾には、本書全体の結論として、大隈による「開国五十年史結論」が掲げられた。大隈は、開国以来五〇年の日本の発展は、「開国進取」の国是のもと、西洋の新文明を導入し応用することによって成し遂げられたものなのであると述べる。ただし、大隈は単に日本の発展を手放しで褒め称えているわけではない。日本国民に欠けているものとして、法律に対する理解が乏しく健全なる権利意識が発達していないこと、教育が中央集権的でありかつ学問が西洋の受け売りで独自の発想を生み出すに至っていないこと、また経済的側面では、産業組織が幼稚で実業道徳も発達しておらず軍事や政治の発達に比して遜色があること、また風俗習慣の上でもいまだ改良の余地があることなどを挙げ、「従来我国の発達は一に外交によりて、泰西の文明に接触したる結果なれば、我国民が今後更に一段の進歩を企図し、其理想を実現せんとするに当り、愈々忘る可からざるものは、将来益々外交を盛んにして、世界の平和的競争場裏に立ち、愈々泰西の文明に接触して、其善所、長所を採り、以て向上の一路に勇往邁進すべき」[*11] だと論じ、より一層の進歩発展を心掛けなくてはならないと論じている。そしてさらに、これからは単に西洋文明を導入するだけではなく、東洋文明の代表者として西洋文明を広く東洋に紹介し、「東西両洋の文明

『開国五十年史』の内容

上巻	下巻
開国五十年史論（大隈重信）	神道と君道（久米邦武）
徳川慶喜公回顧録（大隈重信）	儒教（井上哲次郎）
帝国憲法制定の由来（伊藤博文）	仏教（高楠順次郎）
開国事歴（島田三郎）	基督教（本多庸一、山路弥吉）
明治の外交（副島種臣）	哲学的思想（三宅雄二郎）
帝国財政（松方正義）	泰西思想の影響（新渡戸稲造）
陸軍史（山県有朋）	新日本智識上の革新（横井時雄）
海軍史（山本権兵衛）	明治文学（芳賀矢一）
政党史（板垣退助・大隈重信閲、浮田和民稿）	美術小史（正木直彦）
法制史略（富井政章）	音楽小史（東儀季治）
法制一斑（鳩山和夫、阪本三郎）	国劇小史（坪内雄蔵）
自治制度（清水澄）	政論界に於ける新聞紙（福地源一郎）
警察制度（大浦兼武）	新聞紙雑誌及び出版事業（鳥谷部銑太郎）
監獄誌（小河滋次郎、留岡幸助）	農政及び林政（酒匂常明）
交通及通信（明治以前）（前島密）	水産業（村田保）
逓信事業（田健治郎）	鉱業誌（古河潤吉）
鉄道誌（井上勝）	工業誌（手島精一・真野文二校、鈴木純一郎稿）
海運業（近藤廉平）	織物誌（川島甚兵衛）
本邦教育史要（明治以前）（大隈重信）	染織業（高橋義雄）
明治教育史要（西園寺公望）	銀行誌（渋沢栄一）
教育瑣談（田中不二麿）	会社誌（渋沢栄一）
高等教育（加藤弘之）	外国貿易（益田孝）
民間教育（浮田和民）	北海道誌（佐藤昌介）
商業教育（天野為之、塩沢昌貞）	台湾誌（後藤新平）
女子教育（成瀬仁蔵）	慈善事業（三好退蔵）
欧州学術伝来史（大槻如電）	赤十字事業（石黒忠悳）
数物学（桜井錠二）	都府の発達（尾崎行雄）
博物学（箕作佳吉）	風俗の変遷（藤岡作太郎）
医術の発達（青山胤通、富士川游）	社会主義小史（安部磯雄）
医学及び衛生（三宅秀）	日本人の体格（エルウィン・ベルツ）
	国語略史（藤岡勝二）
	開国五十年史結論（大隈重信）

を融和綜合して、一層世界の文明を向上せしむること」[*12]こそが日本の今後の使命なのであると論じて、本書を結んでいる。

以上のように、『開国五十年史』を編纂し日本の発展の過程を跡付ける作業のなかから、「東西文明の調和」という、文明運動の中心的理念が導き出されてきたのであった。この「結論」が発表されたのは、一九〇八(明治四一)年二月刊行の下巻においてであるが、一九〇七年初頭には、すでに『開国五十年史』の編纂は大詰めを迎えていた。そのなかで、過去から未来へと、大隈の視線は進んでいき、同年四月に、初めて「東西文明の調和」という論題で演説することになるのである。

日露戦争勝利に自信を強めた日本では、次第に、大和魂や武士道など、日本の文化や精神性を賞賛し、その特殊性と優秀さを強調する論調が見られるようになる。しかし『開国五十年史』は、これまでの日本の発展をあくまで西洋文明の導入によるものであるとして独善的な文明観を排し、諸文明の調和こそが重要であると論じていること、日本文明の発展はいまだ不十分であり欠点も多く存在するとして、さらなる発展と欠点の克服を説いている点で、自画自賛的な日本文化論とは一線を画すものであった。

一九〇九(明治四二)年九月に、本書の英訳版と漢訳版が刊行され、英訳版はイギリスの『タイムズ』や『バーミンガム・ポスト』をはじめとする各種新聞・雑誌でも紹介されて話題を呼んだ。イギリス国王やアスキス首相、アメリカの前大統領セオドア・ルーズベルトなどの著名政治家に対しても贈呈され、彼らからは丁重な礼状が届けられた。[*13]また漢訳版も清国皇帝・諸名士に贈呈され、中国国民にも広く読まれた。なお、中国では、本書は今日でも出版されており、たとえば中国の書籍販売サイト「当当網」では現在四〇〇〇件以上のレビューが書かれているほどで、日本を知るための基本書籍としての地位を不動にしている。

なお、大隈は『開国五十年史』編纂の途上から、開国後だけではなく、開国前の日本社会についてもより深く探究したいという気持ちが芽生え、書籍編纂にとりかかる。法学者で早稲田大学教授の有賀長雄が大隈と綿密に相談をしながら編纂作業を行ない、早稲田大学教授で漢文学者の松平康国・牧野謙次郎の両名による文章修正を経て、一九一三（大正二）年に『開国大勢史』として刊行された。戦国時代以降の西洋世界との交渉を軸に近世文明史を描き、日本の開国は、個人の力ではなく世界の「大勢」の然らしめたるものであるというのが本書の筋であり、これからも世界の「大勢」を見極め、「開国進取」の姿勢に基づき国家や社会を動かしていかなくてはならない、と大隈は主張した。

『国民読本』の刊行

大隈の文明運動を考えるうえで、『開国五十年史』と並ぶ重要な書物として、一九一〇（明治四三）年に刊行された『国民読本』がある。[*14]『開国五十年史』『開国大勢史』が重厚な厚みを持つ歴史書であったのに対し、この『国民読本』は、義務教育を終えた青年男女に向けた一種の教科書で、日本の国体・国民性から、立憲政体の仕組みや行政・法律・経済などの広い分野にわたる公民教育を企図したものであった。

本書で何より目に付くのは、天皇を中心とする日本の歴史的な一体性が強調されていることである。全編各節の冒頭に明治天皇・皇后による和歌が掲げられ、天皇を中心とする日本の国体や国民性と、立憲政治をはじめとする近代国家を担っていく国民としての知識とを強く結び付けようというところに大隈の意図があったことがわかる。

日本の国民性に関する議論としては、古来の祓・禊の儀式の存在や、神を祭る際に清浄を重視する点などを挙げて、「清潔を尚ぶ」という国民性を指摘したことが、[*15]類書にあまり見られないものとして、当時の新聞・雑誌メディアで多く称揚されている。また大隈は日本国民が「往古には支那、印度、近くは西洋の文明を移植」するなど「同化の力に富む」ということも指摘している。[*16]この同化力の指摘は、東西文明の調和論とも深く関わるもので、同書末尾でも、「能く東西の文明を調和し、更に世界の文明を化醇し、人類の平和を来し、人道の完美を図るは、誠にわが国民の理想なり、我日本帝国の天職なり」[*17]と述べ、この東西文明の調和という使命によって、各国家間の相互嫉視や人種問題のような偏見を去ることを目指し、「世界平和の指導者たり、人道の擁護者たるを以て、〔日本の〕至高の理想とせざるべからず」[*18]と訴えている。

こうした清潔や同化に関する指摘、東西文明の調和論など、本書に述べられていることの多くはすでに『開国五十年史』の中でも触れられていた。大隈が「〔本書は〕五十年史ニ於テ広説セラレタル要旨ヲ攈摭《くんせき》シ、更ニ平易ナル概説ヲ下シ」[*19]たものと述べているように、『開国五十年史』の序文・結論に書かれた内容を整理し、より平易な国民教育のための教科書としたものが『国民読本』なのであった。

天皇の権威と国民の権利

なお明治天皇・皇后の和歌を各節に引用したことなどについては、「今上陛下を商売看板に使用す」という批判もなされた。[*20]この批判者が、『国民読本』を、「殆んど陛下と共同的に作製せられつるが如く」見せていると批判しているように、大隈は天皇の和歌や明治維新に際しての宸翰・五箇条の御誓文などをしばしば引用することによって、書籍の内容と天皇の意思とを強く結び付ける手法を採っていた。

ただし、大隈はこのように天皇の権威を強調することによって、忠君愛国主義を鼓吹し国民の国家への服従を説こうとしたわけではない。大隈の意図は、天皇の権威を持ち出すことによって欽定憲法たる大日本帝国憲法、特にその中における国民の権利に関する規定と、その権利を運用する上での国民の責任を、強調することにあった。[*21]たとえば『国民読本』第三章第五節の「選挙権の尊重」では「国民のちからのかぎりつくすこそわが日の本のかためなりけれ」という御製《ぎょせい》が掲げられたのち、次のような文章が続いている。

帝国臣民は立憲政治の恩沢によりて、祖先の未だ曽て享くること能はざりし多大の権利を得たるなり。我等国民は憲法に依りて負ふ所の義務を尽すと共に、また之に依りて得たる権利を守るの精神に欠くる所あるべからず。此権利は、陛下が臣民の懿徳良能を発達せしめ、其康福を増進し、国家の大事を分担せしめんが為に授けたまへるものなることを忘るべからす。

代議士選挙の権を有する者は、自ら知識道徳を磨き、国家の重任を分つの精神を恪守し、常に選挙権の神聖を重んじて、真に国民を代表するに足るべき人物を選挙し、以て日本帝国の福利隆運を扶持せざるべからず。若し利慾に馳せ、権威に畏れ、主義を枉げ、節操を棄て、賤劣貪汚の代議士を選出して、之に委ぬるに国家重大の政務を討議するの権を以てすることあらんか、これ実に憲法制定の聖旨に戻《もと》り、小にしては自己を害し、大にしては国家を誤るものと謂ふべし。[*22]

別の場所で大隈は、この部分と同じ内容のことをより具体的に次のように述べている。

陛下より賜はつた貴重の選挙権を行ふに、金銭か情実で動かされ、政治の腐敗を招くものが多くあるではないか、此等は君国に対する大不忠実で、君恩を賊するものである。而して是れ実に旧来の道徳に捉へられ、陛下の賜はつた権利を教へず、只義務の人を要求したるが為である。我輩は今後の法治国民は必らず自由意志により勅語に云ふ国憲を重じ国法に遵ふべきである、而して是現代に於ける忠実愛国の要を得たものと信ずる。[*23]

このように、天皇から賜った貴重な権利について教えないことが、国民が権利を行使するに当たっての無責任につながり、選挙の腐敗と政党政治の堕落を招いていると大隈は考え、その権利の貴重さを自覚し、責任をもって行使せよと説いたのであった。「我が国の教育には一大欠点がある、即ち権利といふ事を教へずといふことであるが、今日の教育者等は口を開けば曰く忠孝、曰く祖先崇拝と喧囂するも、この重要なる思想を養成せぬのである。〔中略〕随つて選挙権といふ重要なる権利をも放棄し、或はそれを悪用して怪まぬ者もあつた」[*24]というように、大隈は、当時の教育がともすれば忠君愛国を説くことによって国民の服従心のみを養おうとしていることに批判的であった。そうではなく、天皇の権威は、憲法とそこに規定された諸権利の貴重さを示すためにこそ強調されるべきであり、そのことが、大隈がかねてから問題としている政界の腐敗を廓清《かくせい》することにつながるのだと考えたのであった。

国民教育への邁進

大隈は、『国民読本』を出版すると、この教科書をもとにしたより具体的な教育のための活動が必要であると考え、一九一〇年一二月二〇日より二六日まで、同書の趣旨を広めるための国民教育講習会を早稲田大学で開催した。講習会では大隈のほか、大学教員一〇名、各省次官や局長などの官吏八名、軍人二名、代議士一名、著述家一名が講師として演壇に立ち、全国の官公吏・小学校校長らを中心とする三三九名が来聴した。[*25]さらに翌年からは、雑誌形式の通信講義録『国民教育青年講習録』を発刊し、義務教育を終えた青年に対し、通信教育によって広く教育を普及させることを目指した。なお大隈は、学校に通うことのできない階層の人々に教育を普及させることに熱心であり、一九一三年からは、自ら会長となり、渋沢栄一を副会長に据えて、帝国実業講習会を組織し、社会人向けに働きながら学べる通信教育雑誌『実業講習録』を発刊、職業教育の普及も図ったほか、これ以外にも多くの通信教育講座に賛助者として名を連ねた。

『国民読本』は一九一三年に改訂版が出るまでに約四〇万部が売れたもの[*26]の、同書への反応は必ずしも良いものばかりではなかった。批判として特に多かったのは、「此の読本は義務教育を了へたものに読ませる御考であるさうで御座りますが、それではどうも少し六ヶし過ぎる。〔中略〕これはとても高等小学を出た位の者には判りさうもない」[*27]「漢文の素養に乏しき今日の中学程度の学生には恐らく難解の嫌なきに非らず」[*28]という点にあった。こうした発言に耳を傾けた大隈は、初学者に向けて、『国民読本』よりも文章を平易にした『国民小読本』を刊行し、さらに『国民読本』そのものについても改訂版を刊行するに至った（いずれも一九一三年刊行）。改訂版では、初版刊行後に出版された『開国大勢史』の結論をふまえつつ、全体に理解を明瞭ならしめるための修正が加えられている。また初版で女子教育について触れるところがなかったのに対し、改訂版の第五篇第二章には「女子の教育」の一章が加えられたことが注目される。そのうえで第六編「国民の理想」の末尾では、日本には、東洋文明を代表し、また西洋の文明を東洋に紹介し、世界の文明を融化することに努めるべきであり、そのことによって人種問題の偏見を去り、平和・人道のために尽くすことこそ日本の天職なのであると、「東西文明の調和」の理念を改めて説いている。

なぜ国民教育か

すでに述べたように大隈は、党首引退を発表した演説において、「どうせ無邪気の国民は政治上の思想は乏しいものである、どうしても指導者が之を教育し指導して立憲的国民を拵へなければ真の立憲政治は行はれないのである」と国民の政治的意識の欠如を批判的に述べていた。[*29]『国民読本』をはじめとする国民教育活動はこうした意識から行なわれたものであった。「我輩は政党の失敗者で、爾来は、専ら、国民教育に向つて力を用ゐたが、其意は、即ち、今日の政党は用を為さぬ。是れは、国民に、政治的知識、政治的道徳が欠乏して居るからで、教へざるの民を以て憲政を行はんとするも不可能であると信じたに在る」[*30]というように、政党政治が上手く機能しないのは、他ならぬ国民の政治的知識・政治的道徳の欠乏に原因があると大隈は考えた。したがって、講演活動・教育活動において大隈は、「東西文明の調和」のような理念を説く一方で、憲政に関する知識の向上や政治教育の必要性、政治的徳義の必要性などについてもたびたび説くことになった。

大隈は立憲改進党結党以後、日本に政党政治を根付かせることを夢見て政党活動を続けてきた。しかし現実には、選挙は必ずしも理念だけでは動かず、金の力が大きくものを言う状況であり、選挙で選ばれた代議士も、藩閥政府と癒着して権力・利権の獲得に奔走する有様であった。こうした状態を改めるためには、「当局者の行為を代議士が監督する、代議士の後には国民が居つて、又其代議士を監督する。夫れ故総て行政各般の行為は、国民が監督する」[*31]ことが必要だと大隈は述べる。

憲法を設けると云ふのは、皆な政治に与ると云ふことである。詰り国民は代議士を選挙する権利を有つて居る。代議士は行政を監督する権利を有つて居るのである。法律或は財政其他のものを拒否する権利を有つて居るのである。国民がそれを怠れば、折角得た所の権利を自ら棄てるので、所謂自暴自棄でさう云ふ意気地の無い国民では、どうしても国家は興隆せぬ、必ず衰亡するのである。[*32]

国民は憲法によって与えられた権利を適切に行使していくべきであり、もしその使命を自覚せず、政治家の監視を怠るならば、必ず国家は衰亡する、というのである。政治に間接的に関わる国民のあり方が、政治の質を左右すると大隈は考え、国民教育を通じて、その能力を向上させようとしたのであった。

同仁会

さて、以上述べてきたような出版活動と国民教育活動とが大隈の文明運動の一方の柱であったとすれば、もう一方の柱は、さまざまな学会や協会の活動に対する援助にあった。大隈は各種の学会・協会の役員に就任し、その活動を援助することによって、日本の文明の進展と、「東西文明の調和」の理念の実現を目指したのであった。大隈が関わった学会・協会の数は、今日ではそのすべてを確認することが不可能なほどの多数にのぼる。以下、そのうちのいくつか主要なものを時系列的に概観していきたい。

前章で取り上げた日本園芸会のように、日露戦争以前からも大隈が関与していた学会・協会も存在するが、日露戦争を境に、その数は飛躍的に増えていく。日露戦争中の一九〇四年八月の同仁会会長への就任はそうした大隈の活動の活発化の出発点に位置するものである。同仁会は一九〇二年六月に、子爵長岡護美を会長として、中国や朝鮮に医学を普及させることを目的として設立された団体であった。[*33] 大隈は一九〇四年八月、長岡の後を承け会長に就任するが、これ以降同会の活動は俄然活発化していくことになる。

大隈は会長に就任すると、同年一一月に早稲田の自邸にて第一回同仁会大会を開催、以降一九〇六年一一月に第二回大会、一九〇七年一一月に第三回大会、一九〇九年一一月には第四回大会が、いずれも大隈邸にて開催された。会合には大隈の縁で日本国内の名士が多数集まったのはもちろん、清国・韓国・英国・米国の外交官等の名士も参集、その大会の様子は新聞等において逐一詳細に報道され、同仁会の名を世間に大きく知らしめることにもつながった。一九〇六年には機関誌『同仁』も創刊された。長岡前会長時代、長野と新潟の二ヶ所にしか存在しなかった支部が、大隈会長就任後五年のうちに、国内三〇ヶ所以上に広がることになったほか、一九〇六年には海外の上海・平壌にも支部が設置されるに至った。

同会は、医師をアジア各地に派遣したり、病院などの医療施設の改善について助言を与えるなどの活動を行なっていたが、大隈の就任以前は必ずしも活発なものではなかった。大隈会長時代になると、清国の湖北省軍医学堂や広東省弁学堂・医学堂などの公的な医学校に対して指導者として医師を派遣したり、韓国・京城（現ソウル）の広済医院の改善に際して院長候補者を派遣して改善に力を入れて、それがのちに漢城医院の開設につながるなどの成果を挙げ、一九一二（大正元）年までに中国・朝鮮各地の病院に派遣された医師の総数は三二九名に上った。また一九〇六年二月には早稲田大学の構内に東京同仁医薬学校が設立され、清国人の志願者を受け入れた（のち日本人にも入学を許可）。同会は、こうした医師の派遣・養成のみならず、海外における病院の設立をもかねてからの念願としていたが、大隈の精力的な宣伝活動の効果もあって、一九〇六年一一月に満洲に営口同仁医院、同一二月には朝鮮に平壌大同医院を開設することに成功した。一九〇七年二月には朝鮮の大邱同仁医院、三月に満洲の安東同仁医院を、順次開設していった。特に営口医院は貧民街に分院を設けて無料診療も行なっていた。またこれらの病院は学校を併設し、医師や看護師の養成にも力を入れた。

同仁会への国庫補助を求めて

ただし、こうした病院経営や医学教育は費用も多大にかかるものであり、海外に設置した病院も必ずしも満足の行く設備のものばかりでなかった。大隈会長は議会への補助の請願を行ない、一九〇六年に衆議院で可決を見た。この時には国庫補助は実現しなかったものの、大隈の熱心な運動は、翌一九〇七年に、宮中より御内帑金《ごないどきん》五〇〇〇円の下賜を受けることにつながった。だが一時的な賜金だけでは満足の行く発展は覚束なく、また朝鮮総督府や南満洲鉄道株式会社による病院設置計画との重複も存在したことから、朝鮮半島の平壌・大邱の病院については韓国併合後朝鮮総督府に引き渡し、また営口と安東の病院についても南満洲鉄道株式会社に引き継がれて同会の手を離れるに至った。また東京の同仁医学学校も、当初はそれを母体に早稲田大学医学部を設立する計画もあったが、結局資金難と、学生が思うように集まらなかったことから、一九一一年に閉鎖されるに至る。しかし医師の派遣はその後も引き続き行なわれ、辛亥革命の勃発に際しては、救護班が組織されて中国に派遣され医療活動に当たったほか、すでに派遣されていた医師の中にも、自発的に両軍の傷病者の救護に当たる者が多く出た。

一九一四年に第二次大隈内閣が誕生したことは、こうした資金難を挽回する好機会となった。大隈は首相への就任が決定すると、皇族の久邇宮《くにのみや》邦彦王に依頼して、同会の総裁への就任を依頼したが、これは単に大隈が会長職に専念できなくなったためだけではなく、皇族を戴くことによって同仁会の権威を確立し、国家的機関としての性質を強めることを意図したものであった。また同年、大隈は貴族院議長宛に保護請願書を提出し、同院の可決を得、また衆議院に対しても、同年、翌年と、複数の衆議院議員の手を通じて補助建議案を提出、これも全会一致で可決され、この結果同仁会は一九一八（大正七）年度から政府の国庫補助を得ることができるようになった。以降、毎年の国庫補助の下、同仁会の活動は、息を吹き返していくことになる。一九一四年一月に中国の北京に同仁会北京医院が開院、また一九一九（大正八）年には漢口同仁医院の設立工事が始まった（一九二三年開院）。ただし、こうして政府の補助を受け、半官半民的な性格を強めていったことは、大陸進出の国策と会活動との一体化をもたらすことにもなる。大隈歿後、こうした方向性は次第に強まっていき、その結果第二次大戦後ＧＨＱによって解散命令を受けることにつながっていくのである。

『日本百科大辞典』編修総裁

一九〇五（明治三八）年六月には『日本百科大辞典』編修総裁に就任している。この「辞典」（当時はまだ「事典」という言葉はなくこう表記された）は、三省堂から刊行された日本で初めての本格的な大百科事典であった。一八九三年（明治二六）から編纂が始まり、当初は一冊本の予定であったが、その後、より良いものを作りたいとして計画が拡大していったことで、大隈に総裁就任が依頼されることになったのであった。大隈は一九〇七（明治四〇）年、学者多数を擁する編輯所を設置、翌一九〇八年に第一巻が刊行されると、自邸で刊行披露の園遊会を開催した。この園遊会は各新聞で報道されて世間の大きな注目を浴び、三省堂には購入申し込みが殺到するに至った。しかし、この『日本百科大辞典』は、その計画があまりに壮大に過ぎ、編纂に多大な費用がかかったことから、一九一二年、第六巻まで出版したところで三省堂が倒産してしまうことになる。しかし大隈は、この事業を完結させるために、政財界に働きかけ、関係者の尽力もあって何とか三省堂の経営再建が実現、一九一九年、難航の末、日本初の本格的大百科事典は全一〇巻の完結にこぎつけることになる。[*34]

国書刊行会総裁

一九〇五年七月、国書刊行会の創立に際して、大隈はその総裁に就任した。同会は、早稲田大学図書館長であった市島謙吉を中心に、多くの学者が集まって結成した会で、近世以前の日本の優れた書物を復刻刊行して、日本の文化的伝統を見直すことを趣旨とする団体であった。同会の出版形式の特色は、通常の書店販売形式ではなく、会員を募って会費を集め、実費主義に基づき廉価で会費納入者に刊行物を頒布しようとしたことであった。大隈の名前は、この会員集めにおいて大きな効果を発揮、第一期において三七六三名の応募者を集めた。編集の実務については市島謙吉がその中核を担い、和漢の古典籍に明るい学者と相談しながら書籍の選定を行ない、一九〇七年より『続々群書類従』全一六冊を刊行したのを手始めに、『新群書類従』（全一〇冊）『新井白石全集』『燕石十種』『近世風俗見聞集』『徳川時代商業叢書』『丹鶴叢書』『文明源流叢書』『鼠璞十種』『百家随筆』などをはじめとする多数の良書を続々と刊行した。本シリーズの一部の書籍は現在でも重要な資料書として使用され続けており、近世文化研究の発展に果たした役割は極めて大きなものであった。[*35]

文芸協会

一九〇六年二月には、文芸協会が大隈を会長として発足している。前年にヨーロッパ留学から帰国した島村抱月が、帰国直後から中心となって発足準備を進めてきたもので、演劇をはじめとする各種文芸の興隆を目指したものであり、特に演劇分野において世間の注目を惹いた。大隈は自らの邸宅を稽古場として貸与し、また同会による上演にも足を運ぶなど、会活動の興隆のために力を注いだ。大隈にはもともと演劇趣味はなく、「文芸といふ事は、殊に劇の話は最も不得意であつた」[*36]ため、当初は大隈を推戴したことについて批判するものもあった。[*37]大隈が引き受けることになったのは、当初会長に推されていた坪内逍遥が多忙を理由に会長を引き受けず、ために適任者を見つけあぐねたからであった。早大校友らの懇請により大隈が会長を引き受けたことは、会にとって干天の慈雨の如きものであった。大隈が会長職にあることは、会の信用を高め、その活動を円滑に進めていくために非常に有益であった。当初、演劇趣味のなかった大隈も、この会長職を引き受けたことをきっかけに演劇に関する勉強を始めるようになり、演説にしばしば演劇に譬えた話を盛り込むようにもなっていった。[*38]なお、大隈は一九一一年まで会長を務めたが、その翌年、同会は島村抱月と松井須磨子の不倫スキャンダルが起因となって、解散することになる（のちに再興されるも大隈は関わっていない）。

日印協会

日印協会は、一九〇二年に、インドに関係を有する人々によって結成された日印倶楽部を母体とし、翌年末に事業拡大のため長岡護美を会長として改組・発足した団体である。[*39] 同会の目指すところは、経済および文化の部門における日印の関係の親密化であった。初代会長長岡の死去により、一九〇六年一〇月一四日の総会で、大隈が二代会長に就任した。[*40] 大隈が会長に推されたのは、これ以前にインド綿花買付事業や、日本郵船のボンベイ航路開始、横浜正金銀行のボンベイ支店開設などに助力を与えたりするなど、それ以前から日本とインドとの経済関係の深化に尽力していた因縁によるとのことである。[*41] 大隈の知名度と社会的影響力が、会勢の進展に効果があると判断されたことも大きな理由であっただろう。

いうまでもなく当時インドはイギリスの植民地であった。日印協会は、発会当初から英国公使マクドナルドが「保護会員」として参加するなど、日英同盟を尊重し、政治的活動は極力避けるという方針を言明していた。[*42] 大隈自身も日英同盟を尊重しており、また大隈は中国においても急激な政治変革による混乱をおそれて、革命よりも清朝による改革に期待していたが、同様にインドに関しても、独立闘争による混乱がかえってインドの発展の阻害要因となることを危惧していた。

近時印度国民の独立呼はりをなし、英政府に反抗するものあるを聞くが、これらは実に思はざるの甚しきものであつて、かゝる思想を抱くに先つて印度国民は大に反省し、自覚する所がなければならぬ。一例を以て云はゞ先きに云へる〔カースト制度の〕四階級の上に加つて英人の一階級を除かんと欲せば、まづこれに先つて自家古来印度種族間の階級制を打破せねばならぬ。自家の悪性度悪風俗を改め、英人と印度人が対等の品位、道徳、知識を得るやうになれば独立呼はりをするまでも無く、印度国民は自ら自由の国民となるのである。是を思はずして、徒らに他を責め、自ら反省し覚醒すること能はざれば、印度は長へに亡国である。[*43]

独立を叫ぶよりも前に文明化せよ、そうすれば自然と自由と独立は手に入ると大隈は呼びかけた。「元来印度国民は英国を恨むよりは其恩恵に感謝せねばならぬと我輩は断言する、印度が開闢以来、全土の統一らしき統一は、初めて英政府に依て得たのであると、文明の利器近世の科学、悉く英政府に依て是を享受したのである。鉄道も、電信も、郵便もそのお蔭である、教育も衛生も、盗賊の警備も、猛獣毒蛇の害を除くことも、旱魃疫癘の惨を免ること、其他総て行政組織の改善は英政府の賜物である」というように、近代文明を導入したイギリスに感謝し、今後はそれに倣って益々の近代化・文明化を図れ、というのが大隈の意見であった。他者から押し付けられた近代化であってもそれを是とする大隈の視点は、あくまで西洋文明中心的なものであった。

ただし大隈にはあえてこうした英国による文明化の恩恵を強調していた面もある。「進んで英国の覊絆を脱して独立せんと力むることは、成程理想としては最もな誠に結構な事であるが、事実として空想である、不可能である、自らの弊俗を去り、品位を高め、他の強国興国民と同一の資格を得てこそ独立を云ふ権利がある」というように、大隈は独立を最上の理想としては認めていた。しかし、文明化なき独立運動は、弾圧による悲惨な結末を招き、また現にインド社会に存在する様々な問題を放置することにつながるというのが大隈の見解であった。[*44]

なお、のちに第一次世界大戦において、インド人民が対独戦に一致団結して働いたことを大隈は高く評価し、「我輩は必ずや又聡明なる英国議会の之を認めて、自治を印度国民に許すの日ある事を信ずる。而して此度印度国民が英国に対し其共同の敵を伐つに当つて現はした真実は、英国の議会をして安んじてそれを許すに至るべきを予示して余りあるものだ」と、インドの自治権獲得を至当であると論じるようになる。[*45]

外国人との交流

日印協会以外にも、大隈は日本とオランダとの友好を目指す日蘭協会の会長、[*46]スイスとの友好関係を目的とする日瑞協会の会長、[*47]さらにアメリカの友好関係を目的とする日星協会の名誉総裁[*48]などを務め、国際協調を目指してさまざまに尽力した。またこれに関連していまひとつ述べておくべきは、大隈と外国人との個人的交際関係の広さである。大隈家に毎日多くの客が詰めかけたことはよく知られているが、その中には外国人も多かった。大隈自身は一度も外遊をしたことがなかったが、大隈と会話を交わした外国人が帰国後その噂を広めるという形で大隈の評判が拡大していったようである。海外の新聞で大隈の談話が伝えられることも多く、なかには大隈に関する誤報が海外で騒動を引き起こすこともあった。たとえば、一九〇七年六月に、サンフランシスコでの日本人排斥問題を大隈が批判したことが、日米開戦を唱えたという誤報となってアメリカで報じられ、そのことが翻って日本の株価下落までもたらすという一大騒動を惹起したことがあった。実際には、大隈は、日本人排斥の動きを強く非難しつつも、日米には長い友好の歴史があることをふまえて、一部の人々による排斥運動が、心ある為政者によって抑えられることを期待し、これからも日米の友好を保っていくべきだと述べていたのであり、その後、アメリカの新聞の取材に答えて風説が誤謬であることを強調し、事態の鎮静化を図った。[*49]また同年一〇月にも、神戸の実業家の会合で大隈がインド貿易の発展を説いたことが、日印協会会長として、インド独立を教唆し日本の勢力拡大を狙っているなどとイギリスに誤って伝えられ、物議を醸したことがあった。この時も、大隈は自己の外国人ネットワークを駆使し、英国国会議員テイラーや、ロイター通信記者ケネディ、そして英国大使館への連絡等を通じて、自らの真意を伝えて日英の親善こそ自分の本意であると伝えた。[*50]

大隈の海外での知名度は高く、その意見は海外にも影響を及ぼすものであった。日露戦争時にロンドンで外債募集に奔走したイギリス通の高橋是清は「英国などでは知識階級で大隈侯を知らない人は恥とした位」であり「侯が外国の賓客に尽された事も一通りや二通りではない、だから外客で侯に招かれないとか、其庭園を見ないとか言ふことは恥と思つてゐた。之がどの位外人に誇りを与へ又好意となつたか知れない、従つて日本の為めに非常に利益となつてゐる」と述べている。[*51] 外国人がひっきりなしに邸宅を訪れる様子は、徳富蘇峰によって「彼の早稲田邸は宛然たる私設外務省、私設国際倶楽部」[*52] とまで評された。

大隈邸を訪れた人々の名前を挙げればきりがないが、この頃大隈邸を訪れた人物のうち、ごく一部を挙げれば、雄弁家として知られたアメリカ民主党の国会議員ウィリアム・ブライアン、アメリカの鉄道王エドワード・ハリマン、救世軍のウィリアム・ブース、フランスの大富豪アルベール・カーン、アメリカ副大統領チャールズ・フェアバンク、スタンフォード大学初代総長デヴィッド・ジョルダン、ハーヴァード大学総長チャールズ・エリオットなどがいる。特にアルベール・カーンは、当時、世界中の民俗を映像や写真に収めるプロジェクトを進めており、足をひきずりながら歩く大隈の姿をはじめ、大隈の家族や大隈邸などを動画に収め、そのテープは日本を写した最初期の動画として現在に伝えられている。二〇〇八年にはBBCがこの動画を含むカーンが撮らせた世界各地の動画をもとに特別番組を制作し、日本でもNHKによってその日本語訳が放映され、その後DVDとして発売された。[*53] また、第二次内閣組閣中の一九一五（大正四）年一一月には、野口英世が大隈邸を訪問し大隈と歓談、野口が大隈の人生一二五歳説（後述）を認めたなどと喧伝されたりもした。さらに一九一六年六月一〇日には、アジアで初めてノーベル賞（文学賞）を獲得したインドの詩人・タゴールも来訪している。

こうした来訪者たちに対し、大隈は細やかな心遣いを見せた。子ども連れの来訪者があると、子どもにおもちゃを持たせ、[*54] また女性が来訪した際には、自邸で栽培している花をつかったブーケを用意してそれを贈ることを常とした。[*55]

大日本文明協会

一九〇八（明治四一）年四月、大隈は、早稲田大学関係者を中心に設立された大日本文明協会の会長に就任した。設立宣言には、「国民知識の向上進歩に資し、以て東西文明の調和融合を計らんとするものなり」と謳われ、[*56]「東西文明の調和」の旗印の下、幅広く国民に対する啓蒙活動を行なっていくことを旨としていた。同会は、「東西文明の調和」の理念の中でも、特に西洋文明の日本への導入を重視していた。「我国は武力を以て世界の一等国に列すと雖も知識の上には欧米先進国に比して遥かに劣れるの感ありて今日尚ほ未だ模倣時代に属し大に先進国の知識を輸入する必要がある」[*57]という大隈の考えによるものであった。

同会の活動として特筆すべきは、「大日本文明協会叢書」シリーズである。前述の国書刊行会が近世以前の日本の書物の出版に力を入れたのに対し、この叢書は、西洋のさまざまな最先端の書物を翻訳し、日本に紹介することに力を入れた。一九〇八年一〇月に、大隈による序論・結論を付した大冊『欧米人の日本観』三冊を出版したのを手始めに、大隈の生前だけで一九五冊もの翻訳書を出版した。その後も、叢書名を改めながら、昭和初期まで合計三一五冊もの書物を出版、佐藤能丸氏はこれを大正デモクラシー期における最大の出版事業と評している。[*58]また単に冊数が多いだけではなく、西洋で発行されてほどない書物が多く翻訳されており、しかもその中に、後に歴史に残る名著とされるようになったものが多い。たとえばリップマン『輿論』やミヘルス『政党社会学』などは、今でも政治学の古典として不動の位置を占めている書物であるが、前者は原本刊行の翌年に、後者も二年後に翻訳・刊行されている。当時、欧米の名著は、海外で評価が固まってからようやく翻訳されるということが当たり前であったなかで、このような速さと優れた選択眼は驚くべきものであると評されている。[*59]

文明協会叢書の書目選定には評議員が当たり、特に編輯長浮田和民が統括役を果たしていたようであるが、早稲田大学卒業後一時期文明協会編輯部にいた柳田泉の記すところによれば、協会の役員らが選んだ選書については前もって大隈に報告され、大隈からそれについて注文の出るところもあり、また別に大隈が聞き込んだところによって、新たに刊行書に加えられるものもあったとのことである。[*60] シリーズ全体としては、政治・経済・文化・思想方面の学術書が多かったが、その中に生物学関係の書が比較的多く刊行されているのは、[*61] おそらくは後述する大隈の「人生一二五歳説」の議論と関係するものであったと考えられる（特に初期にメチニコフの『不老長寿論』が刊行されたのは明確に大隈の人生一二五歳説を受けてのものであった）。

南極探検の後援

こうした学術的な立場からの活動とは少々異なるところでは、一九〇九（明治四二）年七月に煙花《はなび》競技会の会長に就任している。[*62] 大隈は大の花火好きとして知られており、事あるごとに花火を打ち上げたと言われる。また、大隈は南極探検後援会の会長として、白瀬矗《のぶ》中尉による南極探検を物心両面から後援したが、この南極探検隊の出発に際しての壮行会に際しても、全国の有名花火師に手紙を送って参加を依頼し、壮行のための壮大な花火大会が行なわれたことが知られている。[*63]

大隈が南極探検後援会会長に就任したのは一九一〇（明治四三）年七月のことである。南極探検の後援依頼が白瀬からなされると、大隈はすぐにそれに応じた。この壮挙を応援しようとしたのは、南極探検そのものの有益性よりも、前人未踏の地に至ろうという、壮大な試みを計画すること自体が、国民の精神に感動を与え、「能く英発勇敢の気象を鼓舞し養成する」だろうという観点からであった。[*64] 白瀬のこの試みは、大隈が常日頃から説いていた高遠の理想と進取の精神、失敗を恐れず前を向く心構えをまさに体現するものであり、だからこそ政府要人の多くが見向きもしなかったこの計画を大隈は応援しようとしたのであった。会長就任以後、大隈は各種メディアを通じて募金を呼びかけ、同年一一月には早くも前述の壮行会と、白瀬隊の出発が実現した。しかし本当の困難はこの出発後にあった。多くの国民は出発によって後援事業は終了したものと受け取ったが、実は出発に際して一万円余りの借金をしていたため、さらなる金策が必要だったのである。大隈は、なおも募金活動を継続し、全国の学校に手紙を送り、また探検隊の活動写真や幻燈を国民に見せて募金を勧誘するなどの活動を精力的に行なった。

一方、出発した白瀬隊は、翌一九一一（明治四四）年二月、ニュージーランドを出港し南極に向かい、三月一四日には南緯七四度一六分の地点にあるクールマン島付近に到達したものの、以後厚い氷に阻まれてそれ以上進めず、夏の終わりにさしかかっていたことから一旦撤退を決断、五月一日オーストラリアのシドニーに到着、ここで再起を期すことになる。大隈は引き続き募金活動に励み、かつ政府にも国庫補助を願い、衆議院で建議案が可決されたものの、政府は補助要求を冷たく拒絶した。それどころか、当時の外務大臣小村寿太郎はオーストラリアの斎藤総領事に対し、白瀬隊は民間一部の企図に出たもので日本政府と無関係で、国庫補助の請願も却下したと打電し、現地斎藤総領事も、探検隊を引き返すよう訓令を出してほしい、また現地でかかった費用は大隈の後援会に厳しく請求してほしいと大臣に打電する[*65]など、探検隊を厄介者扱いする姿勢を取った。大隈の元には、探検隊を日本に引き返させよとの外務省からの強い圧力があったが、大隈は屈せず、駐日ニュージーランド領事を招いて協力を依頼するとともに、また新聞、通信社の記者を招いて協力を依頼、これらメディアは大隈の意気に動かされ、南極探検聯合応援団を組織してキャンペーンを張った。[*66]こうした甲斐あって、白瀬隊は一一月再び南極に向け出発、翌一九一二（明治四五）年二月上旬、南緯八〇度五分の地点まで到達、残念ながら南極点への到達こそできなかったものの、その地に日章旗を立てて帰途についた。この直前、一九一一年一二月にノルウェーのアムンセン隊が初めて南極点に到達し、またその翌月にはイギリスのスコット隊が到達していた。しかし両者が政府からのバックアップを受けた探検隊であったのに対し、白瀬が民間からの募金しか受けられなかったにもかかわらず、貧弱な装備で南極大陸を踏査したことはまさしく壮挙であった。なお、白瀬は、南極大陸のエドワード七世半島の西岸、ロス棚氷との接続部にある湾を、支援を惜しまなかった大隈にちなんで「大隈湾」と命名したが、この地名は一九三三（昭和八）年、アメリカ地理学協会によって認められ、現在でも〝Okuma Bay〟の国際的名称となっている。

大隈が最初に購入した自動車（オチキス社製）。（早稲田大学図書館所蔵）

日本自動車倶楽部会長

一九一〇年一二月に大隈は、日本最初の自動車のオーナーズクラブである日本自動車倶楽部の会長に就任している。大隈はこの四年前の一九〇六年末、それまで使っていた馬車を廃止し、フランスの自動車メーカーであるオチキス（Hotchkiss）の自動車を自家用車として使用し始めていた。「馬車は危険で、厄介で、不経済で役に立たぬ」[*67]「乗用としては固より今日の処では之れに上越すものはない、其の乗心地の善い事と言つたらない、一度び之れに乗ると、復た他の乗物には乗りたくない。更に其の時間の節約に至つては、流石に文明の利器で、何人も金さへあれば、之を利用すべきであるが、惜しい事には其価が不廉なので、貧乏の日本では尚ほ未だ大に利用せらるゝに至らない。何事も去来《いざ》となると金の問題であるが、之が為めに何時も日本が西洋諸国に後れを取ると云ふのは誠に残念の至りだ」[68]と大隈は述べ、もっと日本に自動車を普及させるべく、自動車倶楽部を拠点に自動車の利便性を説き、自動車の普及に努めたのであった。ちなみに、巡査の初任給が一二円であった当時[69]、大隈の購入した自動車の値段は七五〇〇円で[70]、すなわち、初任給の約六二五ヶ月分に当たる高額なものであった。

初期の自動車利用は必ずしも楽なことばかりではなかったようだ。最初に購入したオチキス車は西洋人の使っていた中古車を買ったもので、日本にまだ整備士もいない時代、タイヤが壊れればアメリカに注文して半年も待たねばならず、整備や修理も大変なものであった。しかしそれでも大隈は自動車に乗ることを好むため、破れたタイヤに真綿を詰めて走らせることもあったという。また途中で自動車が故障した時のために、自動車の後を人力車が追っていくというような滑稽なことも行なわれた。その後、時期は不明だが、新車のキャデラックに買い替えてからは、そのようなこともなくなったという[71]。

帝国飛行協会会長

少々時期が離れるが、自動車について述べたついでに、ここで帝国飛行協会についても述べておきたい。帝国飛行協会はもともと一九一二（大正元）年に元海軍軍人であった磯部鉄吉《おのきち》が設立した日本飛行協会を前身とし、翌一九一三（大正二）年、やはり前年に国民新聞記者の中村英が中心になって設立していた帝国飛行協会を日本飛行協会が吸収合併した際に、帝国飛行協会と改名したものである。もともと軍出身者が設立した会であったが、軍ではなく民間に航空機についての知識を普及させ、かつ民間航空家を育成しようとした点に特色があった。設立以来会長は不在であったが、次第に会の規模が拡大し、航空機を所有し民間航空家の育成を行ない始めたことで、費用の確保も必要となってきていた。そこで、第二次大隈内閣成立後ほどない一九一四年七月に、依頼されて大隈が会長に就任することになったのであった。

大隈は依頼を受けると即座に承諾の意を示した。実はこれより先、早い時期から大隈は航空機の重要性に着目し、「日本でも早く飛行機協会の様なものを設けて大に保護奨励の方法を講じなければならぬ」*72と主張していたからであった。一九〇九年に日本で最も早い部類に属する航空啓蒙書である高塚彊《きょう》『空中之経営』が刊行されているが、大隈はこれに力の入った長大な序文を寄せている。大隈はこの序文で、空中飛行の実現は「人文史上一新紀元を画する者」であると論じたうえで、にもかかわらず、日本では世人が航空機にほとんど注目していないが、日本人が今後航空機にもっと注目して、いつの日か日本人の手によって新しい完全なる航空機を発表する日が来ることを切望すると述べている。火薬の出現が封建制度を打破したごとく、航空機の出現は世界に大変動を与えるだろう。特に、航空機によって戦争は悲惨を極めるようになるに違いない。しかし、戦争の悲惨さが増せば、戦争を簡単に起こすことを避けようという機運も出てくるはずだ。「故に我輩は空中船車〔航空機〕は平和の使者である、其の現出は世界文明史を飾るべき一大革命の曙光であると曰ふのである」*73。このように、大隈は、日本人がもっと航空機に関心を寄せるべきこと、そして航空機による戦争の惨禍を乗り越え、平和の実現に尽力すべきことを、早くから主張していたのであった。

米国航空界の女王キャサリン・スチンソンとともに。（航空ジャーナリスト協会柳沢光二氏提供）

以後こうした大隈の意見は、折に触れて表

明されている。[*74] 大隈が会長に就任したのは、時あたかも第一次世界大戦開戦の年であり、大隈が予言した通り、航空機の技術が軍用に転用され、戦争のあり方を大きく変えることとなった時期であった。大隈は「飛行機は、平和に対する大きな脅威のやうに感ぜられるけれども、これを応用するの極は、戦争に終《〔ママ〕》に不可能ならしむるのである。吾輩が一方に於て、飛行協会のためにつくし、一方に於て、平和協会の会頭を兼ぬる所以は、実に茲にあるんである」としばしば主張して、[*75] 民間における航空機の普及に尽力したのであった。帝国航空協会は、民間航空の普及による航空機の平和利用を目指す団体であり、以上のような大隈の願いとまさしく合致する団体であった。

　大隈が会長に就任して以来、メディアによる帝国飛行協会への注目度は否応なく高まった。さらに大隈は、首相として、地方長官に対して航空の重要性を訴え、帝国飛行協会への支援を求め、多数の県で支部が設置され、なかには三重支部のように、会員一〇〇〇名以上に達し、航空機を協会に寄贈する支部まで現れた。一九一四年一一月には、同仁会同様、帝国飛行協会においても、久邇宮邦彦王を総裁に奉戴したが、これもまた、首相として多忙を極めていただけでなく、皇族を総裁に戴くことによって会の権威を高めようという目的があった。そして同仁会と同じく、国庫による補助を目論み、関係議員による建議案を衆議院に提出し可決されたものの、大隈内閣の時期には、国庫補助を実現することはできなかった。のち一九一八（大正七）年に至り、佐賀出身の宮内大臣波多野敬直らの尽力により、天皇から五〇万円のご下賜金が下されることになった。[*76]

　一九一九（大正八）年、同会は国際航空連盟（ＦＡＩ）への加盟が認められ、日本の航空団体として初めて世界に認められた。また同会は民間飛行機競技大会や懸賞郵便飛行大会を開催し、またパイロットの育成に力を入れるなど、日本の航空業界の発展に多大な功績を遺した。同会はその後日本航空協会と名を変え、現在まで存続している。

既述の通り大隈は、明治初期に、伊藤博文とともに鉄道敷設に主導的な役割を果たしていたが、以上のように自動車と飛行機の普及にも力を尽くしており、現代の三大交通機関すべての普及に、一役買っているのである。

大日本平和協会会長

大隈が飛行機の民間利用・平和利用を説いたことは今述べた通りであるが、そもそも「東西文明の調和」という理念も、異文化の相互理解と、世界平和の達成の理想を説いたものであった。一九一〇年に、大隈は大日本平和協会の会長に就任するが、この団体は世界的団体である万国平和協会の日本支部という位置付けにあった団体であり、大隈はこの団体の会長としてしばしば講演を行ない、平和の必要性を強調することになる。

大隈と平和事業との関わりは、一八八九（明治二二）年八月一二日に遡る。当時外務大臣を務めていた大隈を、イギリス平和協会会員のウィリアム・ジョーンズと、フレンド派宣教師のジョセフ・コサンドが訪問し、平和運動と、そのための万国仲裁裁判の普及に対し賛同を求めたのであった。大隈は即座にこれに賛同し、地方平和協会への入会宣言書に署名した。ただ、この時すぐに日本で平和協会が設置されたわけではなく、大日本平和協会の発足は日露戦争後の一九〇六年まで待たねばならなかった。この年五月一八日、フレンド派宣教師ギルバート・ボールズらの呼びかけに答えた日本人が大日本平和協会を組織し、発会式を挙行したのであった。[*77] 発会当時の会長は代議士でキリスト教徒の江原素六であったが、一九一〇年一月一六日、大隈が第二代の会長に推戴された。特定の宗教に属さず、かつ政界・財界に大きな人脈を持つ大隈が会長に就任したことは、平和事業の拡張の上で大きな意味を持つものであった。

それでは大隈は、当時の国際情勢をどのように見、そのなかでどうやって平和を実現すべきだと考えていたのだろうか。一九〇六年に、『外交時報』誌上で述べた意見の中では次のように述べている。一九世紀においては世界の覇権を握る勢力は欧洲のみであった。しかし、二〇世紀に入りアメリカと日本が覇権国に加わった。その結果、この三大勢力による経済的な争いが今後始まるであろう。各国が保護貿易に傾き、日本がアジアで地域のブロック経済を形成するようなことになれば、欧洲は地域の狭隘から困難に陥るであろう。その結果、戦争で事態を打開することが図られる危険性もある。しかし、それより先に、「世界の平和会議を召集し以て保護政策緩和の方法を協議し、一国の市場専占を禁じ、爾余列国の同盟力を以て其専権を制裁する所謂経済的平和条約を締結する」可能性もあるだろう。大隈はこの両者のうち、当然「後者の方法によりて此世界の経済的禍患を抑制阻止するを得ば、これ寔に人類の幸福なり」[*78]と主張する。つまり、門戸開放・機会均等が広く実現され、そのことによって各国の経済的関係を緊密にすることが、戦争の防止につながると主張したのである。特に大隈ならびに大日本平和会が強く主張したのは、過去の戦争の歴史をよく研究して何が戦争の原因となりやすいのかを明らかにすること、万国平和会議を開催し、また各国聯合軍隊を設立するなど、平和を守るための各国共同の取り組みを行なうこと、また国家間の紛争を戦争ではなく平和万国仲裁裁判によって解決すべく、この万国仲裁裁判制度を普及させることと、などであった。「かかる世界的組織の萌芽は、所謂国際公法に於て、彼の万国議員会議に於いて、へーグの仲裁裁判所に於いて、各種の同盟、協約、等に於いて、明瞭に之れを指摘し得ること豈視すべきにあらずや。誰か平和運動を以て、空想なりとするものぞ」[*79]というように、そうした世界的な取り組みはすでに始まっており、必ず実現できると大隈は考え、平和協会を通じてそれを訴えたのであった。

帝国軍人後援会会長

大隈はこのように平和運動に従事する一方で、大日本平和協会会長に就任する前年の一九〇九年一月に、帝国軍人後援会の会長にも就任している。前会長榎本武揚の死去を受けてのことであった。平和協会の会長に就任してからは、両会の会長を引き受けていることに対し、二枚舌だとして批判する声が出た。しかし大隈は両者の相補性を明確に意識した上で双方の会長を引き受けているのだと自ら語っている。

国際間の道徳は、個人間の道徳ほどには未だ進歩しない。個人の不完全なる道徳よりも尚一層不完全である。今個人間の道徳が進歩したと云ふものゝ、国に警察制度がなければ秩序は忽ち破れてしまふであらう。斯ふ云ふ訳でありますから、警察なしに国際間の争議を決する――即ち仲裁裁判に依つて総ての争ひを決着すると云ふ時代は、遠き将来に於て出現するには相違ないであらうが、仲々急には来ぬだらうと思ふのであります。果して然りとせば国防即ち軍備の必要なることは、決して古への戦国時代に譲らない。[*80]

軍隊というものは平和のための必要悪たるべきものと大隈は考えていた。したがって、軍人後援会会長として軍人に対して講演する際には、「戦争は敵国を亡ぼすかも知らんが、また自国をも亡ぼすこと、なるのでありります、此故に軍国主義の教育ばかりでは、決して真正の強兵を期することは出来ませぬ」[*81]と、折に触れて平和のための軍隊であることを強調したのであった。

そもそもこの軍人後援会は、軍国主義的思想を鼓吹する類の団体ではなく、徴兵制度によって困難に陥った人々を救助するためにつくられた組織であった。もともと同会は、一八九六年に郡山保定と石井大造の二人が中心になって、日清戦争で一家の働き手を失った軍人の遺族に対して扶助を行なおうという意図で設立した軍人遺族救護義会を前身としており、日露戦後の一九〇六年、遺族だけでなく、出征中の軍人家族や、傷痍軍人の家族、さらには生活困難に陥った軍人本人をその扶助の対象に広げて、帝国軍人後援会に改名したものであった。「大戦役の後を承け、其の遺族の苦しむ者決して尠からぬ事実があります。〔中略〕境遇の変化で働き手を失ひたる為めとか、若くは止むを得ざる不幸に陥りたるが為、生活難を訴へる如き者に対しては、国民がどうにかして之を救助すると云ふ事は、社会の務めであり、亦国家に対する義務であると思ふのです」[*82]というように、大隈がこの会の会長に就任したのも、軍国主義の風潮に加担するためではなく、困窮に陥った傷痍軍人の家庭や軍人遺族を、社会の力で救助することに賛同したがためであったのである。

軍事知識の普及

前述したように大隈は、現在の状況では平和のためにこそ軍備は不可欠であると考えていた。そしてその軍備を誤った方向にではなく、正しい方向に導くためには、一般人民が軍に関してしっかりした知識を持っていることが必要であると考えた。[*83]そこで、早稲田大学に陸海軍の将校による軍政学の講座を設置して学生のみならず他大学の学生まで聴講することを許したほか、前述した『国民読本』刊行後の国民教育講習会や、通信教育講義録『国民教育青年講習録』でも、軍当局者による講話を取り入れるなど、軍事知識を国民が持つべきことを呼びかけた。

また一九一一年後半になると、帝国軍人後援会への保護を求めて、陸軍の寺内正毅大将や田中義一軍務局長、岡市之助陸軍次官らと相談を重ね、年末に至り、寺内の推薦により土屋光春大将を副会長として迎え入れることになり、かつその前年に誕生していた帝国在郷軍人会とも連絡を取って協力していくことが決定された。[*84]この時に交渉を持った岡市之助は、のちに第二次大隈内閣において陸軍大臣に就任することになる人物である。

もし大隈が政党の党首の地位にあれば、公然と軍隊との関係を有することは難しかったであろう。しかし、政党党首を引退したことが、こうした軍関係団体との関わりを持つことにつながったのであった。こうした軍人との関係は、のちに第二次内閣の際に、元老山県と大隈を取り結ぶ結節点となり、次章で見る二個師団増設問題に関してもこのネットワークは生きてくることになる。また大隈は軍人に招かれた際には、しばしば平和の理想や立憲政治に関する話題について語った。軍人の政治への関与は禁止されていたが、だからといって軍人が政治や世界情勢について無知であってよいということではない。むしろそれは、軍隊という狭い社会からの見方でしか世の中を見られないことにつながり、かえって国家に禍をなす可能性がある。軍人もまた国民として、健全な政治思想と世界情勢についての知識を持ち、平和の実現こそが軍の目的なのだということを自覚する必要があると大隈は考えたのであった。

弱者への目線

軍人後援会の活動から窺えるのは、大隈の弱者への目配りである。軍人の華々しい活躍は美談として語り継がれるが、他方で戦歿した遺族の悲惨な生活状況にメディアで光が当てられることは稀であった。大隈のこうした弱者への目線は、さまざまな方向に向けられた。たとえば、精神障害者に対して早くから深い同情を寄せ、精神病科談話会などの会合でたびたび演説を行なっていた。[*85] 大隈は、精神障害に関する学問がいまだ日本では発達しておらず、医者に精神障害に関する知識が乏しいこと、また各地方自治体において、精神障害者を収容する病院などの施設が不足していることを問題として訴え、「病的の状態をどうかして平癒させ、病的の状態から平常の状態に次第に進めやうといふことが是が必要である。是は医者ばかりでなく社会が余程必要。社会的に之をしなければならぬ」と、社会全体による精神障害者の扶助を主張していた。[*86] 一九〇五年には夫人綾子を精神病者慈善救済会の初代会長に推薦するなど、[*87] 精神障害者の治療や待遇の向上に尽力した。実は、大隈自身の身近にも精神障害を抱える者がいた。大隈の弟で岡本家に養子に出た欽次郎は、元々丈夫な身体を持つ人物であったが、精神を病み、一八七七（明治一〇）年に四〇歳で亡くなっていたし、それ以前にも、幕末・長崎遊学時代に、友人が精神錯乱に陥るという経験をしていた。[*88] こうした経験もあって、精神障害者の待遇改善に早くから取り組んだのであった。

このほか、貧民に対する保護も大隈は主張していた。憲政本党総理時代にも、中下層階級保護の視点から税制改正の意見を主張していたことはすでに述べたが、一九一二年六月に大隈は下谷万年町の貧民窟を視察、その惨憺たる生活の様を実見し、「文明の進むに従つて富其物は非常に増して来たが、分配の方法が悪い為めに貧富の懸隔が著しくなつて来た。富者は益々富み、貧者は益々苦境に沈む。此の現象は独り日本のみならず、今日の産業制度に於ける通患にして各国共に其弊を免れぬのである。〔中略〕其れ故学者も政治家も宗教家も全力を挙げて此困難から社会を救ひ出す工夫を廻らす事は、実に今日の急務である」と主張、政府が中心となり、国を挙げて細民の救済を行なわなければならないと主張した。[*89] さらに、政府による救済を主張するだけでなく、大隈自身もしばしば自発的な救済活動に関わっており、たとえば東北の農村が不作で飢饉にあえいだ際には、早稲田大学の学生が設立した東北凶作地救済会を援助して自ら会長となり、東京でチャリティーの音楽会を開催し、[*90] 救世軍による社会福祉活動にも、その初期の段階から一貫して多くの助力を与えていた。また大隈は、犯罪により懲役刑を受けていた人々が社会に復帰するための出獄人保護事業にも手厚い援助を行なっていた。[*91]

こうした社会的弱者のための事業は、文明運動の本格化する以前から行なわれており、あるいは文明運動とは区別して考えるべき活動であるかもしれない。いずれにせよ、大隈自身の弱者に対する目線は、早い段階から培われていた。

早大対シカゴ大学野球試合始球式の絵ハガキ。差出人は「年のせいなど丶陰気な事を云ふ人は此の老伯の前に出たら恥死をせねばなりますまい!!」と書いている。1910（明治43）年。（著者蔵）

スポーツの振興と大隈

これもまた文明運動とは少し異なるが、大隈のスポーツとの関わりについても触れておきたい。一九〇八年一一月二二日、大隈は、大リーガーを含む米国選抜チームと早稲田大学野球部との試合で、日本最初の始球式の投手を務めた。[*92] 大隈は、シルクハットにモーニングコートといういでたちでマウンドに上がった。その場で観戦していた人物の回想によれば、大隈は右脚が義足で踏ん張りがきかなかったこともあってか、投げようと腕を振り上げたところで、ボールがすっぽ抜けて三塁寄りの方向に転がってしまった。投げ切ったというわけでもなく、ボールが腕から抜けてしまっただけだったので、大隈は球を拾ってもう一度投げ直すつもりだったが、審判がストライクを宣告してしまった。そのため、大隈はそれきりにして引き上げることになったという。[*93] また、この時ストライクが宣告されたのは、早稲田大学の打者が、大隈に恥をかかせまいとわざと空振りしたためで、以降、始球式において空振りをすることが慣例となったとも伝えられる（ただし、この空振りの起源については史料的には確認できなかった）。

大隈はスポーツの必要性を強調し、その普及を奨励していた。「我輩は運動は大好きである、好きなばかりでは無い、人間には必要欠くべからざるものであると信ずる」「維新以来我輩等の友人にて大事を成したものは其当時乱暴者と称せらる丶者で、一室に閉ぢ籠つて学問ばかりして居つた者は何の役にも立たなかつた。〔中略〕文部省などでは学校が運動を奨励する為めに学生がそれにばかり熱中して学問を忘れると悪いと大変心配して居るが、決してそんな心配は必要ない、運動を為過ぎるよりは学問を為過ぎる方がいけない、運動の弊害よりは学問の中毒の方が恐ろしい」「学校に居るものが運動をした為めに学問の進歩には或は多少の遅速を来すかも知れぬが、それは単に一時の問題であつて最後の月桂冠は身体の強健にして勢力の旭勢なるものに帰する、之れが所謂大器晩成である」[*94]、このようにして大隈はスポーツの効能を説いたのである。大隈の創設した早稲田大学が各種運動部の発展に力を入れたのも、こうした大隈の精神に基づくものであった。

大隈は、そうしたスポーツの中でも野球を特に推奨していた。当時唱えられた「野球害毒論」に対しては、次のように反論を述べている。野球が盛んなのは一高を除いてはほとんど私学であるが、それは学校の教育方針に基づいたものだからである。官学はとかく智育に重きを置きがちだが、今日ではいかなる保守的教育家であっても、智育のみで教育が足れりとするものはない。しかし体育の難しいところは、智育と異なり教育の順序・方法論が確立していないことである。今日運動としては、兵式体操や剣道、柔道などもあるが、兵式体操は面白みがないし、剣道や柔道は個人競技である。それに引き換え野球は集団競技であって、かつ遊技的であり、やって楽しく、見ても楽しいという利点がある。

多数の学生が集団して一の組織を為し、体力のみならず智力も之に伴ふて働き且つ発達する様な競技は時代が要求して居たのである。丁度此時代の要求に投じたのが即野球である。誰れも事更に奨励したのではない、野球が野を燎《や》くが如き勢を以て盛になつたのは唯時代の要求に投じたからである。我輩は自から野球を試みた事はないが、兎に角面白いものだらうといふ事は分る。攻める、守る、塁を取る、取られる、既に愉快な勝負事であると共に、一定の規律、道徳の下に体力智力を働かして、空闊なる野外に技を競うのは極めて人間自然の性情に適合したものである。独り之を行ふ者愉快なるのみならず之を見る者亦万事を忘れて愉快に見物が出来るのである。

このように大隈は野球を称揚し、「我早稲田大学では右の如き考で、野球は益々遣らせる積である」と述べている。[*95] これより先、一九〇五年に早稲田大学野球部が日本の野球チームとして初めてアメリカに遠征し、バントやスクイズ、スライディング、セカンドとショートの連携プレーなどの技術や、グラブやスパイクといった道具を持ち帰り、日本野球の発展に大きな影響を与えたことが知られているが、[*96] 実はこの遠征に際しては、大学に遠征のための費用を準備する余裕がなく、学内にも遠征に反対する意見が多かった。しかし遠征に乗り気であった大隈が実業家の森村市左衛門と交渉して費用を工面し、ようやく実現にこぎつけたのであった。[*97] このように、大隈は野球の発展にも大きな役割を果たしたのである。

雑誌『新日本』の発刊

以上に見てきたような大隈の各種の主張は、それぞれの機会にそれぞれの団体の機関誌や、一般の新聞・雑誌上に掲載されたが、一九一一年四月、大隈は自らの機関誌として『新日本』の発刊を開始する。第一号巻頭には大隈の「新日本論」が掲載されているが、大隈は黒船来航以降、新しい日本は「開国進取」の国是の下に発展してきたのであり、今後はその延長線上に日本の日本ではなく世界の日本として活動すべき使命を持っているのだと論じている。[*98] また第二号の巻頭には「東西の文明」が掲げられ、大隈は

「東西に関する旧来の偏狭な思想を打破り、両者の文明を調和して世界の統一を促がすは洵《まこと》に新日本の天職にして、亦責任である」[*99]と、日本の使命としての「東西文明の調和」論を敷衍している。このように、毎号の巻頭には大隈の政治・社会に対する論説が掲載されたほか、「広く知識を世界に求めて、天下の公道に邁進する」ため「孜々《しし》として世界に於ける思想界や学術界の新潮を追はねばならぬ」[*100]として、世界思潮や海外情勢など海外の智識を多く日本に紹介しようとしている点にこの雑誌の特色があった。政治的議論としては、大隈の持論である藩閥批判と既成政党（特に政友会）に対する批判を基調としており、特定政党ではなく大隈個人の政治的見解の宣伝機関としての性格を持つ一方、「一方に於ては、出来得るだけ世界的知識の供給を計り、他方に於ては日本文明の建設に努め、新日本の天職を全ふせしむるは、即ち本誌の使命にして、また吾輩の覚悟である」[*101]というように、文明運動の一環として、国民に世界的知識を与え教育していこうという意図を持つ雑誌であった。[*102]以降、同誌が大隈の言論活動の中心に位置することになり、第二次大隈内閣の誕生以後は、その政見を発表するメディアとしての役割を担うことになる。

人生一二五歳説の提唱

以上紹介してきた大隈の「文明運動」は、どちらかと言うと、ある程度の知識・教養のある階層や、学ぼうという意欲を持つ人々に向けて行なわれたものであった。それに対し、大隈の「人生一二五歳説」は、学問とは無縁な庶民層にまで広く受け入れられたものであった。

人生一二五歳説は、その名の通り、人間は本来一二五歳まで生きられるのであり、人間五〇年などという小さいことを言わずに、遠大な理想を持ち、前向きに生きていこうという趣旨の議論であった。こうした持論を大隈がいつから抱き始めたかは明確にはわからないものの、明治三〇年代の後半にはすでにこうした主張を行なっていたことが確認できる。[*103]大隈は一八八九（明治二二）年に条約改正反対派の爆弾によって右脚を切断する重傷を負ったが、そのことが健康や寿命について考えるきっかけになったという。[*104] また その後、大隈の少年時代からの友人である歴史家久米邦武が、新聞紙上にアメリカ人の人生一二五歳説が載っていたのを教え、それが大隈に影響を与えたとも言われる。[*105] いずれにせよ明治三〇年代後半には、大隈は人生一二五歳説を提唱するようになり、次第に世間に広まっていく。そして折に触れて主張されていたこの一二五歳説は、のち一九一五（大正四）年になって『人寿百歳以上』としてまとめられ、刊行されることになる。[*106]

大隈が一二五歳説を唱えた当時の平均寿命は四二〜四四歳程度であった。もちろん、この平均寿命の算出に当たっては、幼年時代に亡くなる人が多い当時の状況が反映されているため、一旦成人すればもう少し長く生きる人が多かったのであるが、それでも、五〇歳、六〇歳になったら、仕事をやめて隠居し、人生の店じまいの準備をする時代に、大隈は、そうした大風呂敷をあえて広げることによって、老人がともすれば退嬰的になりがちな状況を批判し、人間は活力を持って明るく前を向いて頑張るからこそ長生きもでき、社会にも貢献できるのであると論じたのであった。

人生一二五歳説の根拠は、地球上の生物はおよそ成長期の五倍の寿命を持っており、人間の成長期を二五歳くらいと仮定すれば、その五倍の一二五歳ぐらいの寿命はあるはずだという推論に基づくものであった。この成長期の五倍を寿命とする説はヨーロッパの医学者が唱えていた説のようである。しかし、大隈は、自ら多少論拠が薄弱とも述べていて、実際には、こうした学術的な根拠よりも、自らの直感、特に一二〇歳ぐらいまでの高齢者が実際に世界各地に散見されることから導き出されたもののようである。[*107]

大隈の一二五歳説の特色は、健康と長寿に必要な要素として、身体の鍛錬とか衛生とかいうことよりも、精神的な要素を重視していることにある。特に中国最古の医書と言われる『素問《そもん》』の「精神内に守らば疾《やまい》何れより来たらん」[*108] という考えに影響を受け、心のコントロールこそが健康にとって重要であると大隈は考えていた。明治以後、日本は西洋医学を導入、伝染病予防の観点などから衛生について喧しく言われることになるが、大隈は、「余り用心深くなると身体は薄弱となり、害物に抵抗する力が無くなる」[*109]として、心を元気にすること、前向きであることこそが一番大事であるという主張を繰り返した。ストレスの身体に対する悪影響や、過剰衛生による抵抗力の低下といった今日の医学にもつながるような考え方を、おそらくは経験と直観とに拠って、感得していたのであろう。

そしてこのような精神的要素の重視は、「希望は人を長寿にする。〔中略〕無限に楽みを将来に持つて居るから、それに導かれて寿命も引き延ばされる。太く短い流儀はいかぬ。我輩はせかず、あせらず、徐々《そろそろ》行くんである」[*110]というように、常に心を楽しく、前向きに持っていくようにせよという主張につながった。特に大隈は、怒ったり、愚痴を言ったり、欲望が強すぎたりというのはよくないと考えていた。

憤怒、愚痴、貪欲等は長寿に大禁物である。長生せんと欲する者は常に気楽な考へを有することが大切である。気楽な考へさへ有れば心は何時《いつ》も平和で、物に触れて怒つたり、悲しんだり、愚痴を云つたりする事は無い。其れから物事は程と云ふことが大切である、絶対に酒を飲むなとは云はぬ。（中略）又食物の如きは何んでも善い。（中略）少々不消化物でも胃を素通りなりとして通過するものである。然し体力不相応な大食は宜しくない。其れから夜更《よふか》し朝寝なども禁物で、之れも程と云ふことを忘れないやうにす可きである。[*111]

このように、「程」というものを大事にして、心を平穏に元気に前向きに生きようというのであった。

怒らない大隈

実際に大隈自身、「憤怒、愚痴、貪欲等」を避けるよう心掛けており、怒る姿をほとんど人に見せない人物として知られていた。[112]大隈は、怒りを鎮める方法について、「吾輩も怒る時がないではないけれども、それを静める所の一家の治療法があるんだ。吾輩は何か癪に障ることがあると先づ好きな風呂へ這入《はい》るんだ。勿論、当世の人のやうに、石鹸は用ひないで、昔風に大袋へ糠を入れて、それで、ごしごし身体を摩擦するのさ。左様《そう》すると、癇癪が自然に柔《やわら》いでくるから妙だ」と言い、大抵はこれで静まるが、それでも静まらない時は、酒を一杯だけ飲む。それから、酒でも駄目なら寝る、というように述べている。[113]

また大隈が「人生一二五歳説」において強調していたのは、決して自分を年寄りだと言わない、ということであった。

今一つ長寿に禁物とする処は、決して年寄つたと云はないことである。能く年寄が「年に対して恥しい」など称して、若い者と一所に遊ぶのを遠慮するが、之れは実に愚な話である。我輩の如きは将来ばかり勘定して、百二十五歳以上生きて始めて長命と心得、其以下ならば不幸短命として居る。さすれば七八十の人間も未だ先きが六七十年も活動することが出来るから、老衰せずして何時までも若くて居られる。然るに世には若い年寄りが沢山に居る。之れは自分から遠慮して年寄りになるのである。其処で陰気な老人だと云つて家族の者からも嫌われる。すると腹立たしくなつたり悲しくなつたりするが、其れが為めに早く死んで仕舞ふやうになるから、精神は常に愉快に若々しく持たなければならぬ。斯《か》くせば不老長生疑ひ無しである。[114]

「年齢は百歳、百二十歳に成らうとも、其の元気、気力、思想等は元より、体力に於ても若い者に少しも劣らず、彼等と打ち混じて愉快に盛んに、世の中の為めに活動出来るやうに成らしめ度い」[*115]と、常に若い気持ちで、若者とともに活動することを大隈は説いた。六〇歳、七〇歳程度で老人というのはおこがましい。余命はまだ五〇年以上残っている。もっと働いてもっと社会に尽くし、そしてもっと人生を楽しめ、と大隈は主張したのであった。「我輩は〔中略〕心持はまだ二十歳前後の青年だ、そこで読書もやる、年寄大嫌ひ、元老大嫌ひ、皆時代違ひの輩と見て居る、そこで書生好き、青年好き、過去を語らぬ」[*116]と述べて、自ら七〇代、八〇代の「青年」であると自称した。そしてしばしば青年論を語り、また青年の会合に出席して演説し、そして青年たちによって組織された団体に援助の手を差し伸べた。

一二五歳説の政治的効果

先に引いた文章の中で、「年寄大嫌ひ、元老大嫌ひ」と、年寄りから元老が引き出されているように、大隈が「青年」を自称し、「青年」を援助することは、元老への対抗という政治的意味をも帯びていた。日露戦後、反政友会・反藩閥的傾向を有する青年層が政治的に活性化してくるが、[*117]大隈はこうした青年層を取り込み、元老と対抗する自らの政治的リソースとしようとしたのである。特に自ら設立した早稲田大学からメディアや政界に多数の人材が輩出されていくが、大学においても総長として青年論を語りかけたことは、大隈シンパを生み出すに当たって大きな役割を果たしたし、元老をその対比として持ち出すことは、自らを元老に対抗する者＝青年・民衆の側に立つ政治家であるとアピールすることにつながった。

ただし民衆は必ずしも大隈の著書を読んでその主張を明確に把握していたわけではないらしい。ロコミのような形で大隈の一二五歳説は広がっていき、そのために次のようなことも起こった。

吾輩が山陰道を旅行した時、某所に古来、長寿を保つた歴史上の人物の名と年歯とが列挙して、貼り出されて居た。それを見ると、武内宿禰、三浦大輔《おおすけ》などが載つて居た。新しいところでは、吾輩の名も掲げてあつた。年はと見ると百二十五歳となつて居て〔中略〕まあ大関格と云つた具合だ。ところが、其処で、吾輩が演説すると、其地方のものは番付によつて吾輩が、既に百二十五歳に達したと信じてしまつた。大隈さんは若いなあと云つた。それには吾輩も思はず噴き出した。さて吾輩の演説がすむと、長寿にあやかりたいと云ふので、我輩《〔マヽ〕》が演壇に飲み残して置いたコップの水を群衆が争つて、飲まうとするのを見て、吾輩も大に驚いたことがあつた。[*118]

この人生一二五歳説は、健康と長寿を望む民衆の心情に合致し、庶民層における大隈人気を醸成していく。現代よりもはるかに国民が貧しく、病苦も多い時代に、来世を説く宗教ではなく、あくまで現実を立脚点にして、人々に生きていく希望を与えた大隈の存在は、民衆からも歓迎をもって受け入れられたのである。第二次大隈内閣の誕生時、大隈は数え七七歳であったが、評論家の横山健堂は「世人が、伯大隈の出廬に関して、多く、「年寄の冷水」の感を為さゞるものは、彼がかねて意気の盈満して、百二十五歳説を唱道せるに由らずんばあらず。彼が新首相たるの人気の一半は、其の百二十五歳の説に存するなり」[*119]と評している。

大隈の生活

こうした長寿論を説き、老いても盛んな活動を見せる大隈に対して、その活力はどのような生活習慣に基づいているのかということは当時の人々も注目するところであり、しばしばメディアでも取り上げられている。[*120]それらによれば、大隈の生活習慣は次のようなものであった。

まず朝は五時前に起きる。新聞に目を通したのち、深呼吸と軽い体操をし、六時過ぎる頃には朝食を食べる。朝食時には牛乳一合を飲むのが例であった。食後は休憩ののち、庭園を一時間～一時間半散歩し、雨天の時には温室を散歩した。その後昼間は応接室で来客に接見したが、この応接室にはいつでも七、八人以上の客がいて大隈を囲んだ。午後はまた一時から二時頃まで庭園を散歩、ただし夏は炎熱が激しいので夕方になってから散歩したという。それ以外の時間は来客に対応し、午後四時には入浴、五時半には夕飯を食べた。来客が多くて疲れた時には入浴後一時間ほど昼寝をすることもあった。

このような毎日であったが、「自然に任かせ、必要に応じて、為たい事をするので、何も始めから規則を定めて、其れに依つて、一挙一動を律するといふ訳でも何でもない」*121というように、無理に規則正しい生活をしたのではなく、心の赴くままに行動した結果、自然にこうした生活習慣となっていた。

食事は大抵和食で、西洋料理は週に一、二回くらいに過ぎなかった。一番好きな料理は豆腐料理であり、毎日豆腐は欠かしたことがなく、また肉料理よりも魚料理を好んだ。酒は若い頃はたくさん飲んだが、年を取るにつれて自然と飲まなくなっていった。

こうした大隈の生活ぶりは、無理のない規則正しい生活、ほどよい散歩、和食中心で肉より魚中心の食事、人との積極的な交流など、結果的に今日健康によいとされる生活と合致していたということができる。

大隈の読書

そして大隈は読書を好んだ。「我輩は之でも中々勉強する、昼の間には人が沢山入り代り立ち代り来るから読書して居る暇もないが、夜になると随分熱心に読書する」*122と自ら誇っていた。講演の際に披露される該博な知識は、面会に来る名士からの情報に加え、こうした熱心な読書によって培われたものであった。

徳富蘇峰は、大隈を「維新の凡有《あらゆ》る政治家の中で、最も大なる読書人であり、その点に於ては、或は学者として世に立ったる福沢以上であったかも知れぬ」[*123]とまで評価している。そして大隈は読書をしない政治家に対しては、苦言を呈した。たとえば犬養毅に対して「どうも犬養は一向勉強せぬから困る、我輩は近来犬養に会ふ度にそれを云ふて居る、〔中略〕書が旨いとか何とか云はれて騒いで居るとは実に馬鹿な話だ、そんな事で身体を弱くする暇があるなら、何故今少し読書でもしないのであるか、我輩は会ふ度に少し勉強せぬと不可《いか》ぬと云ふて居るが、一向耳に入らぬ様である」[*124]というような発言をしている。政治家は読書によって学問を吸収しなければならないと大隈は考えていた。

また大隈は新聞をよく読み、三面記事に至るまで目を通した。これは、「新聞は浮世の写真である」[*125]と自ら言うように、政治に志すものとして、世の中の動向や社会の有様、国民の考えを知るためにはそうした情報が欠かせないと考えていたからであった。

旺盛な講演と談話

以上のような「文明運動」と「人生一二五歳説」は、書物や新聞に現れただけではなく、すでに述べたように、精力的な講演活動によって全国に広められていった。こうした講演活動は、明治前期の大隈には見られないものであった。すなわち、議会開設前において、大隈と並ぶ政党指導者であった板垣退助が全国各地で精力的に演説活動を行なっていたのに対し、大隈はほとんどそうした遊説活動を行なっていない。一八八二年四月一六日の改進党結党式でも、大隈は式辞を述べるのみで、改進党の主張については一切を語らなかった。[*126] 結党式での大隈の挨拶の様子について横山健堂は「態度、太だ揚らず。今日より見れば、全く、別人の如し。〔中略〕彼が、弁論を事とするに至りし動機は、之を彼より聞かざれども、事実は、日清戦役の後に在り」[*127]と証言している。横山は日清戦後を画期として見ているが、改進党が「民党」としての姿勢を明確化する一八九〇年代以降、大隈は少しずつ民衆の前で弁舌を振るうようになっていく。そしてそうした場をこなしていくことによって、大隈は次第に演説・講演の名手として知られるようになる。

もともと、大隈は外交の場における英国公使パークスとの論戦で頭角を現したように、相手を打ち負かすためのディベートは得意であった。しかし、他方で、前述した横山健堂の叙述からも明らかなように、多人数の前での演説や講話というものは、必ずしも得意なものではなかった。一八八二（明治一五）年春に初めて大隈重信に会った高田早苗はその時の大隈の様子を「一見した処一寸近よりがたい一大人物と見えたと同時に、何処となしに親みがたい峻烈の感じがした」と述べており、かつ他の人からも「平生寡言で、一旦議論となると人の心胆を寒からしむる様な強烈な調子で以て、対手を説伏せずには置かなかつた人であつた」と聞いたと述べている。[*128] しかし大隈はその後、人格を明るく穏やかにしていくとともに、得意でない演説・講演も多くの場数をこなしていくことによって、次第にその弁舌力を演説・講話に活かすことができるようになっていく。「伯の談論は、恰も美目の如く、古酒の如く、終に人を酔はしめずんばあらざる也」「恰も図書館の精霊が、マーチの曲につれて、伯の舌頭より躍り出づるかの感を人に与ふ」[*129] と評された談論や演説は、新聞紙上でもしばしば報じられ、大隈の名声と人気を高めていくことにつながったのであった。徳富蘇峰もまた「談論の雄としては、予が接した限りに於て、大隈以上の者はあるまいと思ふ」[*130] と語っている。

また大隈は演説・講演に際して、原稿を手に持って朗読することがなかったというが、[*131] このようなことは、論理的思考能力や、読書等による多くの知識の蓄積、そしてそれを引き出す頭の回転の速さ無しにはできないことである。大隈の記憶力の良さについては多くの人々が証言するところであるが、その持ち前の頭脳の良さに加え、努力と経験を重ねることによって、大隈は弁説の名手としての評判をほしいままにすることになるのである。

憲政本党の紛擾と仲介

さて、以上のように大隈が「文明運動」を進める一方で、大隈が党首の座を去った憲政本党は、苦しい状況が続いていた。大隈が去ってから最初の選挙である一九〇八（明治四一）年五月の総選挙では、政友会の一九一議席に対し、六五議席しか確保できない大敗北に終わった。第二四議会終了時の八七議席から二〇以上の議席を失ったことになる。政友会という、藩閥と交渉して政権の座に就いている大政党が存在する以上、前章で見た「旗幟変更」はむしろ憲政本党の独自色を失わせるにすぎなかった。その上、「旗幟変更」と大隈の引退の経緯がメディアで報じられると、世論の中に大隈への同情と党内改革派への反撥が起こった。つまり党勢拡張戦略としての「旗幟変更」は失敗に終わったのである。大隈の警告を無視して強行された「旗幟変更」によっても政権に近づくことはできず、党内改革派の目論見がはずれたことは、党首を引退した大隈の存在感を逆に高める結果となった。また、前章でも述べたように、大隈は戦勝の余威を買って事業熱に浮かれる政党や国民に警告を発していたが、その後ほどなくして、大隈の予言通り日本は日露戦後恐慌に突入、国民生活は困窮し、「旗幟変更」が財政論としても誤っていたことが明らかになる。こうしたなか、政府の増税に反対し、税制整理の不徹底を批判する声が高まっていくと、一九〇七年一二月二三日に実業家・ジャーナリズムも加わって非増税同志懇親会が開かれ、大隈も呼ばれて政府批判の演説を行なった。

一方、政府との距離をめぐって、憲政本党内改革派と非改革派の内訌は一層の激しさを加えた。一九〇八年一月の党大会で増税に反対し政府の税制整理を姑息として批判する決議がなされると、改革派の領袖の一人である鳩山和夫が政府支持を表明して脱党、政友会に合流する事件も起きた。大隈の党首辞任後、党の全体をまとめることのできる党首は不在であり、その結果、退任に追い込まれたはずの大隈に党の内紛の仲介依頼がされる有様であった。

すでに述べたように、大隈は財政政策に関しては非改革派と立場を同じくしていたが、この内紛に際して非改革派に肩入れすることなく、幾度かにわたって両派にそれぞれ働きかけを行ない、一〇月二六日には自邸に両派を呼んで融和的態度を取るよう訓諭した。[*132] しかしその後も対立は繰り返し起り、大石正巳ら改革派によって、非改革派の頭目犬養毅追放の党内クーデタの策謀や、非政友の野党合同による新党結成の動きが起った。[*133] いずれも結局は失敗に終わるが、新党結成について大隈は非改革派との関係から曖昧な姿勢を持しつつも、実質的には賛成する姿勢を取った。[*134] 犬養ら非改革派は官僚系の大同倶楽部との合同を非とし「純民党」的政党組織を主張していたため、それまで政見の近かった両者の間に意見の齟齬《そご》が生じることとなった。大隈の考えは、政党としてはなるべく数を大きくすることが必要で、そのためには大同倶楽部との合同も辞さない、しかし政策的にはあくまで積極主義を批判し、財政・税制整理に力を入れなくてはならないという考えであったと思われる。政策を枉げてまでの野合は不可だが、政策を維持した上で数を増やせるなら悪いことではないとの考えである。

総理を退任した大隈であったが、大隈は内紛のたびごとに改革・非改革の両派から訪問を受け、両者との関係を保ち、政党への隠然たる影響力を持し続けた。そして非政友の野党合同に賛同しつつ、政策論としては積極主義と軍備拡張を批判し続けたのであった。[*135] その後の事態は、この大隈の意見の通りに進んだといってよい。すなわち、一九一〇年三月、憲政本党は又新会などの民党系野党と合同して、立憲国民党へと改組される。改組後も改革・非改革両派の対立は続いたが、後述するように、その後桂太郎による新党結成運動が起こると、大隈は政策的一致を理由にこれを支持、改革派を中心に国民党を離脱して新党に合流する人々が続出し、官僚系勢力からも多数の合流者を得て立憲同志会が結成されることになる。

伊藤博文の死

こうしたなか、明治初年以来、大隈の友人でありライバルであった伊藤博文が、一九〇九（明治四二）年一〇月二六日、清国・ハルピンにて、朝鮮人安重根により暗殺されるという事件が起こった。伊藤の暗殺は大隈に大きなショックを与えた。それまで「大事に会ふとも、涙を流したり、嬉しがつたりする事が少な」かった大隈が、『勧進帳』の弁慶のように「一代に一遍の大泣き」をした。[*136]「自分でも不思議な程に頭脳が混乱して了つた」「我輩は曽て眠られぬといふ事はなかつたのに此晩はよく眠られなかつた」[*137]というほどの動揺ぶりで、来客好き・談話好きの大隈が、人と談話することすら嫌になり、「胸一杯になつて飯さへ喉を通らなかつた」という。[*138]

伊藤博文とともに。1898（明治31）年4月、大磯滄浪閣（伊藤の別邸）にて。（伊藤博雅氏提供）

本書でも見て来た通り、大隈と伊藤は、明治一四年の政変によって一時は疎遠となったものの、お互いの能力に対しては強い信頼感を抱いており、一八八八年に大隈が外相として伊藤内閣に入閣したのも、また隈板内閣の誕生を伊藤が主導したのも、そうした信頼感が基底にあってのことであった。この前年にも、大隈は伊藤の友情に大きく助けられていた。すなわち、早稲田大学が一九〇七年に創立二五周年を迎えたことを記念して、理工科と医学科の設置を図った際、募金の集まり具合が捗々しくなく困っていたのを見た伊藤の奔走で、皇室からの御内帑金三万円が大学に下賜されたのである。結局、医学部の設立は実現しなかったものの、この下賜金が基礎となって理工科の開設等の学校の拡充が可能となったのであった。

伊藤の死に際して実業家の豊川良平が述べたところによれば、伊藤は銀行倶楽部や日本経済会などの集会に出席を請われると、常に「大隈も行くか」と「如何にも逢ふて話したいといふ風に」問い、大隈が出席する旨を豊川が答えると、それでは自分も出席しようと快諾し、大隈の出席が未定の時には、大隈が出席するなら出ようという条件付きの回答すらしたことがあったという。晩餐会などの席上で伊藤が演説する際、何か思い出せないことがあると傍らにいる大隈に尋ね、記憶力の良い大隈が即座にそれに答えながら話をするという具合で、「其面影が宛かも公伯とも一国の大政治家たることを忘れて、竹馬の友相戯れて語るが如き状であった」という。[*139] そうした大隈と伊藤との親しさを示す一例として、一九〇四年五月の東邦協会での大隈の演説と、傍らでそれを聞いていた伊藤の掛け合いをここに引いておこう。

わが輩等は如何に若い気でゐても最早墓場に近いのだ。(伊藤曰く、「お手柔かに願ひます」)伊藤侯がかうして、日本の文明開化は自分一人でやつたやうな顔付をして居られるが、これで四十年前は攘夷党であつた。(伊藤曰く、「大隈伯又然りだ」)勿論の事だ。しかしその時の攘夷党は決して成算があつたわけではない。国は焦土となつても武士の一分、一矢を酬いざるべからずと云ふ意気、(伊藤曰く、「その通り〳〵」)井伊だの、佐久間象山の開国論と雖も、その実は攘夷論で、開国して彼の長を取つた上の攘夷。(伊藤曰く「それにちがひない」)維新以後、西郷の征韓論も決して征韓そのものが本意でなかつた。(伊藤曰く「尤も左様だ」)カラフト、千島交換の当時の事の如き、そこにその時の公使の榎本

> 君が居られるが、決して公使一人の責任でない。（伊藤曰く、「伊藤、大隈亦責任あり」）伊藤侯やわが輩共の時代は、未だロシヤを畏れたのだ。（伊藤侯曰く、「ヒヤ〳〵」）それが勢と云ふものは恐しいもので、日本今日の状態は大強国を敵として戦ふやうになつた。（伊藤侯曰く、「ヒヤ〳〵」）勿論日本を今日の状態に進めたに就ては、先輩の力にもよるが、（伊藤侯曰く、「大隈、伊藤尤《〔ママ〕》も与つて力あり」）今後は最早若い諸君に願はざるを得ない。[*140]

こうした掛け合いは、両人が同席した演説会においてはしばしば見られたもので、一九〇六年一月の銀行倶楽部席上の演説会でも、伊藤が「俺の意見に反対するなら絶交だ」と言えば、大隈が「この重大時機に日本を見捨てて韓国統監として旅にでるとは意気地のない」とやり返し、伊藤が「大隈ももう年老いて棺桶に半分足を突っ込んでいる」と言えば、大隈は「俺はそんな足は持っておらぬ」と（爆弾で片脚を失っていることをかけて）絶妙に返すなど、友人なればこその掛け合いを演じて、一座の笑いを誘ったのであった。[*141]

伊藤が政友会総裁の地位を離れ、また大隈も憲政本党党首を辞してからは、政治的関係を気兼ねする必要もなくなり、明治初年のような親密さを取り戻していった。そうした矢先の伊藤の死は、大隈にとって大きな衝撃であり、これまでにないほどに悲しいものであったのである。

辛亥革命への態度

伊藤の死後、東アジア情勢は激変する。一九一〇（明治四三）年、韓国が日本に併合され、その翌一九一一年には、中国で辛亥革命が勃発する。

すでに述べたように、大隈はそれまで康有為・梁啓超らの清朝の開化派を応援し、清朝が立憲政治を導入して近代化を進めることを望んでいた。清朝の粛親王愛新覚羅善耆（川島芳子の父）とは特に親しく、粛親王はその息子三人を早稲田大学や早稲田中学に学ばせたほどであった。また一九〇七年には、袁世凱の上奏に基づき、清国から学部侍郎達寿が憲政視察に訪れたが、大隈は法学者清水澄を講義担当者として推薦するなど、この視察に最大限の援助を与えた。[*142] このように大隈は清朝の立憲化・近代化を応援する一方で、革命派に対しては必ずしも良い感情を抱いていなかった。それは革命によって起こる社会的混乱を恐れたがゆえであった。

しかし革命が一旦勃発してしまうと、大隈の意見は変化を見せるようになる。「支那の変乱に対して、絶対に公平の態度を持し、南北何れの一方にも偏せざるは勿論、袁を助て孫黄を排するの非なると共に、孫黄に力を仮〔ママ〕して袁政府を覆さんとすることも、二者共に誤れるものである、〔中略〕無用の干渉を試むるが如きは、一切避けねばならぬことである」[*143]と、局外中立を基本姿勢とするべきであると論じた。そして、もし動乱が長引けば、列強の介入や中国の分裂を招きかねないため、中国に関係の深い日英両国が協力して、列強の介入を排し、領土保全と平和の確保が進むよう、監視すべきであると主張した。[*144]

一九一二年一〇月には、袁世凱政府には到底全国を統一する力がなく、このままでは内乱が続くことは間違いないので、むしろ各省をそれぞれの勢力によってアメリカの州のようなものとして統治させ、その上で各省が連合して連邦政府を樹立するのがよいという意見を主張するようになる。[*145] 従来の大隈は、日本の明治維新に倣って、中国も強力な中央集権的権力を確立すべきであると唱え、各省の役割については限定的にしか考えていなかったので、これは中国論における大きな転換であった。革命の勃発により、中央集権の実現などは到底難しいと大隈は考えるようになり、一刻も早い政情の安定のためには、省連合による連合政府もやむをえないと考えるようになったのである。ただし大隈の求める政情の安定はなかなか実現せず、それが大隈の苛立ちを募らせ、後述するような中国への強硬策を呼び起こしていくことになる。

孫文とともに。1913（大正２）年、大隈邸温室にて。

孫文との関係

ここで大隈と孫文との関係についても触れておきたい。従来、大隈が孫文を支援したことがしばしば言及されるが、実は大隈は孫文を必ずしも高く評価していなかった。

一八九五（明治二八）年の広州起義に失敗した孫文は、清国から懸賞金付きの手配人とされ、逃亡生活を余儀なくされる。日本からハワイ、アメリカ、イギリスを転々としたのち、一八九七年に再び日本に入国した。折しも第二次松方内閣（松隈内閣）の時代であり、大隈外相は、犬養毅の仲介によって、孫文の日本居留許可を出した。[*146]だが、このように大隈は孫文を保護したとはいえ、中国の近代化については、前章で見たように康有為ら清朝改革派に期待を寄せていた。革命派については、「我輩はもう革命は好かぬ。革命は徒に日本を困らせ、支那を困らせ、而して何の内に利する所なくして空しく外の為にされる計《ばか》りだ」[*147]と述べ、亡命客としての孫文は保護したが、革命については、中国の混乱につながるだけだとして批判したのである。革命の成否への疑念を持っていたのは大隈だけではなく、実は孫文を支援していた犬養毅ですら「此革命党が近き将来に於て成功することなどは決してあるまい」と述べ、康有為を「現代清国第一流の人傑」と高く評価していたのであるから[*148]、大隈がこう判断したのは無理もなかった。

そして孫文個人への大隈の評価も必ずしも高いものではなかった。辛亥革命の発端たる武昌起義後の段階でも、大隈は孫文を「大した人物でない」「康有為に比べれば人物は数等の下だ」と述べている[*149]。大隈は自ら学校経営をしていることにも現れているように、学問的な素養を重視する傾向を持っていた。康有為や梁啓超に比べれば、孫文の学問的素養が低かったことは事実で、革命派を支援していた人々から見ても「〔日本滞在中の〕孫文の党派といふ者は殆んど破落戸《ごろつき》ばかりです。康有為の方の奴は寧ろ立派なんです」と評されるような状況で、日本亡命中の孫文一派と清朝改革派で学者肌の康有為・梁啓超らとの間にはしばしば衝突も起こっていた[*150]。

もちろん、だからといって大隈は孫文を日本から追い出そうとはしなかったし、孫文を「食はせもの」(ペテン師)呼ばわりする人に対しては、「左様迄はない。人物の小さいといふ丈で其の奉ずる主義には忠らしい」と、自己の主義を貫こうとする点については評価し、「時の勢次第で虎が猫にもなれば猫が虎にもならうさ」と述べてもいた[*151]。

辛亥革命後の中国情勢と大隈

しかし、その後清朝はあっけなく倒れることになる。孫文は中華民国初代大総統に就任したものの、のちその地位を清朝の実力者であった袁世凱に譲り、自らは鉄道大臣に就任した。そして一九一三(大正二)年二月、孫文は日本を訪問、官民の大歓迎を受けることになる。この時は、中国初の選挙で国民党が勝利し、孫文は鉄道建設資金の募集に関する全権使節として日本を訪問したのであった。それまでの亡命生活と異なり、この時の孫文の訪問は凱旋訪問と言うべきものであり、各地で歓迎を受けたが、大隈も同月二五日に自邸にて招待会を開催し「二十年来の旧友」の成功を祝し、日本も中国もともに西洋文明をより一層吸収しつつ王道思想でそれを統御し、ともに手を取り合って行こうと演説した。これに対して孫文は、早稲田大学に学びを受けた多数の留学生が各地に活躍した結果今回の革命を成しえたこと、かつ自らも南京在留中に早稲田大学の教員であった寺尾元彦、副島義一の助力を得たことなど、早稲田との縁故浅からざるゆえに、今回の招宴に列することを光栄に思う旨の答辞を述べた。[*152]

これより先、一月の総選挙で国民党が大勝し第一党となると、袁世凱は危機感を強め、刺客を派して国民党指導者宋教仁を暗殺する挙に出た。袁は国民党の弾圧を始め、これに対し七月から九月にかけて第二革命が勃発、しかし国民党は敗れ、孫文、黄興らは、またも日本に亡命することになる。大隈は、「我輩は此敗軍の諸頭目が我国に来たならば、正当な保護を与へて不幸なる人々を遇したいと思ふ、〔中略〕先年朝鮮の亡命者金玉均などが遁れて来たときも、政府の態度は極めて冷淡であつたから、今度の亡命者に対しては、再び箇様なことを繰返してはならぬ」として、彼ら亡命者を日本政府がしっかり保護すべきことを主張した。[*153]

ただし、大隈は孫文との個人的関係を保護の理由とはしなかった。「日本の人々が一時の感情に走り、孫、黄等は日本に深き縁故を有するのみならず、其部下にも多く内国人と関係があると云ふ様な点から、感情的に南方革命党に左袒し、南は漢人であるけれども北は満州〔ママ〕党であるがために、孫、黄等の一派は順にして、袁派は逆であると云ふならば不謹慎の至りであると云はねばならぬ」[*154]と論じた。大隈の論理で言えば、政治的情勢が逆転し、仮に袁世凱が日本に亡命することになっても、保護を加えるべきなのであった。革命に対する厳正中立論の延長線上に、こうした亡命客保護論は存在していた。

なお、この後、大隈が第二次内閣を組織すると、孫文は、袁世凱政府打倒のための支援を大隈内閣に求めた。孫文は、満洲のみならず、それ以外の中国各地の利権を抵当にしてまで支援を受けることを希望したが、[*155]大隈にはそれに応じる意図はなく、あくまで現政権担当者である袁世凱政府との交渉によって日本の権益の確保を図る方針を採った。孫文が日本の援助と引き換えに提供しようとした権益は、のち二十一箇条要求で問題となった第五号とも合致する部分が多いものであったのだが、[*156]それでも大隈はそうした提案に見向きもしなかった。成功するかどうかも覚束なく、場合によっては中国に大混乱と経済的打撃をもたらしかねない革命よりも、現に政権を握っている袁世凱政府に要求する方が得策だと考えたのである。

兗州・漢口・南京事件と世論の沸騰

以上のように、大隈は中国の安定を求め、厳正中立と、その時の政権担当者とのみ交渉するという姿勢で一貫していた。ただし、だからといって、政権側に対しても必ずしも融和的姿勢だけを取っていたわけではない。以下、第二革命中の兗州《えんしゅう》・漢口・南京事件を例に挙げてその点を見ておきたい。

一九一三年八月、先述した第二革命の動乱のさなかに、中国・兗州で中国軍（北軍）によって支那駐屯軍の川崎大尉が連行され、また漢口で西村少尉が暴行・監禁されるなどの事件が発生、九月に入ってからも南京で日本居留民に対する殺害・掠奪事件が起こった。日本軍部はこの事件に際して、下手人の処刑ならびに中国軍の司令官・都督といった軍トップレベルに至る人々の免職、日本への謝罪使の派遣、さらには漢口居留地の拡大と軍用無線電信設置許可などの利権認可を要求すべきだと主張した。日本の世論もまた強硬論で沸騰し、九月五日、外務当局の姿勢を軟弱だとして批判する青年二名によって、外務省の阿部守太郎政務局長が赤坂霊南坂の自宅前で刺殺される事件まで起こった。九月七日には日比谷公園で対支同志会による国民大会が行なわれ、中国への出兵勧告を決議、新聞紙上では数万に上る国民が集まったとされており、それら群衆が散会後外務省や牧野伸顕外相の私邸に大臣との直談判を求めて殺到する有様であった。[157] こうした状況のなか牧野外相も、世論を納得させるために、関東州の租借年限延長もしくは鉄道路線譲与を承諾させるべきだと主張するようになる。[158]

　こうした世論の沸騰のなかにあって、大隈もまた断乎たる強行姿勢を取るべきことを主張した。「非文明なる支那国民の如きに対するには他の国民に対すると自ら態度を異にせねばならぬ。直に軍隊を派遣し、支那に対して尤〔ママ〕も苦痛を感ずる或地点を占領し、先づ其胆力を奪つて置いて、然る後に談判を開くべきだ。由来支那人の神経の痴鈍なる、其外交の緩慢なる、何時迄たつても要領を得ぬ」と、談判に先立って出兵・要地占領をせよと説き、「此に於て日頃神経痴鈍なる支那人も慄然として恐れ、我提言にも耳を傾くるんである。此の如くして初めて我国威を示し、また談判も早く見るんである」と述べた。ただし大隈は「それが直に領土略奪とか延いて支那分割の端を啓くに至るとかいふものでない」とし、軍事占領はあくまで交渉材料に過ぎないとしてはいた。[159]「支那の土地を取りたいと云ふ様な考へは毛頭ない。朝鮮と満洲を取つたばかりでも、年々沢山の金を注ぎ込んで閉口して居るのであるから、此上土地を取つた処が仕方がないのである」、貿易を安全にさえしてくれるなら「孫逸仙でも黄興でも、袁世凱でも誰が支那を統一しようが一向差支ないのみならず、日本の非常に喜ぶ処である」と、一刻も早い中国の統一を求めていた。[160]

　その意味で、大隈の出兵論は、軍部とは異なり、あくまで謝罪や賠償のみを求めることを目的としていたものと考えられる。中国に一撃を加えることで、中国に対し、日本と友好関係を保ち、日本に依頼する以外に道がないことをわからせるという意図であった。[161] 前章で、日露戦後の大隈が、中国が文明化しない場合には日本が一撃を加えることも辞すべきではないと主張したことを見たが、それが現実化したものだと言うことができる。

　しかし、このようなやり方で中国が日本に依頼するようになると大隈が本気で考えていたのだとすれば、それは誤った認識であったと言わざるをえない。というのも、大隈が「非文明的」とするこれら中国側の行動の背後には、中国ナショナリズムの高揚があったからである。そうしたナショナリズムの高揚の中で、談判より先に軍事力を行使すれば、さらなる排日運動の勃興につながり、相互不信と敵対感情の悪循環が昂じて抑制できない状況が出現することになる。また、大隈自身は権益要求まで考えていなかったとはいえ、前述したような世論の沸騰に乗る形でこうした主張を行なうことは、結果として、大陸進出・満蒙分離を求めてやまない軍部や日本国内のナショナリズムを勢いづかせ、「支那保全論」自体の足元をも掘り崩すことにつながる。

山座円次郎公使ら現地関係者は、軍部や牧野外相の要求があまりに過大であり、中国の領土保全主義を破るもので、日中の対立が永遠に解けなくなると反対した。結局外務省はその意見を採用して、責任者の処罰と中国側の謝罪、賠償金請求のみを要求することとして、外交的に解決されることとなった。事件については責任を厳しく追求しつつ、列強と連絡を通じた上で袁世凱政権と交渉し、中国の安定と経済的利益を確保することを目指すというのが、外務省の実務担当者の見解であった。[*162] こうした方向性こそが、本来大隈の「支那保全論」、すなわち日中友好と中国の安定による相互利益の確保のためには必要であったはずである。交渉に先立ち出兵して一撃を加えるというのは、明らかに中国ナショナリズムの高揚を理解しない、一方的な議論であった。

文明論の陥穽

そしてこのような形で軍隊を動かすことを主張したことは、先に見た大隈の平和論の質にも関わってくる問題だということができるだろう。すなわち大隈の平和論が、「東西文明の調和」論という一種の「文明論」の上に成り立つ議論であったことの持つ問題である。大隈にとって、西洋文明を取り入れた近代化という方向性は、『開国五十年史』や『開国大勢史』においても「世界の大勢」として強調されているものであり、「東西文明の調和」の理念において、日本が東洋文明の代表とされるのも、日本がいちはやく西洋文明を取り入れて、東洋に紹介する地位に立っていることに立脚していた。[*163] このような大隈にとって、「文明」国による「非文明」国への指導はまごうかたなき正義なのであり、「支那保全論」も、中国の文明化を援けるとしながら、もしそれを成しえないなら中国に一撃を加えることも中国のためだとして正当化される、いわば一種の押しつけを伴う議論なのであった。

大隈が中国の近代化のための協力を惜しまなかったことはすでに述べた。この事件の直前、一九一三年春にも、大隈は袁世凱政府の依頼に応じて有賀長雄を法律顧問に推薦したばかりであった。[*164] もともと袁世凱は高田早苗の派遣を求めていたが、早稲田大学学長を務める高田が日本を離れることは難しい状況であった。袁世凱は、高田が無理なら別の早稲田関係者を派遣するよう望んでいたため、大隈は同じく早稲田で教鞭を執っていた有賀を推薦したのであった。明治三〇年代からの、大隈や早稲田大学による清国人教育への熱意がこのような袁世凱政権の強い信頼につながっていたのであり、派遣された有賀の下で憲法研究に従事した中国人六人のうち、その半数が早稲田大学への留学経験を持つ者であった。[*165] 大隈はこうした袁の強い信頼の様子を見て、自らの中国への協力の姿勢が間違っていなかったという自信を得たに違いない。だからこそ、今回の事件は大隈の眼に、そうしたこれまでの好意を無にするような姿勢に見え、「非文明的」態度に対する苛立ちが止まらなかったのであろう。いわば、今回の出兵論は、「こちらの友誼的勧告を聞かずんば、忽ち罰が来る、之を聞かば、則ち忽ち褒美が来る」[*166] という、大隈の中国への強い協力の意識と強く結び付いた、文明国による非文明国への「指導」の論理に基づくものなのであった。

こうした議論は、中国ナショナリズムの勃興のなかでは、むしろ憎悪の連鎖につながるものでしかなかった。大隈は、「文明化」の絶対的正しさを強く信じるがゆえに、中国ナショナリズムの勃興という重要な変化を見過ごし、自らの依拠する文明論・平和論の陥穽に気づくことができなかったのである。二年後、大隈は首相として中国に二十一箇条要求を突きつけることになるが、それはこうした大隈の中国認識の延長線上に存在するのである。

憲政擁護運動の勃発と「中心勢力移動論」の提唱

話を国内政治に戻そう。これより先、一九一二年八月に明治天皇が死去し、元号が大正と変わった。そして同年一二月、二個師団の増設を求める上原勇作陸軍大臣が、その意見が受け入れられないとみるや天皇に帷幄《いあく》上奏して辞表を提出、これがきっかけとなり第二次西園寺公望内閣は総辞職した。ついで、内大臣であった桂太郎が、宮中を出て三度目の内閣を組閣することになると、これに対して、政友会の尾崎行雄と国民党の犬養毅が中心となり、閥族の打破と憲政＝議会政治の擁護を唱える憲政擁護運動（第一次護憲運動）が起こってくる。

これとほぼ時を同じくして、大隈は、国家の中心的勢力を議会に移動すべきだとする「中心勢力移動論」を主張するようになる。かねてからの大隈の持論である政党内閣の主張と趣旨においては変わらないのであるが、従来の政党内閣論と異なり、藩閥だけではなく政党の堕落をも強く批判しつつ、国民の奮起を促す点に特徴があった。山県や大山、井上といった元老が権謀術数を弄して絶大な権力を振るっているように言われるが、彼らは必ずしも政治的野心や権謀術数を弄してはいない。過去にはそういうことがあったかもしれないが、今や彼らは年老いて全権を握っているということはなく、ただ世の中にそうした元老の威光を利用している者がいるに過ぎない。「閥族」の勢力を過度に恐れるのは「死せる孔明生ける仲達を走らす」の類である。そして元老・閥族の権力がすでに薄弱となっているにもかかわらず、いまだ形式的には勢力を保っているのは、「此中心の力に代るべき地方の力、即ち政党の力も亦同様に薄弱であるからである」。大隈はこのように述べて政党の無力こそが問題であるとし、政党の力の弱さの背後には国民の政治に対する無関心が存在してきたのだとして、国民に奮起を促したのである。[*167]

護憲運動への批判

この「中心勢力移動論」において、議会への権力の移動が必要だと述べつつ、現在の政党と国民に対して批判的に言及し、彼らが「閥族」を過度に恐れているのではないかと述べているのは、当時盛り上がりつつあった護憲運動を念頭においたものであった。大隈は、護憲運動に対しては、議会の勢力を強めるという意味においては成功を望むとしながらも、[*168] 主体的にコミットすることはなく、むしろ批判的な意見すら述べることになる。

試に今日憲政擁護を唱ふる人々に問へ、如何にして議員に選ばれたかと、議員の選挙あるや堂々として主義や主張を以て争ふのでなく、又口に筆に之を発表するのでもなく、当選すると否とは第一に運動費の多少、第二には地方の公共団体や行政機関と結託すると否とに依て決せられるのである。投票買収は厳重なる監督あるに拘らず、殆ど公然の秘密として行はれ、其多少によつて大勢が決せられ、又甲の地に向つては港湾の修築、乙の地に向つては鉄道の布設、丙の地に向つては河川の浚渫といふやうな口から出まかせの約束で、地方的利益を好餌として投票を集むるのである。選挙人は自己の自由意志を以て動くこと少なく、議員は黄金を以て其地位を買ふのである。これで何で国民の思想を代表すると云はれやうか。彼等は国家の選良と自称するも、真に民意を代表するものでなく、一地方の小利益を代表するに過ぎぬ。為に帝国議会を堕落せしめ、立憲政治の根本を破壊するのみならず、地方自治体の腐敗を醸したことが多大である。これは想像でなく、歴々として指摘し得る明白な事実である。[*169]

さらに大隈は、彼らの憲政擁護の掛け声が漠然としたもので、何が憲法政治の破壊なのかを明確にしていないと批判した。閥族打破・憲政擁護という漠然としたスローガンで盛り上がるのではなく、具体的な憲法違反の事案こそ突くべきではないかと大隈は主張した。たとえば大隈は、その一例として、治安警察法を挙げている。

治安警察法の如きは全く違憲ではないか、言論集会の自由は憲法の保障する処であるに係らず、今日の言論集会に対する取締方はどうだ、無暗と人に刑事をつけて行動を束縛したり、朝鮮の政治を論ずれば直ちに其新聞雑誌に発売禁止したりする、又何の罪咎もない者に対しても少し顔付の悪い者は、「貴様は疑はしい奴だ警察へ来い」と云ふ様な訳で、連れて帰つて十日も二十日も留めて置くと云ふ様なことをする、実に馬鹿な話だ、〔中略〕全体これは警察官が悪い訳ではない、そんな法律を拵へると云ふ事が悪いのだ、憲法に抵触する法律は其効力がないのは云ふ迄もない、だから憲法の保障するものを許さぬと云ふ様な矛盾した法律は当然改正すべきものではないか。*170

「我国民は漠然たる憲政擁護などと云ふ事の為めには騒ぐが、此等の明かな憲法違反の事実に対しては一言も論じないとはどう云ふ訳か、我輩は甚だ怪訝に堪へないのである」*171というように、運動が単に現内閣を倒すための大衆煽動に終始し、これらの重大な問題についてほとんど指摘しないことを大隈は批判したのであった。*172 閥族打破の掛け声ばかりが響き、メディアの報道内容も、何党の誰がどこで何をしたというような政局報道ばかりで、憲政の本質に関わる議論が全く行なわれていない。憲法の本質に関する議論も、国民による政党への監視も実態として行なわれておらず、ただ、党派的な攻撃と国民への煽動だけが行なわれている。本当に憲法を守りたいのであれば、なぜ法律によって制限されている選挙権を拡張する運動をしないのか、なぜ法律で制限されている言論の自由を回復しないのか、なぜ結社の自由を制限する政社法を改正しないのか、なぜ政府にとって不都合な人間に対する逮捕・抑留を容易にし労働者の団結権や交渉権を制限する治安警察法を改正しないのか。法律は議会で作られるのであるから、国民さえそれを要求すればすぐにはできなくとも漸次にはできるはずである。憲法に定められた権利を擁護するというのは、そういうことなのではないのか。このように大隈は批判し、政党と、それを監視する国民の能力不足を指摘、公民教育をさらに盛んにしていかなくてはならないと主張したのであった。[*173]

桂内閣への好評価

以上のように、大隈は護憲運動を批判し、「我輩は桂公及び其反対党が真に誠意を以て政界に活動せんとするならば、宜しく自己の罪悪を国民の前に告白すべきを勧告する」として、桂太郎首相にも、護憲運動の側にも反省を求めるような発言を行っている。[*174] そして実は、大隈は、前者すなわち桂太郎については、前非を悔い、議会政治を重視するようになってきていると考えるようになっていた。

その兆しはこの約二年前の、一九一一年一月、第二次桂内閣時に、桂太郎首相が西園寺公望を訪問して、いわゆる「情意投合」の言葉によって政友会との提携を表明した際にすでに現れていた。大隈は、「今回の出来事は当初に於ては或は権謀術数より割出せしやも知れずと雖も、今日の実勢は所謂嘘から出た誠にして予は憲政進行上将来官僚非官僚と云ふが如き無意味の争を撤退するに至るを喜ぶ」[*175]と、この桂の提携表明を好意的に評価したのである。この「情意投合」については、単なる野合ではなく、桂や西園寺らの間に、元老政治からの脱却を図ろうとした側面があったことが季武嘉也氏によって指摘されているが、[*176] 大隈はそうした側面を敏感に察知し、政治における議会・政党の重要性を認めた「首相の英断」であると評価したのである。この頃から、桂に対する評価が好転し始める。

しかしこの好評価はあくまで桂への評価であり、他方で政友会に対する否定的な見方は変わらなかった。同年八月に桂に代わって西園寺が第二次内閣を組織すると、大隈は、内閣が変わったのに政策は桂内閣のものを引き継ぐとのことだが、それならいったい何のために内閣が交代したのかわからない、「〔西園寺〕公自らが大命を拝受するに付ては、斯々《かくかく》の方針で遣らなければ責任を取ることが出来ぬと堂々と所信を申上げるが立憲政治家として為すべき当然の道」であろうとして、厳しい批判を加えた。[*177] 政友会は政権確保を優先して桂と取引しているだけであり、単なる政権獲得のための機関と化して、政治的理念の提示という、政党が本来行なうべき機能を果たしていないと厳しく批判したのであった。

ついで一九一二年一二月に第三次桂内閣が誕生するが、桂との関係深い徳富蘇峰の『国民新聞』によって、「憲政成美を標榜すること」（議会・政党の重視）、「行政財政の一大整理を断行し五千万円の大緊縮を行ふこと」「外交の不振に対し刷新を加ふること」（日英同盟、日露・日仏協商を緊密にし、その他の国とも益々国交を親善にする）、「国債五千万円償還の方針を継続すること」「税制整理の根本的調査をなすこと」「国防計画を健全ならしむること」（国防会議の開催による方針決定）などが新内閣の政綱であると報じられた。[*178] これらは大隈が従来主張していた内容とかなり近いものであった。さらに桂は内閣成立後最初の閣議において「政事を閣外の元勲に私議」する「従来の慣行」を批判し、今後はこの習慣を排し、閣僚自らが為政の責に任ずるべきことを説いた。[*179] また桂は健全財政主義と民力の充実による産業発達との両立を説いていたが、[*180] こうした方向性も大隈の見解と合致するものであった。こうした桂内閣の方向性を大隈は評価し、他方で護憲運動の一角を担う政友会へは批判的な見解を一貫して持っており、そのことが、大隈が護憲運動に加担せず批判的に見ることにつながったのであった。

桂新党への賛同

桂太郎首相は、一九一三年一月二〇日、新聞記者を自邸に集めて会見し、新政党樹立の覚書を発表した。大隈は、政党政治を重視し、緊縮政策を標榜する桂の新党結成の挙に賛同の意を表明していくことになる。桂自身大隈に応援を求め、一月二八日、後藤新平がまず桂の使いとして大隈を訪問し、[181]のち三月一六日には桂本人も直接大隈の元を訪れて協力を求めた。[182]大隈によれば、この時桂は「これからは長州といふ御殿から出て、公爵大将といふ美服を脱ぎ捨て、赤裸々の一平民桂太郎となつて憲政の為めに尽す積りである」と述べたという。[183]

大隈が、藩閥勢力出身の桂の行動に賛成の意を表明したことは、一部の人々に意外の感を抱かせた。[184]しかし大隈は、「世間では元老元老と元老の非立憲を攻撃してゐるが、元老を助け、元老をして今日まで政治的生命あらしめたものは要するに政党である。進歩党は八九年前、我輩が見捨てたものであつた。その後変遷あり国民党となつたけれども、敢て改善せられたる形跡なく、却つて堕落したと思はれる節が多い。政友会に至つては十年桀《けつ》を助けて虐を為せるもので、妥協とか情意投合とか称して時の政府の為に御用を勤めた」として、今日の政治が抱える問題点は政友会をはじめとする既成政党の堕落に由来するところが最も大きいと考え、「既成政党を根本的に破壊せよ」と大隈は主張した。[185]「何としても今日の弊は党派の弊で、党派の弊を一掃することが出来なければ、日本は憲法国とはなれぬのである」[186]とまで述べている。そうした既成政党打破の役割を桂の新党に期待したのであった。

むろん、大隈も完全に桂を信じきっていたわけではない。「其の言葉も従来の行動に照し多少の疑念もあるから、兎に角公に仮すに時日を以てして充分に社会の公正な批判を受けさせ、果して目出度其の試験に及第するや否やを見よう」[187]としたのだとのちに述べている。とりあえずは桂を信じて応援し、もし過ちがあったとしても、社会の批判によって正道に復させていけばいい、という考えであった。したがって大隈は、国民党から桂新党に合流しようという者に対して、あくまで政治的見解を確と持した上で合流するべきで、権力欲による野合は決して許されないと主張し、国民党の大石正巳や武富時敏らが大隈を訪問した際には、「飽までも国民党立党以来の主義を以て進め而して桂公がこの主義政見に依つて新政党を組織すると云ふならば、是れ桂公の方から君等の党に入党し来るものである」と述べて、政見の実現のためにこそ桂と組むべきだとすすめたのである。[*188]

大隈は、「桂内閣の財政政策なるものは、結局国民党年来の主張たる六千万円の経費節減を骨子として編成することになるであらう思はれる」と予想し、政策的に充分一致が可能であると予測していた。[*189] 国民党五領袖が桂新党への参加の意向を述べた「告知書」（一月三一日発表）には、植民政策の確立、社会政策の実行、官業の民業への移管、官制改革による政務官任用の円滑化、国民の立憲思想の涵養という政策を明言し、それに桂らが賛同したがゆえに、新党設立に決したと述べられている。[*190] 権力への迎合なのではなく、あくまで政策実現のための合流なのだと、合流する政党員の側も明言したのであった。桂が示した「憲政済美」[*191]の標榜、行財政整理や社会政策の実現[*192]という方向性は、従来から桂との接近を狙っていた国民党改革派だけでなく、非改革派にとっても賛同できるものであり、したがって非改革派からも合流するものが続出したのである。[*193] 二月二四日に発表された桂新党＝立憲同志会の政策案では、責任内閣の実現、陸海軍備の整理統一と五〇〇〇万～六〇〇〇万円の行政整理、国民負担の軽減を目的とする税制整理、対中政策の転換、植民地統治の確立、社会政策の実行、官業の民営化、行政の刷新など、従来大隈・国民党が主張してきた方向性に近い政策が掲げられた。[*194]

桂の政治指導への期待

大隈は、桂新党によって、自らがかつて成そうとして成しえなかった二大政党の理想が実現しうると考えた。以上のような政策の類似性はもちろんのこと、大隈が期待したのは、桂の政治指導力であった。特に、貴族院や軍部をはじめとする特権勢力に対する影響力を桂が有していることは、政党政治の実現にとって大きな力となると大隈は考えた。[*195] かつて政友会を基礎とする第四次伊藤内閣は、貴族院をはじめとする特権勢力の妨害を受けるに至った。その後も西園寺内閣が陸海軍の軍拡要求に苦しめられてきた。しかし桂であれば、貴族院や軍部を服させ、政党政治の慣習が日本に根付いていく上での前提たる「二大政党の実現と云ふことも必ず事実の上に現れる」[*196]に違いないと期待したのであった。そして大隈自身は、その桂を監視する役割に自らを置いた。すなわち、「桂公をして過《あやま》たしむるも功を成さしむるも、決して桂一個ではない。国民の努力、国民の自覚、国民の奮闘如何に在るのである」として政党に対する監視役としての国民の役割を説くとともに、自らそうした国民のオピニオンリーダーの役割を果たそうと考えたのであった。[*197]

しかし護憲運動の盛り上がりの前に、二月一一日、桂内閣は崩壊する。そして後継には、海軍出身の山本権兵衛が組閣し、政友会は内閣に協力の立場を表明する。こうして桂新党は、与党としての立場を逸することになる。さらに一〇月一〇日、桂は失意のうちに死去し、桂の歿後、一二月二三日に、ようやく立憲同志会の結党式が挙行され、総裁には加藤高明が就任した。桂のリーダーシップのもと、自らはそれを外側から叱咤激励することで、二大政党による政党政治を実現させようという大隈の目論見は外れることになる。しかし結果的に見れば、立憲同志会の結党と、本来その党首になるはずであった桂の死は、その後、大隈の政界復帰と、立憲同志会を与党とする第二次内閣の組織をもたらすことになる。

文明運動時代の大隈

以上本章では、憲政本党総理辞任を余儀なくされて以降、第二次大隈内閣成立前の大隈の動きを検討してきた。大隈は、日露戦争を経て「東西文明の調和」こそが日本の使命であると考えるようになっていく。そうした理念の下に行なわれた大隈の「文明運動」は、日本の文化の発展に大きく寄与することになった。また大隈はその活動において政治を正しく監督しうる国民を養成するべく、国民教育に力を入れた。「文明運動」の諸団体においての大隈の役割は、会の「顔」としての役割であり、書籍編纂などを除いては、会活動の実務にまで口を出すことは稀であった。ほぼ同じ頃、アメリカではカーネギー財団やロックフェラー財団などが誕生して、金は出すが口は出さないとの原則の下、教育・文化・福祉の向上に大きな役割を果たしていたが、彼の文明運動も、規模と手法こそ異なれ、民間の自発的な活動によって社会の厚みを増していくことを目指す動きという意味で、同じような社会的意義を持つ活動であったと評しうるであろう。こうした活動に加え、大隈の「人生一二五歳説」は、全国の庶民層に生きる上での希望を与え、そしてそれが大隈人気を増すことにもつながった。

この時期の日本は、産業革命後の経済発展と都市化によって、「大衆」と呼びうる層が登場してきた時代である。彼ら大衆は、従来の農村社会の政治的秩序とは無縁で、かつ新たな政治的秩序にも絡め取られてはいなかった。そうした大衆に対して大きな政治的影響力を与えたのが新聞・雑誌等のメディアであったが、この時期の大隈はそのメディアを足場とする言論活動を行なうことによって、多くの大衆的支持層を確保した。さらに、大隈の創設した早稲田大学の卒業生たちが、この時期拡大の一途にあったメディアに吸い込まれていき、大隈人気の拡大に少なからぬ役割を果たすことになった。

「民意」への批判

日露戦争時、政党党首としてポピュリズムの方向に傾きかけた大隈であったが、政党の立場を離れ、選挙や党勢拡張の軛《くびき》を離れることにより大隈の発言は自由度を増した。この時期の大隈は、藩閥はもちろん、政党に対しても、そして国民にすらも、しばしば厳しい発言を行なった。護憲運動に対して大隈が批判的であったことはすでに見たが、その運動に多くの国民が参加したことについては、「輿論々々と徒に言ふけれども、輿論は指導するから起るんである。平素指導されてそれより起る輿論は健全であるが、事あるに臨んで俄に起る輿論は感情的であつて多く合理的でない。感情的であれば得て是非善悪の方針を誤る。此の如き輿論は政治的に有害である」[*198]というように、「感情的」で「有害」であると斬って捨てている。

人間は感情的動物などといふが、感情的動物だとて感情にのみ走つては行けない。何としても理性が必要である。感情が理性に本いてこそ其処で処世上に大した過失もなく正しい道を辿る事が出来る。何か一寸した事件に遭遇しても忽ち非常に憤激し、非常に熱烈になり、為めに前後の思慮を失ふに至るといふ様な事がなくなる。左様いふ際には常に賢者識者の指導に依つて動く。即ち賢者識者が常に輿論を指導して行くんである。我輩は常に政治家は輿論を指導せざるべからずといふが、それは何を意味とするかといふに、つまり、国民の感情を理性に導く事である。是に因つて社会に秩序が立つ。此に於て国民の共同生活の上に規律が立つのである。[*199]

前述したような大衆の登場は、それが既存の政治秩序に絡め取られていないだけに、時にアノミー状態を現出した。それが極端な形で表出したものが、日露戦争後の日比谷焼打ち事件以来頻発した都市民衆騒擾であった。[*200] 護憲運動はこうした民衆の感情的な昂ぶりを戦略的に利用したとも言えるが、そのような形で政治と感情とが結び付くことは政治にとって非常に有害であるし、民意は必ずしも物事の善悪を正確に見て取るものとは限らないと大隈は考えた。このことは大隈が文明運動において国民教育に力を入れたこととつながっていた。護憲運動を批判し、本当の憲法擁護のためには、治安警察法の廃止、選挙権の拡張をはじめとするさまざまな国民の権利の拡張こそ政党が目指すべきことであると、理路整然と主張したのも、政党という軛を離れ、自由な立場で発言することができたからであった。ただし、そのように民意への迎合を不必要とする状況になってもなお、対中国論においては、民意の激昂と軌を一にするような、強硬論を述べていたことは、彼の「文明」論が孕む問題点として注意しておくべきである。

指導と監視の競争

ところで、前に引用したような、感情的な民意の高揚を批判し、指導者が必要であるとする大隈の意見に対しては、次のような疑問が浮かんでくるかもしれない。つまり、それでは大隈自身、もしくは大隈のいう「指導者」は、国民を感情的であるとして見下すことができるほどに、理性的で間違いない判断ができるのか、という疑問である。しかし、いくらこのような発言を大隈がしようとも、政治家は選挙によって選ばれるのであり、最終的な診断を下すのは国民にほかならない。いわば、大隈のこの発言は、「指導者」が国民に対して政治的見解を押し付けることを是としたものなのではなく、むしろ政治家と国民とが相互に監視し競争し合う関係にあることこそが、健全な議会政治のために必要だという考えに基づくものなのであった。国民はともすれば短期的視点に陥りがちで、感情や個人的利害に左右されやすい。政治家はそれを制し、長期的・理性的判断で国民をリードすべく発言・行動する。国民はそれを見て、果たして誰が自らのリーダーとしてふさわしいか、議会における自らの代表としてふさわしいかを判断し、また一度選んだ代表がその役目を果たしているかを監視する。そうした政治家と国民相互のチェックシステムの構築こそが、前述した大隈の発言の目指すところであったのである。

一の政論あれば必ずやそれに対して又反対の政論が出る。其弁難攻撃の際に時勢に適した一種中正の意見が磨き出されて世人の信ずる所となる。それが即ち輿論となる。輿論は勢力を成す。此勢力が直に議会に反響し不真面目なる議員を鞭撻して勤勉ならしむる。其処に国民的大勢力が発動する。此大勢力に触れては如何なる野心家も如何なる官僚も、最早や一支へもなく、恰も太陽の光の前に霜柱の解くるが如く亡び去るんである[*201]

社会には多様の意見が存在することが大事であり、そうした多様な意見がぶつかり合い切磋琢磨《せっさたくま》することによってこそ政治が正しい方向に向かっていくのだということを大隈が主張していたことは前章でも触れた。大隈は、こうした議論の切磋琢磨のシステムを議員・政党と国民の間にも構築し、相互に競争させることで、政治の健全化を実現しようとしたのである。そして、選挙において最終判断を下すのは国民である。だからこそ大隈は国民を批判・指導し、その能力の向上を目指す教育活動に力を入れたのである。

本章で見たような活動と、そこで得た国民的人気を背景に、大隈は第二次内閣を組閣することになる。しかしそれは、大隈が再び自由な立場ではなく、さまざまな軛の中に自らを置かねばならぬことを意味した。首相として再び統治の立場に立ち、かつ、選挙という場で民意とも向き合わねばならなくなる。さらに元老もいまだ健在であった。本章で扱った大隈が、政党からも元老からも、そして国民からも独立して、それらすべてを批判することが可能であったのに対し、首相としての大隈はそのはざまでそのすべてに配慮しながら統治を進めていかなければならなくなるのである。

第八章　世界大戦の風雲のなかで――第二次大隈内閣の施政

「薩長劇より国民劇へ」

一九一四（大正三）年春、大隈は自らが主宰する雑誌『新日本』に、「薩長劇より国民劇へ」[*1]と題する論説を寄せた。過去五〇年の政治史を見るに、憲政の実施という大転換にもかかわらず、今日までの五〇年間、政権は常に薩長の手に委ねられてきた。「是迄の舞台には只薩長の役者のみが上つた。併し薩長劇は最早や此辺で終を告げ、是よりは国民劇に移らなければならぬ」。このように大隈は、「国民劇」すなわち民意に基盤を持ち、民意を真に代表する政党内閣樹立の必要性を訴えたのであった。なおこの論説は内務省の咎めるところとなり、『新日本』当該号は発売禁止処分を言い渡されることになる。

この原稿を執筆した時点で、大隈は、ほどなく自らが首相として二度目の内閣を組織しようとは夢にも思っていなかった。[*2]しかし、前章で見たような活動によって国民的人気を得ていた大隈は、その人気を背景に、政治の表舞台に再び戻ろうとしていた。図らずも、大隈自身が、首相として「国民劇」の幕を開くことができるのかどうかが問われることになるのである。

大隈推薦の経緯

三月二四日、山本権兵衛内閣は予算不成立を理由に総辞職した。不成立の原因は、外国からの艦船購入をめぐる海軍の収賄事件（いわゆるシーメンス事件）にあった。野党の立憲同志会と立憲国民党はこれを厳しく糾弾したが、議会多数を占める与党・立憲政友会によって内閣弾劾決議案は否決される。しかしこれに憤激した群衆は議事堂を包囲、構内に乱入しようとして警察と衝突する事態にまで発展した。こうしたなか、貴族院は海軍予算の削減を議決し、両院の協議整わず予算が不成立となったのを受け、内閣は総辞職を決したのである。

　山本内閣の倒壊以降、新聞紙上では次期内閣について種々の声が掲載された。山県系の寺内正毅《まさたけ》、平田東助、清浦奎吾《けいご》、貴族院の徳川家達《いえさと》、さらには立憲同志会を率いる加藤高明らの名前が挙がったが、奇異とすべきは「政界引退」を余儀なくされて以来一〇年を経過した大隈を、次期首相にと待望する声が多方面に挙がったことであった。シーメンス事件で群衆が議会を囲んだことは先に述べたが、その前の第三次桂太郎内閣が倒れた際にも群衆が議会を包囲し、一触即発の事態になっていた。内閣が相次いで民衆の批判の中で倒れたこと、ならびに、政友会が支持していた内閣が失政によって倒れた以上、次は政友会と反対の立場に立つ立憲同志会が与党となるべきであるが、同会総裁の加藤ではこの難局に処することは不可能であり、民衆の支持を得ている大隈こそ、この難局を乗り切るのにふさわしいというのがその理由であった。[*3]

　こうしたなか、元老の井上馨もまた、大隈重信を首相に推挙しようという意見を持つに至った。井上は秘書望月小太郎《もちづきこたろう》を通じて大隈にその意を伝えて決意を促した。[*4]しかし三月二八日に開かれた元老会議では、井上の意見に他の元老は同意せず、貴族院議長の徳川家達が推挙され、二九日に徳川に大命が降下するに至った。しかし徳川はこれを固く辞したため、同日再び元老会議が開かれることになる。再度の元老会議では、山県有朋が、大隈を筆頭に四名の名前を出したが、[*5]松隈内閣以来大隈に強い不信感を抱いている松方は清浦奎吾をふさわしいとし、大山巌《いわお》も賛同したため、三一日に清浦に大命が降下した。しかし、清浦は政友会に援助を求めたものの得られず、さらに海軍大臣に擬された加藤友三郎は海軍補充計画への予算支出に確約を得られないと見るや入閣を辞退した。そして清浦は代替の海軍大臣候補を得ることができず、組閣を断念することになる。清浦内閣が不成立に終わったことは元老にとって打撃が大きかった。政局が紛糾するなか、もはや大隈に対する過去のわだかまりにとらわれている場合ではなくなり、大隈推薦で一致を見ることになるのである。

元老との交渉

すでに述べたように、最も早くから大隈を推していたのは井上馨であった。[*6] 明治初年以来大隈と井上が親しい間柄であったこともあり、その後の交渉は、井上に任されることになる。特に、従来元老に対して手厳しい批判を繰り返してきた大隈に対して、元老と協力して政局運営に当たる意思があるかどうかを確認することが推薦の前提として必要であった。そこで元老の意見が大隈推薦で固まった一〇日夜、井上は大隈を自邸に呼び会談に及んだ。本来は就任を説得する立場の井上の側が大隈を訪問するのが筋であるが、井上の腰の具合が悪かったために大隈が訪問することになったのであった。

席上井上は、元老会議で大隈推薦に内定するに至った経緯を述べたのち、経済について持論を展開し、特に官業による民業圧迫を批判、さらに外交について、日英同盟を基礎に中国を保全していくべきとの持論を展開した。また国防については陸海一致のために連絡調整機関が必要だと述べ国防会議の設置を主張するとともに、その前提として経済・財政の確立が必要であり、現状は「貧国強兵」であるがこれを「富国強兵」に転換しなくてはならないとして、国家経済と政府財政の建て直しを主張、さらに政友会の横暴、とくにその弊害＝党弊が中央だけでなく地方に及んでおり、政友会の打倒が必要だと述べた。大隈はこうした井上の意見に逐一同意、特に政友会の打倒については、加藤高明率いる立憲同志会と尾崎行雄率いる

第二次大隈内閣閣僚他。1916（大正5）年。

中正会、さらに可能であれば犬養毅率いる立憲国民党を与党としてこれに当たるとし、さらに新聞はみな大隈に好意的であり、民意が大隈を支持していることも援軍となるとして、自信をのぞかせた。[*7]

こうして大隈と井上とは、施政方針に関しては意見の一致を見た。しかし首相就任については、大隈は、老齢かつ隻脚であることを理由に、加藤高明を推挙したいとして一旦は辞退の意を示した。これに対し井上は、加藤ではこの難局は処理できないとしてこれを即座に否定した。ここで大隈がことさらに加藤を持ち出したのは、自らの出馬に勿体をつけることによって元老の協力を確約させる意図があったものと推察される。実際には大隈は三月下旬より自身の出馬に乗り気であった。[*8]むろん、大隈の老齢は事実であり、いずれは加藤に内閣を組織させたいという意図を大隈は持っていた。しかし加藤はいまだ政治的に未熟な点があり、まずは自らが組閣した上で、加藤に副首相格の外務大臣として経験を積ませ、頃合いを見計らって後継内閣を組織させようという腹積もりであった。実際、組閣に当たっては加藤が大臣の選定などに大きな役割を果たすこととなる。[*9]

以上の経緯から明らかなように、大隈が首相となるに当たって、元老との結節点となったのは、政友会の打倒という共通目標であった。さらに、井上との会話で話題になった財政・経済の建て直しは、かねてからの大隈の持論でもあった。[*10] しかし、問題は陸海軍の増強であった。井上馨はこの会談で必ずしも陸海軍増強を強く主張したわけではなかったが、元老、特に山県有朋は、大隈への支援の見返りとして、陸軍の二個師団増設を求めるであろうし、また清浦内閣不成立の経緯から考えて海軍も軍備増強を求めることが予想され、これらと財政の建て直し、さらには、与党となるであろう同志会や中正会がかねてから主張してきた民衆の負担軽減＝廃減税の主張とをどう両立させるのかが大隈内閣の課題として存在していた。

組閣と内閣の顔ぶれ

四月一三日、大隈は参内し、組閣の大命を受けた。清浦内閣が海軍大臣を得られず不成立に終わったことから、誰を海軍大臣に据えるのかが注目されたが、加藤高明の同郷の友人・八代《やしろ》六郎海軍中将が入閣することがすんなりと決まった。八代は清廉潔白の人物とされ、世間から大いに歓迎された。[*11] 陸軍大臣には、山県の推薦により岡市之助が就任した。岡は陸軍大学校の卒業生で、同大出身の初の陸軍大臣となった。

軍部大臣についてはすんなりと決まったが、逆に問題となったのは、立憲同志会以外の政党人、すなわち尾崎行雄（中正会）と犬養毅（国民党）の入閣交渉であった。「憲政の神様」と呼ばれたこの二人が入閣するか否かは、内閣の性格付けにも大きく関わるもので、政友会との対抗の関係上も、大隈は何とか入閣を取り付けたかった。しかし同志会に主導権を握られることを嫌う両者はすんなりと入閣受諾とはいかなかった。交渉の結果、尾崎行雄は、山県系と目される大浦兼武を内務大臣から外すことを条件に、司法大臣に就任することとなった（その結果大浦は農商務大臣に就任、内務大臣は大隈首相の兼任となった）。他方、犬養との交渉は結局まとまらず、犬養率いる立憲国民党は閣外協力という立場を取ることとなる。犬養は、かつて国民党から分離する形でできた立憲同志会との感情的わだかまりがあり、かつ主義・政策的にも大隈内閣・立憲同志会との不一致が予想された。しかし他方で、この機を活かし政府に接近したいと図る党員も多く[*12]、そのために、入閣を拒否しながら閣外協力という微妙な姿勢を取ることとなったのである。なお、この後、与党三派の連合が模索され、大隈もそのために動いたが、結局各党派の感情的わだかまりは解けず、合同は先延ばしされることになった。

このほか閣僚としては、大蔵大臣に若槻《わかつき》礼次郎（同志会）、文部大臣に一木《いっき》喜徳郎（貴族院・幸倶楽部）、逓信大臣に武富時敏（同志会）が就任した。

内閣成立に対する反応

かねてからの大隈待望論の延長線上に、内閣成立に対してジャーナリズムは極めて好意的な反応を見せた。[*13] たとえば、大正デモクラシーの旗手として知られる吉野作造は雑誌『中央公論』誌上に「大隈内閣の成立に対しては、新聞なども大に此を歓迎して居るが、我々学者の立場から見ても歓迎すべき幾多の理由があると思ふ」として以下の三つの理由を挙げている。

〔理由の〕第一は、同内閣は紛更せる時局を収拾するに最も適当なる内閣なりといふ点である。〔中略〕此の難関を切抜けるためには、第一、能く非政友の諸派を聯合し得る人物を起さしむることを必要とする。第二、近き将来に於て政友会の多数を覆し得る丈けの実力と民望ある人物なるを要する。而して大隈伯は此等の要件を具備する唯一の人物であると信じられて居る。〔中略〕新内閣を歓迎する理由の第二は、閣員の顔振が良好なことである。見渡したところ、一人として是れはと危ぶまれるやうな人が無く、手腕、学識、人格に於て何れも内外に誇るに足る人物である。〔中略〕歓迎すべき理由の第三は、其の政党内閣の色彩を帯ぶる点である。〔中略〕純然たる政党内閣とは言へぬかも知れないが、少くとも政党を主たる基礎とする聯立内閣と云つて差支が無い。尤も理想としては純然たる政党内閣に越したことは無いが、今俄かに其の完きを求むることが出来ぬとすれば、これ以上を望むは余りに過当であらう。只我々は新内閣を以て、政党内閣の端緒として之を迎ふることは決して不当でないと思ふ。[*14]

このように、吉野は大隈内閣の顔ぶれを政党内閣の端緒として高く評価した。しかしその一方で、大隈自身は政党の党首ではなく、また閣僚中衆議院に議席を持つのは武富と尾崎の二人だけであり、残りの閣僚は政党員といっても官僚出身者で、外観だけ見るならば政党内閣ではなく「全く官僚内閣」[*15]ではないか、というような批判も一部ではなされた。その意味でも、この内閣がその後政党に基礎を有する内閣として民意の側に身を寄せるのか、それとも官僚・元老の側に身を寄せるのかが焦点となっていくのである。

とはいえそうした批判はごく一部で行なわれたにすぎず、「天下の新聞雑誌は、政友会一派を除けば、殆ど皆な彼を歓迎」[*16]するという状況であり、大隈もそうしたジャーナリズムを通じた人気を意識しており、内閣親任式の直後に宮内省の高等官控室で起立のまま会見するなど、従来と変わらない気さくな態度で新聞記者に接し、その後もしばしば会議直後に廊下で記者会見を行なって、積極的にメディアに向き合い、情報発信を図った。[*17]早稲田の大隈邸には、これ以前から応接間に常に新聞記者が出入りしていたが、九月には首相官邸内にも記者クラブ（永田倶楽部）用の部屋を用意し、同倶楽部に書籍購入費百円を寄付して図書館を設置させるなど、メディアを通じた情報発信を巧みに行なおうとしたのであった。[*18]

政綱発表と財政整理

五月一五日、首相官邸における地方官会議において、大隈は訓示演説を行ない、内閣の政綱を発表した。その要旨は（一）外交の刷新、（二）諸弊の洗除、（三）官紀の振粛、（四）官制の更改、（五）国防の施設、

（六）言論の自由、（七）産業の奨励、（八）選挙法改正、（九）教育の改善、（一〇）財政と税制整理にあった。[*19] 重要なものについて解説すると、（一）は、日英同盟と日仏・日露の協商を基礎に東洋における日本の地位を固くすること、特に租借期限が近づく中国での権益の延長・拡大が課題であり、このことがのちに二十一箇条要求につながっていくことになる。（二）は、政友会の党利党略によって中央地方の行政・教育・実業などの諸方面が動かされている現状を公正なものとすることを意図したもので、政綱発表の翌日、大隈はさらに内務大臣として地方長官に訓示し「近来動もすれば党弊其の甚しきを加へて、漸く自治を累はし、各種事業の如き、一に地方実際の必要に応じて其宜きを制せざるべからざるに拘らず、専ら其の利益を自派の手に収めんとし、一党派の私を以て決せんとする傾向なきにあらず」[*20]と述べ、それを制することを求めた。（三）についてはすでに一一日に、シーメンス事件に関連して山本権兵衛前首相ならびに斎藤実《さいとうまこと》前海軍大臣を予備役に編入、また前海軍次官である財部彪《たからべたけし》海軍中将を待命とし、翌日には、海軍軍法会議が海軍高官に有罪判決を下したこともあって、八代六郎海相は国民から絶賛され、大隈内閣の人気は益々高まっていた。[*21]（四）はこの後参政官・副参政官の設置として具体化されるもので、事務の継続性を阻害しない形で政党の任用範囲を拡大するということが念頭にあり、（五）についてはすでに述べた陸海軍拡張を目指すもので、特に大隈は防務会議を設置して内閣各部の連絡を密にし外交・財政との調和を図ることを目指した。（八）の選挙法改正は、一方で従来から唱えていた選挙権拡張の意見を実行に移すことを意図し、また他方で投票買収など選挙の腐敗を改めることを意図したものであった。（九）は文明運動において大隈が実践してきたような立憲政治に関する教育を学校教育に取り入れるべきだとしたものである。[*22]（一〇）は、日露戦後の苦しい財政状況の改善のために行財政の整理を行なうと述べたもので、それと並んで公債の募集を一切行なわないといういわゆる「非募債主義」の宣言も行なわれた。大隈の演説の後、若槻蔵相が財政整理の方法について詳細に演説したが、この財政整理の問題は大隈内閣の政策の目玉と言うべきものであった。

絶対的非募債政策

内閣誕生に当たっては、(三)と(八)に謳われた政友会の党弊打破が、元老と大隈とを結び付ける重要な結節点であったが、具体的施策としては末尾に掲げられた行財政整理・公債整理が、「財政計画に就ては尤《〔ママ〕》も勇胆なる計画であることは何人も異論は無い」[23]と大隈側近が誇る、最も重要な政策であった(そしてそれは、日露戦後政友会が採ってきた積極主義による利益誘導＝党弊への批判とも結び付いていた)。[24]

すでに山本前内閣において、こうした財政難解決のための行財政整理は断行され、公債借入についても、一九〇九年度以降は表向き「非募債」が謳われていた。しかし実際には、郵便貯金を原資とする大蔵省預金部引受、償還期限一年の鉄道証券および植民地銀行引受等の手法によって借入がなされており、これら短期債務の整理のため、山本内閣は外債約一億円を募集せざるをえなくなっていた。[25]しかし日露戦争以来累積された外債の利払は、当時の貿易収支の赤字とあいまって、正貨準備の著しい減少をもたらしており、「大正四年度中ニハ全然正貨準備ヲ喪失シ尽シテ絶体ニ正貨支払不能」[26]に陥ると大蔵省が予測するほどの、危機的状況が訪れていたのである。

こうしたなかで誕生した大隈内閣は、「絶対的非募債」と呼ばれる、短期債務を含む一切の公債の非募集を掲げたのである。これが「尤も勇胆なる計画」とされたのであった。しかしこの実現のためには、相当な緊縮財政が要求される。特に政綱に掲げられた陸海軍拡張と公債募集とをいかにして両立させていくのかが難題として存在していた。また従来立憲同志会や中正会が主張してきた廃減税については、こうしたなかでの実現は難しく、政綱に明言されずに「民力休養」の言葉を出すことでお茶を濁す結果となった。なお、大隈自身はかねてから現在の財政状況では減税は不可と明言し、[27]むしろ増税もやむなしと発言したことすらあり、[28]廃減税には当初から乗り気ではなかったと思われる。

減債基金振替による鉄道改修

しかし従来公債借入金によって資金調達していた事業をすぐに全廃できるわけではなく、また必要事業については予算計上を避けることができなかったため、大隈内閣は、予算から減債基金（外債償還のための基金）への繰り込み五〇〇〇万円を三〇〇〇万円に変更し、残った二〇〇〇万円を鉄道予算に振り向けざるをえなかった。これに対してはメディアから二〇〇〇万円を減債基金から控除するのはよしとして、なぜそれを与党が従来主張していた減税ではなく、鉄道予算に振り向けるのかという批判を浴びた。

なお従来この鉄道予算への振替を以て、大隈内閣もまた選挙対策として鉄道建設を捨て切れなかったとされることがあるが、それは当たっていない。というのも、大隈内閣の鉄道予算は、従来の鉄道予算と異なり、新規敷設を大幅に削減するとともに、その多くを既設線の改良に割いていたからである。当時日本の鉄道にはいまだ単線区間が多く、それが事故の原因ともなっていて、複線化が急務となっていた。また老朽化による橋梁・枕木・レール等の改修も必要とされていた。[29]しかし選挙対策を重視する政友会は従来こうした改修よりも新規敷設を優先させてきた。大隈はそうした鉄道政策を抜本的に改めたのである。[30]

無論、こうした改良よりも減税の方がより急務であるとの批判も成り立ちうる。しかし、大隈内閣がこうした政策を採った理由は、減税を断行すれば、次年度以降の財政収入が毎年度減少してしまうこと、それに対して鉄道建設は一時的なものでしかないので、計画終了後は余剰金を別の用途に振り向けることが可能であるとの理由に基づいていた。「例年ならば今頃は、選挙区民の希望を迎合する地方代議士、若くは政略上の意味を以て地方の選挙区民を煽動する野心家等が、大に鉄道の普及新設の為めに運動を試むる時期なれども、本年は殆ど全く其形跡を認めず」[31]と新聞が報じたように、大隈は従来の人気取り的鉄道政策＝「党弊」を排するとともに、減税という俗受けする政策をも採らず、この点においては国家的見地から責任ある統治の論理に基づく政策を採用したのであった。

地方官の更迭

またこれと関連して、大隈は五月と六月に地方官の大幅な更迭を行なった。大隈は、「政友会が従来為せし所を見るに、動《やや》もすれば自党の盛衰を先として国家の盛衰を後にし、一に党派的私情の下に他を排擠するを是れ勉む。斯かる事情の下に犠牲となりて常に其弊害を受くる事最も多きものは地方民なりき。地方の諸問題は常に収められて私党の好餌となる。曰く港湾の修築、曰く鉄道の敷設、曰く橋梁の架設、曰く何。曰く何。彼等は此《かく》の如きの問題に逢着する毎に輒《すなわ》ち掲げて好餌となし、苟も自党に入らざる国民の利害は之を議会に代表せずとの態度を示して憚らざりき」「地方行政は実に憲法政治の根本なり。之をしも党弊の横流に委して何を以て庶政の更張を期せんや。今回地方官の更迭を行へるの意は即ち此に在り、要は党情に駆られざる廉直の能吏を挙ぐるに在りき」と、この地方官更迭が政友会の党弊打破を目的とするものであると述べた。[*32] しかし、実際には、政友会系の地方官に代わって任命された人々の多くが与党系統の人物であったことから、世論の批判を浴びることとなった。[*33]

ただし、大隈が政党政治の実現を最終目標と考えている以上、地方官に自派の人物が任命されるのは必ずしもそれだけで非難されるべきことではないであろう。誰が就任したのかということ以上に、実際に施政が党利党略に基づくものであるか、そしてまた民意の支持を得ているかどうかが問題とされねばならないはずである。そしてこの点に関しては、大隈内閣末期、内閣更迭が問題となるなかで、元老の山県有朋が「内政に於ては常に政党の弊を押へ政務を党利に濫用するの害を防ぐは従来の政党内閣に比して勝れること万々ならずとせず」[*34]「地方自治体に於ける政党の弊風を除却したる等は、従来の政友会内閣に勝ること万々」[*35]と、地方行政から党利党略を排したことを評価している事実を挙げておきたい。

臨時議会の開催

大隈内閣最初の議会は、組閣直後の五月四日、いまだ政綱も発していない段階で臨時会として召集された第三二議会であった。四月一一日に亡くなった昭憲皇太后の大喪費予算案を可決する必要があったためである。こと皇室に関することであったから、この臨時議会は特に波瀾もなく全会一致、静粛のうちに幕を閉じた。

六月二〇日には、再度臨時会として第三三議会が召集された。山本内閣下で不成立に終わった予算の一部である海軍軍備補充費について審議するために政府が召集を奏請したものであった。閣僚の尾崎行雄と武富時敏の二人は第三一議会でこの予算に反対し、賛成に回った国民党を厳しく批判した経緯があったため、国民党の鈴木梅四郎により厳しい質問追及を受けることとなった。しかし政友会の側も、前内閣下での第三一議会でこれに賛成した経緯があり、もし反対に回れば自らも二枚舌の批判をまぬがれえなかった。また、解散となれば、大隈人気の下、野党は苦境に陥ることが予想され、したがって政友会は正面切って反対することが困難な状況にあった。

これより前、六月四〜六日に東京市会議員総選挙が行なわれていたが、星亨以来の系譜を引く政友会系の色濃い常磐会が、首領森久保作蔵をはじめ大量の落選者を出して議席を半減させ、非政友派から多数の新人議員が当選するという異変が起こっていた。明らかに政界革新の機運を示すものであり、この結果から、次の総選挙における政友会の苦戦が予測されていた。[*36]大隈自身、こうした世論の支持を明確に意識しており、予算委員会での審議に際しても、政友会・吉植祥一郎の詰問に対し、「若し我輩を信任せずとせば国民と相談せざる可からず」[*37]と、暗に解散をほのめかすようなシーンも見られた。こうしたなか政友会はさしたる抵抗をできずに、予算は全会一致で無事可決されることとなる。なお、この第三三議会での全院委員長の選挙に際して、国民党が中正会を裏切り政友会の推す候補に投票したり、鈴木梅四郎が尾崎・武富を厳しく糾弾したりするなど、[*38]国民党は次第に大隈から距離を取る姿勢を見せ始めた。

なお、臨時議会開会に合わせて、六月二三日防務会議規則が公布され、防務会議が設置される。会議は七月から開始され、緊縮予算の中で、いかにして軍備拡張を行なっていくのかについて陸軍・海軍と内閣との間で、意見の摺り合わせが行なわれていくことになる。[*39]

第一次世界大戦の勃発と参戦問題

第三三議会では、以上のほかに、与党の廃減税に対する態度も追及された。同志会・中正会はかねてからの主張通り廃減税を断行する気があるのか、というのである。若槻蔵相はこれに対し、臨時議会でもあり現在まだ調査中であるとして逃げ切ったが、この問題については与党内でもくすぶりが生じていた。六月三〇日、立憲同志会は総会にて、営業税全廃、地租五厘《りん》減などの方針を発表、内閣は困難な対応を迫られつつあった。しかしこの問題を一挙に解決する事態が生じる。第一次世界大戦の勃発である。

六月下旬、サラエヴォでオーストリアの皇太子が暗殺され、七月二八日にオーストリアがセルビアと開戦したことをきっかけに、ヨーロッパ全土はたちまち戦火に包まれていくことになる。日英同盟を結んでいた関係から、イギリスが参戦することになれば、日本も参戦の可能性が出て来る。日本では、東アジアにおける日本の地位を磐石にするよい機会であると考え、参戦を望む声が高まった。八月五日、イギリスがドイツと開戦に踏み切った旨の通知があり、七日には英国のグリーン大使より加藤外相宛に、ドイツの仮装巡洋艦捜索および破壊のために援助を求める要請が出ると、即日大隈邸にて閣議が開催され、参戦を閣議決定し、翌八日、これを元老閣僚会議にて報告した。

ところが八月九日に至って、日本の野心を警戒するイギリスは参戦延期を要望し、一〇日には戦闘を海上作戦にのみ限定してほしいとの要望を伝え、一一日には援助要望そのものを取り消す姿勢を見せた。これに対し、日本側は領土的野心のないことを強調しつつ、すでに世論が開戦に傾いているなどと論じ、かつ戦闘地域の制限には反対する方針で交渉を続けてイギリス側の譲歩を引き出し、一五日にドイツに対し最後通牒《つうちょう》を発した。最後通牒には、ドイツ艦隊の日本・中国近海からの退去・武装解除、および膠州湾《こうしゅうわん》租借地を「支那国ニ還附スルノ目的ヲ以テ」[*40]日本に無条件で交付するよう求めた。膠州湾還付に、ことさらに中国への還付という条件を付与したのは、前述した経緯のなかで英米諸国の警戒を払拭する意図があったと思われるが、さらに一八日、全国実業家招待会において大隈首相は、日本政府の目的は「極東の平和を紊乱するの虞ある源泉即ち支那大陸に於ける独逸勢力の根源を除去し以て日英同盟の目的を防護せんとするに在りて帝国が領土を拡張し若くは其他の慾望を達せんとするが如き意図は帝国の寸毫も有せざる所」と演説した。[*41]最後通牒へのドイツからの回答はなく、回答期限の二三日、日本はドイツに宣戦布告することになる。[*42]

元老井上馨は、この戦争の勃発を「日本国運ノ発展ニ対スル大正新時代ノ天佑」であるとし、かねてから政党が主張してきた廃税・減税の議論を中止するとともに、財政の基礎を打ちたて、英仏露と協調して東洋における日本の利権を確立することが必要であると論じ、秘書望月小太郎を通じて、大隈にその意を伝達した。[*43]とりわけ軍拡と廃減税問題との兼ね合いで、元老と政党との間で板挟みとなっていた大隈にとって、この開戦はまさに「天佑」であった。大戦の主戦場はヨーロッパであり、仮に日本が参戦したとしても莫大な負担を負う心配はなく、その上ドイツの根拠地を日本が占領すれば、それを材料に中国と交渉を行ない、東アジアにおける日本の地位をより強固にするきっかけとしうる。その一方で内政においても、戦時下であることを理由に廃減税を中止することが可能であり、さらに陸海軍の拡張についても大義名分が立つからである。この大戦の勃発はまさに大隈内閣の抱える難題を一掃してくれるかに思われた。

元老との亀裂

ところが、廃減税問題の棚上げこそできたものの、実際には、この開戦決定の過程において大隈内閣と元老との間に別の大きな亀裂が走ることになる。すなわち、前述のように、参戦はイギリスからの要請があった後、即座に閣議で決められ、事前に元老に諮《はか》られることはなかった。また最後通牒の文言も、元老に事前に諮られることなく、事後通告のような形で元老に知らされるのみであった。加藤は英国との交渉過程についても秘して明かさず、従来元老に回覧していた重要な外交文書を、秘密漏洩を避けるとの口実の下一切見せないという態度に出た。[*44] 加藤高明外相は明確に元老を外交の意思決定から排除しようという行動に出、大隈も結果的にそれを追認したのである。これに対し、元老は激しく憤り、加藤外相に対する不信感をあらわにした。

さらに、上記のような元老排除の手法のみではなく、外交政策自体も、元老の意にそぐわないものであった。山県は、従来各国との協調を第一に考え、「日本は由来日英同盟を以て外交の枢軸となす者なれば、日英同盟の条文及び精神により、英国の為めに尽すは当然の事なれども、独逸も亦我が親交国たるを忘る可からず、〔中略〕日本は日英同盟の義務により、已むことを得ず、干戈を動かすに至ることを、独逸には勿論、他の列国にも諒知せしめざる可からず、何等の手続きをも取らず、直ちに宣戦を布告するが如きは断じて不可なり」[*45] というように、ドイツに対してもやむをえず参戦したという姿勢を取ることがのちのちのために肝要であるとしていたのである。しかし、実際にはドイツに対する強迫的な最後通牒を送り、山県は「モーだめだ、外交もタ、キコワサレタ。加藤ハ一体其眼中唯自分一人ノミデ国家ト云フ感念〔ママ〕ガ無イ。実ニ残念ノ方法ヲ以テ最後通牒ヲ発シタ」[*46] と憤慨することになる。

こうしたなか大隈は、世論を楯に、加藤の行動を後押しした。一九一四年八月一三日山県を訪問した大隈は、慎重論を説く山県に対し、「ソウ云ふ事でハ今日となりてハ国内の人心中々以て鎮圧し難し」[*47]「民心已に開戦を期し居ることを語り、今日に至りて方針を変更することは、自分が内閣に在りては迚も行はれざることとなり」と訴えた。[*48]

またドイツへの最後通牒に膠州湾租借地全部を「支那ニ還付スルノ目的ヲ以テ」日本に交付せよという文言があったことに対し、元老井上馨は、中国の勢力圏分割を批判するアメリカに口実を与えることになり、満洲における日本の利権確保上悪影響があるのではないか、という疑念を抱いた。これに対し大隈は、日露戦争の結果として得た満洲と、ドイツが脅迫によって手に入れた膠州湾は事情が異なると説明した。[*49]

中国における権益確保の重要性については元老も大隈も認識が一致していた。ただし、この権益について大隈はかなり多大な期待を抱いていたようであり、参戦の方針について元老に報告した八月八日の会議にて、大隈は「兎に角済南鉄道丈は大ひに有利なるものなれば云々と低声にて云へるにより、山県公は夫れは欲が過ぎると云ふて一笑」[*50]するというような、山県にたしなめられるシーンがあった。山県は、対中国政策が一定しないために、日本は袁世凱からも革命党からも信頼を失っている状況であるが、大戦後に予想される白人との人種競争を考えるならば、まず中国からの信頼を回復することが急務であり、かつ大戦により欧州から中国への借款が途絶することが予想されるため、袁世凱政府への借款などによって恩恵を施し、それによって「将来は重大なる事皆な先づ日本に協議して行ふことを約せしむるを務むべし」[*51]と考えていた。袁世凱政府をして日本に依頼せしめ、そのことによって権益拡大を図るべきだとの見解である。この時は大隈もこれに一々同意を表明したものの、のちにそれは二十一箇条要求という形で裏切られることになる。

加藤と大隈

以上のような経緯、とりわけ元老排除の方針について業を煮やした元老は、加藤外相の罷免を大隈に要求するようになる。こうした元老の加藤批判に対し大隈は、「実ハ加藤に傅《もり》ヲシテモラウツモリデアツタガ、却テ此老人ノ我輩ガ加藤ノ傅役ト云フ始末デ」[*52]と困却しつつも、罷免要求については突っぱねる姿勢を見せ続けた。

大隈は「加藤も法律家の癖として万事窮屈にて困る」[*53]「元老に評判よろしからさるため〔中略〕なか〳〵骨の折れる」[*54]人物であると不人望を嘆いていたが、その一方で、「内閣に於ては加藤を除きては相談相手となるべきもの居らず」[*55]と、副首相格として頼りにもしており、自分は「大体の了るを待ち出来得べくんば隠退せん心なり自分の有終の美と憲政有終の美は全く一致」させたいとし、一区切りついた段階で後任を加藤高明に譲って政党内閣を組織させたい心積もりを持っていた。[*56]外交をはじめとする政治運営から元老の影響力を可能な限り排除し、政党内閣の実現へと結び付けたい気持ちは大隈も加藤と同じであったろう。しかしそれをこのような形で一気にやってしまっては、かえって元老に潰されてしまう。そういう思いで、大隈は加藤の行動を半分理解しつつも、苦々しく見ていたのである。

元老井上、山県、松方、大山の四人は、九月二四日大隈と会談し、内閣と元老との意思疎通をよく行なうこと、首相と元老とで一致した外交上の意見は加藤外相もそれを遵行すること、重要外交文書は元老に開示しかつ外交上の重大事件も元老と事前に協議すること、袁世凱をはじめ中国人の日本への不信感を払拭し日本を信頼させることによって利権を得るべきことなど具体的外交方針について合意、その会談内容を明文化し署名捺印することを大隈に求めた。[*57]しかし大隈は、署名捺印に関しては、友人間の談話を覚書にして歴史に残すなどはありえないと主張し、断固として拒否する姿勢を見せ、結局署名がなされることはなかった。大隈は、元老との意思疎通は今後のためにも必要ではあるものの、手足を縛られることは避けるべきだと考えたのである。

なお、八月二三日に対独宣戦布告がなされると、その軍費支出のための臨時議会第三四議会が九月三日召集された。野党からは、開戦の経緯や、最後通牒の文言に膠州湾租借地を中国に還付するという意味の言葉があったことについてそれを非難する質問があり、また廃減税の実行についても内閣を問い詰めた。これに対し大隈は廃減税を棚上げすることを明言するとともに、戦時下の挙国一致を求める雰囲気が強いなか、あえて「決シテ挙国一致ヲ強ヒヌノデアル、〔中略〕反対ナラ何時デモ反対セヨ、是ガ国ニ対スル自己ノ意見デアル」[*58]と挑発的な発言をするなど、民意を背景に強気に野党に対峙し、予算案も無事議会を通過することとなった。

国定教科書批判と第三期国定教科書

なお、政綱にも盛り込まれた憲政教育について、一〇月に大隈は行動を起こすことになる。すなわち、全国師範学校長会議において、大隈は憲政教育の必要性と絡めて従来の国定教科書制度を批判、その打破の必要性を訴える演説を行なったのである。この大隈の意見は教育界に大きな反響を呼び、最終的に国定教科書制度の廃棄にまでは至らなかったものの、文部省は国定教科書を改訂して種類を増やすという対応を取らざるをえなくなった。[*59]

この時編纂された教科書は編纂が完了した一九一八（大正七）年度から実施されることになるが、倫理の教科書において、第二期国定教科書に見られた国家主義・家族主義・儒教主義的な内容が大部分削除されるとともに、「公益」「共同」といった近代的市民社会の倫理が強く意識され、平和主義・民本主義的な考えも取り入れられた。また国語教科書では「アメリカだより」「南米だより」「ヨーロッパの旅」その他諸外国をテーマにした作品が多く取り上げられて「世界」を強く意識した内容となるなど、前教科書から内容を一新させた、大正デモクラシー期にふさわしいと評価される教科書となったのである。[*60]

第三五議会

すでに述べたように、内閣誕生後、三度の臨時議会は大波瀾の起こることもなく通過することができた。しかし一二月、ついに政府と野党とが本格的に対峙する機会がやってきた。通常会である第三五議会の召集である。焦点となったのは予算案に含まれる陸海軍拡張予算であった。すなわち、防務会議での議論の結果として、陸軍の二個師団増設ならびに海軍の駆逐艦八隻・潜航艇二隻の建造費が予算案に盛り込まれたのである。議会を前に政友会は大会を開き、内閣反対の意を固くした。また国民党も二個師団増設反対の立場を取り、明確に大隈内閣と敵対する態度を取るに至る。

前臨時議会に引き続き、攻撃対象となったのは尾崎法相であった。すなわち、海軍拡張同様、陸軍二個師団増設に対しても、かつて尾崎は議会で反対の論陣を張った過去を持っていた。この件について前臨時議会と同じく、国民党の鈴木梅四郎から追及がなされた。これに対し尾崎は、かつては、軍拡がロシアなどと外交上の問題を惹起する可能性があったこと、また軍拡の背後に藩閥勢力の動きがあったこと、さらに増師と行政整理とを区別すべきと考えたことなどを理由に反対したが、現在は大きく状況が異なっており、賛成することに問題はないと回答した。[*61] 苦しい回答ではあるが、あながち逃げとばかり言えない側面があった。というのも、当時の世界大戦という状況下においては、日本の軍拡がロシアとの緊張関係を引き出す恐れはなく、むしろ日露協商の締結が望まれている状況であり、日本の軍拡が東アジアにおいて緊張関係をもたらす可能性は低いという論理は一定の説得力を有していた。[*62] さらに内閣は防務会議において折衝を重ね陸海両軍からも妥協を引き出しており、二個師団増設については当初の三年計画を六年計画とし、また海軍の拡張案についても、八四艦隊案を認めつつ、その実行年度繰り延べと予算削減を行なっていた。行政整理については、予算案において、二個師団を増設する陸軍も戦時費用を差し引けば六パーセントの削減、海軍は一・五パーセントの削減、それ以外の各省は平均八・八パーセントの大幅な削減を余儀なくされていた。[*63] 一九一三年に山本内閣によって、大隈が「英断」「戦後第一の整理」[*64]と賞賛したほどの整理（年額三四〇六万円を節減）がすでに行なわれていたのであるが、それをふまえた前年度決算と比べても、なお総額六四五〇万円の歳出削減となっていた。[*65] そうした努力の末の二個師団増設決定であった。

しかし、一二月二四日、政友会が多数を占める予算委員会は二個師団増設費・造艦費、そのほか政府の重要施策についてことごとく削除するなど予算案にさらなる大削減を加えた。翌二五日、大隈は議場で、いまだ実現を見ていない本格的政党内閣の実現のためにも、党利党略を捨てて公正な気持ちで審議に当たり、是非とも帝国議会の地位を高めてほしい、二個師団増設については、主義において反対する政党はなく、ただ単に予算が足りないということのみが反対の根拠とされているが、すでに政府は非募債主義を掲げ、財政整理を行なったうえで、必要な支出を確保しているのであるから、現時点の世界情勢に鑑みて、ぜひとも政府案に同意してほしいと訴えかけた。[*66] しかし、こうした大隈の言葉も空しく、衆議院本会議において、海軍軍艦補充費については政府案が可決されたものの、陸軍二個師団増設案は予算委員会報告通り削除が決まり、政府は即日議会を解散することとなった。

第一二回総選挙

議会解散の結果、選挙戦が始まることとなる。組閣後大隈は選挙法改正の検討に着手していたが、結局この選挙までに改正が間に合わなかった。ただし、山本内閣下で実施された営業税減税等により、かねてから与党支持者の多かった都市部を中心に有権者が減少することが危惧されたため、特例としてこれら減税のために選挙資格を失う者について、前年に有権者であれば選挙権を付与する旨の勅令を公布し、有権者の減少を防いだ。[*67] 政府は選挙対策のため、一九一五（大正四）年一月七日、大隈の内相兼任を解き、官僚派の重鎮で府知事・警視総監・内務大臣の経験を有し、知事・警察に大きな影響力を持つ大浦兼武を内務大臣に異動させ、農商務大臣の後任には、自由民権運動以来の政党人で東北地方に影響力を持つ河野広中を抜擢した。

この時の総選挙は、結果として与党の大勝利、政友会の大敗北となり、日本の選挙史上において必ず触れられる画期的な選挙となった。「イメージ選挙」の嚆矢《こうし》と評されることもある。大隈が訴えたのは、従来の選挙と今回の選挙との違いであった。「従来の選挙には、未だ曽て政府と反対党とに堂々と其政策を公表し、飽迄国民の理性に訴へて去就するといふが如き行動を見ない。〔中略〕唯金のあるもの若くは金の助を仮りたるもの、及び運動の巧妙なるもののみが、選良の名を僭称して中央の議政壇上に現れて来た」[*68]。すなわち、従来は金の力によって動かされる選挙であったが、しかし今回は政見を争う選挙であり、言論を以て戦う選挙なのである、というのである。大隈はメディアを通じて政友会がいかに腐敗してきたか、「党弊」の凄まじさを強調してその一掃を強く訴える一方で、「言論戦」「言論選挙」をイメージさせる選挙戦略を展開した。一月一七日にはその嚆矢として大隈伯後援会（後述）主催の大講演会が開かれ、大隈首相以下現職の閣僚と東京市長阪谷芳郎が出席して閣僚がそれぞれ政見発表の演説を行なった。こうした政見発表会は従来なかったもので、「日本憲政史上に新例を拓く」[*69] と大々的に報道された。さらにその後、各大臣は全国各地を遊説して回ることになる。閣僚がこうした講演・遊説活動を大規模に行なうのも前例のないことであり、それまでの選挙とこの選挙の違いを際立たせた。

こうした「言論選挙」に対しては、たとえば政治学者吉野作造が「余の考へに拠れば、今回の解散を機として我国の憲政は一大躍進を為すべき機会に立つて居ると思ふ」と期待を込めたように、多くのメディアや知識人が好意的に評価した。吉野は、従来の選挙を「選挙人が代議士を左右するのでなく、代議士が選挙人を籠絡するといふ状態である。見よ、買収或は種々の唾棄すべき方法で運動することこれ即ち選挙を争ふ唯一の武器」ではないかと批判したうえで、しかし今回「若しも茲に従来と異つた方法で国民に向つて真に自己の政見否其の全人格を赤裸々に披瀝することに依つて国民の意思を動かす方法を取た〔マヽ〕ならば茲に国民は必ず新らしき経験を積むこととなる。〔中略〕この機会の善用せられんことは余の衷心よりの希望である」として、大隈内閣の標榜する「言論選挙」に期待を込めたのであった。[*70] しかし、「言論選挙」のイメージが鼓吹される一方、議会解散の原因であり、本来是非が争われるはずの二個師団増設の問題については、ほとんど争点としてクローズアップされることはなかった。もちろんそれは、第一次世界大戦の状況下において世論も変化しており、二個師団増設反対の議論がかつてのように民意を得る材料たりえず、政友会が正面から反対して争点化させることができなかったという事情も大きく影響していた。[*71] 言論によって戦うことが標榜され印象付けられながら、その言論の中身についてはほとんど注目されず、争点がはっきりしないまま、内閣側が清新なイメージを獲得していたという意味では、まさにこの選挙は「言論戦」という「イメージ選挙」であったのである。

大隈伯後援会

この選挙戦において大きな役割を果たした組織が大隈伯後援会であった。[*72] 同会は、内閣成立後ほどない一九一四年六月に、早稲田大学関係者によって創立され、早大出身の代議士やジャーナリスト、さらに早大に縁の深い実業家などの協力を得て、この選挙の直前までに全国一道三府四三県に合計一一八ヶ所、また海外にも北米一三ヶ所の支部を持つに至っていた。選挙戦が始まると同会は多数の候補を推薦候補として擁立し、各支部でそれぞれ選挙の応援活動を行なうとともに、中央では早稲田大学雄弁会六〇名が中心となって大隈伯後援会遊説部を組織、また都下各大学の出身者よりなる丁未倶楽部もまた政友会打破を決議したため、提携して二月二〇日より三月一四日まで、全国に大挙遊説活動が行なわれた。全国で九五の演説会が開催され、三三九本にわたる演説が弁じられた。また演説会とは別に、代議士個人を応援する個人応援も盛んに行なわれ、一〇〇名の候補者に対する一〇二六回の応援演説がなされた。[*73]

こうした後援を受けながらも、やはり選挙運動の目玉は大隈本人であった。大隈はいわゆる「車窓演説」、すなわち列車に乗り込み、列車が駅に停車するごとにホームに集う群衆に向け列車から身を乗り出して演説し、演説が終わると大喝采のなか次の駅へと出発するという画期的な方法による遊説を行なった。また尾崎行雄が政治家として初めて演説を吹き込んだレコードを出したことに触発され、大隈伯後援会会長の市島謙吉が大隈を説得して「憲政に於ける輿論の勢力」と題する演説レコードを吹き込み、会が二〇〇〇枚を買い取って全国に発送するとともに、レコード会社も新聞各紙に大々的な広告を掲載して売り込んだ。このレコードは今日でも、ネットオークション等にしばしば出品されているが、そうした豊富な残存状況が示すように、大隈人気に加え、演説レコードのもの珍しさが加わってレコードは飛ぶように売れた。

立憲同志会や中正会もまた大隈の言論選挙戦略に則り数多くの演説を行ない、大隈が統計をもとに述べているところによれば、候補者数は前回とほぼ同一であったにかかわらず、候補者一人当たりの演説会開催回数は、前回に比して都市で約二倍、郡部で約三倍に増えていたという。[*74]また市島謙吉は自らの手記において、愛知県で警察官から聞いた話として、愛知県では演説回数が五〇〇回にも上り、前回の総選挙に比して五倍以上の数値であったとの談を記している。[*75]このような演説中心の選挙戦となったことについては、政友会陣営でも「選挙運動ノ方法全ク従来ノ方式ト違ヒ演舌会モ流行等、寧ロ政治思想ノ発展トシテ新記録ヲ作リ政界ノ進歩ト被存候」との評価がなされた。[*76]

選挙の取り締まり

大隈が攻撃した従来の選挙においては、鉄道敷設など平常における各地方への利益誘導に加え、「ボス」あるいは「ブローカー」と呼ばれる選挙請負人が運動を請け負い、多方面に金をばらまきながら票を集めていた。[*77]しかし、今回の与党は大隈伯後援会という後援組織を軸に、言論選挙イメージを打ち出した点において、運動の手法が全く異なっていた。長い政権与党としての歴史を持つ政友会は、利益誘導という手法によって分厚い地盤を形成してきており、同じ方法で大隈内閣与党が対抗することは難しかった。この選挙も、終わってみれば大勝であったが、選挙戦中は、そうした政友会の地盤に、言論戦の手法でどこまで対抗できるものか、大隈伯後援会会長であった市島謙吉も見込みがつかない状況で不安に思っていた。[*78]

他方、言論選挙を標榜する大隈内閣は、従来の選挙の腐敗を一掃するとの目的から、選挙取り締まりにも力を入れることを宣言した。[*79]その結果、選挙違反の検挙者数は前回選挙では六八〇〇人であったのに対し、今回は一万一二人と大幅な増加を見ることとなった。そしてその取り締まりは、府県によって多少異なるとはいえ、概ね厳格に行なわれた。たとえば大阪府で起訴された違反事件についての党派別人員は、政友会九一、同志会二六三、中正会四一、無所属一二〇であり、政友会よりも与党同志会の方が圧倒的に多く摘発されている。[*80]従来の選挙では与党に対しては取り締まりを手緩くすることがたびたび行なわれていたのであり、このような事態はいかに取り締まりが厳格なものであったかを示している。大浦内相による干渉の動きはあったものの、内閣としては不正の摘発に力を入れ、たとえば石川県では、知事が当初大浦内相の意を受けて選挙干渉を行なったものの、すぐに司法部の問うところとなり、警察官が逮捕されるまでに至った。大隈伯後援会会長の市島謙吉は「今度司法は選挙の公正を特に内閣より命ぜられたるに付左なきだに非常識の司法官は一面警察の穴をほじり出すと共に敵味方に拘らず微罪を摘発して選挙を妨くること各地頻々」「余りに苛察に失し折角築き上げたるものを政府の内輪にて遠慮なく崩す気味あり結局これか為め或は敗を全局に来すことなきやと懸念し」たと述べている。[*81] 与党も悲鳴を上げるほどに厳しい取り締まりがなされたのであった。

第12回衆議院議員総選挙結果

政党・団体名	改選前	改選後	増減
立憲同志会	97	148	＋51
中正会	35	35	0
大隈伯後援会	0	30	＋30
立憲政友会	189	108	−81
立憲国民党	32	27	−5
無所属	27	33	＋6

（媒体により数値が異なるが、本表は雑誌『新日本』掲載の数値による）

与党の大勝利と課題

投票は三月二五日に行なわれ、大隈与党は大勝利を収めることになる。選挙戦の結果は、報道する新聞・雑誌によって数値の異同があるが、与党が前回に比べ八〇議席以上延ばし合計二〇〇議席を超えたのに対し、政友会は逆に八〇議席以上減の一〇八議席となり、それまで長らく維持してきた議会第一党の座を下りることになったのである。政友会の苦境は予想されてはいたものの、まさかここまでとは誰も予想しない与党大勝利であった。しかし、与党の合同が成立していなかったこともあり、地域によっては与党内の同士討ちも生じていた。[*82] もし与党合同が成立していれば、さらに議席数はこれを上回っていた可能性がある。

しかし、吉野作造が「今日の内閣が国民の同情あるといふことは大隈内閣たるの故であつて、畢竟個人的の基礎の上に立つて居ることこれである。若し大隈伯無かりせば今日の内閣は今迄通りに国民の後援を繋留し得たであらうか。大隈伯なければ国民の同情を繫ぎ得ぬならば折角進歩しかけた憲政の運行も茲に一頓挫を招致し、妥協政治家が再び特別階級と相結んで政界に跳梁するであらう」と指摘したように[*83]、今回の選挙の勝利は、大隈の個人的人気の上に、言論選挙による腐敗した政友会の打破というイメージが功を奏したものであって、本当の意味で内容ある言論戦が展開されたとは言い難い状況であった。

そして大隈自身もそれを自覚しており、国民の政治道徳は完全に進歩したわけではなく、これからさらに、国民による政治を監視する力を強めていく必要があると、次のように述べた。

国家は憲法の運用によつて存在する。それは更に何に因るかといふに代議士に由る。然らば今日の代議士には国民が安心して万事を一任し得るかといふに、まだ〳〵左様はいかぬ。されば輿論の監視が何としても必要である。併し乍ら如何せん国民の知識はまだ低級である。此に於て輿論は更に指導者が必要である。此指導者は当然中等社会、所謂知識階級に属する人々でなければならぬ。此人々が絶へず国民を指導し、教誨し、是を以て健全なる輿論を作り、斯くして代議士を監視し、議会を監視する。是が所謂道徳的制裁若くは社会的制裁といふものとなつて現れ、政弊を未然に防圧するものである。而して政党も亦自ら輿論に向つて働く事となるであらう。〔中略〕憲法政治は多数政治であるが、多数政治の下には輿論がある。即ち輿論政治であるが、此意を更に適切に語れば学問政治、知識政治である。最一層緊切に言へば教育政治である。学校政治である。学校は知識の源泉であるが、此の知識にして国民の脳裏に涸渇する時は、憲法政治は外面多数政治の形式を具へて其実寡頭政治に堕落する[*84]

与党が勝利したとはいえ、それは国民の輿論の成長ということはできず、「国民の知識はまだ低級」であると大隈は述べた。とはいえ、その「低級」の知識しか持たぬ国民の人気の上に大隈が乗っているとすれば、内閣はその民意に対してどのような姿勢を取るべきなのであろうか。とりわけ感情的な噴出の起こりやすい対外的問題において、このことが問われてくることになる。

第三六特別議会

総選挙終了後、一九一五年五月一七日、特別会として第三六議会が召集された。これより先、総選挙後での与党の大勝利を受け、与党の合同運動が進められた。[*85] まず三月三一日、大隈伯後援会推薦議員と無所属議員とが合体し、無所属団を結成する（のちこの無所属団は一一月二七日に至り公友倶楽部を組織する）。さらに四月に入り、高田早苗らが中心となり、与党三派を合同させようという動きが始まる。しかし、中正会の尾崎はそれに賛成したものの、立憲同志会の側が、政党が大きくなりすぎることで元老の警戒心を呼び起こすことや、他派を合流させることで党の統制がとれなくなることを危惧し、結局この合同運動は頓挫、[*86] 複数与党の体制で議会を迎えることになる。

議会では、前議会で否決された二個師団増設や、大隈内閣の新規施策である参政官・副参政官設置（後述）のための経費を盛り込んだ予算追加案が議会に提出された。すでに議会の多数は与党が占めていたため、これらの予算が可決されることはほぼ間違いなかったが、それとは別の新たな問題が生じつつあった。すなわち中国に突きつけた二十一箇条要求の問題であった。この要求は、前年一一月七日に日本軍が膠州湾を占領したのを受け、一二月三日に加藤外相より日置益《ひおきえき》公使に交渉の訓令を発したものであった。翌年一月一八日、日置は袁世凱総統に面会し要求を提示したが、中国側の抵抗によって交渉はもつれ、特別議会召集直前の五月七日、日本は最後通牒を突きつけ、ようやく九日に中国が受諾したものであった。中国ではこれに対する激しい排日暴動が起こり、またアメリカをはじめ世界各国から日本に対し火事場泥棒的恐喝外交を強く非難する声が起こった。これを大隈内閣の外交の失敗として野党が攻撃することになるのである。

二十一箇条要求の内容

そもそもこうした要求を日本が突きつけるに至ったのは、関東州租借期限が一九二三年に満了予定となっており、南満洲鉄道についても一九三九年七月一四日以降は有償で（さらに一九八三年七月一四日まで延びた場合は無償で）中国政府に譲渡、安奉線は一九二三年一二月二二日以降有償で中国政府に譲渡することになっているなど、日露戦争で得た満洲権益の期限切れが近づきつつあったことにある。[*87] こうしたなか、既得権益の期限延長と、さらなる権益の拡大を狙って、政府はこの挙に及んだものであった。

二十一箇条要求についてはすでに多くの優れた先行研究があり、[*88] 詳しい交渉過程の詳細はそれらを参照願いたいが、ここではそれら先行研究に拠りつつごく簡単に説明しておきたい。要求は全五号に分類されていた。第一号は、山東省におけるドイツ権益を日本が継承することに関する四箇条である。すでに見たように、ドイツに対する最後通牒に、膠州湾租借地を中国に還付する趣旨の文言が存在していたが、要求にはそのことは一切記されていなかった。日本としては、還付声明はあくまで最後通牒における文言であり、その後現実にドイツと交戦し血を流して日本が入手した以上、事情は変わったとして、この返還を交渉材料とし、それと引き換えに他の要求の受諾を迫ろうと考えたのであった。実際、最終的には日本は譲歩して還付の意向を示すことになるのであるが、このような日本側の姿勢は、欧米諸国ならびに中国の日本への不信感を加速させることになった。

第二号は、南満洲における日本権益の強化と、さらにその権益を東部内蒙古にまで及ぼそうとする内容の諸項目で、関東州租借地および南満洲鉄道・安奉鉄道の期限の大幅延長など七箇条からなっていた。日本側の最も核心的な主張はこの第二号にあったが、東部内蒙古にまでそれを延長しようとする点については、最後まで中国側が抵抗、最後通牒によって、ようやく認めさせることになる。

第三号は、華中の漢冶萍《かんやひょう》公司に関する二箇条である。漢冶萍公司とは、漢陽の製鉄所、大冶の鉄山、萍郷の炭坑の三つを経営する会社で、「漢冶萍」とはこの三つの地名を併せたものである。同公司には日本人による投資がこれ以前より行なわれていたが、その国有化を阻止して合弁企業化し日本側の支配力を強めようとするものであった。最終的には、双方の譲歩の結果、中国政府は将来同公司の合弁化の話がまとまった際にはそれを承認し、日本側の同意無しに国有化や外国資本導入はしない、という合意が成立した。

第四号は中国沿岸部の不割譲の約束である。中国側は、不割譲そのものは何の異存もないが、これについて、ことさらに外国と取り決めるということは独立国として受け入れられないと拒否、結局、中国が独自に不割譲宣言を行なう形で合意した。

第五号は「希望条項」として雑多な七箇条を集めたものであって、中央政府に政治・財政・軍事顧問として日本人を採用すること、中国内地にある日本の学校・寺院・病院に土地所有権を認めること、必要な地域における警察を日中合同とし、または警察官庁に日本人を採用すること、華中・華南における二つの鉄道の敷設権を日本に与えることなど、中国の主権を侵害すると受け取られてもおかしくない、相当に過大な要求が盛り込まれていた。そして周知の通り、この第五号については、欧米諸国には秘密にしたまま交渉に入り、中国側の暴露によってその内容が（日本側の非道をより誇張した形で）欧米に伝えられることとなったために、日本が世界から信用を失い、多大な批判を受ける原因となるものであった。この第五号はそのほとんどが最後通牒の段階で除外されたが、福建省における鉄道・鉱山・港湾の整備に外国資本を導入する場合には先に日本と協議することについてのみは交換公文が交わされた。

ヨーロッパが大戦にかかりきりとなっているさなかに、日本はこうした種々雑多な要求をセットにすることで一挙に解決しようとしたのであるが、思惑とは裏腹にこうした一挙解決の手法がかえって紛糾をもたらす結果になった。また第五号を伏せて欧米に通告し、のちにそれが中国側から暴露されたこと、最終的に最後通牒を突きつけるという威嚇的な形で取り決めに至ったことは、世界各国から大きな批判を招くことになった。中国では民衆による大規模な排日暴動も起こり、対日感情は決定的に悪化することになる。

大隈と二十一箇条要求

二十一箇条要求を立案し、その実行を迫ったのは加藤高明外相であり、一義的責任は加藤にあるといってよい。これ以前から、大隈は政党運営においても学校経営においても、細かい点まで指示を出すことをせず、当局者に任せるのが常であった。そしてこの時も大隈は、加藤を信頼しそれに交渉方針を一任する姿勢を取っていた。その意味では、大隈の楽天的・放任的性格がこうした事態を招いたと考えることもできる。ただし、大隈は首相としてそれを追認しただけでなく、その後それを強く弁護したこともまた事実である。大隈は、これ以前、大日本平和協会の会長を務めるなど平和を強調し、かつ、中国に関してはその領土保全を主張する「支那保全論」を唱えていた。したがって、大隈と親交のあったハーヴァード大学総長エリオットは、大隈に対し今回の対中国政策は大隈の日頃の主張に反しており、日本がドイツのような侵略国になったかのように思わせるものだとして、批判の意を伝えた。[*89]

第六章・第七章で見たように、大隈は、「支那保全論」を唱えていたとはいえ、中国が日本の友誼を無視するのであれば、たとえ一撃を加えてでも、目を覚まさせるべきだとの意見を主張するようになっており、その意味ではこの二十一箇条要求につながる要素はすでに現れてはいた。とはいえ、今回は、中国による暴行事件が起こったわけでもなく、単に自らの権益要求を受け入れさせるために、武力で威嚇する行為まで行なった露骨な帝国主義的外交であった。しかもそこには第五号のごとき、中国の主権を毀損しかねない内容も含まれていた。その意味では、エリオットが批判するように、明らかにそれまでの大隈の外交論に比しても、明確に一線を超えるものであった。大隈はこの交渉について、「我輩は東洋永遠の平和を思〔ママ〕我等東洋民族の発展を希ふ以外に、又何等支那に対して野心を包蔵し居るものでない。〔中略〕日本人中にも多少の野心家があり、支那を取つて仕舞へなど、いふ。是は誤れるの甚だしきもの」であると論じ、侵略ではなく門戸開放・機会均等の主義を是とすると述べたうえで、「唯それ日本はそれ等〔欧米〕諸国に比し、地理的に支那に対して優越権を有するが故に、日独戦争の終るを待つて友誼的に支那に対して今度の交渉を開始した迄である」と説明した。[*90] 国内向けに従来の自らの平和論・支那保全論との整合性を強調した発言であるが、最後通牒まで突きつけて認めさせた条件を友誼的と述べるとはあまりにも欺瞞的であり、ナショナリズムの成長しつつある中国や、日本の突出した中国進出を警戒する欧米諸国が、こうした日本の外交をどう受け取るかという視点が根本的に欠けていた。

大隈がこうした強弁を通してまで、加藤を擁護し、二十一箇条要求の正当性を主張したのはなぜであったろうか。もちろん、すでに一回要求してしまったものを取り消すことができない以上、最後まで間違っていなかったと主張し続けることは、政治の世界においてはよくあることである。とはいえ、それはあくまで、そうすることで批判を抑え、民意の支持を得られるという見通しがあって初めてなしうるものである。実際、大隈は、中国に対する強硬姿勢を貫くことによって、世論の支持を獲得できると考えていたと思われる。というのも、交渉の情報が漏れるにつれ、多くの新聞が中国を批判し、強硬論を鼓吹するようになっていたからである。[*91] ジャーナリスト石橋湛山《たんざん》の筆を借りれば「日本の輿論は、殆ど新聞と云ふ新聞、論客と云ふ論客が、日本の要求を正当とし、之に承諾を与へざる支那政府を誠意なしとして罵つた。〔中略〕多大の血と国帑とを費して独逸より奪へる膠州湾を、支那は無条件で還付せよと主張する、日清日露戦役を経、非常の苦心を払ひて経営し来れる南満地方の我特殊の位地を支那は認めぬ、実に暴慢無礼であると云ふような、粗硬な感情論で」溢れていたのである。[*92]

第三章において見たように、明治前期の大隈はナショナリズムの行き過ぎに対して警鐘を鳴らす姿勢を持っていた。しかし、明治後期以降の大隈は、「文明化」しない中国に苛立ち、一撃を加えてでも日本に依頼した「文明化」を成し遂げさせるべきだと主張するようになっていた。そして今回、大隈は、対外利権の拡大を求める世論を前に、「平和」という俗受けのよい言葉で、二十一箇条交渉における権益要求の正当性を強調するまでに至った。大隈をそこまで踏み込ませたのは、首相として再び統治の場に立ち、民意の求めるものを敏感に察知した結果であったといってよい。先に、大隈が選挙戦での勝利にもかかわらず、国民の知識をいまだ「低級」としていたことを見たが、明治初期の大隈は、そうした「低級」な民意のナショナリズムには軽蔑の意を強くしていた。しかし、再び統治の立場に立ち、民意による支持の調達を最優先するようになった大隈は、「文明化」のためという論理からさらに一線を越えて、帝国主義的恫《どう》喝《かつ》外交を擁護するまでに至ったのである。

二十一箇条要求に対する元老山県からの批判

この交渉の進め方と内容は、従来山県が唱えていた、袁世凱の日本に対する信頼感を高めさせ、そのことによって中国での日本の地位を磐石にしようという外交政策とは対極に位置する、力による恫喝外交にほかならなかった。これより先、要求提示に先立つ一九一四年八月七日に、袁世凱は外務次官曹汝霖を通じて、日本に、中国国内の反対党を取り締まり袁世凱政府の方針を援助するならば、さほど過大なものでない限り、経済問題については譲歩する可能性があることを示唆してきていた。[*93] つまり山県の主張はかなりの程度現実性があったということができる。

加藤高明は交渉開始に際して元老の同意を得たと主張しているが、[*94] 実際に交渉開始に先立って要求の全容をどれだけ元老が知悉していたのかは怪しいものがある。[*95] それ以前から加藤は元老に重要外交文書を回覧せず、交渉前の元老への連絡も、すでに閣議決定を経た後の事後通告であった上に[*96]、第五号に関しては、中国から列国に交渉内容が漏れて初めて元老がこの内容を知るという有様であった。[*97]

一九一五年四月一〇日、加藤外相が岡陸相とともに椿山荘を訪問し、山県に交渉の行き詰まりを報告した際、山県は「今此要求条件を熟読するに、日支の関係親善になりさへすれば、別に条約に明記せずとも、容易に実行せらるべき個条も少なからず、殊に列国が好意を以て迎ふべしと思はるゝ個条は、殆んど絶無と云ふも可なり、既往四十余年間の帝国外交を顧みるに、伊藤、井上などの局に当り居たる時は苟くも欧米列強に関係ある問題は、慎重の上にも慎重を尽し、今日にては外務省の一局長が独断専決する程の問題にても、殆んど皆な内閣の議に掛け、内閣にては徹夜をして議論したる程の事なり、〔中略〕日本現在の地位を以て英国などゝ同様に思ふは自惚が過ぎるなるべし」[*98]と批判している。問題となった第五号は、最後通牒に際して一部を除いて撤回されるが、内閣の側があくまで第五号の維持を主張したのに対し、山県が頑なに撤回を主張して削除にこぎつけたのであった。[*99]そしてこの二十一箇条要求の問題を通じて、加藤外相への元老の不信感は頂点に達することになった。

しかし山県が「世間或は我が最後の譲歩を以て屈辱となし、而して内閣をして此屈辱を敢てせしめたる者は即ち元老なりとし、以て又々元老排斥の気勢を高めんとする者あり」[*100]と憤ったように、対外的なナショナリズムに、内政におけるデモクラシーの主張が重なって、世論は元老を猛批判するに至る。大隈の、民意を背景にした帝国主義外交の受容は、元老批判という側面においても思わぬ効果を発揮したのであった。

二十一箇条要求に対する野党からの批判

話を五月の第三六特別議会に戻そう。議会においても野党は内閣を猛批判したが、その批判の論理は元老のそれとは異なるものであった。すなわち、議会における政友・国民両党の批判の要点は、三月に交代兵派遣を名目に威嚇のための兵を送って中国の官民を驚かし怒らせたこと、最後通牒において「吾〻〔野党〕ノ最モ大切ナリト信ズルトコロノ」[*101]第五項のほとんどを撤回したこと、漢冶萍公司に関する第三項の第二を撤回したこと、南昌を中心とする中国中央部の鉄道利権・福建省における利権要求を撤回したこと、膠州湾租借地の還付を約束したことなどへの批判であった。政友会は、一方で派兵により中国人を怒らせたことを拙劣と批判しつつも、他方でより多大な利権を確保すべきであったと主張して内閣を攻撃した。[*102]内閣攻撃論者の多くは、「何故もつと強硬に出ぬか」「何故もつと支那を圧迫しなかった」[*103]と非難する有様で、政友会の望月圭介が加藤外相を「売国奴」と叫んで議場を混乱させるなど、全般に政友会が強硬論を吐き、逆に政府側が中国の「領土保全」を強調するという状況であった。その意味では、まさに国全体が、中国への過大な利権欲に駆られていた状態であったと言えよう。

　石橋湛山は、こうした状況について「口でばかり日支両国は親友である、同族である、兄弟であると云ふた処が、腹では彼れを呑んで仕舞ひたい、斯う考へてゐて事実親善になれよう筈はない。〔中略〕議会に於いて元田〔肇〕氏は、日支の親善を害せりとて政府を攻撃した。併し然らば政府が支那に彼の如き要求をしたのが悪いのかと云へば然うではない。同じ政友会の代表者床次竹二郎氏は云ふて居る、其の要求条件は『我々の平常希望する所でありますから……大いに満足であります』と。之れが彼ら攻撃者の意見である」「支那国民の日本に対する悪感をば一層煽つた、我が政府の失態たることは覆ふべからずであるが、併し根本はと云へば、決して茲に始つたのではない。譬へば先頃の日支交渉は油である。薪に油を注ぐ者の罪も固より恕し難いが、〔中略〕其の薪は何人が置いたか。吾輩は其の薪を置いた者は誰れでもない、実に我が国民であると思ふ。更に詳しく云ふと我が国民の帝国主義が即ち之れを置いたのであると思ふ」[*104]と指摘している。

今日、二十一箇条要求が批判されるのは、中国に強迫的手法で過大な利権を要求し、それが昭和期の日中戦争・第二次大戦へと至る日中の相互不信・対立の基礎を開いたものとしてである。しかし当時においてそのような批判をするものはごくわずかであった。そのことはすなわち、政党として国民の人気を取ろうとすれば、中国に対してより強硬な意見を吐いて民意の支持を得ることが必要であったということでもあった。二十一箇条要求に関する議会の論戦は、こうしたナショナリズムの上に乗る当時の政党政治のあり方をまざまざと示していた。

このように議会は二十一箇条要求の問題で紛糾し、六月に至り政友会と国民党が合同で内閣弾劾決議案を提出したものの、総選挙の結果絶対多数を得ていた与党によって否決されることとなった。そして、前議会解散の原因であった二個師団増設を含む予算案についても、賛成多数で可決された。

参政官・副参政官の設置

予算の可決に伴い、参政官・副参政官の設置が実現することとなった。これより先、山本前内閣時に大規模な官制改革が行なわれており、官僚の自由任用の範囲が拡大されていた。すなわち従来の内閣書記官長・秘書官に加え、衆議院書記官長、法制局長官、各省次官、警視総監、内務省警保局長、各省勅任参事官、衆議院書記官長、貴族院書記官長が自由任用となっていた。これは、政党の意向を行政に浸透させやすくするための施策であり、政党内閣実現という立場からすれば歓迎すべきものであった。しかしその一方で、こうした政友会の改革については、党利党略によって人事が動かされ、また内閣の変動により国家的事務の継続性が阻害されるのではないかとの批判が存在していた。そのため大隈内閣は、かねてからの「党弊」除去の立場から、国務の継続性を維持しつつ、政党勢力の拡大を目指すことこそが必要であるとして、試験任用による次官と、政治任用の参政官（当初は「政務次官」と称された）・副参政官を併存させるという新たな制度を構築しようとし、その旨を政綱に盛り込み、内閣成立直後から改正に向けての動きを開始していた。そして一九一四年一〇月六日には勅令改正案が公布されていたが、予算未成立のために設置が実現していなかったのである。

この改正によって、各省次官、警視総監、内務省警保局長、貴衆両院書記官長が試験任用に戻される一方で、各省に参政官・副参政官各一名が設置されることとなった。ただし当初の政府案では、参政官の職務権限は政務全般への参与とされていたものが、枢密院での勅令審議の過程で、議会関係に限定されてしまい、また内務省についてのみその政務の広範さ・重要さから定員二名とされていたものが、他省同様一名に削られるという修正が行なわれてしまっていた。これは官僚機構に内閣・与党の意向を反映させる上では、極めて重大な後退と言わざるをえないものであった。

また、一九一五年二月二三日の閣議決定において、官吏と議員の兼職を禁止する一方で、国務大臣、鉄道院総裁、朝鮮総督府政務総監、内閣書記官長、法制局長官、各省参政官・副参政官についてはその例外とすることで、議員の就任を認めた。以上の改革は、枢密院の抵抗などにより不充分ではあったものの、国務の継続性を担保することによって「党弊」を防遏しながら、行政への議会の関与の権限を拡大するという形で、議院内閣制の方向へと一歩を進めようとしたものであった。*105

予算の成立を受け、七月二日の閣議で人事が決定された。浜口雄幸《おさち》大蔵次官、下岡忠治内務次官が同省の参政官に転じたほか、安達謙蔵外務省参政官、早速整爾《はやみせいじ》海軍省参政官、町田忠治農商務省参政官、藤沢幾之輔逓信省参政官など、のち昭和初期の政党内閣の時代に大臣を務めることになる人材が任命されており、彼らにとって貴重な経験を積む場となった。だが、参政官の権限の縮小や、そもそも代議士が行政に精通していなかったことなどから、この参政官制度は必ずしもうまく機能したとは言えない側面があり、この制度が根付き政党政治実現に結び付くためには、参政官の権限の拡大、ならびに、制度運用の継続による経験の上積みが必要であった。しかし大隈内閣が倒れ、寺内内閣が誕生すると、参政官への新規任命は行なわれず、この制度は有名無実化することになるのである。[*106]

なお、予算のほかこの議会に大隈内閣は、減債基金五〇〇〇万円のうち二〇〇〇万円を鉄道改良費に貸し付けることを目的とする帝国鉄道会計法中改正法律案と国債整理基金特別会計法中改正法律案を提出し、これもまた賛成多数で可決されることとなった。総選挙で絶対多数の与党を得た大隈内閣には、もはや政友会に突かれるべき弱点はないかのように思われた。

大浦事件

ところが、ここに大隈の予期しなかった一大問題が生じることになる。すなわちいわゆる「大浦事件」の発覚である。もともとは一九一五年五月、政友会の代議士村野常右衛門が、大浦兼武内相を選挙違反・収賄容疑で告発したことに始まる。六月五日、政友会議員総会において村野は告発について説明したが、それは大浦が総選挙に際し、政友会脱党者によって設立された大正倶楽部から立候補した白川友一を当選させるべく、その対立候補に贈賄して立候補を断念させたという点にあった（事実は対立候補ではなく大正倶楽部に交付したもので法的には問題なかった）。その後調査が進むなかで、解散となった前議会の会期中に、大浦農商務相（当時）が衆議院書記官長林田亀太郎を通じ、政友会内の多数代議士に金銭を贈与し、二個師団増設に賛成させたということが明るみに出たため、六月末から七月にかけて代議士の拘引ならびに大浦の取り調べが行なわれるに至るのである。[*107]

むろん、これらの挙は大浦個人の判断によるもので、大隈首相はじめ内閣として関与していたものではなかったが、すでに見たように、大隈内閣はこれまで政友会による「党弊」を洗除することを謳い、選挙においても従来の選挙の腐敗を厳しく批判し、それに代わる言論戦のイメージを打ち出してきた。この事件はそうした大隈内閣のイメージを崩壊させかねない大事件で、内閣にとっての打撃は非常に大きいものがあった。

野党は大浦内相弾劾決議案を提出、それが否決されるや選挙干渉に対する決議案を提出、六月八日議事に上ると、議場は野次・怒号の応酬で大混乱に陥り、同志会側が討論終結の動議を賛成多数で採決しようとするや、政友会・国民党の議員は議場を去るに至った。言論戦を標榜しつつ、議論の府としての議会の討議を多数の決議で終了させようというのは、多数党の横暴と言われても仕方のない事実であるが、それだけこの事件が与党側にとって苦しいものであったということを示している。

前述したように大隈首相自身はこの件に一切関与していなかったが、内閣としてこの不祥事の責任は免れ得ない。結局七月二九日、大浦は辞表を提出して、翌日允許《いんきょ》、残りの全閣僚もまた三〇日に辞表を提出するに至ったのである。なお、結局この事件については、大浦は一切の公職を辞して隠棲したことが考慮されて起訴猶予となり、他の被告に対しては翌年六月に懲役六ヶ月以下の判決が下された。

留任と内閣改造

内閣は辞表を提出したものの、元老の意は大隈続投にあった。最大の理由は、大正天皇の即位大礼が近づくなかでの政治的変動は好ましくないという点にあった。[*108] すでに閣僚が辞表を提出した七月三〇日に松方は天皇に大隈留任の意見を奏上し、山県も宮中で大隈と出会った際に留任を勧めた。[*109] また大正天皇も大隈に留任するよう勧めたため、[*110] 八月三日、元老は会議を開き、正式に大隈に対し留任を勧告することに決定した。五日、大隈首相は閣議を開いて続投か否かの意見を聴取したが、加藤高明外相、若槻礼次郎蔵相、八代六郎海相の三人は辞職の決意固く、結局この三人以外の閣僚が留任するという形で改造内閣を作ることとなった。

加藤、若槻の両名は、内閣の基礎が薄弱となったことで、政局を切り抜けることが難しいと考えたために、辞職の意を譲らなかったようである。特に加藤の場合、いずれは自らが首相として内閣を組織するつもりであったから、大浦事件をきっかけに内閣が弱体化する可能性があると考え、政治的な傷を負うことを避けたかったとも言われる。[*111]元老の側も従来からの経緯により、加藤の留任に難色を示しており、井上馨などは、もし加藤が留任するなら大隈と絶縁し政界を引退するとまで述べていた[*112]（なお、大隈内閣誕生時から大隈を支援してきた井上馨は九月一日に死去する）。また八代六郎はこれより先、六月頃からすでに機を見て引退したいと述べており、[*113]かつ清廉潔白で民衆からの歓迎を受けて就任し、シーメンス事件を厳罰に処した経緯などもあり、この不名誉な事件で身を引かねば節を汚したという誹《そし》りを受けかねなかった。

後任の海相には加藤友三郎が就任、外相は当面大隈が兼任し、一〇月に至り前駐仏公使石井菊次郎が就任。内相には一木喜徳郎文相が転任し、代わりの文相に早大総長の高田早苗が就任した。蔵相には武富時敏逓相が横滑りし、代わりの逓相には箕浦勝人が就任した。

野党の側は、大隈内閣がこれまで政友会の「党弊」を散々攻撃しておきながらその裏で買収に手を染め、さらに天皇・元老の意思を楯に政権の座に居座り続けたことは、極めて非立憲的な行為であるとして、さらなる内閣攻撃に気勢を上げることになる。

内閣改造の結果、官僚出身者が減り、党人色の濃い内閣となった。すなわち、高田早苗は当時政党に所属していなかったが、もともとは立憲改進党結党時から大隈の下で政治活動を行なっていたし、逓信大臣に入った箕浦勝人も自由民権運動以来の政党人であった。さらに従来副首相格として内閣に重きをなしていた加藤が去ったことで、閣内での尾崎行雄法相の存在感が高まる結果となった。加藤という元老との不和の最大要因が除かれた一方で、元老との強力なパイプ役であった大浦兼武を失ったことは、内閣と元老との意思疎通において、不安を残すものでもあった。

袁世凱帝政延期勧告

折から、中国では袁世凱総統が帝位に就こうという野望を抱き、そのための準備を進めていた。ところが一九一五年一〇月二八日、日英露三国は協同で袁世凱に帝政延期勧告を発した。三国協同とはいえ、元々は日本がイニシアティヴを取ったものであった。その後一一月、一二月と二回にわたって、さらなる延期警告が出されることになる。こうした反袁政策を閣内で強硬に主張したのは尾崎行雄法相であった。[*114] 特に二度目の勧告に際しては、「尾崎法相は支那に対し硬論を主張し袁をして皇帝たることを無期延期と明言せしむるまで是非に交渉すべしとて一時は進退を賭してまでも論じたるに対し他の閣員も纏め方に非常之苦心をなし」[*115]というように、尾崎は辞職をちらつかせてまで「無期延期」表明をさせることを主張したのであった。そしてその尾崎の背後には、いわゆる大陸浪人や、旧国民党系の人々に多かった対外硬派の存在があった。たとえば対支聯合会の内田良平も、武富・箕浦・河野ら党人派の大臣を訪問し、また大隈に意見書を送付するなどして、袁世凱打倒を主張していた。前章までに見たように、大隈は従来、中国の政治的安定を望む立場から現在の政権担当者を尊重し、革命などの中国の混乱をもたらす行為には批判的であった。しかし、閣内で党人派の勢力が強まることにより、こうした民間政客の意見が閣内に影響を及ぼすようになったのである。

すでに見たように、従来元老山県は、袁をして日本への信頼・依頼の気持ちを抱かせ、そのことによって中国での日本の利権と地位を確固たるものにするという方策であった。しかし、二十一箇条要求に続き、それとは相反する政策を内閣は採ることとなった。袁世凱は再三にわたって帝政一時延期を声明するも、無期延期を表明することはなかった。そこで一九一六（大正五）年三月七日、大隈内閣は閣議で袁世凱排撃と民間の志士による南方派援助を黙認するとの決定を行なったが、この際も閣内で尾崎が強くそれを主張していた。[*116]また陸軍、特に参謀本部内には、田中義一をはじめ日本に非協力的な袁世凱を排斥しようとする動きが存在し（それは袁政権保持を主張する山県や寺内正毅ら陸軍最上層部の意見とは異なるものであったが）、前述したような内閣の方向性を後押しすることになった。[*117]

さらに大隈内閣は、袁世凱打倒のために、ひそかに民間有志や一部軍人と連絡を通じて、清朝復辟《ふくへき》を狙う宗社党の運動にも関与していた。[*118]当時の日本の世論においても袁世凱は不人気であり、その意味で民意と政策は近づいたといえるのであるが、しかしそれは同時に明確な内政干渉であり、ナショナリズムに寄り添う形での帝国主義的外交であったことは否めず、従来の大隈の意見とも反するものであった。二十一箇条要求にせよ、この反袁政策にせよ、元老から政党の側が政権運営のイニシアティヴを奪おうという動きが、社会一般のナショナリズムの対外強硬的性格を背景に、中国に対する強硬姿勢という形で現れたという事実は、民意と統治のあり方を考えるうえで、大きく考えさせられる問題を孕むものであろう。

大正天皇即位大礼と第三七議会

その一方で、一九一五年一一月一〇日、京都御所にて大正天皇の即位大礼が行なわれた。昭憲皇太后の崩御により一年遅れで挙行されたものであった。さらに一四日には大嘗祭《だいじょうさい》が行なわれた。世界から多数の来賓が招かれ、大隈は「全世界の、代表者を網羅して即位の大礼を挙げられたのは東洋に於て有史以来、未曽有の事」[*119]であるとして、新時代にふさわしい大礼であると誇った。

その後、第三七議会（通常会）が一一月二九日に召集され、一二月一日に開会した。議会においてまず野党の攻撃の対象となったのは、大浦内相による選挙干渉問題や、大浦事件後の大隈留任問題であった。野党は内閣弾劾決議案を提出し、一二月一八日議会に上程された。留任と大浦事件の不起訴、乃木家再興問題（乃木希典の遺言に反して、毛利家からの養子を迎えて乃木家が再興されたことに対し、長州閥の横暴などの声が上がった）について内閣の責任を問うたものであった。決議案に関する野党の演説に続き、大隈はこれに反論する演説を行なったが、自らの留任を批判する者に対して「諸君ノ責任論ハ殆ド君主権ヲ犯スモノデアル」と論じたところで、多数議員が演壇に駆け寄る事態となり、そうしたなかで政友会の武藤金吉が大隈に対し暴行を加え、議場は大混乱に陥った。演壇の演説内容もこの後聞き取れることができず、速記録にも「議場騒然」の文字が何度も登場し、「議場騒然聴取スル能ハス」[*120]と記載される有様であったが、いずれにせよ与党多数を覆すことはできず、投票の結果一三二対二二二票で否決された。

減債基金還元問題

このように、与党が多数を占める衆議院については、議場の紛擾こそあれ、最終的には政府側が採決で勝利を収めることができた。しかしこの議会において、大隈内閣の前に立ちふさがったのは貴族院であった。特に焦点となったのは減債基金還元問題であった。[*121]すなわち、前年、減債基金五〇〇〇万円のうち二〇〇〇万円を鉄道改修に振り向けることを議決した際、若槻蔵相と貴族院との間で、将来経済状況が変わり募債が可能になった暁には減債基金を五〇〇〇万円に戻し、鉄道については内債を募集して賄うとの約束がなされていた。その後、大戦景気により経済状態が好転し、貿易は順調となり、一九一四年一一月の正貨準備が三億三六〇〇万円だったのに対し、一九一五年一〇月には五億六〇〇〇万円に増加していた。[*122]こうした状況下で、貴族院は前年の約束に鑑み減債基金を五〇〇〇万円に戻すよう求めたのであった。

大隈は、こうした好転は一時的な変態であって長く続くものではない述べ、これを拒絶した。この大隈の予想は実際にその通りとなり、のち原敬内閣時代の一九一九年以降貿易は再び輸入超過となり、その翌年には戦後恐慌が起こって、以後貿易収支の巨額な赤字が続く。そして相次ぐ恐慌の時代となって昭和期の社会不安・政情不安へとつながっていくことになる。しかしながら、今回問題になったのはわずか二〇〇〇万円という額であり、「此の際僅に二千万円の公債を起すは必しも不可能にあらざれども、従来の行き掛り上政府の言明を曲ぐることを得ざるの境遇に在り」[*123]と大隈が述べたように、将来の貿易収支の悪化を鑑みたとしても、二〇〇〇万円の鉄道公債を募集することはそれほどの難事ではなかった。しかし本章冒頭でも述べたように、非募債政策は大隈内閣の看板的政策であったのであり、攻撃を受けた結果として募債を行なう、ということは避けたかった。

そして逆に言えば、貴族院の側も、二〇〇〇万円程度の問題にこだわったのは、単に前年の約束を翻したということだけではなく、たとえば反対派の中心人物であった田《でん》健治郎が「還元問題は対支外交の攻道具に使つたに過ぎぬ」[*124]とのちに述べたように、外交問題や大浦事件後の居座りなどに対して、反大隈内閣の感情がくすぶっていたからであった。こうした状況ゆえに両者の妥協は難しく、ついには予算案の通過も危ぶまれる状況になり、予算不成立により内閣が瓦解する可能性すら生じてきた。窮地に陥った大隈は元老山県有朋に調停を依頼せざるをえなくなるのである。

山県有朋による調停

大隈はこの時すでに数え年で七九歳の老齢であり、以前から時機を見て辞任したい意向を持っていた。また大隈側近の間でも、大過なきうちに円満退陣をさせたいという動きが存在していた。したがって予算不成立による瓦解はなんとしても避けたかった。こうしたなか、大隈は一九一六年二月一日山県に面会し、議会終了後の辞任と引き換えに、貴族院との調停を依頼したのである。山県はこれを受け入れ、反対派の巨頭田健治郎を訪問、妥協を勧めた。田は、山県による大隈辞任の保証を条件に、妥協を受け入れた。[*125]これにより政府は二月一〇日、従来の非募債主義の方針に修正を加え、国債整理基金特別会計法第五項の規定に依らず内国債発行を可能とする旨の法律案を提出、さらにそれに基づき公債募集による二〇〇〇万円ならびに国債整理基金収入二〇〇〇万円を歳入に加え、これを減債基金に充当する旨の追加法律案を提出した。この修正と引き換えに、予算案は政府原案通り、二月一二日貴族院にて無修正で可決されたのである。予算不成立による倒閣という事態はこれにより避けられた。

なお山県は、大限が辞任を約して調停を依頼した際に、「予一個の考としては、閣下は元之れ先帝維新以来の功臣なり。願くば長く君主補翼の任を担当せられ度しと考ふるなり」[*126]と、退任後の大限に、元老の一員として活動してほしいと考えている旨の発言を行なった。次章において見るように、大限が元老に加入するか否かという問題は、首相退任後の大限をめぐるひとつの論点となってくる。

簡易保険制度ならびに理研の創設

第三七議会で通った法律中重要なものに、簡易生命保険法がある。これは、比較的低所得の人々でも加入できる小口保険制度を創設したもので、内閣成立直後から委員会を設置し、その方法等について調査を重ねていたものであった。[*127]従来の保険で要求された被保険者の身体検査を省き、被保険額を二五〇円以下に限ることによって、中下層民衆の保険加入を容易にする、社会政策的意味合いを持つものであった（政府原案は被保険額三〇〇円以下であったが貴族院の修正により削減）。政友会からは民業圧迫との批判もなされたが、実際には当時の経済状況から判断して、低所得層に対する保険は保険会社にとってリスクが高く、到底営利事業としては成立しえないものであったため、社会政策としては当然官営たらざるをえなかった。無審査かつ保険金額が低く手軽に利用できる庶民のための保険としてこの制度は第二次大戦後まで長らく続いたが、二〇〇七年の郵政民営化に伴い現在では募集されていない。

また理化学研究所国庫補助法も今日まで続く理化学研究所（理研）の基礎を作ったものとして重要であ

る。第一次世界大戦によって欧州からの輸入が途絶すると、それを代替することのできない日本の科学研究力の低さが日本の課題として明らかになった。大隈はすでに一九一〇（明治四三）年に雑誌上で「化学工業時代の進襲に眼覚めよ」として科学技術発展のための研究実験施設設立の必要性を説いていた。[*128] その後、一九一三年に高峰譲吉（長崎時代の大隈の教え子でもある）が国民科学研究所の必要性を主張すると、高峰の意見に賛同した大隈も設立を熱心に進め、前議会で理化学研究所創立を決議し、今回その国庫補助にこぎつけたのであった。政府は民間有志によって研究所を起こさせ、運営資金八〇〇万円のうち、五〇〇万円を民間有志の寄付に仰ぎ、残りのうち一〇〇万円を皇室の恩賜とし、二〇〇万円を政府による出資とすることとしたのであった。理化学研究所は翌年三月二〇日に財団法人として設立され、以後、日本を代表する総合的な科学研究所として戦後まで続き、今日では独立行政法人として存続している。

なお、この頃大隈内閣は一九一一年に成立していた工場法の施行を意図し、勅令案の作成に取りかかっていた。工場労働者保護のための日本初の法制である工場法は、資本家階層の反対が多かったことから施行を遅らす目的で法文に施行期日が明記されておらず、別途勅令にて施行することとされていた。また工場法施行準備のための予算措置も数年間取られていなかった。大隈内閣はこの施行のための準備を進め、一九一六年初頭に至り六月に施行する旨の勅令案を作成したものの、枢密院の反対のために遅れ、延期を余儀なくされたうえでようやく公布、九月に施行を見たのである。もとより、最初の法案ということで工場法の規程は労働者保護法制としてはあまりに不充分なものであったが、その施行を決断したことは、前述の簡易保険法案と並んで大隈内閣の社会政策として特筆すべきものであった。

加藤内閣成立運動

大隈は辞職を決したものの、問題は後継首班であった。すでに前年一一月の即位大礼の頃から、大隈は辞意を周囲に漏らしていたが、山県への調停依頼まで辞任に向けた具体的な動きをしなかったのは、内情を知る高田早苗文相が「啻《た》た罷めるにしても後継者のなきには困りもの也結局外部でいくら騒ぎ立ち内部では何時にても明渡したしと内外其点一致しても受取人の無きため内閣は今少しく保たるべし」[*129]と語ったように、政権を譲るべき適任者がいないためだった。前述したように、大隈は自らの辞任を「憲政有終の美」すなわち政党内閣の成立に結び付けたいと考え、当初は加藤高明をその候補者と考えていた。しかし、外交問題における元老との軋轢や、その後大浦事件に際して留任を肯んぜず辞任に固執したことなどから、加藤への失望を強くしたようであり、山県有朋にも「其の偏狭にして大器にあらざるを罵り、当初内閣を組織せる当時は、将来之を彼に譲らむかとも想ひたりしが、其の後〔中略〕到底内閣の主脳たるべき器にあらざるを知れり」[*130]と述べていたほどであった。

　とはいえ、事ここに至れば、後継者が無くてはならない。そしてそう考えた場合に、最大与党を率いる党首である加藤以外に、適当な者はいなかった。いわばやむをえざる選択であった。大隈は再び加藤を後継者と考えるようになり、一九一六年三月二六日、山県と面会し後任首班の話になった際に「政党の弊元より除却せざる可からずと雖、一面に之が為め全く政党を度外視するが如きは、今の時勢に於て到底不可能なるは論を俟たざる所とす。就ては予が後任者として世上の人物を物色するに、年齢も未だ衰へず、内外の情勢にも通じ、且つ財政の知識を有するものを挙ぐれば、最も加藤男を以て適任とすべし」[*131]と、加藤を推挙するのである。

　この大隈の意見に山県は非常な驚きを見せた。かつて大浦事件後の留任時に、大隈が加藤を批判するのを聞き、その後も大隈が意中の後継者がいないと発言するのを複数回耳にしていたからである。[*132]また、従来大隈は、元老の支援を得る目的もあり、「党弊」打破の必要性を常々強調していた。山県は政党内閣に強い反対の意見を持つ人物であり、党弊打破・政友会打倒を掲げるからこそ大隈を支援していたのである。

その大隈が政党内閣組織を主張するに至っては、山県は反対せざるをえなかった。第一次世界大戦の状況下において、大隈与党の力をこれ以上増長させてしまえば、第二の政友会が形作られ、政友会との間に激しい党争が繰り広げられることになりかねない。そうさせないためにも、党派色のない人物に内閣を組織させ、挙国一致を実現しなくてはならないというのが山県の主張であった。すなわち山県の意は朝鮮総督寺内正毅にあった。*133

日露協約の締結

この後ほどなく、山県は肺炎にかかり、しばらく面会が不能になった。ここで大隈は、山県が動けない間を見逃さず、加藤擁立に動くことも可能であったはずである。しかし、そのような動きは見せていない。その後大隈が幾度にもわたって山県および寺内と面会を重ねていることから考えても、この時期の大隈はまだ山県の説得が可能だと考えていたのであろう。元老の了解を得た上で後継内閣を決めない限り、たとえ一時の策謀によって加藤内閣が誕生したとしても、その継続はおぼつかないと考え、山県の同意を得た形で政党内閣への糸口をつけたいと考えていたものと思われる。

なおこの間、ロシアとの間で日露協約の交渉が進み、一九一六年七月三日、駐露全権大使本野一郎とロシア外務大臣サゾノフとの間に第四次日露協約が締結されることになる。この協約は、中国での相互の利権を保護するための公開二箇条・秘密六箇条から成るもので、中国が日露いずれかに敵意を有する第三国の支配下に置かれることを防止し、この第三国といずれかの国が開戦した場合には相互に援助することを規定した、中国における権益確保のための事実上の攻守同盟であった。第三国が具体的にどの国を指すかは明示されなかったものの、のちにロシア革命によりロシア帝国が崩壊すると、ソヴィエト連邦はこの第三国が米英を指すと注釈した上でこの密約を暴露し、日本は非難を浴びることになる。

寺内・加藤連立工作

山県の病気により一次中断の形になった後継首班問題であるが、この間、山県の意中に加藤がないと見た大隈は、次善の策として、寺内・加藤連立内閣を構想するに至っていた。六月二四日、大隈は参内して天皇に近く辞任したい旨を伝えたが、その際後任としては寺内と加藤の二人がふさわしいと述べ、元老の意見を聴取されたいと述べた。[*134] 大隈の意図は、かつて隈板内閣に際し大隈と板垣の両名に組閣の命が下ったように、天皇から寺内と加藤の二人に対し組閣の命を下させようという計画であった。

七月に入り、大隈は寺内と三度にわたり会談を重ねて、連立内閣の組織について寺内の内諾を得ようと試みた。ところが、寺内は一切譲歩の姿勢を見せなかった。寺内は、もし内閣を組織するとすれば挙国一致を目指すつもりであり、一党一派に偏するつもりはないこと、また大命降下に先立って加藤と連立内閣組織について私議することはできないと主張し、大隈の主張を突っぱねた。[*135] 大隈は山県と意見の調整を図り、何とか連立にこぎつけようとしたものの、交渉はまとまらなかった。

山県は連立内閣について必ずしも一切を否定していたわけではなかったし、むしろ大正政変の再現を避けるためにも、同志会の協力は欲しいと考えていた。そうした立場から山県は、挙国一致というのは必ずしも政党を一切排除するということではないのだから、二人に大命が下るという形ではなく、寺内に大命が降った後に、寺内と加藤との間で協議を行なって連立内閣を組織すればいいのではないかと述べた。しかし、大隈は、あくまで加藤にも併せて大命が下ることにこだわった。それは、大隈自身が山県に述べているように、加藤が寺内内閣への入閣を承諾するかどうかに不安があったことがひとつの理由であった。[*136]

しかしこれのみが理由であるにしては、大隈が加藤に入閣を説得した気配がほとんどないことが訝しい。[*137] 政党嫌いの山県には公言しないものの、大隈の本心は、政党内閣の実現に一歩でも近づけるためにも、大命そのものが加藤に下ることがどうしても必要であるとの考えがあったに違いない。寺内に大命が下り、その後に、入閣交渉が行なわれるという場合、内閣の方針を決めるのはあくまで寺内であり、その寺内の政策に合致すれば政党員が入閣するという段取りとなるのであるから、主導権はあくまで寺内の側にある（そしてその場合、おそらく加藤は寺内の政策が自らの見解に合わないとして入閣しない可能性が高い）。*138 それに対し、両人に対する大命ということであれば、連立を組むことが前提であるため、両者は対等の立場で政策について協議することになり、新内閣における政党の比重は高くなるであろう。こうした考えが、大隈の頭の中にはあった。だからこそ、加藤への大命降下にこだわったのである。逆に言えば、同志会が力を持ちすぎることを警戒する山県や寺内にとっては、両名への大命降下という事態は何としても避けなければならなかった。

大隈はそれまで政友会打倒のために、常に「党弊」を批判し、その一掃を繰り返し説いていた。それこそが元老と自らを結び付ける紐帯《ちゅうたい》であったからである。しかしこうして「党弊」を過度に強調しすぎた結果、政党の力が大きくなりすぎることは国家のためにならないとして政党内閣を否定する山県らの議論に、論理的に抵抗できない事態になっていた。大隈内閣誕生の契機であった「党弊」打破の論理が、今度は逆に大隈の側に足枷となって返ってきたのである。そして大隈は、山県らの説得を諦めることとなる。

天皇に寺内・加藤の両名を推挙してから約一ヶ月後の七月二六日、大隈は大正天皇に拝謁、これまで寺内と数回面談し、山県とも相談したが、結局寺内は朝鮮総督の用務のために首相に就任しないであろうとの意見を奏上するに至る。連立内閣が難しい情勢にあるなかでの、苦しい嘘であった。そして大隈からこれを聞いた大正天皇は、それならば大隈が辞任せずにそのまま在任していればいいではないかと返答してしまう。*139 この天皇の言葉によって、事実上六月末に奏上した辞意が撤回される形となったのであった。

直後、この件について参内を求められた山県は、大正天皇に対し、「陛下既に留任せよと仰せられたる以上は、最早御下問の必要もなきこととなり、去り乍ら此の如き重大なる事件に付ては苟も軽々しく断定し給ふべからず、由来君主の一言は甚だ重くして国家に至大なる関係を及ぼすへきものなれば常に慎重に慎重を重ねて軽々しく事を速断し給ふ可から」ずと、大正天皇を厳しく諫《いさ》めることとなった。[*140]

三派合同運動

以上の大隈の行動と平仄《ひょうそく》を合わせるように、八月三日、大隈侯後援会（七月一四日大隈が侯爵となったため改称）が宣言書を発表、「首相が合理的に奏薦し得べき適材を確認せらるゝ迄、猥に引退せらるべきに非るは自明の理」であり、「後継内閣が国民協賛の機関たる衆議院と没交渉の超然内閣なりと謂ふに至りては〔中略〕立憲的行動を理想とせらるゝ首相が此種の内閣を後継として奏薦せらるべき筋合絶対に有之間敷」と論じて、超然内閣を否定、現内閣の延長線上に衆議院に基礎を有する新内閣が誕生すべきであると論じた。[*141]

その一方で、一九一六年六月頃より高田早苗文相が主導する形で、立憲同志会・中正会・公友倶楽部の三派合同の動きが始まりつつあった。過去幾度かにわたって与党合同の動きが試みられては失敗してきたが、内閣末期になりようやく本格的に動き出すこととなったのである。そして高田は大隈侯後援会の宣言書と同様の談話を新聞記者に話して大隈退陣を否定した。

大隈およびその側近は、寺内・加藤の連立政権論を諦め、政権をしばし継続させて時間稼ぎを行ない、その間に三派合同を成し遂げ、その勢力を背景に加藤内閣の成立にこぎつけようと考えるに至った。同志会と中正会は合同に積極的であったものの、公友倶楽部の一部が反対するなどして難航、しかし高田早苗らによる粘り強い運動の結果、九月に入りようやく新党準備の具体的段階に入った。

大正天皇に賭ける

しかし仮に合同が成立したとしても、それは後継首班の選出に直接的には何ら関係ない。そもそも後継首班奏薦の権限が元老にある以上、事態は圧倒的に山県・寺内に有利であった。いくら世論の後押しがあったとしても、そしていくら議会に多数の議席があったとしても、それが直接首相奏薦に結び付くわけではない。その意味で大隈にとっては、最初から不利な戦いなのであった。事態をひっくり返すには、元老の後継首班奏薦の権限を、何らかの秘策を用いて発動させず、大正天皇を動かして加藤に大命を降下させるほかない。

大隈と大正天皇とは、かねてから非常に打ち解けた親しい関係であった。皇太子時代から、大正天皇は軽快洒脱な話術を駆使する大隈を気に入っており、しばしば大隈を呼んで話を聞いた。一八九八年に大隈邸を訪問した際には、東京専門学校にも立ち寄る予定が組まれていたのだが、大隈の話が面白くてたまらない大正天皇は、予定の時刻になっても大隈邸から出てこず、結局東京専門学校に立ち寄ることは中止となってしまった。[*142] 他方、常に謹厳な態度で大正天皇に侍し、時には苦言を呈することも辞さなかった山県に対しては、大正天皇は良い感情を抱いていなかった。[*143] 七月下旬に、大正天皇が大隈に留任を慫慂《しょうよう》したのも、こうした大隈と大正天皇の関係が背景にあってのことであった。

そして大隈は、最後の賭けに出ることになる。すなわち、一〇月四日、大隈は辞表を提出するとともに、後継首班に加藤を推薦、辞表にもそれを明記し、それを新聞にも発表するという前例のない挙に出たのである。政党内閣の実現を図る大隈が、天皇の力によってそれを実現しようとするのは実に皮肉であったが、大日本帝国憲法下においては、それ以外に事態の打開策は存在しないのであった。なお、大隈は事前に元老でありかつ天皇に常侍輔弼する立場である内大臣の大山巌にも手を回し、その同意を得たと考えていた。[*144]しかし、実際には大山は大隈の考えには同意しておらず、[*145]また山県有朋も、大隈の行動を警戒しており、これ以前から元老間は連絡を密に取って事態に備えていた。大正天皇も七月に大隈留任を独断で述べて山県に注意された経緯があり、またこの時も宮内大臣波多野敬直より即答しないよう注意を受けていたため、[*146]大隈の加藤推薦に即答することなく、通常の手続き通り、元老への諮詢《しじゅん》を行なったのである。

山県の行動は迅速であった。大隈の辞表と入れ違いに参内するとともに、即日元老会議を開き、寺内を後継首班に奏薦した。一〇月九日には寺内内閣が成立したが、この間の山県の手際の速さには「あんなに早く曲折もなく直ちに寺内の手に渡るべしとは大隈侯爵も夢想せざりし」と高田早苗文相が証言するように、[*147]大隈も意表を突かれたようである。それに引き換え、大隈与党合同運動はあまりにも時間がかかりすぎた。寺内内閣成立の翌日、ようやく代議士二〇〇名を数える憲政会が加藤高明を党首として組織されたが、時すでに遅く、この大政党を背景に寺内組閣の動きを牽制することはできなかったのである。[*148]

民意と統治のはざまで

本章冒頭で述べたように、大隈は内閣成立の直前、「薩長劇より国民劇へ」と政治の主役が交代する必要があると説いていた。しかし、第二次大隈内閣の成立は、元老の支持によってもたらされたという意味では「薩長劇」の要素を持ち、他方民意の支持を背景に誕生したという意味では「国民劇」の要素を持っていた。したがって、現実の成り行きは、「薩長劇より国民劇へ」という単純な成り行きではなく、時に前者の、時に後者の側面が出てくるという複雑な内実を孕んだものとなった。

しかし、その複雑な内実が必ずしも矛盾として噴出しなかったのは、大隈という稀有な個性の持ち主が首相であったればこそであった。参戦論を主張しながら世界平和について語り、「党弊」を批判しながら政党内閣の実現を是とし、老齢にありながら青年を自称し青年を応援するといったように、まさに大風呂敷よろしく矛盾と多様性を包みこみ、明るく前向きな未来を語ることのできる大隈の人格こそが、大隈内閣の最大の武器であった。第一次世界大戦の勃発という背景はあったにせよ、かつてであれば議会や民衆の憤激を招いたであろう海軍拡張や二個師団増設を主張しながら選挙で大勝し、それらを難なく実現させてしまうというのは、良し悪しは別として、大隈以外の者が首相であれば成しえなかったことであろう。

とはいえ、大隈内閣は決して無定見であったわけではない。多分に戦略的要素はあるとはいえ、政友会による党利党略に支配される政治のあり方を「党弊」として厳しく批判し、かつ金本位制の危機的状況のなか、緊縮財政と非募債主義によってその危機を脱しようとした。こうした理念を貫くためには、鉄道建設等の積極政策による利益誘導や、廃減税といった人気取りにつながる政策を捨てることを厭わなかった。とりわけこの経済政策においては、責任ある統治の立場を貫こうとする大隈の姿を見ることができる。

しかし他方で、大隈は民意のありかを敏感に感じ取る力を持ってもいた。責任ある経済政策を貫くことができたのも、自らの個人的人気と、当時の情勢の下においては、そうした政策を採ったところで、民意は離反しないであろうと見た結果であったことは間違いない。第一次護憲運動に際して、群衆が議事堂を取り囲み、政変の要因となったように、もはや民衆の意向を無視した政治運営は不可能となりつつあった。

そしてこうした民意への敏感さは必ずしも政権運営にプラスに働くばかりではなかった。とりわけ外交上の失敗は覆い難いものがある。内閣成立当初、友好と領土保全を旨とする大隈のかねてからの中国論を理由に、中国側でも大隈内閣の成立を歓迎する声が強かった。[*149] 袁世凱政権だけでなく、孫文も大隈内閣の成立に期待を込め、大隈に書翰を寄せ、支援を訴えていた。ところが、最終的にはこの両者ともに大隈内閣の外交政策には失望することになる。二十一箇条要求受諾の日は「国恥記念日」とされ、長らく中国国民の記憶に刻まれることとなり、またアメリカをはじめとする欧米諸国は、日本への強い不信の念を抱くようになる。いわば、日本が世界から孤立していく端緒を作ったと言うことができる。

しかし自らの従来の見解と反するにもかかわらず、こうした外交策を大隈が追認したのは、その背後に日本の権益拡大を強く望む民意＝ナショナリズムの高揚が存在していたからである。日露戦後、民衆の間に大きな影響力を持った「国民主義的対外硬派」[*150]の延長線上に、「内に立憲主義、外に帝国主義」と呼ばれる思想が、日本の最もポピュラーな思潮となるに至っていた。内政において元老を排撃し、議会を基盤とした民意に基づく政治の実現を求める一方で、対外的には領土・権益の拡張を志向していくあり方である。大隈はそうした民意をまさに体現する存在であったといってよいであろう。しかしその結果が、外交における失敗につながり、のちに日本が大きなしっぺ返しを受けることになるのである。明治前期において、在野のナショナリズムの熱狂を冷徹な眼で眺め、それを批判していた大隈の姿はもはやなかった。こうした大隈の姿勢は、民衆の支持を必要とする政党勢力が、国内の論理に引きずられて対外強硬的姿勢を取るようになり、結果として大きな外交的損失をもたらすという、今日に至るまで民主政治において繰り返されてきている失敗を、二〇世紀の幕開けの時期に演じてしまったものと見ることもできる。すなわち、この内閣での大隈の外交姿勢は、とりわけ対外的な問題に関して、民意といかに向き合うべきかという大きな難問を投げかけていると言うことができよう。

　さらに、大隈は、こうした民意をいかにして政党内閣の確立という彼の最も重視する理念に近づけていくかのヴィジョンも持っていなかった。政友会を選挙で圧倒するまでは、その「党弊」批判は大きな威力を持っていた。しかし、一旦政友会を倒した後には、むしろそれは自己に跳ね返ってくる刀となったのである。党利党略に基づくのではない、真に民意を代表する政党内閣が必要であると考えるのであれば、党弊批判に代わる新たな政治理念と戦略とを明確に打ち出していく必要があったはずである。しかし大隈はそうした明確なヴィジョンを打ち出すことができず、内閣末期に至るまで依然として政友会打倒・党弊批判を繰り返し続けるのみであった。それが、元老と交渉する上においても自縄《じじょう》自縛《じばく》を招き、最後は天皇の決断に頼るという皮肉な結果になったことは本文でも述べた通りである。

もとより大日本帝国憲法下においては、こうした状況を一朝一夕に覆す方法はない。大隈が考えるべきは、天皇や元老に頼って即座の政党内閣を樹立することではなく、むしろ、自らの個人的人気を、政党政治の、あるいは政党としての大隈与党そのものの人気へといかにして移行させていくか、という戦略であったのではないか。しかし大隈は最後まで、自らの個人的人気以外に、拠るべきものを持たなかった。そしてその結果として、大隈が退陣したのち、憲政会は苦節十年と言われる長い野党時代を再び経験しなくてはならなくなるのである。

第九章　国民による政治と世界平和を求めて――晩年の大隈重信

大隈の二つの目標

第二次大隈内閣の首相を退いた時、大隈は数え年で七九歳になっていた。人生一二五歳説を提唱し、七〇代になって以降もなお「青年」を自称していた彼も、自らの人生の終期が近いであろうことは、認識していたに違いない。自らの人生の締めくくりがいずれ来る。そうしたなかで、晩年の大隈は、最後の事業として、何を行なおうとしたのか。

結論から言えば、それは、健全な二大政党による政治、「東西文明の調和」による平和、というかねてから大隈が追い求めてきた二つの理念を、少しでも実現に近づけることであった。残された時間は決して長くはない。健全な二大政党政治の実現という目標に対しては、元老と政友会という二つの大きな壁が依然として存在していた。世界平和の実現についても、第一次大戦の惨劇が目の前で繰り広げられたばかりであった。二つの目標とも、そう簡単には実現できそうなものではなかった。そうしたなかで、大隈はこの二つの理想を、どのようにして実現にこぎつけようと考えたのか。

大隈は「元老」か？

第二次内閣が総辞職した一九一六（大正五）年一〇月九日、大隈は、大正天皇から、次のような「致仕御沙汰書」を授けられた。

卿夙ニ国事ニ尽瘁シテ大政ニ維新ニ参シ賛襄《さんじょう》匡輔《きょうほ》シテ以テ朕カ躬ニ及ヘリ今請フ所ヲ允シテ閑ニ就キ老ヲ養ハシム卿其レ加餐自愛シテ尚ホ朕カ意ニ称《かな》ハムコトヲ勉メヨ[*1]

これより先、大正天皇の即位時に、一九一二年八月一三日付で山県有朋、大山巌、松方正義、井上馨、桂太郎に対し「朕猝《にわか》ニ大統ヲ承ケ夙夜《しゅくや》兢々逮《およ》ハサラムコトヲ懼ル卿多年先帝ニ奉事シ親シク聖旨ヲ承ク朕今先帝ノ遺業ヲ継クニ当テ復《また》卿ノ匡輔ニ須《ま》ツモノ多シ卿宜シク朕カ意ヲ体シ朕カ業ヲ輔クル所アルヘシ」[*2]という文言を持つ勅語が授けられていた。また一九一二年一二月二一日には、首相を辞任した西園寺公望に対しても、「朕大統ヲ承ケシヨリ日尚浅シ卿多年先帝ニ奉事シテ親ク聖旨ヲ受ク将来匡輔ニ須ツモノ多シ宜ク朕カ意ヲ体シテ克ク其ノ力ヲ致シ賛襄スル所アルヘシ」[*3]という文言の勅語が授けられた。大隈が授けられた勅語も、彼ら元老に授けられた勅語に準ずるものであったことは間違いない。ただし、諸元老に賜った勅語の文言が、「業ヲ輔クル所アルヘシ」「賛襄スル所アルヘシ」と、明確に輔弼の継続＝元老としての役割を求めているのに対し、大隈に対する勅語では、「尚ホ朕カ意ニ称ハムコトヲ勉メヨ」と、やや曖昧な表現になっているという相違があった。そしてこの文言の相違には深い意味が隠されていた。

前章でも見たように、この頃、大隈を元老にしようと考えていたのは、山県有朋であった。山県がそのように動いた背後には、憲政会とつながりを持つ大隈を元老に加えることによって、政友会とつながりを持つ元老・西園寺と並立させて、元老の「公平性」を保ち、かつそれによって政友会を牽制するとともに、元老に対して批判的な大隈・憲政会を取り込むことで、政党勢力による元老や寺内内閣に対する批判を弱めようという、老獪《ろうかい》な目論見があった。

しかし山県以外の諸元老、すなわち西園寺公望や松方正義・大山巌らは、それまで元老を批判し続けてきた大隈に強い不信感を持っており、元老への加入を歓迎せず、内閣辞職に際しての勅語の発布にも、西園寺は不賛成の意を表明し、松方は「絶対に反対」と言明したほどであった。[*4]これらの反対を受けて、大隈に下された「御沙汰書」の文言が、それまでの元老に与えられた勅語とは違うものにされることとなったのであった（原敬の日記によれば文章内容は西園寺に任されたものとされている）。[*5]

ここに、大隈は果たして元老なのかという問題が生じることになる。[*6]もともと元老そのものが憲法に規定のない存在であり、制度として明確な基準を持つものではなかったこともあり、[*7]上記のような経緯のなかで、大隈の位置は極めて曖昧なものとなった。結論から言うならば、当面、大隈は自らの意志によって、元老として政治的影響力を行使しようとはしなかった。大隈は、それ以前から、憲法上に規定のない元老という存在が、後継首班などを決めたり、内閣の施政に口を出したりすることを強く批判し、国民中心の政治運営を主張していたが、この詔勅によっても、元老に対する批判的態度を変えることはなかった。そして大隈は、勅命による場合以外は元老会議への参加を拒否するのを基本とし、また大隈の加入を歓迎しない諸元老の側も大隈を積極的に招こうとはしなかった。大隈は自らの意志で元老たることを否定したのであった。

ただし、大隈は、首相退任に当たっての詔勅を全く無視したわけではない。上記のような態度を取る一方で、天皇からの御下問には積極的に応じ、天機奉伺も意欲的に行なうなど、天皇の相談役・話し相手としての役割だけは進んで果たそうと努め、宮中では、他の元老と同様の厚遇を受けるようになった。つまり、天皇の相談役としての立場は積極的に果たし、宮中においては元老待遇を受けつつも、それを根拠に政治への影響力を行使することには抑制的であったのである。しかし、後述するように、最晩年に至ってその姿勢は変化することになる。

第一三回総選挙と大隈

大隈が政治的影響力を行使することに消極的となったのは、元老としての立場においてのみではなかった。政治的な問題、特に政党に対する関与の度合いも、内閣退陣後は、それ以前に比べるとかなり消極的なものとなっていった。新聞・雑誌上における政治的見解の発表も引き続き行なわれてはいたものの、それ以前に比べれば明確に少なくなっていき、代わって文明論や教育論が多くなっていった。

それは選挙運動に際しても現れた。寺内正毅内閣は、衆議院での与党の劣勢を覆すべく衆議院を解散し、一九一七（大正六）年四月二〇日、第一三回総選挙が実施された。内閣退陣後の大隈は、引き続き憲政会関係者の訪問をしばしば受けるなど同会の顧問的立場にあり、選挙に当たっては大隈の応援を求める声も多かった。だが、大隈はそうした声に応じず、結局表立って同会の応援に乗り出すことはなかった。

このように、それ以前に比べ、政治からも若干の距離を置いたように見える背景には、前述した詔勅によって天皇の相談役となったことで、政争に直接関与すべきではないという立場を自覚したということが一方にあったと考えられる。またそれだけでなく、常日頃から老人が政治を支配して後進の頭を押さえ付けることを批判し、青年達に強い期待を込める旨の発言を繰り返していた以上、公職を退いた自らが今更第一線に立って若者の活動の場を奪い「老害」のようになることは控えねばならないという考えに基づくものでもあったに違いない。

政党批判

また、大隈が政党のあり方に対して批判的な見方をしていたことも、右のことと関係を有していよう。政党の役割は権力を監視し、また国民を正しい方向へと導いていくことにこそあるはずだが、近年の政党はこうした姿勢を失っていると、大隈はこれ以前から強く批判していた。この批判は、政友会はもちろんのこと、自らに近い憲政会に対しても述べられたものであった。たとえば大隈は、憲政会やその前身の立憲同志会が、「党」ではなく「会」と名乗ったことや、その綱領に「皇室中心主義」を掲げたこと[*8]を次のように批判している。

権力に反抗する事がそれ程怖《おそろ》しいなら初から何故政党運動を起したか。〔中略〕政友会の如きは、如何に其議論は宜しくとも、此の如き態度に於て、已に国民的勢力を集中し、藩閥打破、軍閥打破を断行し得る実力有りや否やを疑はしめて来た。独り政友会とのみ言はぬ。桂が政党を組織するに当っても、矢張り政友会の顰《ひそ》みに倣つて〔元老などの権力者が党を忌む故に〕党と言はずして同志会と名《なづ》け、それが更に今は憲政会となつて来た。加之《しかのみならず》俗論に媚て皇室中心主義といふ。此様いふ事を言はなければならぬ理由が何処に存在するか。〔中略〕何故に一政党の主義綱領中に掲ぐる必要があるか。是は明に保守頑迷の徒に媚びんが為に、近来頻に民間に流行し初めたる皇室中心主義なる者の声に迎合したものに相違ない。更に又会といふが、会は貴族院にもあれば、学術其他の集会にも其名称がある。従つて甚だ自由で政社法の拘束よりも免るゝ。此自由を狙ふ所に甚だ思想の貧弱を曝露するものでないか。党でも会でも名称などは構つた事でなしといへばそれ迄だが、併し之れを心理的に観察すると甚だ面白くない。政党には侃々諤々正を履んで懼れずといふ凜烈なる気象が無ければならぬ。之を以て国民的勢力を自覚に集中し、互に切磋琢磨して国政を監視する、是に於て当局者も我儘が出来ず、能く過《あやまち》を未然に防ぐ事が出来る。〔中略〕その政党が今却て群衆心理に阿附迎合するとは主客正に転倒したもので、我輩は其存立の意義何処に在るかを知らぬ。[*9]

本来、政党とは特定の政治的意見を有する集団であり、その意味において中立・公平ということはありえない。異なる見解による多事争論こそが、政治において大事なのだということは、これまでも繰り返し触れてきた通り、大隈の変わらぬ信念であった。この意味において、政党の「党派性」は、必然かつ必要な要素であるはずであり、とりわけ野党には、権力を厳しく監視し、それと対峙する姿勢が求められるはずである。にもかかわらず、現在の政党は、「党」の名称を捨てて中立公平無害な存在であるかのように装い、そのうえさらに国家主義者や保守的な世論に迎合して「皇室中心主義」などということを標榜する。これはまさに、権力と国民との中間にあって、前者を監視し後者をリードしていくべき政党本来の役割を放擲したものだと大隈は批判したのであった。大隈が憲政会の選挙運動に積極的にコミットしなかった背景には、こうした憲政会の姿勢に対する飽き足りない思いもあったと考えられるのである。

国民教育の継続

以上のような理由によって大隈が陣頭に立たなかったこともあり、一九一七年の選挙戦は政府の準与党的立場の政友会に有利、憲政会に不利な形で進展した。選挙の結果、憲政会は解散当日の一九七議席から七六議席を失い一二一議席、対する政友会は解散時から五四議席増加の一六五議席を獲得し第一党の座に復帰した。なお、総選挙で政友会が大勝したことについて大隈は、「畢竟国民に政治的自覚なく唯事大思想に囚《とら》はれて時の政府を訳も無く謳歌するに在る。抑《そもそも》政治は国民の反映である故に憲政の進歩を期するには先づ政治の源流たる国民の政治思想を啓発せねばならぬ」と、従来からの持論である、政府の腐敗の根底には、国民の政治的無自覚があるという意見を述べて不満の意を表明した。*10 そして大隈は、その「無自覚」な国民に向けた啓蒙活動＝文明運動に引き続き力を入れていくことになる。そして特に首相退任後の大隈の活動の中心に位置することになったのが大日本文明協会の活動であった。

すでに大隈の首相在任中の一九一五年秋、大正天皇の即位大礼が挙行されるのを機に、大日本文明協会は、従来の文明協会叢書の翻訳・発刊に加えて、より広く社会教育活動を行なっていくことを決定していた。そしてその最初の活動として「大学拡張事業」すなわち大学教員らが各地方を巡回して学術講話を行なう活動に着手し、同年一〇月二四日、第一回学術講演会を神田青年会館に開催、以後、こうした講演会を幅広く全国で展開し、学術を幅広い民衆に届ける活動を続け大隈も時に講壇に立った。その講演筆記は『学術講演録』として刊行された。

『大観』発行

また大日本文明協会と並んで、大隈の国民教育のためのメディアとして機能したのが、雑誌『大観』である。同誌は、一九一八（大正七）年五月に創刊された。すでに述べたようにこれ以前から大隈は個人雑誌として『新日本』を刊行していたが、同雑誌は、大隈内閣の退陣後売上げが低下したうえに、同じ頃早稲田大学で発生していた「早稲田騒動」（後述）の影響で主筆永井柳太郎が雑誌を追われるなどの混乱や、後述する大隈の病気などの事情が重なって、一九一七年末に廃刊となった。[*11] また『新日本』とは別に、大隈は外交専門誌『外交』を刊行して、第二次内閣の外交政策を側面から支える役割を担わせていたが、これもまた一九一七年に終刊となった。[*12] これらに代わって新たに大隈の個人雑誌として発行されたのが『大観』であった。第一次世界大戦後の世界の大勢を観極める、という意味でこの誌名が付けられた。[*13] 毎号巻頭には大隈の論文が掲載され、教育論や東西文明の調和、国際情勢などについての大隈の意見が開陳された。

早稲田騒動と一時的危篤

ここで、『新日本』を手放す一因ともなった「早稲田騒動」に触れておきたい。第二次大隈内閣改造時に、早大学長であった高田早苗が文部大臣として入閣、後任の学長には天野為之《ためゆき》が就任した。大隈内閣が総辞職すると、一九一七（大正六）年八月三十一日の天野学長の任期満了を待って、高田を再び学長に復帰させようとの動きが起こった。しかしこうした動きに対して学内から異論が沸き起こり、さらに石橋湛山ら学外のジャーナリストまでが批判の声を挙げ、「早稲田騒動」と呼ばれる社会的騒動に発展したのである。[*14]

この騒動は、単純に高田派対天野派の二派の対立構図に収まるものではなく、大学改革を求める若手教授らの動きや、学外の政治家・ジャーナリストなどの動きが複雑に絡み合っていた。大学が発展し、卒業生や関係者が活躍するようになってひとつの社会的勢力となっていたことが、混乱に拍車をかけることとなり、早稲田大学は創立以来最大の危機的状況に直面した。大隈は一貫して高田早苗に強い信頼を寄せていたが、当初は穏健に事を処理すべく、高田と天野の両者が同時に大学の公職を辞する形で解決しようと考えていた。しかし、大隈の辞職勧告に天野は従わず、次第に天野派の反対運動が激しさを増してくると、大隈は珍しく怒りをあらわにして天野一派の策動を批判するようになっていった。これまで多くの困難を乗り越えて育てて来た大学が、このような混乱状況に陥ってしまったことに大隈は大きく心を痛めた。

この騒動は大隈に大きな心労となってのしかかった。早稲田騒動のさなかの同年八月二一日、軽井沢別邸から帰京してのち、この騒動による心労もたたって大隈は倒れてしまう。直接の原因は胆石症によるものであったが、四〇度以上の高熱に悩まされ、一時危篤状態に陥るほどの重患となった。[*15]

ほどなく大隈は危篤状態から回復し、八月二二日には高田早苗が維持員を辞任、天野も任期満了に伴い八月末日で学長を退任した。その後も天野派の抵抗は続き、一〇月に至ってようやく天野が講師・維持員の辞職を提出して騒動は決着を見せた。形式的には高田・天野両者が大学の公職を去る形となったが、高田は同年一〇月に終身維持員に推薦され、一九一九（大正八）年三月に名誉学長、そして大隈歿後の一九二三（大正一二）年五月には総長に就任することになる。このことからも明らかなように、実質的には天野学長一派が敗北して早大から排斥される形となったのである。また天野のほかにも、多数の有能な教授・職員・学生が学校を去り、早稲田騒動はその後長らく学内に大きな傷跡を残すことになる。

軽井沢の大隈邸。1917（大正６）年竣工。

軽井沢別荘

大隈が倒れる前に訪問していた軽井沢別荘についてもついでに触れておきたい。大隈は、第六章で述べたように、一九〇一（明治三四）年に自邸の火災のために、大磯の別荘を売却していたが、その後、一九〇七年に国府津に別荘を新築して使用していた。その後、新たに避暑のための別荘を軽井沢に建築、早稲田騒動の起こった一九一七年に竣工し、この夏初めて避暑に訪れたのであった。この大隈の別荘新築が機縁となり、鴻池およびその番頭の原田二郎から軽井沢の土地が早大に寄贈されることとなり、一九一八年八月に早大野球部のグラウンドと合宿場が完成、完成記念の避暑外国人チーム対早稲田大学の試合では大隈が始球式の投手を務めた。[*16] 軽井沢はもともと外国人の避暑地として発展した場所であったが、この頃から日本人の別荘が増え始めており、その後大隈歿後の一九二三（大正一二）年、当時摂政であった裕仁親王（のちの昭和天皇）が、この大隈別邸に行啓して八日間滞在したことで、避暑地としての軽井沢の名が全国に轟《とどろ》くこととなり、今日に至る軽井沢の隆盛の基となったと言われる。[*17] なお、現在でも軽井沢の大隈別邸のあった通りには、「大隈通り」の名前が残っている。

寺内内閣退陣に伴う御下問

一九一八（大正七）年八月、米価の高騰と商人の売り惜しみに端を発した米騒動が発生する。全国各地で米の安売りを求める実力行使が行なわれ、のちには炭坑にも騒動が飛び火し、暴徒化した民衆が屋敷や遊郭に放火するなどした。翌月、寺内内閣は軍を出動させてようやく鎮圧するが、内閣はこの騒動の発生と拡大に大きな衝撃を受けた。折からの首相の体調不良もあって、寺内内閣はこの米騒動の鎮圧後ほどなく退陣することになる。これに伴い、同年九月一九日、天皇により大隈に対して後継内閣についての緊急の御下問がなされることになった。なお、通常後継首班選定に際しては、元老が一堂に会する元老会議が開催されることが多かったが、この時は元老松方正義が、大隈と一緒なら参内しないと述べて大隈を元老の一員とみなすことに抵抗したため、元老会議の開催ではなく、天皇が個別に下問するという形式になった。[*18]

大隈は天皇に対し、まず山県ら元老の「不忠不臣」を厳しく批判した。すなわち、山県は枢密院議長に就任しながらほとんど会議に出席せず、また米騒動の際にも、都下にまで騒動が及んだにもかかわらず参内もせず、小田原に閑日月を過ごしていたと批判、また松方正義も内大臣でありながら米騒動時はやはり別荘に閑居していたと指摘し、「是等の輩が元老と称して天下の政治を左右せんとするに至りては実に浩歎の至りに堪へず」[*19]と述べたのである。そのうえで、後継首班については考えた上でまた奉答する旨を述べた。

カギ括弧付きではあれ、宮中における元老待遇を根拠に召された大隈が、元老の存在を激しく批判するというのは滑稽ではあるが、天皇の諮問機関たる枢密院の会議に参加していないとか、米騒動に際して宸《しん》襟《きん》を安んじ奉る役割を果たしていないとかいうことを批判したように、この奉答からは、元老の本質的役割が何より天皇を支えることにこそあると大隈が考えていたということを窺うことができる。またこの時、後継首班について聞かれることが予想されていたにもかかわらず即答しなかったことは、元老による後継首班指名を当然の職掌とせず、あくまで天皇の相談役たることが元老の第一義的役割であるということを示す意図があったと考えられる。天皇の相談役として、求められれば答えるが、逆に言えば、下問されなければ後継首班を推薦するいわれもないということを言外に示したかったのであろう。

大隈は、九月二〇日、再び拝謁し、加藤高明、もしくは西園寺公望による挙国一致内閣を可とする旨を言上した。[*20]なお、政党内閣を嫌う山県も西園寺を推薦したが、西園寺は組閣を辞退し、その西園寺の推薦によって、二九日、政友会を基盤とする原敬内閣が誕生することになる。

原敬内閣の誕生と第一次世界大戦の講和

後継首班として成立した原敬内閣は、党総裁で衆議院に議席を持つ原敬が首班を務め、かつ陸軍・海軍・外務大臣を除く全大臣に立憲政友会の党員を起用したことから、日本初の「本格的政党内閣」と呼ばれる。この内閣の誕生に対して、大隈は「吾人の理想実現せり」「多年主張し来れる〔中略〕政党内閣が是にて実現せられたるを欣快とするものなり」として歓迎の言葉を述べるとともに、「今後は充分援助を与ふると共に之を監視して政党内閣をして国民に失望せしめざるやう注意すべし」と、応援しつつ監視することが必要だと述べた。[*21] 政党内閣の実現のために努力してきた大隈にとっては、この本格的政党内閣の誕生は、少なくとも形式的には理想の実現であった。しかしその一方で、大隈は政友会の「腐敗」に対してはかねてから強く批判しており、その意味では厳しく監視していくことが必要な存在でもあった。

この原内閣において、第一次世界大戦の講和会議たるパリ講和会議が開かれ、ヴェルサイユ講和条約が結ばれることになるが、大隈は、大戦後の世界情勢の行方に関する数多くの論説を『大観』等の雑誌に発表している。第一次世界大戦の戦禍については、戦争中、「人ヲ殺スコトガ善デアル、敵ヲ殺スコトガ善デアル」という思想が蔓延し、社会全体が一種の「精神病」にかかっているかのようなもので、「先祖カラ辛苦経営シテコシラヘタ所ノ、蓄積シタ富ヲ以テ片端カラ若イ将来最モ望ミノ有ル人間ヲ殺ショル、本気ノ沙汰トハ言ヘヌ」と批判していた。[*22] しかし、大隈は、戦後の世界情勢は、この大戦の惨禍によって大きく転換し、新しい展開を見せていくだろうと主張した。兵器の発達により戦争の惨禍が大きくなればなるほど、それを避けようという気持ちが人々の間に生じ、平和を求める動きも強まるだろうと大隈が予測していたことはすでに第七章でも触れたが、第一次大戦はまさにこの惨禍を人々の眼前に現したものであった。「此度の戦乱の未曽有の凄惨事で有つただけ、それだけ此度の全人類の自覚も亦未曽有に大なるを疑はず、加ふるに人智も著しく進んで居る」[*23] から、このような戦禍の二度と起こらないようにしようという機運が今後世界的に盛り上がるだろうと大隈は考えた。

ただし国家間の対立は決してなくなったわけではないから、戦後の世界は「経済戦」の様相を呈するに違いない、と大隈は予測した。「平和の戦争は経済であり、而して経済戦は諸種の生産業の競争であり、諸種の生産業は科学の進歩と相待つものだから又科学の競争である、それ故に経済戦は文明の競争であり、之を平易に語るならば学術の競争である」「世界の競争を兵力と思つたら間違ふ、兵力ではなくして学術である」[*24] と、「経済戦」のなかで日本が生き抜くためには何より学術の力が不可欠であり、そのなかでも

「最も顕著なるのは自然科学の利用であつて、是が今日の文明の基礎を成して居るのである。故に吾人は盛んに学ばなくてはならぬ飽く迄研究せねばならぬ、一度や二度、戦争に勝つたと云ふて最早欧羅巴を学ぶ必要はないなどと云ふのは大なる誤である」[*25]と主張した。

実力の上ではまだ日本は一等国どころでない。真の一等国は今尚ほ英、独、露、米の四ヶ国に過ぎぬ。次に仏が来るべく、他の伊、墺の如きは僅に准一等国位のものである。而して日本は此伊、墺の二国にさへ比較したなら或る点に於て其下位に立つも知れぬ。けれども兎に角外見上には一等国の列に加はつた。此に於てか一般には多少戦勝の光栄に眩惑したらしい。政治家然り、実業家然り、教育家は流石に左様でないか知らんが、兎に角国民の大部分は眩惑したらしい。真の一等国たらんにはそれに伴ふ実力を要する。此実力の自覚なくして徒に虚栄を喜ぶ国民の運命は甚だ危い。[*26]

第一次大戦の勝利によって、日本はすでに世界の「一等国」であり、もはや欧米に学ぶ必要などないという議論が横行し始めていたが、そうした状況に対して、苦言を呈したのであった。軍事的には大国の一員となったかもしれないが、経済的にも、またその経済の基礎となる学術においても、日本はまだまだ欧米に遠く及ばないのであり、今後も欧米から学術の導入を盛んに進めていく必要があると主張したのである。

人文知の探究

以上のように、「経済戦」に備えるための自然科学を中心とする学術の振興を説く一方で、大隈はまた人文科学の振興をも説いた。すなわち、かねてからの「東西文明の調和」の理念の下に、人文知の分野においては、日本が世界から学ぶ一方ではなく、逆に日本が世界に貢献することのできる部分を作り上げることを視野に入れて、探究を進めていくべきことを説いたのである。

我輩も大学の先生方とか尾崎〔行雄〕君其他の人々と交つて、刺戟せられ昔の大隈ではない、こんどは我輩が独特の議論を欧羅巴に持つて行かうと思ふ、通用するかしないか分らぬが学ぶ者は教へざるべからず教ゆる者は学ばざるべからずといふ哲人の言つた言葉もあるから、少しは日本の方から教へて宜からう、〔中略〕向ふから思想が這入り、こちらからも向ふに遣ると云ふことになつて、初めて国といふものが国際間に十分な地位を占めるのである、〔中略〕日本も世界列国の中で、日本民族も世界人類の一つの仲間なんだから、決して国を捨てると云ふ訳ではないが、何としても島国で世界を知らないから、世界を知ると云ふことが余程必要である、〔中略〕少しは希望を大きくせねばならぬ、偏狭なる利己的の争をする許りでは、何時迄も平和の来り様はない、国際間の平和のみならず一国の平和をも十分に築き立てることは出来ないと思ふ、茲に於て愈〻文明協会の必要を感じます訳でどうか諸君と共に研究して、偶《たま》にはこちらからも智識を外国へ輸出したい、是は我輩の三十年来希望する東西文明の調和と云ふことで、〔中略〕どうか諸君の御助力を仰いで共に一つ研究を努めたいと存じます。[*27]

日本の学術・思想を世界に押し出していくことを主張したとはいえ、大隈は決して、日本の思想が優れているとか、人文知の世界では欧米に学ぶ必要がないと述べているわけではない。まだまだ日本は島国で偏狭なところがあると、右の引用文でも述べている。特に、西洋文明を「物質文明」とし、精神性は日本ないし東洋の方に優れたものがあるというような見方を大隈は強く否定した。

世人は動《やや》もすれば物質上の進歩は精神上の堕落を伴ふもの丶如くに断ずるものもあるけれども、それは大謬である、換言すれば文明の発達は必ず文化の発達を伴ふもので、今日の欧洲文明も正に此域に迄進んで来て居るのだ。現代は如何なる発明も発見も、最早や長く一国一民族の手に専有さる丶を許さず、直に世界に拡布さる丶。纔に有益なる一著述が有れば、間もなくそれが五箇国若くは十箇国の語に翻訳さる丶。それ故吾人の競争の範囲は一国内に局限されずして世界的となり、此競争の愈々激甚を加ふるに従つて人文は益々発達する。[*28]

物質の進歩が精神的堕落を招いたとして、ヨーロッパ文明ないし近代文明を否定的に捉え、それに対置するに伝統的精神や日本的精神というものの復興を唱えるような意見がこの頃から多く行なわれるようになってくるが、大隈はそうした意見に対しても否定的であった。物質的進歩の背後には精神的進歩も伴うのであるし、これからの文明はむしろ一国一民族に極限されるものではなく、世界中の文明が相互に交流し調和して進歩していくべきであると大隈は考えていたのであり、だからこそ世界的活動を説いたのであった。これからも欧米をはじめとする世界各地域に学びながら、それを融合・総合化することで、文明の調和・共存のモデルケースとして日本の学術・思想を発展させ、そのことで、世界各国の平和と相互扶助に貢献できるものを構築していこうというのが大隈の主張であったのである。

英国労働党政策提言書での言及

なお先に引用した文章で、大隈が自らの議論をヨーロッパに持っていきたいと述べていた部分があったが、実際に大隈の議論はヨーロッパに影響を与えた。大隈の議論は、それ以前から海外の新聞紙などにおいて折に触れて紹介されていたが、第一次大戦後になると大隈の世界情勢論はさらに大きく取り上げられるようになる。ここではその一例として、イギリスの労働党が一九一八年に発表した新政策提言書〝Labour and the New Social Order〟を挙げておきたい。この提言書は、冒頭〝The End of a Civilisation〟と題して、ヨーロッパ文明の行き詰まりを説くところから議論が始められているのであるが、その一段落目を引いてみよう。

We need to beware of patchwork. The view of the Labour Party is that what has to be reconstructed after the war is not this or that Government Department, or this or that piece of social machinery ; but, so far as Britain is concerned, society itself. The individual worker, or for that matter the individual statesman, immersed in daily routine — like the individual soldier in a battle — easily fails to understand the magnitude and far-reaching importance of what is taking place around him. How does it fit together as a whole? How does it look from a distance? Count Okuma, one of the oldest, most experienced, and ablest of the statesmen of Japan, watching the present conflict from the other side of the globe, declares it to be nothing less than the death of European civilisation. Just as in the past the civilisations of Babylon, Egypt, Greece, Carthage and the great Roman Empire have been successively destroyed, so, in the judgment of this detached observer, the civilization of all Europe is even now receiving its death-blow. We of the Labour Party can so far agree in this estimate as to recognise, in the present world catastrophe, if not the death, in Europe, of civilization itself, at any rate the culmination and collapse of a distinctive industrial civilization, which the workers will not seek to reconstruct. At such times of crisis it is easier to slip into ruin than to progress into higher forms of organisation. That is the problem as it presents itself to the Labour Party to-day.[*29]

このように、英国労働党の新政策提言書は、戦後再建されるべきは単に政府や社会機構の一部分なのではなく、社会全体なのであると論じたうえで、「最も経験豊富かつ最も有能な日本の政治家」大隈が、過去にバビロン、エジプト、ギリシャ、カルタゴ、そして大ローマ帝国といった文明が次々と滅んでいったように、ヨーロッパ文明も死に直面しつつあるのであると指摘していると紹介し（ただしこの紹介の仕方は大隈の意見の一部分を誇張しすぎている嫌いがある）、我々はヨーロッパの問題点を直視して奮起しなくてはならない、として、新しい政策提言を行なうという順序になっているのである。おそらく近代日本の政治家で、海外の主要政党の政策提言の冒頭にその持説が引用された人物は、大隈が初めてであったろう。この一事をもってしても、大隈の議論の影響力を推し量ることができる。なお、この後、一九二〇年の英国労働党の党大会においても、大隈の演説の一節が朗読されるということがあったという。[*30]

東西文明論の研究

前述したような人文知の探究と、それによる世界への貢献という理念の下に、大隈は東西文明論の歴史的探究に本格的に着手することになる。すでに第二次大隈内閣末期からその準備を開始していたが、内閣退陣後、その研究作業を本格化させ、西洋哲学を専門とする金子馬治《うまじ》（筑水）早大教授と、漢学・東洋哲学を専門とする牧野謙次郎早大教授を、それぞれ西洋・東洋文明の研究者として委嘱、この両者に加えて漢文学者の松平康国早大教授も随時参加し、週一回（当初は土曜日、のち金曜日）、昼食後から午後四時頃までの時間を、研鑽《けんさん》活動に費やすこととした。[*31] なお、この研究活動は一九二〇（大正九）年末までに一段落つき、続いて書籍刊行に向けての原稿の編集・検討段階に入ったが、大隈の死によって、結局未完のまま中絶し、その序論とも言うべき、ギリシャ思想・芸術・科学と古代中国の思想・芸術・科学とを比較研究した部分のみが、大隈歿後に『東西文明之調和』と題して公刊されることになる。[*32] しかし、たとえば仏教をはじめとするインド文明や、近代西洋に関する研究などの、大隈が深い探究を目指していた部分には全く触れられておらず、刊本で触れることができたのは、当初の構想のごく一部分にとどまる部分しかなかった。本来、その後近代に至るまでの東西思想の展開について述べ、それをふまえて、最後に結論として、両思想の「調和」をどのような点に見出すのかということが論じられるはずであったのだが、大隈の死とともに、その雄大な構想は、実現を見ないままに終わってしまったのである。

時事問題研究会

なお、以上の東西文明研究とは別に、一九一八（大正七）年三月二二日、大隈は自邸にて「時局問題茶話会」を開催する。未曽有の惨劇をもたらした第一次世界大戦をふまえて、どのような善後策を施すべきか、戦後において理想的な世界をつくっていくためにはどうすればよいのかを考えていくために、海外の事情に詳しい専門家の話を聞きたいと考えた大隈が発案して開催されたものであった。以降この会は「時局問題研究会」ないし「時局研究会」と称して継続的に開催されるようになり、毎回、政治・経済・軍事・外交・教育その他各分野の専門家を招いて講演が行なわれ、講演後には毎回大隈が批評的なコメントを寄せた。またこの研究会の記録は機関誌『時局の研究』に掲載されて広く世の中に伝えられた。[*33]

金子馬治・牧野謙次郎を助手としての東西文明研究の作業が、歴史・文化の側面から「東西文明の調和」の探究を目指したものであったのに対し、この時局研究会は同時代の国際情勢の側から、いかにして平和を実現しうるかを解明することを目指したものであった。つまり、「東西文明の調和」による平和の実現という理念を考えるうえで、この二つの研究会は車の両輪の如き役割を果たしたのであった。

国際聯盟への態度

世界平和の実現に向けては、国際社会も大きく動いていた。ヴェルサイユ講和条約等の諸条約に規定された国際聯盟規約によって、国際聯盟が誕生したのは、その最たるものであった。国際聯盟の設置が提唱された当初、大隈は、次のように歓迎の辞を述べ、聯盟に強い期待を寄せた。

今や迷夢は一覚し、世界の人心は此新なる大戦の教訓に由つて、来るべき平和を一時的の者たらしめず、飽迄之を永久的の者たらしめんとする努力に鋭意するに至つた。是が即ち民族自決、軍備制限、国際聯盟などの提唱となつて現れた所以である。即ち大戦前徐々として進んで来た国際間の争議を道徳化する運動が、今度は跳躍的に急進し、人類の根本思想に革命的変化を齎《もたら》したのである、平和も武装的平和ではいけぬ。武装に依らざる平和が成立つんで無くてはいけぬ。〔中略〕果して然らば、是が永久の平和の基礎を為して、異日虎と羊と共に狎昵《こうじつ》する楽園が地上に開くるも知れぬ。すれば此度の欧洲大戦は誠に人類最終の戦争であつて、世界の戦史は之を以て閉ぢらる可く、此千九百十九年の平和は其儘に永久の平和と為る可きである。[*34]

すでに見たように、大隈は従来、世界情勢の現実において「武装的平和」はやむをえないものであると論じていた。しかしここでは、いよいよ「武装によらざる平和」が実現する日が来るかもしれないと、極めて強い期待を寄せていたことが窺える。だがその後、他ならぬ聯盟設立提唱者ウィルソン大統領の母国・アメリカの議会が聯盟加入を批准しなかったほか、敗戦国のドイツや、革命による混乱を経たロシア・ソヴィエト政権が聯盟加入を許されないという事態を前にして、大隈は、聯盟が当初の理念から後退し実効性の低いものとならざるをえないとして、失望することになる。特に大隈が重要だと考えていたのは、自由貿易による世界経済の一体化と、実効的な軍備制限であったが、[*35]聯盟設立によってもそれらの施策は思うように進展させられず、「列強が動もすれば関税政策を競はんとするの情勢を呈しつゝある」「猶ほ国民主義が世界主義に勝ち、列強共に世界人類の安全幸福を捗す事よりも、各々自国民の安全幸福を図るにのみ汲々として居る」ことに、失望の意を強くしていくのである。[*36]実際、このの ち一九二〇年代後半から世界各国が保護貿易主義的な動きを強めていき、そしてブロック経済の時代を経て第二次世界大戦へと突入し、結果的に国際聯盟が戦争を防ぐことはできなかったということを考えるならば、この大隈の憂慮はまさに現実化してしまったということができる。

しかし大隈は、誕生した国際聯盟が全く無駄だと考えていたわけではなかった。「国際聯盟に日本も加つて居る以上は、国際聯盟を世界的に有効に発達せしむると云ふ事に就いては斉しく義務を負はなければならぬ」とし、日本が常任理事国として、聯盟に実効性を持たせるための努力を行なっていくことが大事だと論じていたのである。[*37]

驕慢なる日本人を戒める

こうした平和への貢献の訴えにもかかわらず、その後の日本が、特に一九三〇年代以降、大隈の望むような方向に動かず、聯盟を脱退するに至ることは周知の事実である。そしてその芽はこの頃からすでに出ていた。大隈はそうした傾向を鋭く看取し、次のように憂慮の言を述べていた。

動もすると邦人は驕慢の弊に陥り、或は東洋モンロー主義とか、或は汎アジアニズムとか称して、白人の勢力を亜細亜より追払はんとするが如き浅薄な考を持つものもあるが、それはいけぬ。〔中略〕我日本は何処迄も取長補短を国是とし、其実力を常に充実せしめて世界の競争場裡に落伍者たらざるを期すべく、若しこれ以上に驕慢なる心を生じて他国に加ふる事あらんと欲するならば、唯さへ烈風を受くる事多き喬木には更に一層強烈なる暴風が襲来し、今見る独逸の如く、全世界の袋叩きに遇ふであらう。[*38]

日本が目指すべきはアジアにおける覇権の確立ではない。「他人の善を見て之に倣へ」と大隈は言う。「米国の赤十字軍は遠くガリシヤよりバルカン半島辺に赴いて各国軍隊の傷病者を救護しつゝある、又此外英、蘭、米、瑞、那、加那太の六国人より成立ちたる救世軍は支那に迄来て大なる運動を為しつゝある。即ち一方に慈善事業の世界的大運動をなしつゝある。之に比すれば日本の赤十字社などの為すなきは一目して分る」[*39]として、国際聯盟以外にも、各種の慈善活動を世界的に展開することによって、覇権主義ではなく人道的活動により、日本の名声を世界に広めていくべきだと説いたのであった。

自己反省なき平和論

しかし、こうした大隈の発言に対し、自らの内閣でかつて中国に対して行なった二十一箇条要求は、これらの平和の主張に反するのではないか、と考える読者もいるであろう。まさにその通りであり、大隈が二十一箇条要求に反省の言葉を述べることがなかったことは指摘しておかねばならない。

また台湾や朝鮮を植民地としたことについても「吾人の感情には敢て之を以て外に疆域を拓いたとは思はぬ。恰も朝鮮の古代我日本と一国を為したると同じく、台湾も亦本来我領土であったので、それが今日に至つて復旧したるものとのみ思つて居る。朝鮮の如きも前には神功皇后の征伐あり、後には豊公の征伐あり、共に三歳の童子と雖も皆能く之を知る処で、五月人形に迄も作つて之を飾る位である。故に今日其併合を見るも吾人日本人には何等奇異の感を為さぬ」「皇土の旧勢を恢復した迄の事であつて何等侵略といふ如き思想に胚胎しては居らぬ」[*40]として、決して侵略ではないと述べている。このような強弁とも言えるような発言は、大隈自身の侵略否定論・平和論の価値を貶《おとし》めるものであったと言わざるをえない。

ヴェルサイユ講和条約において日本によるドイツ山東権益継承が認められたことに対し、中国民衆による反日・反帝国主義運動（五四運動）が起こるが、大隈はこれに対して、「実力に依つて喪失せる所を口舌を以て恢復し得可しとするか」「日本は彼等が一旦独逸の為に奪はれたる其土地の租借権をば求められざるに先つて夙に還付し与へん事を約し居るでは無いか。是れ既に彼等に取つて望外の恩恵で有らねばならぬに、彼らは隴《ろう》を得て更に蜀《しょく》を望み、時の全権が定めたる日支条約に規定ある一切の我権利をも消滅せしめんとするとは何たる背信の行為であるか」と批判し、中国が本当に権利を回収したいのならば、まずは近代的な政治制度を整えるのが先決であって、そうした実力がないのに暴動でそれを回復しようとしても無駄であると批判した。[*41]大隈は「本来から言へば膠州湾の如きは我国民が鮮血を以て占領した所の者であるから、之を永遠に我有とするも何の不可が有らう。此の如きは勝利者の当然の権利である」[*42]として、中国はドイツの租借権を返してもらうだけでも日本に感謝すべきであるのに、反日暴動を起こすとは何事かと、中国政府・国民を強く批判したのである。ここでもう一度経緯を確認しておくと、日本はドイツに対する最後通牒において、膠州湾租借地を中国に返還するために日本に還付せよと述べていた。そしてその後、一九一五年の二十一箇条要求で日本によるドイツ権益の継承を中国に認めさせ、さらに一九一八年の段祺瑞政権と交わした日中協約においてそれを追認させて、山東鉄道全線の日中共同経営の権利を得る。そしてパリ講和会議において、旧ドイツ権益の自由処分権を得たのちに、山東省の租借権を返還することを約束し、経済的権益の継承を認められたのである。

こうした経緯と、当時の国際情勢から言えば、ドイツの経済的権益の継承は法的に正当であると日本を弁護することももちろん可能である。ただ、中国側全権はパリ講和会議において、大戦中に日本にドイツ権益の継承を認めたのは、日本の脅迫によって余儀なくさせられたものであったと主張していた。実際、大隈内閣は二十一箇条要求に際して最後通牒まで出したのであり、この中国側の主張はあながち間違っていない。にもかかわらず、この武力を背景に強要されたドイツ権益継承に対し、中国国民が憤る気持ちが理解できないのだとするならば、それは平和を好み、民族自決を支持する者の立場として、そして何より「高遠の理想」を持てと普段から叫んでいた者の言葉としては、あまりに情けないものではなかったか。アメリカのウィルソン大統領は、パリ講和会議の席上、日本が法的正当性に固執することで中国との相互信頼を毀損するならば、それが極東の平和に悪影響を与えるだろうことを憂慮すると述べ、日本が新しい価値観に基づく相互扶助の思想を擁護する立場を取ることをこの目で見たいと、日本側に利権よりも理念に寄り添うことを促す発言をしていた。[*43] 本来なら、こうした価値観を鼓吹する存在が、「高遠の理想」を唱える大隈でなくてはならなかったはずである。

大隈の平和論は、自己反省を伴わない極めて不徹底なものであった。日本が進むべき未来については、侵略を否定し平和を求める主張を強く行ないながらも、過去の自国の行為については、その過ちを認めてそれを改めるという姿勢が全く欠如していたのである。そしてその背景には、先に見たような、兵器の進展によって戦争のもたらす惨禍が大きくなればなるほど、平和を求める世界的動きも増大するに違いないという、世界の大勢への楽観的な思考が存在していたように思われる。厳しい自己反省をせずとも、世界は自然に平和へと推移していくという楽観的観測があればこそ、自己批判による政策転換が重要な課題として意識されなかったのであろう。

デモクラシーの勝利と階層的分断の深刻化

なお、大隈は、戦後情勢について、以上のような対外的な平和論の主張とは別に、国内の政治・社会に対する影響についても議論を展開していた。大隈は、大戦中にロシア革命が起こり、ドイツとオーストリアが戦争に敗れ、専制的帝政を布いていた三大帝国が崩壊したことを、フランス革命以来の「王権」対「民権」の対決に決着がついたものだとし、「三大帝国の崩壊を以て明なるデモクラシー最後の勝利と為し、之を祝福するの情甚だ切なるものである」と述べた。[*44] ここにデモクラシーの勝利が確立したのであり、今後の世界には民主化の風潮が益々進んでいくだろうと、大隈は歓迎の眼をもって予想したのである。

その一方で、そのデモクラシーの主役たる国民の間に、階層的な分断が生じてきており、社会問題の解決が今後の課題になるだろうとも大隈は予想した。大戦がきっかけとなり「政治上社会上茲に現代文明の不完全が暴露」され、「朝夕を計るべからざる苦境に沈淪しつゝあり、是から免かれんとする」人々による革命的機運が世界的に漲《みなぎ》ってきており、その対処に世界各国は苦慮している。日本においても、こうした問題にどう対処するのかが喫緊の政治課題となってきていると大隈は論じる。[*45]

大隈は、「貧富の懸隔甚しくして富の分配宜きを欠き、一面に一飯の食にも猶ほ且つ満足に飽くを得ざる細民が有るのに、他面には一擲千金を抛つの豪奢を敢てする所謂成金の徒がある。是に於て斯かる社会生活の不平等を医せんと欲するのが刻下当面の社会問題の起る所以で無いか、富豪の驕慢は常に貧民の怨嗟の的である」[*46]と、社会の低層で苦しむ人々に同情的であった。しかし大隈は、社会主義・共産主義によってそれを解決することは不可であると考えた。[*47] すなわち、能力の如何を問わずに報酬のみを平等にしてしまえば、能力を存分に発揮しようというインセンティヴが働かなくなり、社会は不効率に陥るであろうし、資本家の財産を暴力的に没収するのは、「暴を以て暴に代ふるもの」であると大隈はいう。資本家階級の専横を制することは必要だが、それは穏健な社会政策によって行なわれるべきだというのが大隈の考えであった。[*48] 具体的には「外用薬」としての「社会政策」(富の再分配や福祉の充実)と、内用薬としての「風俗の改善」とによって、社会低層が生き生きと働ける社会を実現すべきだと大隈は主張している。

「風俗の改善」とは、具体的には公衆衛生と国民教育の普及であり、大隈は社会政策とは分けて論じているが、これもまた広い意味での社会政策に含まれるものであろう。この両者を整備することによって、貧家に生まれたものであっても、健康に、かつ教育を受けながら成長することができるのであり、そのことが日本に住む人材に貧富関係なくその最大限の能力を発揮させることにつながるのであると大隈は主張した。[*49] 階級が固定され再生産されるような社会ではなく、有能な人間が努力次第で資本家にもなれるような、新陳代謝の活発な社会を整えることこそが個々人の幸福にとって大事なことであるし、それは結果的には国家・社会全体の利益を拡大することにもつながると大隈は考えたのであった。[*50]

国民への期待

大隈が、大戦によってデモクラシーが最終的な勝利を遂げたと述べたのに対応するように、日本では最初の本格的政党内閣たる原内閣が誕生した。しかし大隈は、原内閣がその後展開した具体的な政策については大きな不満を抱いていた。

第一次世界大戦中からの好景気は大戦後も続き、一九一九（大正八）年頃から金融市場が活気を呈するいわゆるバブル状態になりつつあった。原首相はこうした状況に対して各新聞紙上に年頭所感を発表し、世間の投機熱と奢侈《しゃし》の風潮に苦言を呈したが、この原の「年頭の苦言」に対し大隈は、そうした風潮が起こる根本的原因は政府の経済政策にあるのだと批判した。現在の日本は通貨の膨張によって「カラ景気」に沸いているが、そのようなインフレによって利益を得るものは一部少数の徒にすぎず「多数の実直な勤勉な国民が生活に苦しんで飢餓に泣く」状況になっており、こうした通貨膨張によるバブルには早晩その反動が来るであろうと予測、反動による惨憺たる打撃を避けるためにも、それを抑えるための通貨の収縮を図らねばならないと述べていた。[*51]

実際この大隈の予言は的中し、この翌月に、株価が三分の一に大暴落、恐慌は金融界に連鎖的に広まり、一六九行もの銀行で取り付け騒ぎが発生、さらに「カラ景気」に踊った過剰生産・過剰投資も禍し、絹物輸出から総合商社へと成長していた茂木惣兵衛商店が倒産するなど、多くの商社が大打撃を受ける事態に発展する。いわゆる戦後恐慌である。ここに政友会の積極政策は行き詰まりを見せることになる。大隈は、こうした下層民の状況を顧みない原内閣の政策に警鐘を発した。とはいえ同時に大隈は、こうした原内閣に対して有効な対抗策を打ち出せないことにも悩んだ。

今の我政府の為す所を見れば、決して民を詒《あざむ》く悪意有る者とは想はぬけれども、結果は国民に信を失ふ如き事を繰返しつゝあるのである。すれば国民は決して斯かる国家最高の政治機関にのみ信頼し往くことは六かしい。況んや選挙も未だ普通選挙が行はるるに至らざるのみならず、百弊が横生して、議院が真に国民の意思を代表するとは見難きものがある。更に言論出版、集会、結社にも憲法の上には自由が与られて居るに拘らず、実際には幾多の干渉圧迫を受けて居るといふ次第である。此の如き状態の下に於てする民選議員に何で国民の絶対的信頼を払ふことが出来やう。*52

大隈は、政府を信頼することができないと述べつつも、しかし議会もまた国民の意思を代表しておらず、期待することができないと嘆いたのである。大隈が主張していた政党内閣制は、健全な二大政党による政権交代可能な政党政治であった。政友会だけでなく、それに対抗しうるもう一つの大政党の成長によって、二大政党による相互監視体制を確立することが、政党政治の健全な発展には不可欠だと考えていた。しかし前述したように、政友会が肥大化する一方で、憲政会の勢力は伸びず、さらに憲政会のあり方そのものに対しても前述したように大隈は飽き足りない考えを持っていた。とはいえ、大隈が再び理想的政党をつくるべく立ち上がることは、年齢的にも、天皇の相談役としての立場においても、難しい。こうした行き詰まりのなかで、大隈が打ち出したのは、国民が直接的に声を上げていくという方向性であった。

頼むべからざる一部の階級に立脚する政治を止めて、更に普く民衆の智力に信頼し、其直接の利害を代表する政治に移り往かねばならぬ筈である。此意味に於て今や普通選挙は避くべからざる当然の運動であるといふよりも時弊を匡救する焦眉の急に迫る当然の要求なんである。一般民衆が蹶起して今日の弊政を釐革《りかく》し、併せて弊風を刷新するに非ずんば我帝国の前途を如何せんとするか。茲に我輩は国民の自覚を要望して已まぬ。[*53]

いまこそ一般民衆は蹶起《けっき》せよ、「今や四顧何物の頼むべき者を持たぬ。けれども国民の現状に不満足の精神は旺盛であつて、是が遂に改造に向つた。此力が独り甚だ頼母しい。政治といふが、それは国民の反響に外ならぬ。それ故国民が協力し努力しさへすれば、之を匡救するに何の難き事は無い」[*54]と大隈は国民に対して呼びかけた。

しかし国民が声を上げるとは、具体的にはどのような形なのか。大隈が、こうした国民の蹶起の動きの一つとして例に挙げたのは、改造同盟であった。改造同盟は一九一九（大正八）年八月に、高木正年、植原悦二郎、古島一雄、関和知、島田俊雄、松田源治、前田又吉、杉村広太郎、永井柳太郎、福良虎雄、長島隆二、中野正剛、馬場恒吾、小松緑、浅田彦一、満川亀太郎、杉森孝次郎、野沢枕城、信夫淳平、小野瀬不二人を実行委員とし、東京・日比谷公園で発会式を挙げ、政治経済社会の「改造」のために「普通選挙の実行」「華士族平民の差別撤廃」「官僚外交の打破」「民本的政治組織の樹立」「労働組合の公認」「国民生活の保障」「税制の社会的改革」「形式教育の解放」「新領土の統治」「宮内省の粛清」「既成政党の改

かけていくことが、社会の「改造」と、生活問題・社会問題の解決のために必要だと主張したのであった。[*56]

きことはあるとして、国民が次々に、このような形で既成政党とは別の団体を立ち上げ、政治家に圧力を

造」の一ヶ条を主張した団体であった。[*55] 大隈はこれらの項目に賛成するとともに、他にもまだ実行すべ

「教化的国家論」の提唱

だが、先の総選挙の結果に対して不満を述べていたように、大隈は国民の政治的な自覚については、まだまだ足りないと考え、引き続き国民教育のための活動を行なっていたが、一九二〇（大正九）年に至り、新たなる国民教育の施策として「教化的国家論」を提唱するようになる。この「教化的国家論」とは、「学校を以て全然社会化」することを主張するもので、そのことによって、国民の知力・体力を向上させるとともに、学校を地域社会の結節点とすることによって、「自治」の担い手を育成しようというものであり、それは具体的には次のような内容を持つものであった。すなわち、現在の小学校は小学生を教えることだけを目的としているが、本来学校は、その学区の自治の要となるべき場でなくてはならない。したがって、小学生にとどまらず、年齢を問わずして人が学べる場にすべきである。そしてそれを実現するためには、教員の待遇を改め、学校長については有能な人物に郡長以上の高い地位と充分な報酬とを与えて学校の敷地内に長期間居住してもらうことが必要である。一旦赴任した土地には骨を埋める覚悟で腰を落ち着けて事に当たれるようにすべきである。そして「其広間で、学校の放課時間を利用して郷党の父兄の事有る時に訪問するのに応接する。又地方には色々の組合があり、生産組合とか同業組合とか青年会とか其他種々雑多の団体が漸次に盛大になりつゝあるので、左様いふ者の集合場所が追々必要になつて来るが、其様な場合に此校舎を使用させるといふ風に、学校を以て全然社会化する」。以上が大隈の「教化的国家論」の骨子であった。

また大隈は、小学校が巡回教育や通俗教育を社会一般に対して行なうとともに、小学校の「社会化」に続いて中学校、専門学校、高等学校、そして大学も、同じように「社会化」を図っていき、巡回教育や社会人教育を積極的に行なっていくべきだと論じる。こうして、大学から小学校までが串珠のように連なって、地域社会の基盤を形成し、何歳になっても教育を受け、やる気さえあれば大卒の資格も得られるように教育体制を整えていくべきだと述べるのである。こうして学校が「社会化」され、自治の基盤を担うようになった暁には、「大抵な行政は地方の自治団体に任せて宜しく、自ら中央の行政も簡略になり、それだけ政費も節減し得られる訳である」と述べ、これによって地域住民による自治と、国家財政の節減が実現できる上に、誰でもいつでも働きながらでも学ぶことができる体制が整えられれば、それは国民全体の知的水準を引き上げることにつながり、人材の有効活用につながると大隈は主張した。このように「教化的国家論」は、単なる教育論を越えて、地方自治と、下層階級に対する社会政策としての意味をも併せ持つ政策なのであった。[*57]

「教化的国家論」と軍縮

そして実はこの「教化的国家論」における小学校は、軍縮とも強く結び付く存在であった。すなわち大隈は、この小学校において生徒に兵式体操による軍隊的訓練を与えるべきだと論じている。このことによって悪しき生活環境のなかで体格・体力が低下しがちであった下層階級の人々に、社会で活動するに十分な体格・体力を身に着けさせることができると大隈は主張した。さらに、こうして学校で予備的軍隊訓練を授けることによって、現在二年（陸軍）ないし三年（海軍）課されている徴兵年限を一年以内に短縮することが可能となり、徴兵年限の短縮が実現されればそれは軍備の縮小にもつながり、現在のように多額の国費で大軍を養う必要はなくなるであろうと論じたのである。[*58] 大隈の計算によれば、この年限短縮によって軍人の数を半減させることが可能であるとされた。

今陸海軍に於て使ふ処のものは全歳入の半ばを使つて居る、〔中略〕今日は既に戦術も軍略も全然一変したものである、大なる軍隊は要らなくなる、兵は皆全廃。六千万国民の体を健康にして大に精神を養つて置けば常備軍は、如何にも大金を費やして養う必要はない、軍艦も必要はないかと思ひます。全部とは言へぬが、〔中略〕大規模の艦隊、大規模の常備軍を養ふ必要がないと云ふことになると思ひます[*59]

大隈は「文明の度が高くなれば人の知識も高くなるのでありますから、徒に日本を苦めると云ふ愚をなす国はない」「利害関係から云つても最早さう云ふことは私は起らぬと思ふ」と考えていた。[*60] 国防予算が国家の歳入の大部分を費消している現状を改め、予算の多くを経済発展や社会政策のために回すことができるようになれば、必ずや日本の将来にとって利益になると主張したのであった。

平和への楽観

しかし、大隈はなぜ軍人半減、大規模艦隊・常備軍不要というような、大胆な軍縮の主張を行ないえたのであろうか。それで果たして日本の安全を守れると考えていたのであろうか。大隈がこうした大胆な軍縮を主張した背景には、すでに述べた、飛行機の発達が平和の実現をもたらすという主張と、日本の地理的環境とに関する考えが関係していた。四方を海に囲まれた日本は、付近に敵飛行部隊の根拠地となりうるような広大な陸地は少ない。仮に船に飛行機を載せて日本に近づくにしても、船一隻に三〇機程度を載せたとして、一〇〇隻でも三〇〇〇機しか搭載できず、日本本土の広大な陸地に置ける機数には比すべくもない。この趨勢が進めば「将来陸に於ては騎兵が無くならぬか、軽砲兵、重砲兵、山砲兵といふ様な者の軍の編制が余程変化して来ぬかと思ふと同時に、海に於ては最早や巨艦主義が棄てられはせぬかと疑ふものである」と大隈は述べ、従来のような大規模な軍隊、特に大艦隊は必要ないと主張するに至ったのであった。[*61]そしてさらに、大隈は飛行機のもたらす未来について、次のように言う。

各国各地の往来が簡易になり、頻繁を極めれば、従つて異国民、異民族、異教徒間の思想も感情も其接触の度の多い丈融合渾化の度を増して、其処に平和の気運を進めると信ずる。然らずして世界の光景が斯うい ふ事の可能の世に迄一変した時に、猶も旧時の夢を恋ひ、窃に相争ふ様な事があるならば、それこそ真の天兵が頭上に舞ひ下つて、空中より一大爆弾を投下し、忽に彼等を粉砕するんである。[*62]

飛行機は軍用ばかりではない。民間航空によって世界の距離は飛躍的に短くなっていくであろう。そうしたなかで、なおも軍備拡張競争を人類が行なうならば、それは最終的に人類に大きな惨禍をもたらすに違いない。こうした観点から大隈は、一九二一（大正一〇）年のワシントン会議の開催についても「勿論双手を挙げて賛成する」と述べた。ただし、「それが全然の〔軍備の〕撤廃に非ずして縮小に止まる限は、之を平和の純理想の実現とは見るべからずして、純理想より一歩を降った功利的の者と見るを至当とする。〔中略〕然らば賢明な我国民は、仮令軍備縮小案が具現化されて成功したといっても、それが平和の純理想の実現に向つて余程歩を進めた者の如くに考へ、何と無く国防を等閑視する如き気習を導いてはならぬ」[*63]とも注意を喚起した。ワシントン会議の結果に満足するのではなく依然として国防をゆるがせにはできないと冷徹に認識しつつ、しかし大規模な軍縮は可能であり、「平和の純理想」の実現にむけ、努力を続けていくべきことを主張したのである。

こうした大隈の考えは、日本人の対外的態度に対する批判にもつながっていった。地理的に見て、他国が日本を征服するなどはもはや不可能であり、強いて敵を求める必要はないはずだが、それにもかかわらず外国との間になぜ問題が起こるかといえば、日本人に過ちがあるのである、と大隈は論じるようになる。すなわち「支那に於ても朝鮮に於ても満州〔マヽ〕に於ても何だか如何に贔屓《ひいき》目に見ても弁護しやうとしても弁護の出来ぬ過ちが少くないやうである」[*64]と、日本の大陸政策にこそ、敵を作る原因があると批判的に述べるのである。そのうえで「決して理窟ではない、弱い者を虐めると云ふことは是程不正不理なことはない。常に日本は信義の国と云つて居る、君子の国と言つて居る、それが何故四海に信義を示す働きを執らぬか。さうすれば種々困難な問題は直に釈然として解ける、日本を敵とするが如き思想は消えると思ふ、是は国民の決心一つで出来ないことはない」[*65]として、対外的野心や侵略的大陸政策を捨てることを主張したのであった。

実際のところ、最晩年の大隈は日本人の対外的な姿勢に対して、飽き足りない部分を多く感じるようになっていた。たとえば、大隈は、日本の台湾・朝鮮に対する植民地統治、特にその「同化」政策に対しても、「自国の事物を以て悉く優良とし、他国の事物をば悉く劣等視する思想を以て端的〔マヽ〕之を愛国心と解するが如きは、我輩の断乎として首肯する能はざる所である」「内地人の脳裡にはそれ程深く差別的観念が根を卸して居る」と批判している。[*66]自分達の文化を現地に押し付けるだけの「同化」ならば、うまくいかないのは当たり前であると大隈は言う。

同化とは畢竟他の長を採つて我が短を補ひ、我が長を授けて他の短を補ふと云ふ事で、語を換へて言へば、彼我倶に手を携へて人類生存の道を踏み、人類進歩の理想を実現せんが為め一致協議すると云ふ意義に外ならない。〔中略〕然るに若し此同化の精神を穿き違へて、海外発展とは専ら他国の財貨を自国へ持つて帰ることだとか、甚だしきは他国の土地を侵掠して自国の領土と為すことだとか云ふ様な浅薄無謀なる物質慾のみを基準とせる思想に支配せられ居らんか、遂には回復す可らざる不利を招き窮地に陥らねばならぬことゝなるであらう。要するに土着の台湾人又は朝鮮人に対して、内地人同様の観念を持つて待遇し得るに至るまでは、日本人は所詮同化の妙諦に入ることが出来まいと思はれる。[*67]

このように大隈は、日本人の台湾人や朝鮮人に対する差別観念を批判的に見ており、植民地の人々が自らの代表を帝国議会に送ったり、現地人が自治を実現して自らその発展に寄与することができるような時期が一刻も早く来ることを願うと述べている。[*68]

従来大隈は、日本の植民地政策について批判的な発言を述べることはほとんどなかった。しかし、死の直前に至り、このような発言が出てくるようになる。もちろん、植民地の領有そのものを批判したわけではないし、もし日本の対外政策について批判するのであれば、当然二十一箇条要求などについて批判的に言及することをすべきであったはずだが、そこまでには至っていない。しかし、軍備の大幅な削減、大陸政策や植民政策の批判にまで最晩年の大隈が議論を進めるに至っていたということは、大隈の平和論の成熟を示すものとして、注目すべきであろう。大隈の言葉として人口に膾炙《かいしゃ》している「停滞は死滅である」を裏付けるかのように、大隈は最晩年に至るまで変化と成長を遂げ続けていたのであった。

日本人への期待

以上のように、晩年の大隈は日本人の対外的な姿勢に対して、批判的見解を持つようになっていた。しかし、それと同時に、日本には決して対外的野心はない、侵略的意図はないという発言も、新聞・雑誌等のメディアや、自邸を訪問した外国人に対して、大隈は繰り返し述べている。いわば二枚舌とも思われかねない発言ではあるが、それは、日本人の未来に期待し、平和国家への成長を希望するがゆえの発言であったと思われる。たとえば、一九二〇年に大隈邸を訪問したアメリカ人ベンジャミン・ストロング（バンカーズ・トラスト社長で、ニューヨーク連邦準備銀行の初代総裁でもあった）に対する、次のような発言にそれは表れている。

日本は国防に注意を払つてゐる。これは決して侵略的意味でやるのではない。日本はどこまでも正道人道で行かうとしてゐる。しかしどうかすると時々悪い癖を出して弱いものをいぢめるやうなことをする。例へば支那人などを軽蔑するやうな態度がそれである。けれども是れは日本ばかりではない。強い者はどうかすると弱い者をいぢめる。英国のやうに老功熟練したものでも、印度人をいぢめたりケルト人をいぢめたりする。日本人のやうな幼稚なものが時々此等の失策をやるのは無理もない。しかし日本人は決してこのまゝ居るものではなく、着々進歩発達しつゝある。〔中略〕日本人はどこまでも文明を求めて先進国に学ばうとして居るが、いかんせん未だ教育が充分でなく及ばぬことが多い。けれども心から善を欲し文明を求めやうとしてゐる。過ちもあらうがこれを改むるに躊躇するものでなく、どこまでも向上進歩の努力をなしつゝある。[*69]

右の引用文からわかるように、大隈は日本の問題点を認識しつつも、しかしこれからの日本の成長、平和国家への成長に期待し、だからこそ、日本をあまり悪意に解さないでほしいと、希望を込めて語っていた。このように大隈が日本の善意を強調したのは、主に対外的な非難に対して日本を弁護しようという意図によるものであった。民間外交の担い手として、大隈は日本と外国との関係改善に尽くした。特に大隈はアメリカとの関係を心配しており、一九二一年一〇月、病床にあって、アメリカへ旅立つ渋沢栄一と面会した際には、何としてもアメリカと戦争にならないように尽力を頼むと述べ、これが渋沢と交わした最後の会話になった。[*70] だが、大隈歿後の日本は、結果としてそうした大隈の希望を裏切ることになる。

元老権力の行使

以上のように、最晩年の大隈は、第一次世界大戦後の社会問題の発生に対してそれを救済する社会政策の実行を説き、「教化的国家論」によって国民の教育水準の向上と地域自治の確立、さらに軍縮と平和の実現といったことを説いた。しかし問題は、これらの政治的見解を、どのように現実政治の場で実行に移していくのか、ということであった。現状の政党・議会には期待すべくもなく、またの国民の蹶起を求めたとはいっても、国民がそこまでの政治的力量を有するに至るのはまだ先に思えた。そして何より、大隈には人生のタイムリミットも迫っていた。

こうしたなかで大隈が着目したのは元老の存在であった。前述したように、大隈は天皇の私的な相談役としての役割は積極的に果たし、天機奉伺を幾度にもわたり行なっていた。[*71] また皇太子裕仁親王（のちの昭和天皇）に対しても、一九二〇年九月二九日、一〇月一二日の二度にわたり進講を行なっている。[*72] 一九二一年二月二〇日には、洋行を控えた皇太子に拝謁して、洋行に当たっての心構えを説いた。この外遊に際しては、皇太子の安全上の理由から、それを心配する者も多かった。大隈はこうした周囲の過度の心配がもとで皇太子を委縮させてしまう可能性があると考え、日本の皇室は外国の君主に対して一歩も譲らないのだという態度を持し、たとえば外国語などは少しくらい言い間違いがあっても訂正したり言い直したりする必要はないから、あくまで豪放な態度で存分に活動していただきたいと、励ましたという。[*73]

最晩年の大隈は、こうした皇室の私的な相談役としての立場にとどまらず、それまで抑制的であった政治的な影響力の行使を考えるようになり、元老としての立場に立つことで事態の打開を図ろうと考えるようになっていく。

山県への接近

その転機のひとつとなったと考えられるのは、一九二〇（大正九）年五月一〇日に行なわれた第一四回総選挙の結果である。この総選挙は、原内閣によって改正された小選挙区制によって行なわれ、定員も従来の三八一議席から四六四議席に増加していた。政友会はこの定員増分を上回る一一六議席を増加（解散前は一六二議席）させて合計二七八議席を確保する大勝利を得、逆に憲政会は定員増にもかかわらず八議席を減少させて合計一一〇議席を確保するにとどまる結果となった。

これ以降、大隈は、元老としての地位を利用して健全な内閣を実現させ、そのことによって自らの政見を実現させる以外に手段はないと考えるようになり、山県に面会を求めて接近を図るようになっていく。[*74]

折しも一九二〇年後半から一九二一年初頭にかけて、皇太子妃に内定していた久邇宮《くにのみや》良子《ながこ》親王の家系に色覚異常の遺伝子が伝わっている可能性があるとのことから山県が婚約破棄を主張、それに対して在野の国士らが猛反撥して一大政治問題となるいわゆる「宮中某重大事件」が起こっていた。この結果、婚約破棄の意見は退けられることとなり、山県は一切の官職栄典の返上を申し出るなど（この申し出は却下されたが）、その権威は大きく揺らいでいた。大隈は、山県のそうした窮状を友人として気遣うとともに、これをきっかけに山県と連合し、元老としての力を行使して政局を動かしていこうと目論むのである。

原内閣が絶対的に安定しているなか、議席数に劣る憲政会は苦しい立場にあった。実際に第一四回総選挙前に議会解散の風説が出た頃から、大隈に対して元老としての力を行使して倒閣することを求める人々が現れるようになってきていた。[*75] 選挙の結果を受け、大隈もそうした方向性でしか事態を打開できないと考えるようになったものと思われる。こうしたなかで、健全な二大政党による相互監視の仕組みをつくり、自らの政策を実現させるには、極めて逆説的ではあるが、「非立憲」的な方法でそれを実現できる内閣の誕生を後押しするしかないと大隈は考えたのである。これまで元老の存在を厳しく批判し、自ら元老として政治的影響力を行使することに抑制的であった大隈にとって、大きな転換であった。

山県との面会

だが、肝心の山県は大隈に利用されることを恐れ、面会を避け続けた。そのため会談はなかなか実現しなかった。しかし疑獄事件の相次ぐ発覚などで原内閣攻撃の声が高まった一九二一（大正一〇）年六月一一日になって、ようやく両者の会談が実現した。この会談の席上、大隈は「世界各国の大勢より我国上下の弊を列挙し」「是では御互に死に切れず」と熱弁を振るったというが、[*76] このように、大隈には残された時間が少ないことへの切迫感があった。そして大隈は、「政党の新設改造を為さんとするも金と根気とを欠く憾み多し、寧ろ此際陛下の御相談相手を置く事を考へ、根本より改正する考を起しては如何」との考えを山県に持ち掛けた。[*77]

これに対し、山県は、自分もそれを考え、かねてから皇族にその心掛けあらんことを進言したが、効果はなかったと述べ、またその相談役には自分（山県）と君（大隈）の二人を考えているのかもしれないが、そのようなことは自分から提起すべきことではなく、万止むを得ずして求められた時に限って、最後の御奉公をするというのが当然だと大隈をたしなめた。そして容《かたち》を改め、これは初めて口外することであるが、として、皇太子の摂政就任を実現したい旨を打ち明けた。打ち明けられた大隈は意外な話に驚いた。山県はあくまで自分一人の責任で奏上すると述べたが、大隈は山県と行動をともにしたいと申し出、それに対し山県はまた相談することもあるだろうと述べて、会談を終えた。[78]

大隈はこの時の会見内容については秘密を守り決して他言しなかったが、[79]その後新聞記者に対して「原敬が政友会内閣を政党内閣だと叫んで居るのは一知半解で抱腹絶倒だ、名は政党内閣でも事実に於て決して其実を挙げて居らぬのである、真に国民の輿望を議会の多数で代表することは固より希望する処であるが今日の如き状態でありながら議会が多数であるから引退するに及ばぬとか少数党を以て多数党を倒すことは立憲的でないなど言はれた義理でない」として形式的な立憲非立憲の区別よりもその実質こそが大事だとして政友会内閣を批判した上で、「国家の前途の為めに元老会議を開かねばならぬ〔中略〕今日は重大の時機に逢会してるから老人も青年も大に国家の為めに力を尽さねばならぬ」として、元老の政治への容喙《ようかい》を認め、それによる倒閣を是とするような発言を行なった。[80]

正面から攻めようとしても、原内閣は衆議院の多数を占めて安定し、大隈に付け入る隙を与えない。大隈の主観では、内閣・与党の腐敗が、選挙の健全化を妨げて政友会の大勝をもたらすとともに、国民の堕落を誘引することでその政治的成長の機会をも奪っており、日本政治は腐敗の悪循環のなかに置かれているように見えていた。そうした悪循環のなかでは、たとえ形式的に「非立憲的」な元老としての権力を利用してでもその悪循環を断ち切り、健全なる政党政治への道筋をつけることが必要だと大隈は考えたのである。

病に斃れる

このように、二大政党制実現への飽くなき夢を抱き続けた大隈であったが、その実現よりも先に、病に斃れることになる。一九二一（大正一〇）年八月二六日、天機奉伺のため日帰りで日光へ赴いた大隈は、暑夏の強行軍がたたって、体調不良となり、以降病臥を続けることになる。九月下旬に来客と面会できるまでに回復したものの、すぐにまた病状は悪化し、一〇月一七日以降、油断のできない重態に陥った。その後病状は一進一退を続けたが、一二月一八日には自らの再起の不可能を悟るまでに至り、養子の信常と文明協会の理事長市島謙吉を枕頭に招いて、自分が心血を注いだ文明協会の今後について強く委嘱した。また翌日には早大総長高田早苗を招いて、早稲田大学の後事を託した。一二月二三日には激しい膀胱出血に見舞われ、翌一九二二（大正一一）年一月六日より昏睡状態に陥り、一〇日午前四時三八分、ついに不帰の人となったのである（公式発表は午後六時死去とされた）。数え歳八五歳（満年齢八三歳）であった。

病中の大隈を見舞う国民。1921（大正10）年末頃。

摂政就任御沙汰書

なお、病中の一九二一年一一月二五日、皇太子裕仁親王が摂政に就任、同日、大隈および山県有朋、松方正義、西園寺公望に対し、「予今回摂政ト為リシニ就キテハ皇上嚢キニ卿等ニ賜ハリシ勅語ニ本ツキ予ハ卿等ノ匡輔ニ頼ラムコトヲ希望ス」との御沙汰書が下された。[*81] 大正天皇から賜った勅語をふまえて、同様に自らを輔弼《ほひつ》するように、との裕仁親王の勅旨であった。だが、この時すでに大隈は病床にあり、結局その役目を果たすことは叶わなかった。

なお、荒船俊太郎氏は、この御沙汰書をもって大隈が正式に元老に列したものと論じている。[*82]筆者は本章を記述するに際して大きく荒船氏の研究に依拠しているが、この点については見解を異にする。というのも、摂政の御沙汰書が大正天皇の御沙汰書の文言を前提としている以上、他の元老との文言の異同が解消されたわけではなく、またその後元老としての政治的な活動実態が生じたわけでもないからである。[*83]もちろん、大隈がこののちも健在であったならば、前述したような大隈の態度転換ともあいまって、元老として政治力を行使する可能性があったことは間違いない。折しも、皇太子が摂政に就任する少し前、一一月四日に原敬首相が暗殺され、政友会の強い指導体制に揺らぎが見え始めていた。しかし大隈が健康を回復することはなく、その後元老として政治的な力を行使することも叶わなかったのである。

国民葬の挙行

大隈の死が時間の問題と考えられた一九二二年初頭以降、早大幹部や憲政会系有力者を中心とする大隈関係者によって大隈死去に備えての対応が議論され、公爵への陞爵《しょうしゃく》と歿後の国葬実施を目指して宮中に運動すること、もしそれが無理だった場合には国葬に相応するほどの盛大な「国民葬」を行なうということが決定された。この方針に基づき、宮中に対する働きかけがなされた。公爵への陞爵については、一旦は、内閣から宮内大臣宛に「陞爵申牒書」が作成されるところまで動きが進んだが、元老の西園寺公望と松方正義が消極的な態度を示したこともあって、結局牧野伸顕宮内大臣が握りつぶすことを提議し、陞爵は実現しなかった。[*84]また国葬についても、在官中の重臣ではないため基準に該当しないとして却下されることとなる。[*85]

この結果、大隈の葬儀は、国民の自発的意思による「国民葬」という形式で行なわれることになった。しかしこれは結果的には大隈の名誉にとって幸いなことであった。市島謙吉が「嫌味な官僚式の儀式よりも国民の赤誠になる国民葬が侯の霊を喜ばすであらう」[*86]と述べた通り、国民中心の政治を訴え続けた大隈にとっては、国民葬の方がはるかにふさわしい形式であった。そして一月一七日に挙行された国民葬では、会場の日比谷公園に三〇万人が集まったと公式発表されるほどの混雑であり、そこから墳墓の地と定められた護国寺までの沿道に集まった参列者、さらに全国各地で行なわれた追悼会・遙拝式の類に参列した人々も含めると、実に一〇〇万人以上の人が、大隈の死を悼むために集まったと考えられる（なお出身地の佐賀では後日「県民葬」が挙行されたが、そのための東京からの遺髪の奉送に対しても、沿道各地で送迎の人が山を築いた）[*87]。国民葬当日は、午後一時から三〇分間、飛行機が式場上空を旋回するパフォーマンスも行なわれた。飛行機の発展に力を尽くした大隈に対する、航空界からの弔意の表明であった[*88]。人でごった返す沿道の交通整理は警察ではなく、制服（詰襟）を着た早稲田大学の学生が担当した。警察であれば厳格な取り締まりによって国民に反感を持たれることもありえたが、そうしたトラブルも起こらず国民一体となった雰囲気のなかで国民葬が挙行されたことに、大隈の育てた学校の教え子たちが一役買ったのである[*89]。またこの時、大隈の遺体は、トラックの上に輿《こし》を載せた特製の車で自邸～会場～護国寺と運ばれたが、この車がのちに日本に広まる「宮形霊柩車」の端緒となったとも言われる。

　文筆家の内田魯庵《ろあん》はこの国民葬について、「試みに山県公や松方侯をして国民葬を営ましめて何万人の跪拝者を集め得るかを見るも一興であらう。国民葬は最後の信認を問ふ一種のレェ《〔ママ〕》フレンダムである。大隈侯の国民葬は『死せる大隈生ける政友会と藩閥とを走らす』とでもいふべきデモンストラシォンで」[*90]あったと評している。実際、二〇日後の山県の死に際しての国葬は、『東京日日新聞』が「大隈侯は国民葬……きのふは『民』抜きの『国葬』で幄舎の中はガランドウの寂しさ」との袖見出しで報道したように[*91]、国民のほとんどがそっぽを向くなかで挙行されたのであった。この山県の葬儀との対比は、これまでもしばしば語り継がれてきたものであり、周知の読者も多いことであろう。にもかかわらず、本書がやはりこの山県との対比で終わるのには、単に大隈を顕彰するのではない、別の含意がある。

葬儀というレファレンダムの結果は大隈の圧勝であり、「国民に愛された大隈」のイメージを確固たるものにした。そしてこうした「民衆政治家」としての大隈像は、のちのちまで繰り返し語り継がれていくことになる。だが、果たしてそれを手放しで褒めてよいものか。民意に基づく政治を追い求めた彼の後半生は、それゆえに、とりわけナショナリズムへの対応という面で問題を孕むものであった。

それから一〇〇年経った今、この問題はさらに大きな問題となっている。ネット上を中心に民衆のむき出しの本音が表出し、それが政治に大きな影響を及ぼすことになっている現在、まさに民意と統治の関係のあり方が、重要な問題として民主主義の前に立ちはだかっている。民意による政治を、そして「民衆政治家」を手放しで褒めるのではなく、その民意の質、「民衆政治家」の質こそが、問われなくてはならない。その意味で、大隈の掲げていた、健全な国民と健全な政党政治の育成という課題は、いまだ達成されざる我々の課題として引き継がれているのだと考えるべきであろう。

おわりに――歴史の「大勢」のなかで

本書のひとつの特色は、大隈の政治姿勢の変化の過程を跡付けたことにある。従来、大隈は、国民の味方である「民衆政治家」のイメージで語られることが多かった。しかし本書では、明治初期の大隈が民意の尊重よりも中央集権的国家の確立を至上命題としていたことや、明治一四年の政変は、自由民権運動の盛り上がりに共感した大隈が薩長藩閥の打倒を企てたというものではなく、あくまで政府部内進歩派による主導権確立が目的であったことなど、大隈が最初から「民衆政治家」と呼べる存在であったわけではないことを強調した。伊藤・黒田内閣に外相として入閣し、民意の反対を押し切って条約改正交渉を推し進めようとしたことも、こうした大隈像の延長線上に初めて理解できることである。

しかし、議会開設以後の大隈は、次第に民意を重視する姿勢へと態度を転換していく。その結果、当初急進的であった自由党が政府と接近するのに反し、改進党の系譜を引く大隈系政党は、次第に野党的立場を色濃くしていくことになる。そして大隈自身も、演説をしない政治家から、積極的に民衆に語りかける政治家へと変化していく。しかし、それにもかかわらず、自由・進歩両党の合併による憲政党が結成されたごく一時期を除いては、大隈系政党が民意の圧倒的な支持を受けることはなく、大隈は一九〇七年には憲政本党総理としての地位を退任せざるをえなくなる。この長い野党時代の大隈についても、これまでの評伝では、詳しく触れられることが少なかったように思う。

退任後の大隈は「東西文明の調和」による世界平和をモットーとする文明運動を精力的に推進していくことになるが、政治の腐敗・選挙の腐敗を一掃するには国民の資質向上が不可欠と考え、国民教育活動を精力的に行なっていくこととなる。政党を離れ、こうした文化的活動に邁進したことは、大隈の国民的人気の向上をもたらし、結果的に大隈の政界復帰＝第二次内閣の組閣につながる。この文明運動とその意義について詳細に触れたことも、本書のひとつの特色であると考える。

第二次内閣期において、民意の後援を得た大隈は総選挙で圧勝したが、その反面外交面では、それまでの「支那保全論」や、「東西文明の調和」に基づく平和の主張とは矛盾するような、中国に対する強硬姿勢を追認した。また、政党政治への道をひらくべく加藤高明内閣の成立を目指す大隈は、従来の主張に反し、内閣総辞職時に天皇の聖断を利用しようとしたり、最晩年に元老権力を利用しようとしたりしてまで、政党内閣へのレールを敷こうとした。

このように、大隈は生涯にわたって、政治的姿勢の転換を行なってきた。それは、大隈の政治姿勢の硬直化を防ぎ、その長い政治生命の源泉になったものであったが、同時に、大隈に対する、信のおけない政治家という評価をもたらし続けることになった。ただし、その一方で憲法意見書の提出以降、民意を反映する健全なる二大政党制の実現という大目的は変化しなかったということも指摘できる。

大隈は従来の自説と矛盾するような姿勢転換を屈託もなく行なった。こうした大胆とも言える転換を幾度も行ないえた背景には、失敗を恐れず、常に奔放で前向きな彼の性格があった。大隈がこうした前向きな性格を持つようになったのには、生まれ持っての気質もあったろうし、比較的裕福な家に生まれ、母親の下、自由奔放に育ったことも影響していたかもしれない。しかしそれと同時に、歴史の「大勢」というものに対する確固たる信念もまた、大隈のこうした性格と強く結び付いているように思える。彼の演説は常に長大な歴史の蘊蓄《うんちく》の披露から始まり、それはしばしば聞く者を辟易《へきえき》させたが、しかしそうした歴史の流れの中に物事を位置付ける姿勢は、自らの行動への自信につながっていた。いまそうした歴史認識の一例を示せば、たとえば明治維新の原動力を尊王派の英雄に帰する見方を、大隈は次のように否定する。

読者中には、或は此の〔明治維新の〕原動力なるものは単に水戸、越前、或は薩長土肥、或は更に其の疆域を大にして、幕府に反対したる諸有志の間に存在せるものなり、との推定を為すものあるやも知るべからず。然れども、此の原動力は決して一方にのみ偏存せしものにあらず、幕府は勿論、会津、桑名、庄内、その他奥羽諸藩も亦た、其の原動力を発揮したるものにして、彼の曖昧なすなく、事変の際に首鼠両端を懐くと称せらるゝ諸藩に至っても、亦た与って力なきにあらず。〔中略〕其の原動力の赴きし所を察すれば、恰も長江大河の一瀉千里に海に朝するが如きの状ありし。此の河は余多の舟楫を遣るべく、此の水や能く両岸広潤の田畝を潤すに足る。但し、此の河の斯く利便を与へ、鴻益を奏する源頭は、一二の泉水に止まらず。或は北よりし南よりし、或は清あり或は濁あり、大流細流の鍾《あつま》り会して、其の水勢は時に渓谷に濫し、時に荒野を蕩し時に岩石を洗ひ、時に停止し時には奔放し、遂に能く其の大且つ深きを成し、其の水の養液を貯蓄し、以て舟楫の便を通し、以て田畝を養ふを得たるなり。〔中略〕維新の際に志士の為したる一言一句、一事一業は尽く皆な大勢に与りて、其の原動力をして大且つ偉ならしめしなり。徒労も尚ほ為さゞるに勝る。特に、宇宙の真理は人の所為にして徒労なるものなし。吾人の作業は少くも他山の石と為りて、他の光輝を発せしむるに足るなり。[*1]

『開国大勢史』や『大勢を達観せよ』といった彼の書籍の題名にも現れているように、大隈の文章にはしばしば歴史の「大勢」という言葉が出てくる。右の引用ではそれが大河の流れに譬えられている。大隈によれば、明治維新もまた歴史の大勢のなせるものであり、尊王派のみならず、佐幕派の言動、さらには日和見をしていた勢力すらも、その大勢の源流のひとつとなり、維新の原動力となっているというのである。

佐幕派すら明治維新に貢献したという議論は、歴史の大勢のなかでは、あらゆる要素が刺激しあうことによって、社会を動かす原動力となるのであるという考え方とつながっており、本書でも見た、多事争論のなかにおける公論形成を重視する考えにもつながっている。「全体憲法政治は自由の政治である。故に批評の自由も亦盛んにならなければならぬ。その批評の盛んなる中、自から真理が発見せらるゝのである。故に憲法政治とは言論の政治と云ふことである。盛んに言論をしなければ可《い》かぬ」*2との言葉に示されるように、大隈は、「真理」の源泉としての、個々人の自由な見解の発露を尊重した。大隈が自由放任とも呼べるような政党指導を行なったのも、こうした、さまざまな意見が自由にぶつかるなかに、真理＝歴史の大勢が現れ、歴史が動いていくのだという考えが存在していたからである。

　大隈にとって、自らが歴史の大勢の一部であることを意識するということは、運命のなかで人間の無力を悟ることとも違っていた。歴史の大勢を意識することは、自分が何もしなくとも歴史が自動的に良い方向に進んでいくということではない。世の中の状況に逆らってでも自らの見解を声高に主張し、行動することが、歴史の大勢を動かし、あるべき方向へと世の中を導いていくのである。大隈自身は、民意による政治という方向性こそが、歴史の動きゆく方向だと主張していた。しかし、誰が正しいか間違っているかなどということは、究極的にはわからない。人により価値観も異なる。だから大隈は、自分と考えの異なる相手を「国賊」「非国民」というような言葉で罵ることを戒めた。多事争論、百家争鳴の切磋琢磨のなかで初めて歴史の大勢というものが現れてくる。失敗することも、自らの意見が間違っていることももちろんあるだろう。しかし、歴史に「徒労」はない。とにかく前向きに信じる道に進むことに意味があると大隈は考えた。

　大隈の楽観的な姿勢は、時に政治的な根回しの不在ともなって現れ、数多くの失敗にもつながった。しかし「失敗は元と大成の器を鍛錬する所にして、困難は其の意気を激揚せしむる興奮剤なるのみ。己れの見識の足らざりしを顧みず、其の方法の誤りたる点を問はず唯だ失敗の結果をば挙げて運命の罪に帰せんとするは、運命まさに其の冤に泣くなるべし」[*3]というように、大隈は、歴史の大勢を前にそれを運命とし諦念を抱くのではなく、常に自己主張を続け、失敗を自己変革の原点とし、前進を続けた。それこそが歴史のなかで生きる自らの使命なのだという信念が、大隈をそうさせたのである。変幻自在に政治姿勢を変化させた大隈であったが、その背後には、こうした歴史の大勢についての確信、さらには、その歴史の「大勢」が、民意による政治＝政党政治の方向に向かっているという確信があったことを、本書のまとめとして指摘しておきたい。

明治初期には、自己の才覚に自信があるがゆえに、人の意見を聞かずに独走する傾向を有していた大隈であったが、前述のような歴史観の下、政党政治の実現を志向するようになって以降は、自らに対して異論を唱える者に対して寛容な人物へと変化を遂げていった。やかましやで知られた田中正造や尾崎行雄を愛し、大隈を憲政本党総理から排斥しようと企てた大石正巳とも、終生交際をやめなかった。また元老や政友会について厳しく批判する一方で、「全体我輩は敵の無い人間なんだ。人が敵とするかも知れぬも、我輩の眼中には誰とて敵は無いんである。けれども仕方が無い。人が我輩を敵として正面から向つて来れば拠なく相手になつてやる丈の事である」[*4]と自身も述べるように、伊藤、井上はもちろんのこと、政治的には対立することの多かった山県や西園寺公望をも常に「友達」と呼び、一個の人間として敵視することはなかった。どのような相手であっても、相手を倒すことそのものを目的として活動したことは一度もなかったと言ってよい。

大隈の後半生における人気の源泉は、その思想や論理ではなく、開放的で、どんな人間でも包み込んでしまうスケールの大きな人格にこそあった。しかし、思想は歿後においても残るのに対し、人格は生命の終焉とともに不可視なものとなる。人格や個性を抜きにして、残った発言だけを読めば、大隈の大風呂敷を広げたような発言にはどこかうさんくささが伴うことにもなる。とはいえ、その大風呂敷が、学者から庶民に至るまでの幅広い人々を惹きつけたのもまた事実である。小説家であれば、想像を交えることによってこうした人間性を描くことも可能なのであろうが、文字史料による実証を旨とする歴史学者が、こうした文字に表れにくい人格や個性というものを描くことは非常に難しい。本書がそのような大隈の姿を描き切れたかどうかは、読者の批評を俟つほかない。

冒頭で述べたように、大隈と政治的に対立していた側の史料はなるべく使わない方針を立てたものの、初期議会期までの大隈については、史料の少なさに苦しんだ。逆に日清戦争前後以降の大隈については、史料の多さに苦しむことになった。大隈の発言はさまざまなメディアに掲載されており、その全てを把握することは何人たりとも不可能なほどに厖大である。大隈の政治生命の長さ、そして活動分野の多彩さは、到底数年間という時間で、すべてを追いきれるものではない。その意味では、本書はあくまで、筆者の大隈研究の出発点であり、自己変革を遂げた大隈よろしく、本書の描いた大隈像もまた、今後の研究の進展のなかで、書き換えられていくく必要が出てくるだろう。しかしそれでも、これまで前半生に記述が片寄りがちであり、かつ国民の味方としてのイメージが先行してきた大隈について、より幅広く変化との過程を跡付けた本書には、それなりに世に問う意味を有しているものと自負する。

末筆ながら、本書の執筆に関わる史料蒐集・整理等の作業にあたっては、李珍昂（早稲田大学大学院）、五十嵐夏子（跡見学園女子大学）、尾崎達也（早稲田大学大学院）、上柳智寛（早稲田大学）、佐藤大悟（東京大学大学院）、志岐和晃（早稲田大学）、杉田愛（跡見学園女子大学）、高橋央（早稲田大学大学院）、西腰周一郎（早稲田大学大学院）、馬場菜月（跡見学園女子大学）、藤井なつみ（早稲田大学）、松田好史（一般社団法人霞会館）、松谷昇蔵（早稲田大学大学院）、横山佳代（早稲田大学）、渡辺桂子（早稲田大学大学院）、渡辺舞（早稲田大学）各氏の御助力を得た（所属は当時）。多忙さを増す大学の業務のなかでは、これらの人々の助力なくして、本書を書き上げることはできなかったに違いない。また編集・出版に当たっては、中央公論新社の松室徹氏、登張正史氏の強力なお力添えを得ることができた。謹んでお礼を申し述べさせていただく次第である。

なお本書は日本学術振興会科学研究費補助金（課題番号二一八二〇〇五七、二三七二〇三三〇、二六三七〇八〇二）および二〇一四年度・二〇一六年度早稲田大学特定課題研究費による研究成果の一部である。

註

第一章

*1　以下註においては記述や史料引用の典拠を記していくが、すでにこれまでの伝記類でしばしば触れられているような基礎的事実については記さない。なお、幕末期の大隈の活動については大園隆二郎『大隈重信』（西日本新聞社、二〇〇五年）が、一般向けに読みやすく叙述され、かつ新資料なども交えて詳しく叙述された信頼できる評伝であり、本書でも参考にした。記述の出典が明記されていない点が残念だが、巻末に参考文献のリストが掲載されている。

*2　城原鍋島家（鍋島市佑家）『日記』（天保九年、佐賀県立図書館所蔵鍋島家文庫所蔵、鍋〇二二‐一八九）。

*3　『長崎贈答』（佐賀県立図書館所蔵鍋島家文庫所蔵、鍋九二二‐一）。

*4　大隈重信講演『早稲田小篇 萱公談』（東京専門学校出版部、一九〇〇〔明治三三〕年）三〜四頁。

*5　大隈侯八十五年史編纂会編『大隈侯八十五年史』一（早稲田大学出版部、一九二六年）序三頁。

*6　大隈侯八十五年史編纂会編『大隈侯八十五年史』三（早稲田大学出版部、一九二六年）七五一〜七五二頁。

*7　久米邦武「少青年時代に於ける大隈侯」（『実業之日本』五二〔大隈侯追悼号〕、一九二二年二月）。

*8　丹尾磯之助編『巨人の面影』（校倉書房、一九六三年）一五三頁。

*9　『大隈侯八十五年史』一、久米邦武序文三〜四頁。

*10　『大隈侯八十五年史』一、五一頁。

*11　円城寺清執筆・京口元吉校註『大隈伯昔日譚』（冨山房、一九三八年）二〜三頁。原本はもと立憲改進党党報局より一八九五年に発行されたが、冨山房版は、京口元吉によって他の類書から関連する叙述の補記がなされていて便利なため、本書の引用もすべて冨山房版から行なった。

*12　久米邦武述・中野礼四郎他編『久米博士九十年回顧録』上（早稲田大学出版部、一九三四年）二二九頁。

*13　佐賀藩主鍋島斉正は一般に鍋島直正あるいは鍋島閑叟として知られているが、直正と名乗るのは王政復古後のことであり、また閑叟と号するのは一八六一（文久元）年の隠居後のことである。

*14　『大隈侯八十五年史』一、四六頁。

*15　相馬由也『中野方蔵先生』（中野邦一、一九三六年）七七頁。

*16　「大隈伯爵御談話拝聴筆記」（国立国会図書館憲政資料室所蔵「大木喬任関係文書」書類の部六九「談話筆記」下、一九〇〇〔明治三三〕年一一月二八日）。

*17　『大隈伯昔日譚』一四頁。

*18　『久米博士九十年回顧録』上、二三三頁。

*19　『大隈伯昔日譚』三頁。

*20　和辻哲郎・古川哲史編『葉隠』上（岩波書店、一九七一年）一七頁。

*21　『大隈伯昔日譚』七頁。

*22　『大隈伯昔日譚』三頁。

*23　佐賀県教育史編纂委員会編『佐賀県教育史』第一巻資料編一（佐賀県教育委員会、一九八九年）一九〇〜一九四頁。

*24　『大隈伯昔日譚』二三頁。

*25　義祭同盟については『楠公義祭同盟』（楠公義祭同盟結成百五十年記念顕彰碑建立期成会、二〇〇三年）が詳しい。

*26　なお『大隈侯八十五年史』一では、大隈の義祭同盟加入は一八五四（安政元）年とされている。しかしこの年の義祭同盟の連名帳には大隈と久米の名はなく、実際に大隈の名前が初めて出てくるのは翌一八五五年であり、久米の名の初出は一八五八年である（前掲『楠公義祭同盟』参照）。久米の回顧では、この初参加の年に、楠像を竜造寺八幡宮の境内に移して楠社を造営、京都吉田家に玉串の免許を請い受けた旨の記述があるが、『須古鍋島家日記』（佐賀県立図書館所蔵図〇二二）の一八五六（安政三）年の記述にこの遷座が行なわれた旨が明記されており、したがって久米が大隈に誘われて参加したのは一八五六（安政三）年の誤りということになる（ただし同年の連名帳は残っていない）。大隈については、この前年一八五五年が初参加であると推察される。

*27　『大隈伯昔日譚』五頁。

*28　一八五五（安政二）年七月二三日付来原良蔵宛吉田松陰書翰（『吉田松陰全集』八、岩波書店、一九三九年、四三六頁）。
*29　大隈重信『早稲田清話』（冬夏社、一九二二年）四五三頁。
*30　島善高『律令制から立憲制へ』（成文堂、二〇〇九年）。
*31　『大隈伯昔日譚』三二頁。
*32　『大隈伯昔日譚』一六五〜一六六頁。
*33　『早稲田清話』四六一〜四六二頁。なお同書で『民間格致問答』の原名が「フヲルクス、ナショナル、クンデ」とあるのは「フォルクス・ナチュールクンデ（Volks Natuurkunde）」、登場人物は「ヘンテー」と「ヤンテー」の二人とされているが、実際には「トインマン」と「旦那」である。登場人物については他の書物と混同している可能性がある。
*34　「大隈侯座談日記」（『文明協会講演集』一九二一〈大正一〇〉一月一五日）一八〜一九頁。書名は正しくは、P. van der Burg "Eerste Grondbeginselen der Natuurkunde" であり、タイトルを邦訳すると、『物理学の第一原理』となる。
*35　「大隈侯座談日記」（『文明協会講演集』一九二一（大正一〇）年五月号）一一六頁。
*36　『大隈伯昔日譚』一四頁。
*37　大隈重信「人の長を採りて己の短を補ふ」（『文明協会講演集』一九二一（大正一〇）年四月号）四一頁。
*38　「大隈侯座談日記」（『文明協会講演集』一九二一（大正一〇）年五月号）一〇九頁。
*39　久米邦武編『鍋島直正公伝』第四編（侯爵鍋島家編纂所、一九二〇年）五八四頁。
*40　久米邦武編『鍋島直正公伝』第五編（侯爵鍋島家編纂所、一九二〇年）一八頁。
*41　『久米博士九十年回顧録』上、六三九頁。なお同じ時のことであると思われるが、「大隈侯座談日記」（『文明協会講演集』一九二一（大正一〇）年五月一五日号）一〇九〜一一〇頁には、「和蘭の憲法の大要」のうち「エフィシェンシイ、節制の事」を訳して講義したとされている。
*42　「大隈侯座談日記」（『文明協会講演集』一九二一（大正一〇）年五月）一一〇頁。
*43　『早稲田清話』五〇〇〜五〇一頁。
*44　『鍋島直正公伝』第五編五九頁。
*45　『大隈伯昔日譚』一〇頁。
*46　木原溥幸『幕末期佐賀藩の藩政史研究』（九州大学出版会、一九九七年）二七〇〜二七一頁。
*47　喜多善平編『北風遺事』（喜多善平、一九六三年）一二九頁。
*48　北風家については、前掲『北風遺事』に史料とともにその来歴がまとめられているほか、国立国文学研究資料館史料館に「兵庫北風家記録」が所蔵されている。
*49　『久米博士九十年回顧録』上、六一四〜六一五頁、六四三〜六四四頁。
*50　『大隈侯八十五年史』一、一二二頁。『早稲田清話』四一〇〜四一五頁。
*51　『大隈伯昔日譚』六一頁。
*52　『鍋島直正公伝』第五編五〇四〜五〇五頁。『早稲田清話』二三〇〜二三一頁。
*53　アメリカ・ニュージャージー州ニューブランズウィック神学校Gardner A. Sage Library所蔵。なお『大隈侯八十五年史』等従来の伝記では、この内容はフルベッキの日記に記されているものとされているがそれは誤りであり、正しくはこのJ・M・フェリス宛書翰が元となっている。
*54　村瀬寿代訳編『新訳考証 日本のフルベッキ』（洋学堂書店、二〇〇三年）二九四頁。
*55　『久米博士九十年回顧録』上、六七〇〜六七一頁。
*56　『中野方蔵先生』附録二一〜二三頁。原漢文。
*57　『保古飛呂比 佐佐木高行日記』二（東京大学出版会、一九七二年）四五七頁。
*58　『保古飛呂比 佐佐木高行日記』三（東京大学出版会、一九七二年）七九頁。
*59　『大隈伯昔日譚』五〇〜五一頁。

第二章

*1　『法令全書』第三冊（内閣官報局、一八八七年）二二三頁。

＊2　『法令全書』第三冊二八九頁。
＊3　宮内庁編『明治天皇記』第一（吉川弘文館、一九六八年）六四八頁。
＊4　円城寺清執筆・京口元吉校注『大隈伯昔日譚』（冨山房、一九三八年）一八六～一八八頁。
＊5　『早稲田清話』（冬夏社、一九二二年）一九～二〇頁。
＊6　大隈侯八十五年史編纂会編『大隈侯八十五年史』一（早稲田大学出版部、一九二六年）一六九頁。
＊7　日本史籍協会編『百官履歴』一（東京大学出版会、一九七三年）六五頁。
＊8　『横浜新報もしほ草』第一四編、早稲田大学図書館所蔵。
＊9　談判の模様は『大隈伯昔日譚』一九四～一九九頁、および『早稲田清話』一九～二六頁に詳しい。
＊10　日本史籍協会編『木戸孝允日記』一（東京大学出版会、一九六七年）一六頁。
＊11　『横須賀造船所史』（横須賀鎮守府、一八九三年）九五～九六頁。
＊12　以上の辞令原本の多くは早稲田大学図書館所蔵大隈文書D分類に含まれている。また『百官履歴』も参照。
＊13　当時神祇官副知事は津和野藩主・亀井茲監、軍務官副知事は熊本藩主の子・長岡護美、刑法官副知事は岡山藩主・池田章政、外国官副知事は公卿・東久世通禧と薩摩藩家老の小松帯刀であった。
＊14　ただし実際には小松は大隈の副知事就任後も翌一八六九年五月一五日まで副知事として在職している。その後一八七〇年七月二〇日に死去。
＊15　三岡八郎（由利公正）によって進められた経済政策は一般に「由利財政」と呼ばれるが、三岡が祖先の旧姓である「由利」姓を称するのは一八七〇（明治三）年以降のことである。
＊16　佐々木克「「民・蔵分離問題」についての一考察」（『史苑』二九‐三、一九六九年三月）。
＊17　実際には一八七二年になっても実行されていない。
＊18　『早稲田清話』八二～八三頁。
＊19　明治財政史編纂会編『明治財政史』一一（吉川弘文館、一九七二年）三二四～三二五頁。
＊20　久米邦武編『鍋島直正公伝』第六編（侯爵鍋島家編纂所、一九二〇年）三三八頁。
＊21　佐々木克「「民・蔵分離問題」についての一考察」。
＊22　『大隈伯昔日譚』三三五頁。
＊23　『大隈伯昔日譚』三三七頁。
＊24　『早稲田清話』二四三頁。
＊25　一八七〇（明治三）年八月一七日付伊藤博文宛木戸孝允書翰（伊藤博文関係文書研究会編『伊藤博文関係文書』四、塙書房、一九七六年、二〇〇頁）。
＊26　東京大学史料編纂所編『保古飛呂比 佐佐木高行日記』四（東京大学出版会、一九七三年）、一一九頁。明治二年七月八日条。
＊27　木戸と大隈との交流については、渡辺幾治郎「大隈重信侯と木戸孝允公」（渡辺幾治郎『文書より観たる大隈重信侯』所収、早稲田大学出版部、一九三二年）に大変詳しく描写されている。
＊28　国立公文書館所蔵『記録材料 建白部類 弾正台』。
＊29　当時の鉄道敷設反対意見については田中時彦『明治維新の政局と鉄道建設』（吉川弘文館、一九六三年）第五章が詳しく分析している。
＊30　木下立安編『拾年紀念 日本の鉄道論』上編（鉄道時報局、一九〇九年）における伊藤博文・大隈重信・前島密の回想。
＊31　実はこれ以前、一八六八（慶応四）年に、大隈と同じ佐賀出身の大木喬任や江藤新平も鉄道建設の建議を行っていたと言われる（田中時彦『明治維新の政局と鉄道建設』、八三～八八頁）。ただこの建議は関東の鎮撫と東西両京の速やかな連絡を目的としたものであり、戊辰戦争下の状況での政治的意味合いの強いものであった。
＊32　一八六九（明治二）年九月付大隈重信宛山口尚芳書翰（早稲田大学大学史資料センター編『大隈重信関係文書』一〇、みすず書房、二〇一四年、三五一～三五二頁）。
＊33　大隈重信編『開国五十年史』上（開国五十年史発行所、一九〇七年）五七七頁。
＊34　井上勤「帝国鉄道の創業」（木下立安編『拾年紀念 日本の鉄道論』上編）三一頁。
＊35　前島密「帝国鉄道の起源」（『拾年紀念 日本の鉄道論』上編）四四頁。
＊36　早稲田大学図書館所蔵大隈文書D三八一。

＊37　『百官履歴』一、六七頁。

＊38　田中時彦『明治維新の政局と鉄道建設』第四章参照。

＊39　神谷不二「小英国主義」（『国際法外交雑誌』五三－五、五四－六、一九五五年四月・一二月）。

＊40　早稲田大学図書館所蔵大隈文書A四五五。なお、従来、モレルの建議に先立ち大隈が一八六九（明治二）年に工部省設置を建議したとされることが多いが（石塚裕道『日本資本主義成立史研究』など）、これは誤りである。柏原宏紀『工部省の研究』（慶応義塾大学出版会、二〇〇九年）第一章「工部院設置をめぐる政治過程と技術官僚」を参照。のち民蔵分離後、大隈は参議就任の条件の一つに工部省の設置を挙げた（『大隈伯昔日譚』三六〇頁）。

＊41　一八七〇（明治三）年一一月二九日付三条実美宛大久保利通書翰（日本史籍協会編『大久保利通文書』四、東京大学出版会、一九八三年、一三四頁）一八七一（明治四）年四月一八日付大隈重信宛山尾庸三書翰（早稲田大学大学史資料センター編『大隈重信関係文書』一〇、三二四頁）。

＊42　『大隈侯八十五年史』一、三三〇～三三二頁。渋沢青淵記念財団竜門社編『渋沢栄一伝記資料』二（渋沢栄一伝記資料刊行会、一九五五年）五二〇～五二二頁。

＊43　松尾正人『維新政権』（吉川弘文館、一九九五年）一三六～一三八頁。

＊44　『大隈伯昔日譚』三四六～三五〇頁。妻木忠太『前原一誠伝』（積文館、一九三四年）六九五～六九七頁。

＊45　塩谷良翰述『回顧録』（塩谷恒太郎、一九一八年）一二六頁。

＊46　大隈重信『大勢を達観せよ』（帝国講学会、一九二二年）九七～九八頁。なお大隈重信「明治三十一年六月二十五日第四回統計懇話会に於ける演説」（『統計集誌』二〇五、一八九八年七月）には一三県の知事による連名とある。

＊47　『大隈伯昔日譚』三五〇～三五一頁。

＊48　一八七〇（明治三）年六月一三日付佐佐木高行宛三条実美宛書翰（日本史籍協会編『大隈重信関係文書』一、二五七頁）。なお東京大学史料編纂所編『保古飛呂比』四、三七四～三七五頁には一部記述の脱漏が見られる。

＊49　伊藤博文宛木戸孝允書翰。一八七〇（明治三）年六月一七日（『伊藤博文関係文書』四、一九七頁）。

＊50　一八七〇年三月二九日の大久保の日記にも、「今夕大隈子入来格別是まで之事悔悟と相見得成功を急ては成らす是非不行届を責くれとの事其外種々懇話承ル小生も不堪喜赤誠を以テ遇し置候」と記されている。日本史籍協会編『大久保利通日記』二（東京大学出版会、一九六九年）九九～一〇〇頁。

＊51　『大久保利通日記』二、一一七頁。

＊52　『大隈伯昔日譚』三六二頁。

＊53　早稲田大学大学史資料センター編『大隈重信関係文書』五（みすず書房、二〇〇九年）一九五頁。

＊54　早稲田大学大学史資料センター編『大隈重信関係文書』五では年代不明となっているが、これは次註に記した通り、この忠告書に触れたもののうち一通が一八七八年一〇月ではなく一八七九年初頭のものであると判断すれば、この忠告書も一八七九年初頭のものと判断できると考える。

＊55　早稲田大学大学史資料センター編『大隈重信関係文書』五所収。なお、同書一六〇頁所載の一八七八年一〇月一三日とされている書翰にも冒頭に「彼五ヶ条御注意を乞」との記載が見られるが、これは内容に二月三月の予定について触れていること（一〇月のものとすると日付が離れすぎて不自然）や、米の状況など一八七九年初頭の書翰と内容に連続性が見られることなどから、一八七九年一月一三日のものと判断すべきと考えられる。文書原本を見ると確かに日付は「十月十三日」と書かれているように見えるが、これは下の文字に筆を続ける際に「一」に縦棒が入ってしまったか、あるいは誤記かのどちらかであろうと考えられる。

＊56　日本史籍協会編『岩倉具視関係文書』四（東京大学出版会、一九六八年）四〇六頁。

＊57　『大隈伯昔日譚』三六〇頁。なおこの条件提示と岩倉・三条の受諾の背後には木戸のアドバイスがあったようである。一八七〇（明治三）年八月一七日付伊藤博文宛木戸孝允書翰ならびに八月二〇日付三条実美宛木戸孝允書翰参照（『木戸孝允文書』四、一〇〇～一〇六頁）。

＊58　早稲田大学図書館所蔵大隈文書A一。なお「自主ノ権」の部分は原

本では「目主ノ権」となっているが、明確な誤記と判断し、改めた。

＊59　『明治天皇紀』二、三四九〜三五〇頁。なお『大隈侯八十五年史』一、三七八頁には、参議就任一一日目の九月一四日に大蔵事務監督になったとあるが誤り。

＊60　「大藩同心意見書」（日本史籍協会編『岩倉具視関係文書』八、一九六九年、東京大学出版会）一六三〜一七五頁。この文書が大隈の手になることは、一八七一（明治四）年四月二三日三条実美宛岩倉具視書翰二通（日本史籍協会編『岩倉具視関係文書』五、東京大学出版会、一九六九年、五五〜五六頁）。

＊61　一八七一（明治四）年六月一一日頃伊藤博文宛木戸孝允書翰に「大隈登庸之一条紛紜之議論如山中には大藩なと拒訴候様之ものも有之」とある（日本史籍協会編『木戸孝允文書』四、東京大学出版会、一九七一年、二三八頁）。

＊62　『百官履歴』一、四一頁。

＊63　沢田章編『世外侯事歴維新財政談』（原書房、一九七八年）二四〇頁。

＊64　『世外侯事歴維新財政談』二五六頁。伊藤博文「大蔵省創立規則案」は大隈の手元に残されている（早稲田大学図書館所蔵大隈文書A二一四七）。

＊65　日本史籍協会編『大隈重信関係文書』一（東京大学出版会、一九八三年）三八七〜三九〇頁。

＊66　『早稲田清話』三五六〜三五九頁。

＊67　『大隈伯昔日譚』三九七頁。

＊68　一八六九（明治二）年二月七日の大隈宛東久世通禧書翰に「フルーペッキ御雇入之事に付山口範蔵長崎表へ罷越候得共、唯東京呼迎諸事談合者不苦間敷候得共彼者者耶蘇教主に御座候間、表向政府にて御雇入にては議論如何可有御座候事」とある（早稲田大学大学史資料センター編『大隈重信関係文書』九、みすず書房、二〇一三年、八一頁）。

＊69　グリフィス著・村瀬寿代訳編『新訳考証 日本のフルベッキ』（洋学堂書店、二〇〇三年）二五一〜二五五頁。

＊70　『大隈伯昔日譚』三九八頁。

＊71　田中彰『岩倉使節団の歴史的研究』（岩波書店、二〇〇二年）二五〜二九頁。

＊72　『大隈伯昔日譚』三九八頁。

＊73　一八七一（明治四）年一〇月九日付大隈重信宛木戸孝允書翰・同年一〇月一四日付大隈重信宛木戸孝允書翰（早稲田大学大学史資料センター編『大隈重信関係文書』四、みすず書房、二〇〇八年、二〇〇〜二〇二頁）。

＊74　田中彰『岩倉使節団の歴史的研究』七七〜八〇頁、また関口栄一は、特に井上が中心的推進者であったとする（関口「岩倉使節団の成立と大蔵省」、『法学』四三‐四、一九八〇年三月）。

＊75　『大臣参議及各省卿大輔約定書』（国立公文書館所蔵「大使書類（原本）」）。

＊76　『早稲田清話』三九三〜三九四頁。

＊77　宮島誠一郎『養浩堂日録』（早稲田大学図書館所蔵宮島誠一郎関係文書）明治六年二月二六日条。

＊78　『大隈伯昔日譚』では「教育令」とされているが、誤りである。

＊79　「大隈伯爵御談話拝聴筆記」（国立国会図書館憲政資料室所蔵大木喬任関係文書六九‐三『談話筆記』下）。

＊80　『大隈伯昔日譚』四二一頁。また岡田芳朗『明治改暦――「時」の文明開化』（大修館書店、一九九四年）も参照。

＊81　『大隈伯昔日譚』四三八頁。

＊82　明治五年六月一〇日付木戸孝允宛井上馨書翰（木戸孝允文書研究会編『木戸孝允関係文書』一、東京大学出版会、二〇〇五年、三五八頁）。

＊83　早稲田大学大学史資料センター編『大隈重信関係文書』六（みすず書房、二〇一〇年、九六頁）。

＊84　中川寿之「太政官内閣創設に関する一考察」（明治維新史学会編『幕藩権力と明治維新』、吉川弘文館、一九九二年）。

＊85　『大隈伯昔日譚』四四四頁。

＊86　指原安三編『明治政史』上（明治文化研究会編『明治文化全集正史編』上、日本評論社、一九二八年）一七四〜一七六頁。

＊87　早稲田大学大学史資料センター編『大隈重信関係文書』一（みすず書房、二〇〇四年）二九七頁。

＊88　日本史籍協会編『岩倉具視関係文書』五（東京大学出版会、一九六九年）二九三〜二九四頁。

＊89　明治財政史編纂会編『明治財政史』三（吉川弘文館、一九七一年）一八八〜一九〇頁。

＊90　『明治財政史』三、一九〇〜一九五頁。なお『大隈侯八十五年史』では、井上が石代二円七五銭で計算したのに対し、大隈は三円超で計算したために余裕が出たと書かれているが（『大隈侯八十五年史』一、四八四頁）、これは誤りで、大隈も実質二円七五銭で計算している（早稲田大学図書館所蔵大隈文書Ａ一四八一『明治六年一月一日至十二月三十一日金穀歳入出概算表』）。

＊91　なお大隈はこれより先一八七三（明治六）年五月に、開拓次官黒田清隆に宛てて意見書を草し、ロシアや中国との戦争が予想される外征（征韓・征台）よりも、日露雑居地として国内に准ずる地域である樺太での日本人に対するロシア人の暴行問題の方が重要であり、外征よりも樺太国境の画定が先決であると主張している（早稲田大学図書館所蔵大隈文書Ａ三『樺太対策意見書草稿』）。また大隈と同郷の山口尚芳は「六年征韓論が起つた際、大隈さんは外征といつては、中々金を要するが、国庫には金がなくて困ると云ふと、江藤は透かさず、君は大蔵の事務総裁ではないか。有る金を遣ふ位の事は誰でも出来る。ないものを作つて国家の急に応ずるこそ、大蔵総裁の役目ではないかとひどく当て付けた」と回想している（『大隈侯八十五年史』一、五二六〜五二七頁）。

＊92　『大隈伯昔日譚』四八四〜四八六頁。

＊93　『大隈伯昔日譚』四八四頁。とはいえ大隈は使節帰国までは、反対の態度をさほど強く表面に打ち出していたわけではない。一〇月一一日に陸奥宗光が伊藤博文に宛てた書翰に「大隈の立論は此度の事件に付同人は唯政府の命を奉するは勿論なれとも、自ら其事に携はるを欲せす云々（此際縷々の事情有之、筆頭に難尽期拝晤候）」（一八七三年一〇月一一日付書翰、伊藤博文関係文書研究会編『伊藤博文関係文書』七、塙書房、一九七九年、二四三頁）と報告されている。ことさらに強く反対する姿勢こそ示さないものの、自分は関わりたくはないという大隈の姿勢と、その背後にある「縷々の事情」、すなわち文字として書きつくせない裏の事情＝薩長排斥の陰謀が、大隈の反対理由であったことがここからもわかる。

＊94　高橋秀直「征韓論政変の政治過程」（『史林』七六‐五、一九九三年九月）。

＊95　日本史籍協会編『大久保利通日記』二、二〇七頁。

＊96　『大隈侯八十五年史』一、五四〇〜五四一頁。

＊97　一八七四（明治七）年二月一三日付の大隈宛岩倉具視書翰に「昨日便船に而二十名或は四十名とも言ふ、右は貴卿を刺すの旨趣と聞く。肥前一体も同論と言ふ。是等は元々御承知決而無御助才ことと存候へ共、懸念不少一筆申入候」と報知されている（早稲田大学大学史資料センター編『大隈重信関係文書』二、みすず書房、二〇〇四年、三七頁）。

＊98　『早稲田清話』四四四頁。

＊99　国立公文書館所蔵『公文別録　自明治五年至同十年』五。

＊100　早稲田大学図書館所蔵大隈文書Ａ四四二二〜四四二九の一連のリゼンドル報告書参照。この意見書が大隈・大久保に与えた影響については渡辺幾治郎「征蕃事件と近代日本の建設」（『大隈研究』五、一九五四年一〇月）を参照。

＊101　「清国ト修好条規通商章程締結ニ関スル件」（外務省編『日本外交文書』六、日本外交文書頒布会、一九五五年）。

＊102　早稲田大学社会科学研究所編『大隈文書』一（早稲田大学社会科学研究所、一九五八年）に主要なものが収められている。

＊103　なお大隈は当初この談判のため自ら使節として渡清することを熱望していたようである。開戦当初から深く関与した大隈はその後始末をつけるのも自分の責任であるとの気持ちがあったものであろう。一八七四（明治七）年七月二九日吉田清成宛松方正義書翰（京都大学文学部日本史研究室編『吉田清成関係文書』三、思文閣出版、二〇〇〇年、一〇五〜一〇六頁）。

＊104　この建白書の内容については、樫山和民「有志専制政権と島津久光」（『書陵部紀要』、一九七一年一一月）に詳しい。

＊105　『大隈伯昔日譚』四二九〜四三二頁、ならびに『早稲田清話』三一三〜三一九頁。あるいは翌一八七四（明治七）年に久光と衝突した際のことと混同されている可能性もある。

＊106　日本史籍協会編『大久保利通文書』五（東京大学出版会、一九六八年）五一三頁。

＊107　日本史籍協会編『大久保利通文書』五、五一九〜五二〇頁。

＊108 日本史籍協会編『大久保利通文書』五、五二一〜五二三頁。
＊109 日本史籍協会編『大久保利通文書』五、五二五頁。
＊110 一八七四年六月付三条実美・岩倉具視宛大隈重信書翰二通（日本史籍協会編『岩倉具視関係文書』六、東京大学出版会、一九六九年、一五七〜一六〇頁）。大津淳一郎編『大日本憲政史』一（宝文館、一九二七年）八八三〜八八四頁。なお島津の糾弾書の文面には直接「破廉恥」と記した言葉はなく、単に免職を求めているに過ぎない。
＊111 日本史籍協会編『島津久光公実記』三（東京大学出版会、一九七七年）二七九頁。
＊112 早稲田大学図書館所蔵大隈文書A二〇八八。早稲田大学社会科学研究所編『大隈文書』三（早稲田大学社会科学研究所、一九六〇年）一一八〜一二〇頁。
＊113 早稲田大学図書館所蔵大隈文書A二〇九一。早稲田大学社会科学研究所編『大隈文書』三、一六八〜一七三頁。
＊114 以上の意見書は早稲田大学図書館所蔵大隈文書にあり、また早稲田大学社会科学研究所編『大隈文書』三に収録されている。
＊115 日本史籍協会編『大久保利通文書』六（東京大学出版会、一九六八年）四六二〜四六五頁。
＊116 日本史籍協会編『大久保利通文書』七（東京大学出版会、一九六九年）一一九〜一三三頁。
＊117 「大藩同心意見書」一六九頁。
＊118 「大藩同心意見書」一六九頁。
＊119 一八六九年、大隈が会計官副知事就任後に制定した会計官章程に、すでに毎年の歳出歳入計簿を作成し公示するという規定が存在していた（『大隈侯八十五年史』一、三一〇頁）。また同章程には監督司の設置も規定されており、これはのちに会計検査院につながっていく。統治の論理を貫徹する一方で、それゆえにこそ公開とチェックの体制をつくっておくことが必要だと大隈が早くから考えていた証左であろう。

第三章

＊1 東京大学史料編纂所編『保古飛呂比 佐佐木高行日記』八（東京大学出版会、一九七六年）一四九頁。また牧野謙次郎『儒教時言講経新義』（明治書院、一九二九年）の付録「先朝遺聞」には大隈が明治天皇に謁見して井上採用を説いたとの記事がある（四九三〜四九五頁）。
＊2 この改正を受け、秩禄処分による金禄公債が多数投資されて銀行設立ブームが起こる。条例改正前四行しかなかった国立銀行は、一八七九（明治一二）年末には一五三行にまで広がった。こうした銀行設立ブームは、金融的基盤の整備につながる一方で、西南戦争後のインフレ昂進をさらに進める結果にもなってしまう。
＊3 一八七四（明治七）年から地租改正事業が始まるものの同年から翌年にかけてはまだ米納割合が高かった。一八七四年の地租収入は五九四一万円で、翌年が六七七一万円である。しかし一八七五（明治九）年に米価が下落し、翌年には地租が三パーセントから二・五パーセントに引き下げられ、一八七五年度（同年九月から翌年六月）の地租収入は四三〇二万円、翌年度が三九四五万円と減少してしまう。一八七九年以降は、地租収入が四三〇〇万円前後で安定するものの、西南戦費支出のための紙幣増刷の影響でインフレが起こり、財政難が継続的問題となるのである。山本有造『両から円へ』（ミネルヴァ書房、一九九四年）三一〜三二頁、大蔵省百年史編集室編『大蔵省百年史』別巻（大蔵財務協会、一九六九年）一九〇〜一九一頁。
＊4 大蔵省編『歳出歳入決算報告書』上（『明治前期財政経済史料集成』四、明治文献資料刊行会、一九六二年）。
＊5 ただしその半面で、この間貿易赤字は続いており、その結果多額の正貨が流出していた。
＊6 山本有造『両から円へ』四一〜四二頁。
＊7 『明治財政史』一二（吉川弘文館、一九七二年）二〇三〜二〇八頁。
＊8 早稲田大学図書館所蔵大隈文書A一五。
＊9 早稲田大学図書館所蔵大隈文書A二四三七。
＊10 『明治財政史』一一（吉川弘文館、一九七二年）四〇六〜四〇七頁。
＊11 『明治財政史』一三（吉川弘文館、一九七二年）八一一〜八一二頁。
＊12 たとえば洋銀取引所での一八七九年四月二一日の取引実績を示す資料が大隈文書に残されているが（「明治十二年四月二十一日横浜洋銀取引所相場」、早稲田大学図書館所蔵大隈文書A三七一二）、その日の出来高は一四〇万八千ドル（約二〇〇万円強）とされており、同年の年間合

計の輸出高が約二八八〇万円、輸入が約四三八〇万円であった（安藤良雄編『近代日本経済史要覧』、東京大学出版会、一九七九年第二版、四頁）ことから考えても、一日の取引量としては明らかに過大である。

*13 神山恒雄「井上財政から大隈財政への転換」（高村直助編『明治前期の日本経済』、日本経済評論社、二〇〇四年）。

*14 以上の準備金運用については、高橋誠「明治前期財政における「準備金」の地位と機能」（高橋誠『明治財政史研究』第二章、青木書店、一九六四年）、大内兵衛・土屋喬雄編『明治前期財政経済史料集成』一ノ一（明治文献資料刊行会、一九六四年）などを参照。

*15 春畝公追頌会『伊藤博文伝』中（春畝公追頌会、一九四〇年）一五八～一七一頁、〔明治一三年〕二月二六日付大隈重信宛岩倉具視書翰（日本史籍協会編『大隈重信関係文書』四、東京大学出版会、一九八四年、六一～六二頁）。なおこの書翰は現在早稲田大学図書館に原本が残っていない。

*16 日本史籍協会編『大隈重信関係文書』四、一一二～一二五頁。

*17 早稲田大学図書館所蔵大隈文書A一七。

*18 国立国会図書館憲政資料室所蔵『明治十三年大隈参議外債募集建言之議ニ対スル各参議各省卿答議書』（憲政資料室収集文書一三六三）および『保古飛呂比 佐佐木高行日記』九（東京大学出版会、一九七七年）一三〇頁による。ただし賛成論者のなかでも外債金額を削減したうえでの賛成であったり、また反対論者のなかでも真正面からの反対ではない者などもおり、その度合いは一様ではない。

*19 中村尚美『大隈財政の研究』（校倉書房、一九六八年）第四章参照。

*20 『伊藤博文伝』中、一八一頁。

*21 早稲田大学図書館所蔵大隈文書A一六。

*22 農商務省『農商務省沿革略誌』一（農商務省、一八九二年）。

*23 早稲田大学図書館所蔵大隈文書A二一。

*24 大隈・伊藤による提案ののち、九月に至り松方正義は「財政議」（『明治前期財政経済史料集成』一、四三三～四三八頁）を提出し、健全財政主義の立場から内債募集案を批判し、「日本帝国中央銀行」設立を主張している。そこでは横浜正金銀行をその外国為替部に合併することが提起されており、中央銀行設立案については明らかに大隈・伊藤意見書を受け継いでいる。

*25 永井秀夫『明治国家形成期の外政と内政』（北海道大学図書刊行会、一九九〇年）二一〇頁。

*26 祖田修『前田正名』（吉川弘文館、一九七三年）八四頁。

*27 一八七九（明治一二）年八月二日付大隈重信宛福沢諭吉書翰（慶応義塾編『福沢諭吉書簡集』二、岩波書店、二〇〇一年、二三〇～二三一頁）。また中村尚美『大隈財政の研究』第四章を参照。

*28 大隈重信『大隈伯社会観』（偕学堂書店、一九一四年）三七一頁には初対面は「明治六年」とあり、松枝保二編『大隈侯昔日譚』（報知新聞社出版部、一九二二年）二五〇頁には「明治七年頃」とある。

*29 福沢と大隈の交流については、富田正文『考証福沢諭吉』下「四七 大隈重信との交情」（岩波書店、一九九二年）、佐藤能丸「大隈重信と福沢諭吉」（『国文学解釈と教材の研究』五三‐二、二〇〇八年二月）が詳しい。

*30 一八七八（明治一一）年二月二八日付大隈重信宛福沢諭吉書翰（『福沢諭吉書簡集』二、五七～五八頁）。

*31 慶応義塾編『福沢諭吉全集』四（岩波書店、一九五九年）所収。

*32 本書執筆のための資料を福沢は大隈から入手している（『福沢諭吉書簡集』二、五七～五九頁）。

*33 『福沢諭吉書簡集』二・解題参照。

*34 一八八九（明治一二）年八月二日付楠本正隆宛福沢諭吉書翰（『福沢諭吉書簡集』二、二三一～二三三頁）。

*35 一八七八年三月一九日付大隈重信宛福沢諭吉書翰（『福沢諭吉書簡集』二、六二～六三頁）。

*36 『大隈侯昔日譚』二四五～二四六頁。

*37 『大隈侯昔日譚』二九三～二九四頁。

*38 『大隈侯昔日譚』二九四頁。

*39 尾崎咢堂全集編纂委員会編『尾崎咢堂全集』一一（尾崎咢堂全集刊行会、一九六二年）八一～八二頁。

*40 「参議大隈重信建議統計院設置ノ件」（国立公文書館所蔵『公文録明治十四年第七巻 明治十四年五月第一』所収、一八八一年五月）。

*41 会計検査院記録掛編『会計検査院史』（会計検査院、一八九六年）。

＊42 『大隈侯昔日譚』二七七頁。
＊43 『大隈侯昔日譚』二七六頁。
＊44 大日方純夫「「明治一四年の政変」と小野梓」（大日方純夫『自由民権運動と立憲改進党』第二部第一章、早稲田大学出版部、一九九一年）。勝田政治『小野梓と自由民権』（有志舎、二〇一〇年）一一四～一一六頁。
＊45 「参議大隈重信建議統計院設置ノ件」。
＊46 矢野文雄「補大隈侯昔日譚」（『大隈侯昔日譚』）一七一～一七二頁。
＊47 矢野文雄「補大隈侯昔日譚」一七頁。
＊48 『尾崎咢堂全集』一一、七四～七五頁。
＊49 この日誌創刊に関する史料「法令公布ノ日誌ヲ創定スル之事」「参議大隈重信上申法令公布日誌創設之儀ニ付日誌社ヘ命令書案並布告案」「公報日誌創定ニ付布告類下達方並日誌取扱内規則按」が国立公文書館に所蔵されている（諸雑公文書）。
＊50 「明治辛巳紀事」（慶応義塾編『福沢諭吉全集』二〇、岩波書店、一九六五年、二三二～二四〇頁）および井上馨・伊藤博文宛福沢諭吉書翰（慶応義塾編『福沢諭吉全集』一七、岩波書店、一九六一年、四七一～四八一、五四六～五四七頁）。後者は伊藤・井上に対してその背信を詰ったものであるが、この福沢の詰問に対して井上は返信で、大略福沢の記す通りである、ただし新聞の第一の主眼は「漸進を以て設立」ということは申し上げたはずだ、と回答しており、記述には信憑性があると考えられる。
＊51 多田好問編『岩倉公実記』下（岩倉公旧蹟保存会、一九二七年）六七九～六八〇頁。
＊52 『岩倉公実記』下、六八〇頁。
＊53 『岩倉公実記』下、六八〇～六八八頁。
＊54 稲田正次『明治憲法成立史』（有斐閣、一九六〇年）四五四～四五五頁。
＊55 岩倉具視「座右日歴覚書」（日本史籍協会編『岩倉具視関係文書』一、東京大学出版会、一九六八年）九七頁。
＊56 従来この意見書の原本は見つかっておらず、主に伊藤博文がのちに三条実美に乞うて借覧・筆写したものが史料として使用されてきた。しかし二〇〇六年、憲政資料室によって収集された三条実美旧蔵のものが公開された。内容的には若干字句の異同がある程度であるが、次注に記したように、全く同一部分の脱漏が見られ、伊藤本はこの三条本を筆写したものであると思われる。本書ではこの三条実美旧蔵本から引用を行なった。
＊57 三条本・伊藤本では「法官」の文字が脱漏しているが、『岩倉公実記』下および大隈侯八十五年史編纂会編『大隈侯八十五年史』一（早稲田大学出版部、一九二六年）に掲載のもの、および、早稲田大学図書館所蔵の前島密筆写本にはあるため、補った。意見書執筆者と目される矢野文雄が「自由政治ノ真理ニ於テ軍官法官警察官其他奏任以下ノ事務官ハ政党ノ争ニ関セザルヲ其ノ令徳トナスノ所以ヲ論ズ」（大分県先哲資料館編『大分県先哲叢書 矢野竜渓資料集』四、大分県教育委員会、一九九七年）という演説を行なっているところから考えても、元々は「法官」の文字が入っていたものと考えられる。
＊58 ただし矢野は、自分が奏議を書いた後、どのような手続きで大臣に捧呈されたか、自分の書いた草稿のままかどうかは知らない、もし加筆修正があったとすれば小野梓あたりだろう、と吉野作造に語ったといい（明治文化研究会編『明治文化全集正史編』下・解題一〇頁、日本評論社、一九二九年）、小野の手が入っている可能性もあるが、確認はできない。なお、姜範錫『明治一四年の政変』（朝日新聞社、一九九一年）は、この意見書を小野の執筆によるものであると主張している。しかし三月一八日に小野が提出した「今政十宜」には大隈奏議の件は記述がなく、これ以後に書いたとすると意見書は四月以降の提出としなければならなくなる。また小野が丹念に記している「留客斎日記」にもこの意見書に関する記事はない。また姜範錫氏は、意見書中にある「真利」という用語が小野独自の用語であると指摘しているが、小野が「真利」という言葉を使う際には、たとえば「真利は利なり、宜なり、最多衆の最大快楽を云ふなり」「真利は人の正路なり」（『利学入門』、早稲田大学大学史編集所編『小野梓全集』三、早稲田大学出版部、一九八〇年）、あるいは「真利之趣旨」を取って「我党所操之主義」に定める（「留客斎日記」明治一四年九月二五日条、早稲田大学大学史編集所編『小野梓全集』五、早稲田大学出版部、一九八二年、三六八頁）というように、いずれも功利主義の趣旨を指して「真利」の一語を用いているのであり、大隈意見書

の「立憲治体の真利」のような、「何々の真の利益」という意味での用法とは使われ方が全く異なっている。また姜氏は「恋権」を小野独特の用語とするが、野田秋生氏の指摘によれば、この言葉は『郵便報知新聞』社説欄でも使用され、矢野文雄にも使用例があり、逆に「地所」「諸人」「令徳」など矢野独特の用語法を大隈意見書中に指摘できるという（野田秋生『矢野竜渓』、大分県教育委員会、一九九九年、六九頁）。また近年、片岡寛光氏は、早稲田大学図書館所蔵の前島密筆写本の存在から、前島が執筆に関与していたとの説を提起しているが（片岡寛光『国民リーダー大隈重信』、冨山房インターナショナル、二〇〇九年）、この前島筆写本は、前島自身が後日大隈に請うて筆写させてもらったものだと市島謙吉に語っており、前島が一切関与していないことは明らかである（市島謙吉『朝野雑載』二、早稲田大学図書館所蔵イ四‐一九一九‐二二）。なお、前島より筆写本を見せられた市島は「文章は確かに小野梓氏の執筆なりし」と記しているが、市島がその筆写本のみを見て何故小野の執筆と判断したのかは不明である。

＊59 Alpheus Todd "On Parliamentary Government in England: Its Origin, Development, and Practical Operation" 1st ed. London: Longmans, Green, and Co., 1867-1869. のち尾崎行雄訳『英国議院政治論』全七巻（自由出版会社、一八八二～一八八三年）として訳された。もともとは、吉井友実がイギリスから持ち帰って明治天皇に献上し、明治天皇から有栖川宮に下賜され、有栖川宮から大隈に渡されたものであるという（「尾崎行雄氏談話速記」、広瀬順晧編『憲政史編纂会旧蔵政治談話速記録』二、ゆまに書房、一九九八年、二二三頁）。

＊60 平塚篤編『伊藤博文秘録』（春秋社、一九二九年）二一八頁。

＊61 真辺将之「大隈重信の天皇論―立憲政治との関連を中心として―」（安在邦夫・真辺将之・荒船俊太郎編『明治期の天皇と宮廷』、梓出版社、二〇一六年）。

＊62 岩倉具視「座右日歴覚書」九七頁。

＊63 稲田正次『明治憲法成立史』上（有斐閣、一九六〇年）四五七～四五八頁。

＊64 早稲田大学大学史資料センター編『大隈重信関係文書』二（みすず書房、二〇〇五年）六九頁。

＊65 一八八一年六月二一日付三条実美・有栖川宮熾仁親王宛岩倉具視書翰（『伊藤博文伝』中、二〇五頁）。

＊66 『伊藤博文伝』中、二〇七頁。

＊67 明治一四年の政変の陰の演出者としての井上毅の役割については大久保利謙「明治十四年の政変」（大久保利謙歴史著作集二『明治国家の形勢』、吉川弘文館、一九八六年）が詳しい。

＊68 井上毅伝記編纂委員会編『井上毅伝史料篇』第四（国学院大学図書館、一九七一年）三三八頁。

＊69 井上毅伝記編纂委員会編『井上毅伝史料篇』第五（国学院大学図書館、一九七五年）八六頁。

＊70 井上毅伝記編纂委員会編『井上毅伝史料篇』第一（国学院大学図書館、一九六六年）二三九～二四一頁。

＊71 『伊藤博文伝』中、二〇六～二〇七頁。

＊72 『井上毅伝史料篇』第四、四七頁。

＊73 一八八一（明治一四）年七月二七日付伊藤博文宛井上馨書翰（伊藤博文関係文書研究会編『伊藤博文関係文書』一、塙書房、一九七三年、一六四～一六五頁）。なお同書翰には、「彼之先生は人望を得るを主とし今日に至る迄其定説なきは御承知之事と愚考せり」云々というような批判も書かれており、井上毅の入説の結果、単に政体構想の相違を超えて、大隈個人の人格に対する不信感までが醸成されている様子を窺える。

＊74 「岩倉具視日記 明治十四年七月」（日本史籍協会編『大隈重信関係文書』四）二五二頁。

＊75 『保古飛呂比 佐佐木高行日記』一〇（東京大学出版会、一九七八年）四三〇～四三一頁。

＊76 矢野文雄「補大隈侯昔日譚」三四～三五頁。

＊77 矢野文雄「補大隈侯昔日譚」四〇頁。大津淳一郎『大日本憲政史』二（宝文館、一九二七年）所載の談話でも矢野は「我等は始めより薩長政府転覆の考へなどがあるべき筈はない。政府は即ち我々の政府であつて、既に内閣の傾向も憲政賛成者が多数と認めて居る故、何を苦しんで今さら民間党と通じて、自己の基礎を転覆しやうなどと企てませう。予は民間党と結ぶよりは、却て現内閣にあつて、進んで行く方が憲政の実現に、便利でもあり、また容易でもあらうと考へて居つた」と述べてい

る（四八三頁）。
＊78 『小野梓全集』五、二二六頁。
＊79 「留客斎日記」一八八一年九月四日条（『小野梓全集』五、三六五頁）。
＊80 小野梓「若我自当」（『小野梓全集』三）一四四頁。
＊81 日本経営史研究所編『五代友厚伝記資料』四（東洋経済新報社、一九七四年）解説、および『函館市史』（函館古書籍商組合、一九九〇年）三九四～四〇二頁参照。
＊82 陸奥広吉編『陸奥宗光遺稿』（岩波書店、一九二九年）五七〇～五七二頁。
＊83 七月三〇日付岩倉具視宛三条実美書翰（『岩倉公実記』下、七三七～七三九頁）。
＊84 日本史籍協会編『大隈重信関係文書』四、二八八頁。本書翰は現在早稲田大学図書館に所蔵されていない。
＊85 小路田泰直「明治一四年の政変」と都市の工業化」（小路田泰直『日本近代都市史研究序説』、柏書房、一九九一年）。
＊86 指原安三編『明治政史』（明治文化研究会編『明治文化全集正史編』上、日本評論社、一九二八年）三六九頁。
＊87 一八八〇（明治一三）年一〇月、三菱は北海道物産輸送の独占を目論み、開拓使に向けてその船舶の払下げまたは貸下げを願い出た。しかしこれは開拓長官黒田清隆によって却下された。永井秀夫『明治国家形成期の外政と内政』二八六～二八七頁。
＊88 矢田積『福沢先生と自分』（名古屋公衆図書館、一九三三年）。実際、同年九月に函館で矢田および同じく福沢門下の高木喜一郎が演説を行なっていることが一八八一年九月三日『函館新聞』で確認できる。
＊89 『大阪朝日新聞』一八八一年八月二三日雑報。なお加藤による批判活動は福沢のお墨付きを得たものであったという（「加藤政之助氏談話速記」、広瀬順晧編『憲政史編纂会旧蔵政治談話速記録』三、ゆまに書房、一九九八年、二〇～二一頁）。
＊90 ただし福沢自身は、一八八一年一〇月一日の大隈宛書翰では「明治政府には十四年間この類之事不珍。何ぞ此度に限り而喋々とする訳もあるまじ」（慶応義塾編『福沢諭吉書簡集』三、岩波書店、二〇〇一年、一三九頁）と、この程度のことで騒ぐはずがないと書いている。福沢の真意はともかく、大隈が福沢と結託したという風説が事実無根であることは、この書翰からわかる。なお、福沢は払下げの情報を大隈経由ではなく、五代友厚経営の『大阪新報』に筆を執る加藤政之助から、関西在住の門下生を経て、入手している（『福沢諭吉書簡集』三、八七～八八頁）。当時大隈が、福沢やその門下生に払下げの情報を漏らしたという見方が政府部内では主流であったが、事実はそうではなかった。
＊91 明治一四年の政変に際しての小野梓の動向については大日方純夫「明治一四年の政変」と小野梓」（大日方純夫『自由民権運動と立憲改進党』を参照。
＊92 小野梓「若我自当」、一三八～一四五頁。
＊93 『保古飛呂比 佐佐木高行日記』一〇、四三四頁。
＊94 『保古飛呂比 佐佐木高行日記』一〇、四三六頁。
＊95 日本史籍協会編『大隈重信関係文書』四、三九九～四〇一頁。
＊96 日本史籍協会編『大隈重信関係文書』四、三八二～三八三頁。
＊97 日本史籍協会編『大隈重信関係文書』四、四〇五～四〇六頁。
＊98 『大隈侯昔日譚』二五七～二五八頁。
＊99 政変による免官者については斎藤伸郎「明治十四年の政変」時退官者の基礎的研究」（『国士舘史学』一四、二〇一〇年三月）が詳細に調査している。なお、大隈と河野敏鎌との関係について伊藤博文は、「河野が」大隈ト親シク相成リタルハ、農商務卿ニ任ジタル頃ナリ、夫レ迄ハ、大隈常ニ、河野ハ民権家ナリトテ、深ク忌ミ嫌ヒタルニ、如何ナル事ヨリ歟、深ク結ビタルコト、農商務卿ニ任ゼル前夜ニテ、河野へ早ク通知セル事アリ、其頃ヨリナラン」（『保古飛呂比 佐佐木高行日記』一〇、四八二頁）と、大隈と河野が政治的に結びついていると推察している。大隈と河野がこの少し前から小野梓を介して付き合いを持つようになっていたことは事実であると筆者も考えるが、任官情報を早く通知したという程度のことなら、そこに政治的陰謀が介在しているという証拠にはならない。むしろ農商務卿就任の一八八一年四月頃（つまり憲法意見書の提出後）まで、大隈が河野を「民権家」として忌み嫌っていた、という情報の方が重要であろう。本文中でも述べたように、小野と河野が開拓使官有物払下げの攻撃を図ったことで、このような憶測が流れる結果となってしまったのであると考える。なお嚶鳴社の中心的人物は、当時

『東京横浜毎日新聞』に筆を執っていた沼間守一であるが、政変以前に大隈と沼間との政治的交流を示すような史料は存在しない。また福沢諭吉に至っては沼間を「小児同様の狡猾者」（「明治辛巳紀事」一三五頁）と呼んでおり、福沢が「駄民権」と呼ぶ在野民権運動の一人としか考えていなかったように思われる。小野梓と河野敏鎌が同じ土佐出身ということで親しかったり、矢野文雄が一八七七年頃から沼間や島田三郎と知り合いであったり（矢野文雄「補大隈侯昔日譚」二三〜三二頁）という関係こそ存在していたものの、それらは個人的な知り合いの域を出るものではなく、政治的に結託していたといえるほどのものではなかった。市島謙吉の回顧によれば、市島らが小野の紹介で初めて大隈に面会した際、たまたま河野敏鎌が大隈邸を訪問したため、小野と進めていた政党結成の謀議が漏れたのではないかと心配したと回顧しているが（金子宏二編「市島春城自伝資料『憶起録』」『早稲田大学図書館紀要』五八、二〇一一年三月、一一四〜一一五頁）、このように政変以前において河野は小野・市島らの政党結成の同志とは考えられておらず、また小野は市島らに対し「河野は怪しからん」と語って刀を按じたことすらあったという（「市島謙吉氏談話速記」一七二頁、広瀬順晧編『憲政史編纂会旧蔵政治談話速記録』一、ゆまに書房、一九九八年）。また嚶鳴社系の島田三郎に至っては、反大隈的色彩の強い佐佐木高行の中正党に加入しているほどである。大隈と嚶鳴社系官僚とが政治的に近い存在と見るのは無理がある。

*100 『小野梓全集』三、四五頁。

*101 『大隈侯昔日譚』二五一〜二五二頁。

*102 一八八一年一〇月一四日付井上馨宛福沢諭吉書翰（『福沢諭吉全集』一七、四七三頁）。

*103 『大隈侯昔日譚』二四八頁。

第四章

*1 一八八一年一〇月付大隈重信宛桜井勉書翰（早稲田大学大学史資料センター編『大隈重信関係文書』五、みすず書房、二〇〇九年、三一八頁）。

*2 江村栄一『自由民権革命の研究』（法政大学出版局、一九八四年）一五二〜一五五頁。

*3 小野梓「留客斎日記」（早稲田大学大学史編集所編『小野梓全集』五、早稲田大学出版部、一九八二年）三五七頁。

*4 「留客斎日記」一二月二日の条、三七八頁。

*5 「留客斎日記」三七六頁。

*6 指原安三編『明治政史』（明治文化研究会編『明治文化全集正史篇』上、日本評論社、一九二八年）四一四〜四一五頁。

*7 指原安三編『明治政史』（『明治文化全集正史篇』上）四一五頁。

*8 板垣退助監修『自由党史』中（岩波文庫、一九五八年）七九〜八〇頁。

*9 『自由党史』中、一一一〜一一二頁。

*10 「立憲改進党内規」（指原安三編『明治政史』、『明治文化全集正史篇』上）四一五頁。

*11 原奎一郎編『原敬日記』一（福村出版、一九八一年）八〜九頁。

*12 「加藤政之助氏談話速記」（広瀬順晧編『憲政史編纂会旧蔵政治談話速記録』三、ゆまに書房、一九九八年）二五〜二六頁。

*13 「加藤政之助氏談話速記」三五頁。

*14 一八八二年七月八日付岩倉具視書翰伊藤博文宛（伊藤博文関係文書研究会編『伊藤博文関係文書』三、塙書房、一九七五年、一一一〜一一二頁）。

*15 「尾崎行雄氏談話速記」（広瀬順晧編『憲政史編纂会旧蔵政治談話速記録』二、ゆまに書房、一九九八年）二〇七頁。

*16 「尾崎行雄氏談話速記」二〇五〜二〇六頁。

*17 薄田貞敬編『中野武営翁の七十年』（中野武営伝記編纂会、一九三四年）六九頁では設立が一八八二（明治一五）年で一八八六（明治一九）年頃解散したとされ、その記述を踏襲した書物が多いが、実際には一八八一年一二月下旬には結成されており（『読売新聞』一八八一年一二月二〇日）、また一八九〇年八月段階で解散されず活動していることが確認できる（『読売新聞』一八九〇年八月三日広告欄）。

*18 高田早苗『半峰昔ばなし』（早稲田大学出版部、一九二七年）九七〜九八頁。

*19 以下開校式での小野演説の引用は、『東洋遺稿』下（早稲田大学図

書館所蔵イ四‐六五一）所収の小野自筆「祝東京専門学校之開校」による。ただし、句読点を適宜補い、聴衆の反応を記した「（大喝采）」等の書き込みは省いた。

＊20　高田早苗『半峰昔ばなし』一〇五〜一〇九頁。なお日本語による学問の教授という方法は高田早苗の発案であるという。

＊21　こうした大隈の東京専門学校に向き合う姿勢については佐藤能丸「創設者大隈重信の人と思想」（佐藤能丸『近代日本と早稲田大学』、早稲田大学出版部、一九九一年）を参照。

＊22　一八八二年六月一五日付伊藤博文宛山県有朋書翰（伊藤博文関係文書研究会編『伊藤博文関係文書』八、塙書房、一九八〇年、一〇六頁）。

＊23　財団法人日本経営研究所編『日本郵船株式会社百年史』（日本郵船株式会社、一九八八年）二三〜二五頁。

＊24　大隈侯八十五年史編纂会編『大隈侯八十五年史』二（大隈侯八十五年史編纂会、一九二六年）四三〜四五頁。

＊25　市島謙吉『随筆早稲田』（南有書院、一九三五年）一一頁。『大隈侯八十五年史』二、四五頁。

＊26　「秀島家良氏談」（山本利喜雄編『早稲田大学開校東京専門学校創立二十年紀念録』、早稲田学会、一九〇三年）三〇四頁。

＊27　早稲田大学大学史編集所編『早稲田大学百年史』一（早稲田大学出版部、一九七八年）五〇六頁参照。

＊28　東京大学百年史編集委員会『東京大学百年史』通史一（東京大学出版会、一九八四年）第二編第一章第二節。

＊29　『東京大学百年史』通史一、第二編第一章第三節。

＊30　『早稲田大学百年史』一、五〇九〜五一〇頁。

＊31　「藤田一郎氏大隈君との談話始末」（『東京日日新聞』一八八二年三月二〇日）。

＊32　「立憲改進党ノ約束書ヲ読ム」（『郵便報知新聞』一八八二年三月一五・一六日）。

＊33　藤田茂吉「福地源一郎氏ノ演説筆記ヲ読ム」（『郵便報知新聞』一八八二年三月三一日・四月一日社説）。

＊34　「改進党ト自由党トノ関係ヲ論ス」（『郵便報知新聞』一八八二年三月二七日社説）。

＊35　「民権党ハ整然トシテ動カス反対党ハ粗暴鄙劣ノ挙動ヲ為ス所以ヲ論ス」（『郵便報知新聞』一八八二年一〇月二五・二六日社説）など。

＊36　「再論板垣君洋行」（『東京横浜毎日新聞』一〇月一日社説）。

＊37　大日方純夫『自由民権運動と立憲改進党』（早稲田大学出版部、一九九一年）三二〜三五頁。

＊38　小野梓は「沼間が改進党に来たから自由党の攻撃を受くものが多くなった」と語っていたという（田中正造「回想断片」、田中正造全集編纂会編『田中正造全集』一、岩波書店、一九七七年、三二〇頁）。

＊39　「板垣君ノ洋行」（『東京横浜毎日新聞』一八八二年九月二四日社説）、「再論板垣君洋行」（『東京横浜毎日新聞』一〇月一日社説）。

＊40　「自由党ト改進党トノ関係ヲ明カニス」（『自由新聞』一八八二年一〇月二四日社説）。

＊41　伊藤隆「明治十年代前半に於ける府県会と立憲改進党」（『史学雑誌』七三‐六、一九六四年六月）。

＊42　林茂「立憲改進党員の地方分布」（林茂『近代日本政党史研究』、みすず書房、一九九六年）。大日方純夫『自由民権運動と立憲改進党』第二部第二章「結党過程と組織構造」。前掲伊藤隆「明治十年代前半に於ける府県会と立憲改進党」。加藤政之助監修『立憲民政党史』前篇（立憲民政党史編纂局、一九三五年）二五頁。

＊43　指原安三編『明治政史』（『明治文化全集正史篇』上）四三八〜四四〇頁。

＊44　一八八二年一二月二六日付大隈重信宛福沢諭吉書翰（慶應義塾編『福沢諭吉書簡集』三、岩波書店、二〇〇一年、二四九頁）は、おそらくこの件について大隈が福沢に抗議したことへの返答と思われるが、金銭的理由で売却に至ったとしている。とはいえ、このタイミングでの売却は実際には、「官民調和」を主張する福沢の明確な政治的意図があったと考えられる。また『自由新聞』一八八三年一月一三日雑報では、売却とともに福沢門下生一五〜六人が改進党を去ったと報じている。

＊45　指原安三編『明治政史』（『明治文化全集正史篇』上）四四〇頁。

＊46　府県会を足場とする改進党の運動については前掲伊藤隆「明治十年代前半に於ける府県会と立憲改進党」および伊藤隆「明治十七‐二十三年の立憲改進党」（高橋勇治・高柳信一編『政治と公法の諸問題』、東京

大学出版会、一九六三年）を参照。

＊47 宮島誠一郎『明治第十六年日記 従一月一日到五月二十六日』（早稲田大学図書館所蔵宮島誠一郎関係文書A六一‐一）五月四日条。

＊48 この前後の政治状況と黒田らの動向については、望月雅士「明治立憲制の成立と藩閥—藩閥官僚宮島誠一郎を通して—」（由井正臣編『幕末維新期の情報活動と政治構想 宮島誠一郎研究』、梓出版社、二〇〇四年）を参照。

＊49 宮島誠一郎『明治十六癸未年日記 従五月二十七日至八月八日』（早稲田大学図書館所蔵宮島誠一郎関係文書A六一‐二）六月一三日条。

＊50 宮島誠一郎『明治第十六年日記従一月一日到五月二十六日』五月四日条。

＊51 一八八三年五月一日付中井弘書翰伊藤博文宛（伊藤博文関係文書研究会編『伊藤博文関係文書』六、塙書房、一九七八年、二七九頁）。

＊52 望月雅士「明治立憲制の成立と藩閥」。

＊53 宮島誠一郎『明治十六癸未年日記 従五月二十七日至八月八日』六月一三日条。

＊54 一八八五年一月二四日付三島通庸宛川島烈之助・藤井惇書翰。国立国会図書館所蔵三島通庸関係文書一一四‐一。密偵報告のため扱いには注意を要するが、川島・藤井は信用できない風聞は記載しないという方針を採っており、当時尾崎行雄も筆をとっていた東洋議政会系の『郵便報知新聞』の論調から考えても信憑性は高いように思われる。なおこの時期の立憲改進党の東アジア外交論については山田昭次「立憲改進党における対アジア意識と資本主義体制の構想」（『史苑』二五‐一、一九六四年六月）を参照。

＊55 伊藤博文文書研究会編『伊藤博文文書第五巻 秘書類纂 朝鮮交渉五』（ゆまに書房、二〇〇七年）一二三〜一三〇頁。これもまた密偵報告のため扱いには注意が必要だが、極めて長文かつ詳細な報告であること、また報告されている大隈の発言が当時の一般的世論と離れた見解でかつ政府を支持するような発言であることから、密偵がことさらに作為した単なる噂を記したものとは考えにくく、信憑性は高いように思われる。

＊56 小野梓「留客斎日記」五〇二〜五〇四頁。

＊57 小野梓「留客斎日記」五三八〜五四七頁。

＊58 「田中正造昔話」（『田中正造全集』一）一一九頁。

＊59 山田一郎『政治原論』（私家版、一八八四年）「政党論」七七〜八一頁。

＊60 矢野文雄「地方の政友に与て意見を陳するの書」（『郵便報知新聞』一八八七年一月二七日〜二月五日）。

＊61 以下の解党問題に関する経緯については、大日方純夫『自由民権運動と立憲改進党』が詳しい。

＊62 松枝保二編『大隈侯昔日譚』（報知新聞社出版部、一九二二年）二九五頁。

＊63 のち河野敏鎌は枢密顧問官、農商務・司法・内務・文部大臣を歴任、春木義彰は検事総長、東京控訴院長、北畠治房は東京控訴院検事長、大審院判事、大阪控訴院長を務める。ただしいずれも政府復帰は一八八八年の大隈入閣以後に実現しており、大隈が政府に入ってのち彼等の就職を斡旋したものと考えられる。

＊64 『大隈侯昔日譚』二九六〜二九八頁。

＊65 「尾崎行雄氏談話速記」二五一〜二五二頁。

＊66 壬午銀行については大日方純夫『自由民権運動と立憲改進党』二五一〜二五六頁に詳しい。

＊67 早稲田大学大学史編集所『早稲田大学百年史』一、五二三〜五二六頁。なお学費値上げは、一個の学校として大隈家から独立するという理念のもとに行なわれたと記述されることが多いが、その背景には、大隈家の財政的苦境のなか、独立させざるをえなかったという側面もあったと考えられる。

＊68 山本武利『近代日本の新聞読者層』（法政大学出版局、一九八一年）四〇二〜四〇三頁、野田秋生『矢野竜渓』（大分県教育委員会、一九九九年）一五四〜一五六頁。なお一八八五年一二月二五日付大隈重信宛矢野文雄書翰（早稲田大学大学史資料センター編『大隈重信関係文書』一〇、みすず書房、二〇一四年、二四一頁）において矢野は「閣下之財政之御都合之模様のみは実に愚考之至らさる処にて御痛心さこそと奉遙察候」と述べつつ新聞へのさらなる援助を求めている。

＊69 早稲田大学大学史資料センター編『大隈重信関係文書』五、二三五〜二三七頁。

＊70　『大隈侯昔日譚』二八〇頁。

＊71　国立国会図書館憲政資料室所蔵三島通庸関係文書五三五‐二〇「旧自由党員懇親会ヲ開クニ付準備ノ為メ相談会ヲ開ク其景状左ノ如シ」。

＊72　平塚篤編『伊藤博文秘録』（春秋社、一九二九年）三八八〜三九〇頁。

＊73　一八八七年九月五日付伊藤博文宛井上馨書翰（伊藤博文関係文書研究会編『伊藤博文関係文書』一、塙書房、一九七三年、二二一〜二二二頁）。

＊74　坂野潤治『明治憲法体制の確立』（東京大学出版会、一九七一年）一〇〜二一頁。

＊75　なお、入閣後の大隈は黒田内閣への井上馨の入閣斡旋に尽力するなど井上との協力姿勢を強く持っており、井上の構想していた自治党と改進党との連合与党構想には大隈も賛同していたようである。一八八八年一〇月二〇日付陸奥宗光宛古沢滋書翰（国立国会図書館憲政資料室所蔵陸奥宗光関係文書）には、大隈が井上入閣に最も力を尽くしたこと、および井上が自治党組織を着々と進めつつ改進党との関係も良好に保っており、そのことには「熊伯モ周密ニ注意致シ居候」と記されている。ただし井上の側は「改進党トノ関係ハ何時ニテモ断ルコトヲ得ル様ニナシアリ」とも記されている。

＊76　『大隈侯八十五年史』二では、これより先一八八六年冬に、末松謙澄が井上馨の使者として大隈を訪問、後任外相に擬して接触を図っていたともいうが、他の井上の書翰等に照らしてこの八六年冬の段階で井上が辞職を決意していたとは思えず、信憑性は低い。また同書では、伊藤から仲介依頼を受けた黒田は突然大隈を訪問し、一四年の政変で大隈を排斥したことを謝罪したと、犬養毅の談話を根拠に記載しているが、すでに述べたように、大隈と黒田はこれより先一八八三年段階で接触を重ねていたのであって、この時に一四年政変時のことを謝罪するとは考えにくい。

＊77　一八八七年九月一〇日付大隈重信宛矢野文雄書翰（早稲田大学大学史資料センター編『大隈重信関係文書』一〇、二五二頁〜二五三頁）。一八八八年一月大隈重信宛矢野文雄書翰（早稲田大学大学史資料センター編『大隈重信関係文書』一〇、二五四〜二五五頁）。

＊78　矢野文雄「補大隈侯昔日譚」（『大隈侯昔日譚』）一一六頁。

＊79　『伊藤博文秘録』三九〇頁。

＊80　日本史籍協会編『谷干城遺稿』二（東京大学出版会、一九七六年）九〇〇頁。

＊81　一八八八年一月二八日付伊藤博文宛黒田清隆書翰（伊藤博文関係文書研究会編『伊藤博文関係文書』四、塙書房、一九七六、四〇一頁）に、「大隈伯へ意見書の儀、痛論之末同伯より然らは最早此書付は焚棄呉候様申候に付直に火中に投し候次第に有之」とある。

＊82　一八八八年一月二七日付大隈重信宛大木喬任書翰（早稲田大学大学史資料センター編『大隈重信関係文書』二、みすず書房、二〇〇五年、二九二頁）。また『伊藤博文伝』中、五六六〜五六八頁には一月七日に大隈に面会した様子を報告する大木の書翰が掲載されている。

＊83　矢野文雄・加藤政之助・箕浦勝人は入閣交渉について地方政友に報告した書翰のなかで「民間党ノ一部カ暴力ヲ用ヒテ政府ニ迫ラントスル者ヲ生スルニ従ヒ政府ハ益武力ヲ用ルニ傾キ候処政府ノ力ハ無論民間ノ力ニ幾倍スルノ強サナルカ故ニ此儘ニテ推移ラハ国政ノ改良ハ十数年ノ久シキヲ経ルトモ望ミ難キ姿ニテ嘆息ノ外無之」と述べ、こうしたなか、もし政府が条件を呑み大隈入閣が実現し「序ヲ逐テ改進主義ヲ施スコトヲ得バ日本ノ政治世界ニ之ヨリ一新面目ヲ開ラキ惨黯タル天色ヲ変シテ晴朗タラシムルヲ望ムヘク国家民人ノ慶福不過之ト存候」と述べている（市島謙吉宛書翰〈日付記載なし〉、早稲田大学図書館所蔵チ六‐四六二〇‐一九）。なお同内容の書翰が山田武甫・嘉悦氏房にも送られており（『伊藤博文秘録』三八九頁）、全国各地の政友に同様の報告がなされていたようである。

＊84　大隈の条約改正交渉については、古典的・通史的研究として古くから参照されている山本茂『条約改正史』（高山書院、一九四三年）があるほか、近年、英国外交文書などを駆使した藤原明久『日本条約改正史の研究』（雄松堂、二〇〇四年）、大隈の交渉戦術をより深く検討した大石一男『条約改正交渉史』（思文閣出版、二〇〇八年）などの研究成果が出ており、以下の記述もこれらの業績に多くを負っている。

＊85　従来この『タイムズ』への掲載は改正に抵抗するイギリス筋による漏洩と推測されてきたが、近年の研究では、外務省が世論工作の一環としてリークしたものが逆効果となってしまったものであるとの見解も提

示されている。樋口次郎・大山瑞代編著『条約改正と英国人ジャーナリスト』（思文閣出版、一九八七年）二四〜二五頁、および大石一男『条約改正交渉史』一四一頁参照。

＊86　指原安三編『明治政史』（明治文化研究会編『明治文化全集正史篇』下、日本評論社、一九二八年）九九頁。

＊87　たとえば、一八八九年八月一〇日付市島謙吉宛矢野文雄書翰（早稲田大学図書館所蔵チ六‐四六二〇）にて、建白書を「可成最も熱心なる人四五名宛二三組に分ち此二三組より最初至急に建白を為置き直に手を各郡村に廻し引続キ建白を為さしむる」よう指示がなされている。

＊88　「市島謙吉氏談話速記」（広瀬順皓編『憲政史編纂会旧蔵政治談話速記録』一、ゆまに書房、一九九八年）一九九頁。

＊89　伊藤之雄『伊藤博文』（講談社、二〇〇九年）二四〇〜二五三頁。

＊90　一八八九年一一月三日付市島謙吉宛矢野文雄書翰（早稲田大学図書館所蔵チ六‐四六二〇‐一八。

＊91　宮内庁編『明治天皇紀』七（吉川弘文館、一九七二年）四二五〜四二八頁。

＊92　『明治天皇紀』七、四四七頁。この時の辞表草稿が早稲田大学図書館所蔵大隈文書D六七〜七〇まで四種類残されているが、そのうち最も早く書かれたと思われる六七は明らかに矢野文雄の筆跡であり、辞表提出が改進党の方向性を指揮していた矢野の発案によることを示している。

＊93　『読売新聞』『朝日新聞』等の報道による。

＊94　大隈重信「早稲田大学とカイゼル主義」（『早稲田叢誌』一、一九一九年三月）。ただし、大隈の回想では、これらの運動を行なったのは外務大臣入閣交渉の時となっている。今その文章を引用すると左の通りである。

今更政府に入るのも余り面白くも思はなかつたけれども、其時分には憲法制定に取掛つて居た時とて、我輩もそれに関係すべき必要を感ずる。併し大体に独逸の憲法を基礎として彼等が立案して居たのだから、妙な訳ではあるがそれには上奏権即ちアドレッスの権が無かつた。是ではいけぬ。何としても、事有る場合に議会の意思を天聴に達すべき此一条が取り入れられなければならぬ。又起草の権即ちイニシエーチヴの権も無かつた。是もいけぬ。何としても此起草の権を議会に有せしめなければならぬ。大体独逸流の帝室内閣ではいけぬ。何としても議院内閣でなければならぬ。そこで之を議院内閣とするには是非此上奏、起草の二権を議会に附与する事にせなければならぬ。それから次には是は憲法の明文に掲ぐべき事では無く、単に其運用に属する事だけれども、内閣は議会に責任を有せなければならぬ。即ち国務大臣は君主と議会との信任を併せ有せなければならぬから、如何に君主の御信任を荷うても、議会の信任を得ざるに至れば其職を去らなければならぬ。超然内閣は往かぬ。此点を承知か。是等の諸条件を納るるなら入閣するといつたが、是が仲々彼等に取つて難問題であつて容易に決せず、話が長延いて愚図々々一年ばかり経過した。結局前の二の条件即ち憲法の条文中に上奏、起案の二権を加へる事だけは承諾したが、最後の条件即ち明かに超然内閣主義を捨てて責任内閣主義を取るといふ点には異論が多く、容易に決すべくも無い。［中略］此様な訳で約の如く初の二要項だけを憲法の条文に加へる事には成功した

しかしこれを回想の通り、入閣交渉の時のことだと考えるとさまざまな矛盾が生じる。本文で述べたように、当時の史料から確認できる入閣条件は、議会開設後八年以内に責任内閣（政党内閣）とすること、衆議院議員選挙権の獲得要件を直接国税一〇円以下とすること、一八八九（明治二二）年を期して議会を開設することなどであって、憲法の内容に関わるものではなかった。それに、入閣後に枢密院に諮詢された憲法草案には、議院の法律起草権（法案提出権）は含まれておらず、それ以前にこのようなやり取りがあったとすると、大隈と伊藤との約束が破れたことになってしまう。したがって、この大隈の回想は、その後の内閣での修正案作成過程の話と、入閣交渉の話が混同したものと考える方が妥当であろう。

＊95　「憲法に関する大隈伯の意見」（『政論』一二、一八八九年三月）。

＊96　指原安三編『明治政史』（『明治文化全集正史篇』下）三七頁。

＊97　指原安三編『明治政史』（『明治文化全集正史篇』下）四一頁。

＊98　佐々木隆『藩閥政府と立憲政治』（吉川弘文館、一九九二年）第一章第一節参照。

＊99　大津淳一郎編『大日本憲政史』三（宝文館、一九二七年）三三七頁。ただし当時は政党の所属がはっきりとしておらず報道によって議席数が

多少異なる。

第五章

＊1 矢野文雄「歳首書懐」（『郵便報知新聞』一八九〇年一月一日）。

＊2 「改進党とアンチ改進党との競争の結果」（『読売新聞』一八九〇年三月三一日）。

＊3 『尾崎咢堂全集』一一（尾崎咢堂全集刊行会、一九六二年）二一〇頁。

＊4 以下、選挙ごとの当選者数の数値はすべて衆議院・参議院編『議会制度七十年史 帝国議会史』上（大蔵省印刷局、一九六二年）に拠ったが、初期議会期は党派の区分が必ずしも明確ではなく、党派別当選者数も報じるメディアによって数値の異同が大きい。

＊5 「進歩主義の各派は交際を開くを以て急務とす」（『郵便報知新聞』一八九〇年二月四日）。

＊6 大津淳一郎編『大日本憲政史』三（宝文館、一九二七年）四三五頁。

＊7 『尾崎咢堂全集』一一、二一〇～二一一頁。

＊8 島田三郎「合同談判破裂の顚末」（『毎日新聞』一八九〇年八月二六日）。

＊9 一八九〇年八月二四日付大隈重信宛矢野文雄書翰（早稲田大学大学史資料センター編『大隈重信関係文書』一〇、みすず書房、二〇一四年、二六五頁）。また当時高田早苗・市島謙吉ら大隈に近い立場の人々が編輯を担当していた『読売新聞』では、談判破裂に際し大隈が「最早致方なし然ども未だ全く絶望すべき時にあらず議会の開設迄には再び合同の機に接することあらん」と発言したと報道されている（「大隈伯他日の合同を予言す」、『読売新聞』一八九〇年九月七日）。

＊10 以上合同問題については『大日本憲政史』三、四三〇～四四〇頁を参照。

＊11 『大日本憲政史』三、四四三頁。

＊12 なお伊藤之雄氏は、密偵史料や藩閥内部の風聞情報に依拠して、この頃の大隈や尾崎行雄が、議会で自由党と連合して予算に関する強硬な意見を保持し、そのことによって議会を解散に追い込んで代議士を増やし、さらに山県内閣を倒して黒田内閣を実現し、大隈が入閣する構想を持っていたと論じている（伊藤之雄『立憲国家の確立と伊藤博文』、吉川弘文館、一九九九年、六七頁など）。依拠している史料の性格から、ここまで具体的な戦略を有していたと考えるにはより慎重でなければならないが、第一議会期の大隈が、藩閥の一部勢力との提携を選択肢の一つとして視野に入れていたことは間違いないであろう。

＊13 総選挙時より五名減少している（『議会制度七十年史 帝国議会史』上、六頁）。

＊14 田川大吉郎『政党及び政党史』（政治教育協会、一九二九年）一八四、三五六～三五七頁。

＊15 「尾崎行雄氏談話速記」（広瀬順晧編『憲政史編纂会旧蔵政治談話速記録』二、ゆまに書房、一九九八年）二七二～二七四頁。「文部省の大活断」（『読売新聞』一八九八年八月一一日～一二日）。

＊16 「大隈伯の予算減額意見」（『東京朝日新聞』一八九一年一月五日）。

＊17 「大隈伯の時事談」（『東京朝日新聞』一八九一年一月三〇日）。

＊18 たとえば一八九一年山県有朋宛田中警視総監探聞書（東京大学大学院法学政治学研究科附属近代日本法政センター所蔵中山寛六郎関係文書六‐一六五⑦）など。

＊19 前島密『鴻爪雜稿』（早稲田大学図書館所蔵）の一八九三（明治二六）年の書翰草稿には、第一議会以来の改進党の挙動は急進に過ぎ言論は粗暴であって、「秩序的進歩主義」を旨とする改進党の結党の精神と反しているとの批判が記されている。

＊20 大日方純夫「第二議会前後の動向」（大日方純夫『自由民権運動と立憲改進党』、早稲田大学出版部、一九九一年）。

＊21 一八九一年一一月一二日付大隈重信宛大木喬任書翰（早稲田大学大学史資料センター編『大隈重信関係文書』二、みすず書房、二〇〇五年、二九四頁）。渡辺幾治郎『文書より観たる大隈重信侯』（早稲田大学出版部、一九三二年、一八三～一八七頁）。

＊22 大日方純夫「第二議会前後の動向」（『自由民権運動と立憲改進党』）。

＊23 「大隈伯起つ」（『郵便報知新聞』一八九一年一二月二九日）。

＊24 『郵便報知新聞』『毎日新聞』などの改進党系新聞が、この前後民党の同士討ちを避けるよう主張する論説を載せている。

＊25 『大日本憲政史』三、六八〇～六八一頁。

＊26 「星亨氏公然戦を挑む」（『読売新聞』一八九三年一月九日）、「星亨

氏の改進党攻撃」(『東京朝日新聞』一八九三年一月一〇日)。
*27 「大隈伯邸における改進党の祝賀会」(『読売新聞』一八九三年一月七日)。なおこの祝賀会での大隈の演説には、直後に各新聞で報道された要旨と、その後『党報』に掲載されたもの(「大隈伯爵の演説」、立憲改進党々報』三、一八九三年一月)が存在するが、文章が相当に異なっている。文体や掲載時期などから判断して、おそらく、前者が大隈の口述を書き取ってまとめたもの、後者はその後推敲を加えたものであると考えられる。
*28 大隈重信「日本ノ政党」(国家学会編『明治憲政経済史論』、国家学会、一九一九年)一五四〜一五五頁。
*29 「大隈伯邸における改進党の祝賀会」。
*30 「我党大会」(『立憲改進党々報』二〇、立憲改進党党報局、一八九三年一一月二〇日)二九頁。
*31 「名流内地雑居談 大隈伯」(『読売新聞』一八九三年一一月二一〜二三日)。
*32 小宮一夫『条約改正と国内政治』(吉川弘文館、二〇〇一年)一七七〜一七八頁。
*33 この時の選挙戦については小宮一夫『条約改正と国内政治』を参照。
*34 大隈侯八十五年史編纂会編『大隈侯八十五年史』二(大隈侯八十五年史編纂会、一九二六年)一九六頁。
*35 斎藤久治『新聞生活三十年』(報知新聞社、一九三二年)三七〜三九頁。なおこの倒産危機に際して、大隈は報知社の営業部長を務めていた三木善八に社主として立て直しを図ることを依頼、大隈の熱心な説得にこれを諾した三木は以後陣容を立て直し、『報知新聞』(一八九四年一二月に『郵便報知新聞』より改題)は売り上げを伸ばしていくことになる。
*36 「大隈伯時事談 占領の区域を拡張せよ」(『立憲改進党々報』三五、一八九四年一二月)。
*37 「征清の結局奈何 改進党総理大隈伯の談」(『太陽』一-一、一八九五年一月)。
*38 「我党臨時大会」(『立憲改進党々報』三六、一八九四年一二月)。
*39 「征清の結局如何 改進党総理大隈伯の談」。
*40 市島謙吉『朝野雑載』七(早稲田大学図書館所蔵)。
*41 「大隈邸五日間の米寿筵」(『読売新聞』一八九三年三月一〇日)。
*42 「大隈伯貧民を恤はす」(『読売新聞』一八九五年一月八日)。
*43 大隈重信「戦後の財政(三)経費の増加」(『立憲改進党々報』四五、一八九五年七月一五日)、「戦後財政談(十二)大隈伯」(『読売新聞』一八九五年七月三〇日)。
*44 大隈重信「戦後の財政(二)償金の使途」(『立憲改進党々報』四四、一八九五年七月三日)、「戦後財政談(十四)大隈伯」(『読売新聞』一八九五年八月一日)。
*45 「戦後経済談(十五)大隈伯」(『読売新聞』一八九五年八月二日)。
*46 大隈重信「戦後の財政(四)税法改正」(『立憲改進党々報』四七、一八九五年八月五日)。
*47 「大隈伯の政府増税案に対する談話」(『読売新聞』一八九六年一月三日)。ただしその後改進党が議会で反対の行動を始めると、細部について種々の批判を述べるようになっていく(「大隈伯の戦後経営談」、『読売新聞』一八九六年二月三日)。
*48 「我党評議員会」(『立憲改進党々報』五二、一八九五年一一月一五日)。
*49 「進歩党政綱」(『進歩党党報』一、一八九七年五月)。
*50 大隈の側近であった市島謙吉でさえ、一八九六年一一月に東邦協会で行なわれた大隈の演説を聞いた際に「余は〔大隈の〕坐談を聞くに飽き居れど幾んと公会とも云ふべき席之演説を聞くはこれか始めてなり」と述べているほどである。なお市島は、「伯の議論之仕組弁に句調は座談と異なるなけれど何となく大会にては引立たさり様覚えたり音声の透徹せさりしが如き語調の低かりしにもよるべき歟。何れにも坐談と比しては感動を与ふること薄かりし」とも書いており、のちには演説の名手と言われた大隈も、当初は座談に比べると演説はやや劣っていたことがわかる(市島謙吉『朝野雑載』七)。
*51 『明治天皇紀』八(吉川弘文館、一九七三年)八八五頁。
*52 「大隈伯の戦後財政談」(『東京朝日新聞』一八九五年六月二一日)。「戦後財政談 大隈伯」(『読売新聞』一八九五年七月二九日〜八月二日)。
*53 「大隈伯の時事談」(『東京朝日新聞』一八九五年九月三日)。

*54 徳富猪一郎編『公爵松方正義伝』坤（公爵松方正義伝記発行所、一九三五年）六三七～六四一頁、小山博也「第二次松方内閣」（林茂・辻清明編『日本内閣史録』一、第一法規出版、一九八一年）。
*55 「伊藤総理の現況」（『読売新聞』一八九五年一一月二一日）。
*56 一八九五年十一月二六日付大隈重信宛犬養毅書翰（早稲田大学大学史資料センター編『大隈重信関係文書』一（みすず書房、二〇〇四年、二五四～二五五頁）。なおこの書翰は多くの書物で翌年五月ないし八月のものとされ、松隈内閣組閣に関する交渉の際のものとされるが、それらの年代推定では書翰文中にある二六日の時点で伊藤が辞表を提出していたという記述や松方旅行中という記述と矛盾が生じるので誤りである。
*57 「尾崎行雄氏談話速記」（広瀬順皓編『憲政史編纂会旧蔵政治談話速記録』二、ゆまに書房、一九九八年）二三三頁。
*58 宮内庁編『明治天皇紀』八、一二四～一二五頁。
*59 「尾崎行雄氏談話速記」（広瀬順皓編『憲政史編纂会旧蔵政治談話速記録』二）二三四頁。また市島謙吉『朝野雑載』七にも、進歩党総務委員（犬養毅・尾崎行雄・大東義徹・柴四朗・長谷場純孝）が大隈と薩派との媒酌の労を取ったとの記述がある。
*60 『大隈侯八十五年史』二、二二一～二二二頁。
*61 「松方内閣の政綱発表」（『読売新聞』一八九六年一〇月一三日）。
*62 一八九六年一一月一四日付山県有朋宛清浦奎吾書翰（尚友倶楽部山県有朋関係文書編纂委員会編『山県有朋関係文書』二、山川出版社、二〇〇六年、六一～六三頁）。
*63 佐々木隆「『二十六世紀』事件と藩閥」（『新聞学評論』三六、一九八七年四月）、佐々木隆「藩閥政府と言論規制緩和問題」（荒瀬豊他編『自由・歴史・メディア』、日本評論社、一九八八年）。
*64 「進歩党の通告書」（『毎日新聞』一八九六年一一月二二日）。この問題をはじめとする、進歩党の政府への「非盲従運動」については、阿部恒久「松隈内閣下における進歩党の非盲従運動」（早稲田大学大学史編集所編『大隈重信とその時代』、早稲田大学出版部、一九八九年）を参照。
*65 宇野俊一「民党の転換と日清戦後経営」（内田健三他編『日本議会史録』一、第一法規出版、一九九一年）一九九頁。
*66 『第十回帝国議会衆議院議事速記録』一〇（内閣官報局、一八九七年二月一七日）。
*67 『第十回帝国議会衆議院議事速記録』一四（内閣官報局、一八九七年二月二七日）。
*68 大隈重信「日英同盟の影響」（早稲田大学編輯部編『大隈伯演説集』、早稲田大学出版部、一九〇七年、四〇頁）。一九〇二年東邦協会講談会での演説。
*69 一八九七年二月二七日付大隈重信宛小久保喜七書翰（日本史籍協会叢書編『大隈重信関係文書』六、東京大学出版会、一九八四年、九〇頁）。本書翰は原本所在不明のため、早稲田大学大学史資料センター編『大隈重信関係文書』に収録されていない。
*70 『第十回帝国議会衆議院議事速記録』一〇。市島謙吉『朝野雑載』八（早稲田大学図書館所蔵）。
*71 市島謙吉『朝野雑載』八。進歩党所属議員・丙申倶楽部所属議員『第十議会報告書』（進歩党所属議員・丙申倶楽部所属議員、一八九七年四月）。
*72 市島謙吉『朝野雑載』七。
*73 市島謙吉『朝野雑載』七。
*74 ただし陸海軍大臣や外務大臣による掲載禁止命令権は存置された。前掲佐々木隆「藩閥政府と言論規制緩和問題」を参照。
*75 「大隈重信伯（金本位賛成）」（『太陽』五-三、一八九七年三月）。
*76 「農商務省の消極的方針」（『読売新聞』一八九七年一一月二二日）。
*77 藤坂龍司「政務次官制度の沿革（上）」（『神戸文化短期大学研究紀要』二五、二〇〇一年三月）。
*78 高野は大隈にも書翰や直接面談によって改革を訴えていた。退官後の高野の書翰からは大隈に敬意を払っている様子が窺え、大隈が高野の改革論に好意的に対処していたことがわかる。早稲田大学大学史資料センター編『大隈重信関係文書』七（みすず書房、二〇一一年、一一六～一二三頁）。
*79 「提携断絶に関する顛末」（『進歩党党報』一四、一八九七年一一月一五日）。
*80 「提携断絶に関する顛末」。
*81 「我党より就任したる官吏の勇退」（『進歩党党報』一四）。
*82 市島謙吉『朝野雑載』九（早稲田大学図書館所蔵）。

＊83　大隈重信「第十四回得業証書授与式に於て」（『早稲田学報』五、一八九七年七月三〇日）。

＊84　『憲政党々報』一（一八九八年八月五日）二頁。

＊85　大隈重信「政党大合同に就て」（『憲政党々報』一）七〜八頁。

＊86　一八九八年七月二六日付山県有朋書翰（徳富猪一郎編『公爵山県有朋伝』下、山県有朋公記念事業会、一九三三年、三一九頁）。

第六章

＊1　宮内庁編『明治天皇紀』九（吉川弘文館、一九七三年）四五九頁。

＊2　宮内庁編『明治天皇紀』九、四五八頁。

＊3　宇野俊一校注『桂太郎自伝』（平凡社、一九九三年）一八四〜一八五頁。

＊4　「地方官会議（第一回）」（『読売新聞』一八九八年六月一〇日）。

＊5　一八九八年六月二七日付大隈重信・板垣退助宛憲政党有志者書翰（『大隈重信関係文書』五、みすず書房、二〇〇九年、一五〜一六頁）。

＊6　宮内庁編『明治天皇紀』九、四九二頁。またこの時の審議の関係資料が、国立公文書館所蔵公文別録に収録されている。

＊7　太陽臨時増刊『明治史第六編 政党史』（一九〇七年二月、博文館）。

＊8　「東京専門学校々友大会」（『早稲田学報』一七、一八九八年七月）。

＊9　清水唯一朗『政党と官僚の近代』（藤原書店、二〇〇七年）による。

＊10　小川原正道「自由党幹事柏田盛文小伝」（『近代日本研究』二一、二〇〇四年）。

＊11　黒木勇吉『小村寿太郎』（講談社、一九六八年）一九五頁。

＊12　なお、清水唯一朗氏は、『政党と官僚の近代』第二章で隈板内閣下の人事について検討し、各省局長以上の人事に関しては、当該分野についての相応な知識を有する政党人、それまでの帝国議会において関係委員会の主導的な地位にあった人物が採用されていたと評している。その後清水氏は『近代日本の官僚』（中央公論新社、二〇一三年）では、局長、特に内務省の局長、大蔵省、農商務省など許認可権を持つ局長と、地方官については、猟官の色彩が強かったと、若干評価を変化させている。ただし、大蔵省・農商務省の許認可権がどの程度のものであり、政党がその獲得にどれだけ価値を認めていたかは検討の余地があるように思われる。また許認可権の存在と有能な人材の配置は両立しうるものでもある。いま仮に大蔵省・農商務省に採用された人物の経歴のみを見ると、大蔵次官添田寿一は大蔵省参事官・監督局長を歴任した官僚であり、参事官兼監督局長の栗原亮一は自由党土佐派の政策立案担当者として、通商国家構想を唱えていた人物である（中元崇智「栗原亮一と旧自由党系のアジア通商計画」、『日本歴史』六八三、二〇〇五年四月、中元崇智「栗原亮一と自由党「土佐派」の「通商国家構想」」、『日本史研究』五一六、二〇〇五年八月、中元崇智「憲政党内閣前後における経済政策の展開」、『ヒストリア』二〇五、二〇〇七年六月など参照）。また農商務省参事官兼山林局長佐々木正蔵は治水をはじめとする土木に深い知識を有する人物であり、山林を諮問事項に含む内務省土木会議の委員も務めていた。また農務局長菊池九郎は、東奥義塾創立者で、東津軽郡長、弘前市長を歴任、東奥義塾時代には外国人教師を招いて農業振興に尽くすなど、農業にもそれなりの知識を有する人物であった。ただ農商務省水産局長竹内正志のみは、それにふさわしい経歴を見出せないが、欧米巡遊の経歴を有する才子ではあった。以上を踏まえれば、大蔵省・農商務省についても、概ねそれなりに考えられた人員配置がなされていたように考えられる。

＊13　「関東倶楽部の決議」（『憲政党党報』四、一八九八年九月）。

＊14　林田亀太郎『日本政党史』下（大日本雄弁会講談社、一九二七年）八一一〜八一八頁。大津淳一郎編『大日本憲政史』四（宝文館、一九二七年）八一七〜八一八頁。

＊15　「学校職員学生に関する文部省令訓令廃止」（『東京朝日新聞』一八九八年八月一一日）、「文部省訓令廃止」（『東京朝日新聞』一八九八年八月一一日）。

＊16　「尾崎文相の演説全文」（『憲政党党報』四、一八九八年九月）。

＊17　宇野俊一校注『桂太郎自伝』一九〇〜一九一頁。

＊18　宮内庁編『明治天皇紀』九、五一三〜五一七頁。一八九八年一〇月二三日付山県有朋宛桂太郎書翰（『山県有朋関係文書』一、山川出版社、二〇〇五年）三〇八〜三〇九頁。

＊19　憲政党解党大会における星亨の演説による。「憲政党の旗奪」（『東京朝日新聞』一八九八年一〇月三〇日）。

＊20　市島謙吉『鬻々録』四（早稲田大学図書館所蔵）、『桂太郎自伝』一八九〜一九〇頁。徳富猪一郎編『公爵桂太郎伝』乾（故桂公爵記念事業会、一九一七年）八〇九〜八一一頁。
＊21　前掲『明治史第六編 政党史』。
＊22　『官報』号外（一八九八年一〇月二二日発行）。
＊23　宇野俊一校注『桂太郎自伝』一九二頁。
＊24　「板垣退助上奏文案」（国立国会図書館所蔵伊東巳代治関係文書三五一）。
＊25　市島謙吉『鬻々録』四。
＊26　以上の解党・再編過程については、「憲政本党成立の由来」（『〔憲政本党〕党報』一、一八九八年一二月）および市島謙吉『鬻々録』四による。
＊27　伊藤之雄「日清戦争以後の中国・朝鮮認識と外交論」（『名古屋大学文学部研究論集 史学』四〇、一九九四年三月）。
＊28　大隈重信「支那保全論」（早稲田大学編輯部編『大隈伯演説集』、早稲田大学出版部、一九〇七年）。一八九八年一〇月一九日東邦協会での演説。
＊29　ただし『大隈侯八十五年史』をはじめ各書に書かれている、自邸に康有為をかくまったとの記述は誤りで、実際は、当初牛込区市ヶ谷加賀町に、ついで早稲田南町に住んでいたようである。齊藤泰治「大隈重信と東京での康有為」（『教養諸学研究』一二六、二〇〇九年三月）参照。
＊30　林権助『わが七十年を語る』（第一書房、一九三九年）。一八九九年一月二八日付大隈重信宛犬養毅書翰（早稲田大学大学史資料センター編『大隈重信関係文書』一、みすず書房、二〇〇四年、二六一頁）。
＊31　「隈伯と康有為（早稲田邸の会談）」（『読売新聞』一九一一年九月一四日）、「康有為の講演（早稲田大学に於いて）」（『読売新聞』一九一一年九月二〇日）。
＊32　梁啓超「所謂大隈主義」（『新民叢報』五七、一九〇四年一一月）。なお、この梁啓超の紹介のほかに、大隈の支那保全論（早稲田清韓協会での講演「東亜の平和を論ず」）を翻訳した『東亜之平和』と題する漢文パンフレットも早稲田大学関係者により作成され、中国各地の要人に配布された（一九〇五年五月一二日付大隈重信宛高田早苗書翰、早稲田大学大学史資料センター編『大隈重信関係文書』七、みすず書房、二〇一一年、一〇三〜一〇四頁）。
＊33　黒羽茂「太平洋をめぐる日米抗争史の一断面―門戸開放政策と大隈重信」（『論争』五‐三、一九六三年三月）。また梁啓超「所謂大隈主義」にも、大隈のこの主義が各国語に翻訳され、欧米に広く知られている旨の記述がある。
＊34　「地租増徴反対同志の大憤起」（『〔憲政本党〕党報』三、一八九九年一月）。
＊35　『尾崎咢堂全集』一一（尾崎咢堂全集刊行会、一九六二年）三四五頁。
＊36　大隈重信「去来両世紀に於る世界列国と日本との位地」（『太陽臨時増刊 十九世紀』、一九〇〇年六月）。
＊37　大隈重信「対清意見」（『大帝国』三‐一、一九〇一年七月）。
＊38　大隈重信「支那事変に関する所見」（『天地人』三八、一九〇〇年七月）。
＊39　大隈重信「日英同盟の影響」（『大隈伯演説集』所収）。
＊40　伊藤之雄『元老』（中央公論新社、二〇一六年）一一二頁。伊藤之雄「明治天皇と政治資金」（内田健三・金原左門・古屋哲夫編『日本議会史録』一、一九九一年、第一法規出版株式会社）。なお、政友会結成前後の党内の状況については、木下恵太「政友会成立期における大隈重信と憲政本党」（『早稲田大学史記要』三五、二〇〇三年一〇月）が詳細に明らかにしている。
＊41　『尾崎咢堂全集』一一、三五三頁。
＊42　「大隈伯の演説」（『大帝国』三‐五、一九〇〇年九月）。八月二七日、憲政本党懇親会での演説筆記。
＊43　木下恵太「政友会成立期における大隈重信と憲政本党」。大隈重信「大隈総理の演説」（『憲政本党党報』八、一九〇七年二月）には「鳩山君、其他其時分の矢来倶楽部其他其以外の御方もあつたらうが私に向つて是非伊藤侯が自ら陣頭に立つ以上は何うか私に陣頭に立つて党の動揺を防いで貰ひたい、若しそれが出来なければ党が瓦解すると云ふ事で、私に再三御勧めになつたが、〔中略〕党の興廃と云ふことを聞いては沈黙する訳にはいかない〔中略〕止むを得ず陣頭に立たうと云ふことを云つて、諸君が私を総理にご推薦下すつたのである」とある。

＊44　木下恵太「政友会成立期における大隈重信と憲政本党」。
＊45　「大隈の演説の要領」（『万朝報』一九〇一年一月三〇日）。
＊46　「東北六県非増租大会」（『大帝国』一－一、一八九九年六月）、「関西非増租大会における大隈伯の演説」（『大帝国』一－一）。
＊47　『公爵桂太郎伝』乾、一〇〇三～一〇一一頁。
＊48　「進歩党大会」（『東京朝日新聞』一九〇一年一二月六日）。
＊49　円谷胖治編『政務調査に関する大隈伯の演説』（憲政本党本部、一九〇一年）。なお木下恵太「第十六・十七議会における憲政本党」（『早稲田政治公法研究』五一、一九九六年四月）がこの時期の大隈・憲政本党の動きについて詳しい。
＊50　「憲政本党の決議」（『政友』一六、一九〇二年一月）。
＊51　市島謙吉『涓々録』二（早稲田大学図書館所蔵）。
＊52　市島謙吉『涓々録』二。
＊53　原奎一郎編『原敬日記』二（福村書店、一九八一年）二七頁（一九〇二年九月一三日条）。市島謙吉『銷夏日抄』二（早稲田大学図書館所蔵）。英麿が借金問題を起こしたのはこの時が三回目であったという。
＊54　市島謙吉『小精雑識』五（早稲田大学図書館所蔵）一九二四年八月二五日の記事に「青山の侯の配孝子〔光子〕夫人の生母は何人なるやにつきこれまで其の精確なるを聞きたることなし、中野が相良末亡人〔大隈の甥相良剛造の妻〕に聞き得たる処に拠れは生母は千代と云ふて大工の娘なり、老侯の母堂に仕へたるものなり、明治の初年老侯母堂を奉して伊香保に赴かれたる時は綾子夫人は同伴されず、手のかゝりたるは此時なり、その懐妊の事を相良末亡人より聞かれお前の子としておけと云はれたれど、他日面倒の事起りてはと辞退し、後已むなく綾子夫人に知らせた結果三枝氏の籍に入るゝことゝなり、生れると共に大隈家に引取りたるなりと」とある。
＊55　羽仁もと子「大隈伯爵の庖厨談」（坂井田伝一郎編『家庭実習割烹講義録 第二』、大日本割烹講習会、一九〇八年）。
＊56　村井弦斎『食道楽 春の巻』（報知社、一九一三年）の口絵でその台所が紹介され、『食道楽 夏の巻』（報知社、一九一三年）の本文中に模範的台所として紹介する記述がある。なおこの『食道楽』はもともと一九〇三年に『報知新聞』に連載されたもので、この連載の大ヒットと、三木善八による経営改革によって、『報知新聞』はそれまで抱えていた莫大な負債を返却することになる。『報知新聞』は大隈が経営に携わっていた新聞で、大隈家の財政にも少なからぬ良効果を与えた。市島謙吉『涓々録』二を参照。
＊57　橋本桔梗「大隈伯爵室内の温室」（『風俗画報』二七三、一九〇三年八月二五日）。
＊58　荒東生「大隈伯縦横披瀝談（三）」（『実業之日本』一一－一三、一九〇八年一一月）。
＊59　『大隈侯八十五年史』三（大隈侯八十五年史編纂会、一九二六年）二七二頁。
＊60　市島謙吉『大隈伯一言一行』（早稲田大学出版部、一九二二年）二七五～二七六頁。
＊61　橋本桔梗「大隈伯爵室内の温室」。
＊62　佐々木敏二『山本宣治』上（汐文社、一九七四年）三四～四八頁。なお、英語学校への通学費は大隈家の財政難により途中で打ち切られ、以後山本は早稲田中学の講義録で学ぶこととなった。
＊63　耕堂生「侯爵大隈家の温室」（『農業世界』一三－二、一九一八年二月一日）。
＊64　大藤勝一編『マスクメロン』（マスクメロン協会、一九三八年）。
＊65　耕堂生「侯爵大隈家の温室」。
＊66　大藤勝一編『マスクメロン』。
＊67　耕堂生「侯爵大隈家の温室」。
＊68　伊藤博文「早稲田大学開校式に於いて」（山本利喜雄編『早稲田大学開校東京専門学校創立二十年紀念録』、早稲田学会、一九〇三年）五一頁。
＊69　大隈重信「私立大学設立に就て」（『早稲田学報』五〇、一九〇一年二月）。
＊70　『大隈伯時勢談筆記』（早稲田大学図書館所蔵大隈文書A五四一〇、一九〇二年一二月）。
＊71　三宅雪嶺『同時代史』三（岩波書店、一九五〇年）二四四頁。
＊72　「大隈伯と井上哲次郎氏」（『早稲田学報』六、一八九七年八月）。
＊73　大隈重信「国民教育の複本位」（青木恒三郎編『女子教育談』、青木

崇山堂、一八九七年)。
＊74 大隈重信「国民教育の複本位」。
＊75 大隈重信「男女の間に優劣なし」(『世界之日本』二‐一〇、一九一一年一〇月)。
＊76 下田次郎「女子は智力に於て男子に劣る」(『世界之日本』二‐一〇、一九一一年一〇月)。
＊77 大隈重信「男女の間に優劣なし」。
＊78 大隈重信「夫婦共稼と女子の学問」(『大和なでしこ』一二‐四、一九一二年二月)。
＊79 大隈重信「婦人に対する実業思想の急務」(『大隈伯社会観』、文成社、一九一〇年一一月)。
＊80 大隈重信「男女の間に優劣なし」。
＊81 加藤政之助監修『立憲民政党史』前篇(立憲民政党史編纂局、一九三五年)一一六〜一一九頁。
＊82『原敬日記』二、五一頁(一九〇三年二月九日条)。
＊83『原敬日記』二、五五頁(一九〇三年三月一二日条)。
＊84「早稲田園遊会」(『報知新聞』一九〇三年五月一一日)。
＊85 こうしたなかで丹後地方において憲政本党が支持基盤を失っていく様子を分析したものとして、飯塚一幸「「対外硬」派・憲政本党基盤の変容」(山本四郎編『近代日本の政党と官僚』(東京創元社、一九九一年)を参照。
＊86 有泉貞夫『星亨』(朝日新聞社、一九八三年)二六七〜二七一頁。
＊87 ただし他方で新規非募債というかねてからの大隈・憲政本党の主張は冒されており、そのことが将来的な増税につながることが危惧された。木下恵太「「民党連合」形成期における憲政本党」(『早稲田政治公法研究』五三・五六、一九九六年一二月・一九九七年一二月)を参照。同論文はこの時期の憲政本党と政友会との関係を財政政策を中心に詳細に検討している。
＊88 木下恵太「日露戦後における大隈重信と憲政本党」(『早稲田大学史記要』三六、二〇〇四年一二月)。
＊89「大隈伯高談」(『東京朝日新聞』一九〇三年六月二七日)。
＊90「大隈の開戦論」(『万朝報』一九〇三年六月一九日)。
＊91「大隈伯断片」(『東京朝日新聞』一九〇三年七月二九日)。なお、木下恵太「日露戦後における大隈重信と憲政本党」によれば、一九〇三年七月に大石正巳から大隈に対し政友会との関係上対露強硬論を控えるよう忠告があったことにより、大隈の議論が控えめになったとされている。ただし、大隈は当初から主戦論を主張していたわけではなく、あくまで強硬姿勢での外交交渉を求めていたのであり、その意味では根本的転換があったわけではない。
＊92「大隈伯と対外硬」(『東京朝日新聞』一九〇三年八月九日)、「対外硬同志大会」(『東京朝日新聞』一九〇三年八月一〇日)、「大隈伯と対露同志会」(『東京朝日新聞』一九〇三年一〇月四日)。
＊93「大隈伯の時局談」(『東京朝日新聞』一九〇三年一一月一〇日)。
＊94 大隈重信「日露開戦説に就て」(『大隈伯演説集』)六〇頁。一九〇三年一二月二五日東邦協会での演説。
＊95 大隈重信「日露開戦説に就て」(『大隈伯演説集』)六七頁。
＊96『第十九回帝国議会衆議院議事速記録』一(印刷局、一九〇三年一二月一〇日)。
＊97「政友会決議案」(『読売新聞』一九〇四年三月一七日)。
＊98「憲政本党宣言書」(『読売新聞』一九〇四年三月一七日)。
＊99「政友会大会」(『読売新聞』一九〇四年一一月二七日)。
＊100「憲政本党の決議案」(『読売新聞』一九〇四年一一月二六日)。
＊101『原敬日記』二、一一七〜一一九頁。
＊102 大隈重信「東亜の平和を論ず」(『大隈伯演説集』)。一九〇四年一〇月二三日早稲田大学清韓協会での演説。
＊103 大隈重信「再び東亜の平和を論ず」(『大隈伯演説集』)。一九〇五年一月五日東邦協会での演説。
＊104『立憲民政党史』前篇、一四一〜一四二頁。
＊105 大隈重信「再び東亜の平和を論ず」。
＊106 大隈重信「戦後の経営」(山本利喜雄編『戦後経営』、早稲田学会、一九〇四年)。ただし大隈はこの時点では、戦後になれば台風後の晴天のように、経済の好景気が訪れ、再び増税も可能となるだろうと、楽観的に述べてもいる。
＊107 日清戦時に開戦に消極的であった反省もあり、日露戦争およびこの

講和談判に際して、大隈系新聞の『報知新聞』は講和反対の強硬論を掲載した。こうした『報知新聞』の議論には国民からの強い支持があり、売り上げ数が飛躍的に伸びることとなった。斎藤久治『新聞生活三十年』（報知新聞社、一九三二年）一二五〜一三二頁。

＊108 大隈重信「再び東亜の平和を論ず」（『大隈伯演説集』）一二八〜一三七頁。

＊109 『立憲民政党史』前篇、一四三〜一四四頁。

＊110 『原敬日記』二、一六六頁。

＊111 『立憲民政党史』前篇、一四六〜一四七頁。

＊112 大隈重信「戦後経営論」（『太陽』一一 - 一三、一九〇五年一〇月）。

＊113 「衆議院の大乱闘」（『東京朝日新聞』一九〇六年三月二八日）。

＊114 「各政党の近状」（『政友』七二、一九〇六年五月）。

＊115 「大隈伯の演説」（『読売新聞』一九〇六年一月二一日）。

＊116 「各政党の近状」（『政友』七二、一九〇六年五月）。

＊117 『大石正巳日記』一九〇六年一一月一三日の条に「少数党は他と聯合提携せされば効力ある活動を為すへからす隈伯の位置性格は是際に不便なり〔中略〕隈伯党首たるを辞するも亦可ならずや」とあり、同一九日の条には「総理は止めて党との関係を薄くし置き元老待遇の班列に加はらしめ遂に政党以外に超然するを妙案なりとす」として大隈を清国に派遣する計画が記されている。また一二月の記事にも政党改革の記事が散見される。なお同日記は筆者所蔵。

＊118 『原敬日記』二、七二頁（一九〇三年七月一六日条）。

＊119 「憲政本党の改革問題」（『政友』八〇、一九〇六年一二月）。

＊120 以上の大隈総理辞任に至る過程については、木下恵太「日露戦後における大隈重信と憲政本党」、同「日露戦後の憲政本党と「旗幟変更」」が詳しい。

＊121 以下「告別演説」の引用はすべて「大隈総理の演説」（『憲政本党党報』八、一九〇七年二月）から行なった。同演説はさまざまな書物・新聞に引用されているが、内容が省略されているものが多いので注意が必要である。

＊122 「大隈伯の予算評」（『報知新聞』一九〇七年一月一七日）。

＊123 「憲政本党の覚書」（『大阪朝日新聞』一九〇七年二月一二日）。

＊124 憲政本党『第十六議会報告書』（憲政本党党報局、一九〇二年三月）一六頁。

＊125 伏見岳人『近代日本の予算政治』（東京大学出版会、二〇一三年）。

＊126 大隈重信「日本政党史論」（『大隈伯演説集』）二七七頁。

＊127 「関西非増租大会に於ける大隈伯の演説」（『大帝国』一 - 一）。

＊128 大隈重信「日本ノ政党」（国家学会編『明治憲政経済史論』、国家学会、一九一九年）一三一頁。

第七章

＊1 この時の選挙戦については、佐藤能丸「大隈伯後援会に関する一考察」（日本史攷究会編『日本史攷究』、文献出版、一九八一年）、および季武嘉也「第一二回総選挙と憲政会の誕生」（季武嘉也『大正期の政治構造』、吉川弘文館、一九九八年）。

＊2 八面玲瓏生「我邦現時の四大政治家」（『太陽』三 - 四、一八九七年二月）。なお大隈以外には伊藤博文、松方正義、板垣退助が含まれる。

＊3 黒頭巾「現代人物競べ（一）」（『読売新聞』一九〇七年九月五日）。

＊4 大隈重信「吾人の文明運動」（『学術講演録』第一輯、大日本文明協会、一九一六年一月）。

＊5 大隈重信「吾人の文明運動」。

＊6 大隈重信「日本の文明」（『教育時論』七八二、一九〇七年一月）。

＊7 大隈重信「東西文明の調和」（『早稲田学報』一四七・一四八、一九〇七年五月・六月）。

＊8 大隈侯八十五年史編纂会編『大隈侯八十五年史』二（大隈侯八十五年史編纂会、一九二六年）六四九〜六五一頁。

＊9 大隈重信「日露戦争と世界の平和」（早稲田大学編輯部編『大隈伯演説集』、早稲田大学出版部、一九〇七年）。一九〇四年五月の談話。

＊10 『大隈侯八十五年史』二、六五一頁。

＊11 副島八十六編『開国五十年史』下（開国五十年史発行所、一九〇八年）一〇五七頁。

＊12 『開国五十年史』下、一〇五七頁。

＊13 『大隈侯八十五年史』二、六五三〜六五六頁。

＊14 大隈の主宰の下、『開国五十年史』を編纂した際の編纂員であった

湯谷瑳一郎と桜井彦一郎の両名が主に筆記に当たり、脱稿後、高田早苗、坪内逍遥、有賀長雄、浮田和民、芳賀矢一、松平康国の六人が校閲を担当した。大隈重信「余は如斯動機に感奮して『国民読本』を著はせり」（『実業之日本』一三‐六、一九一〇年三月）。

＊15 『国民読本』（丁未出版社・宝文館、一九一〇年）第一篇第二章第五節「好潔の民」。

＊16 『国民読本』一六頁。

＊17 『国民読本』一九四頁。

＊18 『国民読本』一九七頁。

＊19 『国民読本』冒頭岩倉宛書翰部分三頁。

＊20 矢野滄浪「大隈伯の国民読本を国民に訴ふ」（『時事評論』五‐四、一九一〇年五月）。

＊21 真辺将之「大隈重信の天皇論」（安在邦夫・真辺将之・荒船俊太郎編『明治期の天皇と宮廷』、梓出版社、二〇一六年）。

＊22 大隈重信『国民読本』九五〜九七頁。

＊23 大隈重信「何故に我国人の意志力は伸長せずや」（大隈重信述『青年訓話』、丸山舎書籍部、一九一一年、五一二頁）。

＊24 大隈重信「忠孝の真意義」（『教育時論』一三一四、一九一四年一月）。

＊25 大隈家編輯局編『国民教育東京講演』（国民教育講習会蔵版、一九一一年）。

＊26 「大隈伯著『国民読本』改訂の苦心」（『実業之日本』一六‐一六、一九一三年八月）。

＊27 三宅雄二郎「大隈伯著『国民読本』を読む」（三宅『壇上より国民へ』、金尾文淵堂、一九一五年）。

＊28 一記者「国民読本に就て」（『慶応義塾学報』一五二、一九一〇年四月）。

＊29 「大隈総理の演説」（『憲政本党党報』八、一九〇七年二月）。

＊30 大隈重信「党弊刷新の必要愈急也」（大隈重信『大勢を達観せよ』、帝国講学会、一九二二年）八六頁。

＊31 大隈重信「日本政党史論」（『大隈伯演説集』）三一七頁。

＊32 大隈重信「日本政党史論」二七七頁。

＊33 以下同仁会に関する記述は、小野得一郎編『同仁会二十年誌』（同仁会、一九二四年）、小野得一郎編『同仁会三十年史』（一九三二年、同仁会）、同仁会編『同仁会四十年史』（同仁会、一九四〇年）、丁蕾「同仁会の機関誌『同仁』について」（『日本医史学雑誌』四四‐二、一九九八年四月）、丁蕾「近代日本の対中医療・文化活動―同仁会研究」（『日本医史学雑誌』四五‐四〜四六‐四、一九九九年一二月〜二〇〇〇年一二月）を参照した。

＊34 三省堂書店百年史刊行委員会『三省堂書店百年史』（三省堂、一九八一年）。三省堂百年記念事業委員会編『三省堂の百年』（三省堂、一九八二年）。

＊35 市島謙吉「第一期刊行顛末」（市島謙吉編『国書刊行会出版目録附日本古刻書史』、市島謙吉、一九〇九年）。

＊36 坪内逍遥「大隈老侯」（坪内『逍遥選集』一二、春陽堂、一九二七年）。

＊37 島村滝太郎「文芸協会と大隈伯」（島村『抱月全集』一、天佑社、一九一九年）。

＊38 坪内逍遥「大隈老侯」。

＊39 日印協会については土屋直子「日印協会にみる近代日印関係の一側面」（『青山史学』二八、二〇一〇年三月）。

＊40 「日印協会総会」（『東京朝日新聞』一九〇六年一〇月一五日）。

＊41 「会頭大隈重信侯を弔す」（『日印協会会報』三三、一九二二年一〇月）。

＊42 「日印協会発会式」（『東京朝日新聞』一九〇三年一二月一九日）。

＊43 大隈重信「印度の将来」（『大隈伯演説集』一八八頁）。一九〇七年四月二〇日、マラーター王国創始者シヴァージーを顕彰する式典にて日印協会会長として演説したもの。

＊44 以上引用は大隈重信「印度の将来」。

＊45 大隈重信「日印親善の好機」（大隈『大隈侯論文集 世界大戦以来』、一九一九年、大観社）二七五頁。

＊46 「日蘭協会成る」（『読売新聞』一九一二年一二月一一日）。

＊47 「大隈侯を会長に日瑞協会成る」（『読売新聞』一九一九年九月三〇日）。

＊48 「日星協会発会式」（『読売新聞』一九二〇年一二月二日）。

＊49 『大隈侯八十五年史』二、四八三〜四八六頁。「大隈伯と米紙論調」

（『読売新聞』一九〇七年六月五日）「株式界の昨今」（『読売新聞』一九〇七年六月一八日）。
*50 『大隈侯八十五年史』二、五二〇～五二一頁。「大隈伯の印度論」（『報知新聞』一九〇七年一二月二五日朝刊・二六日夕刊・二八日朝刊）。白眼子「編輯室より」（『読売新聞』一九〇七年一二月二六日）。「英国側の誤解に就て（大隈伯の印度論）」（『東京朝日新聞』一九〇八年一月八日）。
*51 「諸名士の見たる大隈侯」（『実業之世界』一九‐一二、一九二二年二月）三頁。
*52 徳富蘇峰「代弁者を失へる日本」（『大観』五‐二、一九二二年二月）九頁。
*53 原版は“Wonderful World of Albert Kahn: Archives of Planet”(BBC Warner, 2011)。日本語版は『ＢＢＣ奇跡の映像 よみがえる一〇〇年前の世界』（丸善出版発売、二〇〇九年）。
*54 「大隈伯と玩具」（『学生』三‐五、一九一二年五月）。
*55 池田林儀編『隈侯閑談』（報知新聞社出版部、一九二二年）七六頁。
*56 文明協会編『財団法人文明協会三十年誌』（一九三八年、文明協会）九頁。
*57 文明協会発会式における大隈演説（『財団法人文明協会三十年誌』一〇頁）。
*58 佐藤能丸「大日本文明協会試論」（『近代日本と早稲田大学』、早稲田大学出版部、一九九一年）。
*59 内田満「「文明協会叢書」の世界」（『早稲田政治学史研究』、東信堂、二〇〇七年）。
*60 柳田泉『明治文明史における大隈重信』（早稲田大学出版部、一九六二年）四二一～四二二頁。
*61 溝口元「大日本文明協会刊行の自然科学書について」（『科学史研究』第二期二二号、一九八三年七月）。
*62 「三面時事」（『読売新聞』一九〇九年七月二二日）。
*63 「南極探検隊送別会」（『読売新聞』一九一〇年一一月二七日）。
*64 大隈重信「白瀬中尉論」（『中央公論』二五‐一二、一九一〇年一二月）。
*65 石田栄雄「白瀬中尉南極探検の外交面」（『学術研究』六、一九五七年九月）。
*66 『大隈侯八十五年史』二、五八五～五九七頁。「南極探検再挙に決す」（『読売新聞』一九一一年七月八日）。南極探検聯合応援団広告（『読売新聞』一九一一年七月一九日）。
*67 「大隈伯の談」（『自動車』一‐九、一九一三年九月）五頁。
*68 「自働車と名士」（『グラヒック』自働車号、一九一一年三月）五頁。
*69 週刊朝日編『値段の明治・大正・昭和風俗史』上（朝日新聞社、一九八七年）五七一頁。一九〇六年の数字。
*70 「大隈伯の自動車試乗」（『読売新聞』一九〇六年一二月八日）。
*71 「大隈侯と自動車」（『自動車』五‐二、一九二二年二月）。
*72 大隈重信「我輩の知れる日本の飛行機発明者」（『実業之日本』一二‐一九、一九〇九年九月）。
*73 高塚彊『空中之経営』（画報社、一九〇九年）大隈序文。
*74 前掲大隈重信「我輩の知れる日本の飛行機発明者」。大隈重信「空中飛行機の発明より起る世界の変化と南北極探検者が与へし教訓」（『商業界』一二‐六、一九〇九年一一月）。大隈重信「青年は平和的勇者たれ」（大隈重信述『青年訓話』）二二一～二三一頁。
*75 市島謙吉『大隈侯一言一行』（早稲田大学出版部、一九二二年）三四六頁。
*76 帝国飛行協会については、日本航空協会『協会七五年の歩み』（日本航空協会、一九八八年）および荒山彰久『日本の空のパイオニア達』（早稲田大学出版部、二〇一三年）を参照。
*77 坂口満宏「近代日本「平和運動」資料集成・解題」（『近代日本「平和運動」資料集成解題・総目次・索引』、不二出版、二〇〇五年）。
*78 大隈重信「世界の経済的平和を論ず」（『外交時報』一〇〇、一九〇六年三月）。
*79 大隈重信「発刊の辞」（『平和時報』一、一九一二年一二月）。
*80 大隈重信「予は何故平和会長たるとゝもに軍人後援会長たるか」（大隈重信『経世論』、冨山房、一九一二年）二三九頁。一九一二年三月二三日に軍人後援会会長として各師団長を自邸に招待した際の講演。なお、仲裁裁判による平和を「遠き将来に於て出現するには相違ない」としている部分は、後年『大隈伯演説集 高遠の理想』（早稲田大学出版部、一

九一五年）に収録された際には「早晩来るには相違ない」と改められている（四九〇頁）。

＊81　大隈重信「予は何故平和会長たるとゝもに軍人後援会長たるか」二四六頁。

＊82　大隈重信「軍事後援事業と社会政策」（大隈重信『経世論 続編』、冨山房、一九一三年）三五六頁。

＊83　「麻布第三聯隊に於ける大隈伯爵」（『新日本』一‐四、一九一一年六月）。

＊84　大隈重信「予は何故平和会長たるとゝもに軍人後援会長たるか」（『新日本』二‐五、一九一二年五月）。大隈重信「強兵論」（『新日本』二‐六、一九一二年六月）。

＊85　岡田靖雄「大隈重信と日本の精神衛生運動」（『日本医史学雑誌』五四‐一、二〇〇八年三月）。

＊86　大隈重信「精神病に対する雑感」（『神経学雑誌』四‐一二、一九〇六年三月）。

＊87　日本精神衛生会編『日本の精神保険運動の歩み』（日本精神衛生会、二〇〇二年）六三頁。

＊88　大隈重信「精神病に対する雑感」。なお弟の病と死去については、一八七三年五月一日付大隈重信宛杉本芳熙書翰、一八七七年七月一七日付大隈重信宛杉本芳熙書翰で若干触れられているが詳しいことはわからない（早稲田大学大学史資料センター編『大隈重信関係文書』六、みすず書房、二〇一〇年）。

＊89　大隈重信「米価騰貴と細民の救済」（『新日本』二‐六、一九一二年六月）。

＊90　沢田和彦「ブロニスワフ・ピウスツキの観た日本」（『スラヴ研究』四三、一九九六年三月）。

＊91　「婦人出獄人保護所設置に就て」（『読売新聞』一九〇二年一一月三日）。

＊92　なお、この始球式が、現在のような打者に対して投げる形式で行なわれるものとしては世界初であると書かれているものが散見されるが、アメリカ野球団はこの頃海外遠征中にはその地の名士に始球式をやってもらうのを例としていて、大隈のこの始球式もそれに則ったものであると当時の新聞では報じられている（「米国野球団入港」、『東京朝日新聞』一九〇八年一一月二〇日）。

＊93　平沼亮三『スポーツ生活六十年』（慶応出版社、一九四三年）三〇九～三一〇頁。始球式から四年後の新聞記事「始球式の記録」（『読売新聞』一九一二年六月七日）によれば、プレートの手前から投げた大隈の球はグランドに転がり、アメリカ人捕手は約五メートルも前進して球を拾ったとある。

＊94　以上大隈重信「運動と学問の中毒」（『運動世界』一〇、一九〇九年一月）。

＊95　大隈重信「我輩の野球論」（『実業之日本』四‐二〇、一九一一年一〇月）。

＊96　飛田穂洲編『早稲田大学野球部百年史』上（早稲田大学野球部、一九五〇年）九一～九三頁。

＊97　市島謙吉『如是我聞』一（早稲田大学図書館所蔵）。

＊98　大隈重信「新日本論」（『新日本』一‐一、一九一一年四月）。

＊99　大隈重信「東西の文明」（『新日本』一‐二、一九一一年五月）。

＊100　大隈重信「新日本論」。

＊101　大隈重信「新日本論」。

＊102　『新日本』については、奈良岡聰智『新日本（復刻版）解説』（柏書房、二〇一四年）を参照。

＊103　「百歳の寿」（『万朝報』一九〇六年八月二四日）。

＊104　横山健堂『伯大隈』（実業之日本社、一九一五年）一六九頁。

＊105　久米邦武「維新前の大隈伯」（久米邦武『時勢と英雄』、広文堂、一九一五年）。

＊106　百歳会編『人寿百歳以上』（真人社、一九一五年）。

＊107　横山健堂『伯大隈』一六九頁には、大隈は一二五歳説を打ち立てるに際し、内閣統計局で世界各国の長寿者の統計を調査したとある。

＊108　『人寿百歳以上』一一六頁。なお『素問』原文は「精神内守病安従来」。

＊109　『人寿百歳以上』二九頁。

＊110　『早稲田清話』（冬夏社、一九二二年）七頁。

＊111　『人寿百歳以上』四五頁。

＊112　『尾崎咢堂全集』七（尾崎咢堂全集刊行会、一九六二年）四五四～

四五五頁。

＊113 市島謙吉『大隈侯一言一行』一四四～一四五頁。

＊114 『人寿百歳以上』四六～四七頁。

＊115 『人寿百歳以上』一八頁。

＊116 『早稲田清話』一四五頁。

＊117 有馬学『「国際化」の中の帝国日本』（中央公論新社、一九九九年）五七頁。

＊118 『大隈侯一言一行』三三七～三三九頁。同様の談話は『人寿百歳以上』四一頁にもある。

＊119 横山健堂『伯大隈』一五七頁。

＊120 なにがし「大隈伯の日常生活」（『実業之日本』一〇‐一八、一九〇七年九月）、「大隈伯は如何にして一日を送るか」（『東京エコー』二‐一三、一九〇九年七月）など。これら以外にも多くの報道がある。

＊121 「大隈伯は如何にして一日を送るか」。

＊122 大隈重信「我輩は勉強するが犬養は勉強せぬ」（『世界之日本』四‐九、一九一三年九月）。

＊123 徳富猪一郎『我が交遊録』（中央公論社、一九三八年）二〇七頁。

＊124 大隈重信「我輩は勉強するが犬養は勉強せぬ」。

＊125 「大隈伯は如何にして一日を送るか」。

＊126 指原安三編『明治政史』（『明治文化全集正史篇』上、日本評論社、一九二八年）四一五頁。

＊127 横山健堂『伯大隈』三五八～三五九頁。

＊128 高田早苗『半峰昔ばなし』（早稲田大学出版部、一九二七年）九六頁。

＊129 横山健堂『伯大隈』一一六頁。

＊130 徳富猪一郎『我が交遊録』二一二頁。

＊131 黒頭巾『伯大隈』三七九頁。

＊132 「大隈伯の午餐会」（『読売新聞』一九〇八年一〇月二七日）。「隈伯調停」（『東京朝日新聞』一九〇八年一〇月二七日）。

＊133 時任英人『犬養毅』（論創社、一九九一年）第一章参照。

＊134 「隈伯の新政党談」（『東京朝日新聞』一九〇九年二月二六日）、「大隈伯の新党観」（『読売新聞』一九〇九年二月二六日）、「大隈伯の賛同」（『読売新聞』一九〇九年三月一五日）、「隈伯の態度不明」（『読売新聞』一九〇九年三月二四日）。

＊135 このころの大隈の財政・金融政策論については、五百旗頭薫『大隈重信と政党政治』（東京大学出版会、二〇〇三年）第三章第三節を参照。

＊136 大隈重信「偉人伊藤博文」（大隈重信述・菊池暁汀編『青年訓話』、丸山舎書籍部、一九一四年増補再版）七八頁。

＊137 大隈重信「我輩は伊藤公を斯の如く観察す」（『実業之日本』一二‐二四、一九〇九年一一月）。

＊138 大隈重信「偉人伊藤博文」八〇頁。

＊139 豊川良平「常に『大隈々々』と言はれた伊藤公の友懐」（『実業之日本』一二‐二四、一九〇九年一一月）。なおこの豊川の談話を証明するように、一九〇四年五月の銀行倶楽部での大隈の演説には伊藤の招待により銀行倶楽部に出席した旨の発言がある（大隈重信「日露開戦と我財力」、大隈重信『大隈伯演説集 高遠の理想』七三五頁）。

＊140 『大隈侯八十五年史』二、四四九～四五〇頁。なお、『東邦協会々報』一一一（一九〇四年五月）に掲載されている演説筆記はこれとだいぶ異なったものとなっているが、新聞報道によれば、「冷笑冷語の交換が多くて随分変な会であつた」とあるので（「東邦協会講談会」、『読売新聞』一九〇四年五月一九日）、『八十五年史』所載のものはその場にいたものの速記そのままで、『東邦協会々報』掲載のものは、校正でかなり手が入り整理されたものであろうと考えられる。

＊141 『大隈侯八十五年史』二、四七七～四七八頁。

＊142 曽田三郎『立憲国家中国への始動』（思文閣出版、二〇〇九年）七〇～七一頁。

＊143 大隈重信「袁に党せず孫黄を助けず」（『新日本之実業』一‐七、一九一三年八月）。

＊144 大隈重信「清国革命論」（『新日本』一‐九、一九一一年一〇月）。大隈重信「支那革命論」（『新日本』一‐一一、一九一一年一一月）。

＊145 大隈重信「瀕死の支那に最後の忠言を与ふ」（『新日本』二‐一〇、一九一二年一〇月）。

＊146 横山宏章『素顔の孫文』（岩波書店、二〇一四年）五四頁。

＊147 大隈重信「孫は大した人物でない」（『中央公論』二六‐一一、一九一一年一一月）。

＊148 犬養毅「清国の革命党」（『太陽』一五‐一、一九〇九年一月）。また時任英人『明治期の犬養毅』（芙蓉書房出版、一九九六年）二七一～二七三頁参照。
＊149 大隈重信「孫は大した人物でない」。
＊150「木堂先生と東亜問題（二）」（『木堂雑誌』一二‐二、一九三五年二月）。
＊151 大隈重信「孫は大した人物でない」。
＊152「大隈総長邸に於ける孫逸仙氏歓迎会」（『早稲田学報』二一七、一九一三年三月）。
＊153 大隈重信「亡命客保護論」（『新日本之実業』一‐八、一九一三年九月）。
＊154 大隈重信「亡命客保護論」。
＊155 横山宏章『素顔の孫文』一二三頁。
＊156 横山宏章『素顔の孫文』一五二～一五三頁。
＊157「国民の意気」（『読売新聞』一九一三年九月八日）。
＊158 栗原健「阿部外務省政務局長暗殺事件と対中国（満蒙）問題」（栗原健編著『対満蒙政策史の一面』、原書房、一九六六年）。
＊159 大隈重信「外交の根本方針を論じて対支問題及び対米問題に及ぶ」（『新日本』三‐一〇、一九一三年一〇月）。
＊160 大隈重信「支那の将来に対する帝国の態度 止むなくんば我国之を統一せん」（『世界之日本』四‐七、一九一三年七月）。
＊161 大隈重信談「日支交渉評」（『東京朝日新聞』一九一三年一〇月一二日）。
＊162 栗原健「阿部外務省政務局長暗殺事件と対中国（満蒙）問題」。
＊163『国民読本』一九四頁。
＊164「北京に於ける有賀青柳両教授」（『早稲田学報』二一八、一九一三年四月）。
＊165 曽田三郎『立憲国家中国への始動』二八三‐二八八頁。
＊166 大隈重信「再び東亜の平和を論ず」（早稲田大学編輯部編『大隈伯演説集』）一三七頁。
＊167 大隈重信「勢力の中心を議会に移すべし」（『新日本』三‐二、一九一三年二月）。
＊168 大隈重信「勢力の中心を議会に移すべし」。
＊169 大隈重信「憲政の擁護は誰の任務ぞ」（『実業之日本』一六‐四、一九一三年二月）。
＊170 大隈重信「我輩は勉強するが犬養は勉強せぬ」。
＊171 大隈重信「我輩は勉強するが犬養は勉強せぬ」。
＊172 なおこののち、護憲運動の結果として誕生した山本権兵衛内閣が、行政整理に基づく裁判所整理を断行すると、大隈は護憲運動を行なった勢力による憲法蹂躙の行動であるとして強く批判することになる。大隈が問題にしたのは、区裁判所の整理に伴い、裁判所の管轄人員が増え、管轄区域が拡大されることになり、事務の渋滞による不便を国民に強い、憲法上に規定された個人の権利の行使に対する負担を増やすことにつながるという点と、行政整理の名目の下司法大臣が裁判官に休職を命じたことは、司法権への行政権の介入であり、裁判の神聖＝独立性が保ちえないという点であった。大隈自身もかねてから行政整理の必要を主張してはいたが、「一に政費の節約租税の軽減を希求するに急で、是が為に憲法上当に国民の主張すべき権利を失ふを顧みぬに於ては、是れ当面の実利を獲んが為に遠大の理想を傷くるものとなる事を思はぬものだ」というように、憲法上の権利は何よりも尊重されるべきものであり、いくら経費節減のためでもそれを毀損するような行政整理は絶対に不可だとしたのである（大隈重信「行政整理の一大失態」、『新日本』三‐八、一九一三年八月、および大隈重信「我輩は勉強するが犬養は勉強せぬ」）。
＊173 大隈重信「新政党に教へ併せて天下の惑を解く」（『新日本』三‐五、一九一三年五月）。
＊174 大隈重信「憲政の擁護は誰の任務ぞ」。
＊175「大隈伯の妥協観」（『東京日日新聞』一九一一年一月三〇日）。
＊176 季武嘉也『大正期の政治構造』八四頁。
＊177「大隈伯の政変評」（『東京日日新聞』一九一一年八月二六日）。
＊178「桂内閣の新政綱」（『国民新聞』一九一二年一二月一九日）。
＊179 一九一二年一二月日付不明桂太郎宛渡辺千秋書翰（千葉功編『桂太郎関係文書』、東京大学出版会、二〇一〇年、四九二頁）。
＊180 季武嘉也『大正期の政治構造』九五～九七頁。
＊181「後藤男と隈伯」（『東京朝日新聞』一九一三年一月三一日）。

＊182 橋本徹馬「大隈伯と語る」(『世界之日本』四-四、一九一三年四月)。
＊183 大隈重信「余の知れる桂公」(『大正公論』三-一、一九一三年一月)。
＊184 耕堂主人(中野正剛)「大隈伯に与ふる書」(『東京朝日新聞』一九一三年一月三一日~二月四日)。
＊185 大隈重信「桂公の新政党組織」(『実業之日本』一六-三、一九一三年二月)。
＊186 大隈重信「新政党に教へ併せて天下の惑を解く」(『新日本』三-五、一九一三年五月)。
＊187 大隈重信「余の知れる桂公」。
＊188 大隈重信「桂と西園寺と吾輩の立場」(『地球』二-二、一九一三年二月)。
＊189 大隈重信「桂と西園寺と吾輩の立場」。
＊190 大石正巳・河野広中・武富時敏・箕浦勝人・島田三郎「告知書」(櫻井良樹編『立憲同志会資料集』四、柏書房、一九九一年。原本は一九一三年一月発表)。
＊191 桂太郎「入会勧誘書状」(櫻井良樹編『立憲同志会資料集』四、原本は一九一三年二月のもの)。
＊192 「立憲同志会宣言書」「立憲同志会綱領」(櫻井良樹編『立憲同志会資料集』四、原本は一九一三年二月七日と推定)。
＊193 櫻井良樹『大正政治史の出発 立憲同志会の成立とその周辺』(山川出版社、一九九七年)。
＊194 「立憲同志会綱領並政策案」(櫻井良樹編『立憲同志会資料集』四、原本は一九一三年二月一四日議員総会にて決定したもの)。
＊195 大隈重信「桂と西園寺と吾輩の立場」。
＊196 「大隈伯演説筆記」(櫻井良樹編『立憲同志会資料集』四)。
＊197 大隈重信「新政党に教へ併せて天下の惑を解く」。
＊198 大隈重信「新年に臨んで国民に警告す」(『新日本』三-一、一九一三年一月)。
＊199 大隈重信「大正時代の三大革新(其二)社会的革新論」(『新日本』三-七、一九一三年七月)。
＊200 藤野裕子『都市と暴動の民衆史 東京・一九〇五-一九二三年』(有志舎、二〇一五年)。
＊201 大隈重信「大正時代の三大革新(其一)政治的革新論」(『新日本』三-六、一九一三年六月)。

第八章

＊1 大隈重信「薩長劇より国民劇へ」(『新日本』四-五、一九一四年四月)。
＊2 市島謙吉『双魚堂日載』二一(早稲田大学図書館所蔵)。
＊3 「隈伯を出したい」(『読売新聞』一九一四年三月二一日雑報)。
＊4 山本四郎編『第二次大隈内閣関係史料』(京都女子大学、一九七九年)六~七頁。
＊5 井上馨公伝記編纂会編『世外井上侯伝』五(原書房、一九六八年)三四四頁。なお伊藤隆編『大正初期山県有朋談話筆記・政界思出草』(山川出版社、一九八一年)四八頁に山県が提案した人物の筆頭に「大山」とあるのは「大隈」の誤りであろう。
＊6 なお、書籍によっては山県が井上の大隈推挙に難色を示したと書かれているものもあるが(大津淳一郎『大日本憲政史』七、宝文館、一九二八年、二八六頁など)、『大正初期山県有朋談話筆記・政変思出草』五四~五五頁での山県の回顧では、最初に大隈説を提起したのは自分であると述べている。また井上も四月一〇日に大隈に首相就任を要請した最初の会談に於いて「山県ガ初メカラ君ヲ推薦シタコトハ事実デアル」(『第二次大隈内閣関係史料』一二頁)と述べており、かなり早くから山県も大隈推薦の意図を有していたことは確かなようである。また季武嘉也氏は、こうした元老による大隈推薦の背後に、大浦兼武の入説があったとしている(季武嘉也『大正期の政治構造』、吉川弘文館、一九九八年、一二七~一三八頁)。
＊7 『世外井上公伝』五、三五一頁~三五九頁、『第二次大隈内閣関係史料』一一~一二頁。
＊8 市島謙吉『双魚堂日載』二一。
＊9 奈良岡聰智『加藤高明と政党政治』(山川出版社、二〇〇六年)一三三~一三四頁。
＊10 大隈重信「我国経済及財政の現状を論ず」(『銀行通信録』三三九、

一九一四年一月）、大隈重信「富国論」（『商と工』二 - 一、一九一四年一月）など。
＊11　徳富猪一郎『大正政局史論』（民友社、一九一六年三月）二五七～八頁。
＊12　鷲尾義直編『政界五十年 古島一雄回顧録』（三元社、一九五一年）九八～一〇四頁。
＊13　世間の大隈内閣待望論およびその後の歓迎振りについては「世界思潮（新曙光の現顕）」（『新日本』四 - 六、一九一四年五月）に紹介されている。
＊14　吉野作造「山本内閣の倒壊と大隈内閣の成立」（『吉野作造選集』三、岩波書店、一九九五年）六四頁。
＊15　犬養毅「新内閣観と我党の態度」（『太陽』二〇 - 五、一九一四年五月）。
＊16　徳富猪一郎『大正政局史論』二五一～二五二頁。
＊17　大隈侯八十五年史編纂会編『大隈侯八十五年史』三（大隈侯八十五年史編纂会、一九二六年）一一四頁。
＊18　伊藤之雄『原敬と政党政治の確立』（千倉書房、二〇一四年）六四八～六四九頁。
＊19　政綱は報道する新聞・雑誌により若干の異同があるが、ここでは『大隈侯八十五年史』三、一三〇～一三二頁所載のものに拠った。
＊20　大津淳一郎『大日本憲政史』七、三〇八～三〇九頁。
＊21　「世界思潮（海軍郭清の大段落）」（『新日本』四 - 七、一九一四年六月）。
＊22　大隈重信「世界の大勢に鑑みて国民教育に関する所見を述ぶ」（『新日本』四 - 一三、一九一四年一一月）。
＊23　市島謙吉『双魚堂日載』二二（早稲田大学図書館所蔵）。
＊24　木下恵太「第二次大隈内閣の財政構想」（『早稲田大学史記要』三一、一九九九年七月）。
＊25　木下恵太「第二次大隈内閣の財政構想」。
＊26　「本邦正貨ノ将来ニ就テ」（国立国会図書館所蔵『勝田家文書』四八 - 一三、一九一二年九月）。
＊27　大隈重信「予の財政意見を宣明す」（『新日本』三 - 二、一九一三年二月）。
＊28　「限伯の救済策」（『東京朝日新聞』一九一二年一一月二〇日）。
＊29　「鉄道改良工事確定」（『時事新報』一九一四年五月三日）。
＊30　大隈内閣の鉄道政策については、本章で触れられなかった内閣末期の広軌化計画も含め、松下孝明『近代日本の鉄道政策』（日本経済評論社、二〇〇四年）の第七章「第二次大隈内閣期の鉄道政策」が詳しい。松下氏は、従来無定見と評されることの多い大隈内閣であるが、「非募債主義に基づく鉄道政策の原則を維持しようとする大隈内閣の姿勢は最後まで一貫」しており、「これほどかたくなに一つの政策を貫こうとした内閣も珍しいのではなかろうか」と述べている。
＊31　「鉄道の根本主義」（『東京朝日新聞』一九一四年一〇月二九日）。
＊32　大隈重信「内治外交の根本精神」（『新日本』四 - 七、一九一四年六月）。
＊33　「世界思潮（内閣と政党）」（『新日本』四 - 八、一九一四年七月）。
＊34　『大正初期山県有朋談話筆記・政変思出草』一〇二頁。
＊35　『大正初期山県有朋談話筆記・政変思出草』一〇八頁。
＊36　「世界思潮（内閣と政党）」。
＊37　「世界思潮（第三十三帝国議会）」（『新日本』四 - 九、一九一四年八月）。
＊38　「世界思潮（第三十三帝国議会）」。
＊39　防務会議での議論については、斎藤聖二「国防方針第一次改訂の背景―第二次大隈内閣下における陸海両軍関係―」（『史学雑誌』九五 - 六、一九八六年六月）を参照。
＊40　外務省編『日本外交文書』大正三年第三冊（外務省、一九六六年）一四五頁。
＊41　「大隈首相演説」（『読売新聞』一九一四年八月一九日）。
＊42　以上の参戦の経緯については、長岡新治郎「欧州大戦参加問題」（『国際政治』三三、一九六七年九月）、田村幸策「第一次世界大戦と日本の参戦」（『日本政教研究所紀要』六、一九八二年三月）、波多野勝「対独開戦と大隈内閣」（波多野勝『近代東アジアの政治変動と日本の外交』、慶應通信、一九九五年）、野村乙次郎「第一次大戦参戦外交と加藤高明」（野村乙次郎『近代日本政治外交史の研究』、刀水書房、一九八二年）、

大原卓夫「第二次大隈内閣と第一次世界大戦参戦問題」（『創価大学大学院紀要』二〇、一九九九年一月）を参照。
＊43 『世外井上公伝』五、三六七〜三六九頁。
＊44 『大正初期山県有朋談話筆記・政変思出草』七四頁。
＊45 『大正初期山県有朋談話筆記・政変思出草』五九〜六〇頁。
＊46 『第二次大隈内閣関係史料』九〇頁。
＊47 『第二次大隈内閣関係史料』九一頁。
＊48 『大正初期山県有朋談話筆記・政変思出草』六四頁。
＊49 『第二次大隈内閣関係史料』八八頁。
＊50 『大正初期山県有朋談話筆記・政変思出草』六一頁。
＊51 『大正初期山県有朋談話筆記・政変思出草』六四頁。
＊52 『第二次大隈内閣関係史料』七八頁。
＊53 市島謙吉『双魚堂日載』三六（早稲田大学図書館所蔵）。
＊54 市島謙吉『双魚堂日載』三三（早稲田大学図書館所蔵）。
＊55 市島謙吉『双魚堂日載』三六。
＊56 市島謙吉『双魚堂日載』三三。
＊57 『世外井上公伝』五、三八八〜三九二頁。『第二次大隈内閣関係史料』一八一〜一八六頁。
＊58 『第三十四回帝国議会衆議院予算委員会議録（速記）』二（衆議院事務局、一九一四年九月六日）一五頁。
＊59 土方苑子「大正期の国定教科書反対論・資料と解説」（『季刊国民教育』五二、一九八二年四月）。
＊60 唐沢富太郎『教科書の歴史』（創文社、一九五六年）第八章参照。
＊61 『第三十五回帝国議会衆議院予算委員会議録（速記）』三（衆議院事務局、一九一四年九月六日）一五頁。
＊62 『第二次大隈内閣関係史料』一二一七頁。
＊63 斎藤聖二「国防方針第一次改訂の背景」。
＊64 「制度整理評」（『東京朝日新聞』一九一三年六月一五日）。
＊65 若槻礼次郎蔵相演説（『第三十五回帝国議会衆議院議事速記録』二、印刷局、一九一四年一二月九日）八〜九頁。
＊66 『第三十五回帝国議会衆議院議事速記録』一〇（印刷局、一九一四年一二月二六日）一六一〜一六二頁。
＊67 石井裕晶『制度変革の政治経済過程』（早稲田大学出版部、二〇一四年）四二八〜四三三頁を参照。選挙後の一九一五年七月には、衆議院議員選挙法改正調査会を設置したが、結局内閣辞職までに結論を出すに至らず、同会での審議は寺内内閣へと引き継がれることになる。
＊68 大隈重信「解散に臨んで国民に訴ふ」（『新日本』五‐二、一九一五年二月）。
＊69 「首相閣僚の政見発表」（『読売新聞』一九一五年一月一八日）。
＊70 吉野作造「変態立憲政治より正態立憲政治へ」（『新日本』五‐二、一九一五年二月）。
＊71 坂野潤治『大正政変 一九〇〇年体制の崩壊』（ミネルヴァ書房、一九八二年）二〇五〜二〇六頁。
＊72 同会については佐藤能丸「大隈伯後援会に関する一考察」（日本史攷究会編『日本史攷究』、文献出版、一九八一年）を参照。
＊73 大隈伯後援会報告「大隈伯後援会遊説部の活動」（『新日本』五‐五、一九一五年五月）。
＊74 大隈重信「総選挙に現れたる日本国民の政治道徳」（『新日本』五‐五、一九一五年五月）。
＊75 市島謙吉『双魚堂日載』三二（早稲田大学図書館所蔵）。
＊76 一九一五年三月二七日付永江純一宛戸川直書翰（九州歴史資料館所蔵永江文書Q‐七六八）。
＊77 平田奈良太郎『司法研究 報告書輯第十九輯 八 選挙犯罪の研究特に買収犯罪に就て』（司法省調査課、一九三五年）にこうした実例が豊富に掲載されている。また季武嘉也『選挙違反の歴史』（吉川弘文館、二〇〇七年）も参照。
＊78 市島謙吉『双魚堂日載』三二。
＊79 尾崎行雄「選挙会郭清の端緒」（『新日本』五‐三、一九一五年三月）。
＊80 平田奈良太郎『司法研究 報告書輯第十九輯 八 選挙犯罪の研究特に買収犯罪に就て』。
＊81 市島謙吉『双魚堂日載』三二。
＊82 市島謙吉『双魚堂日載』三二。
＊83 吉野作造「変態立憲政治より正態立憲政治へ」。
＊84 大隈重信「総選挙に現れたる日本国民の政治道徳」。

＊85　これ以後最終的に憲政会の成立に至るまでの与党合同の動きについては、勝田政治「第二次大隈内閣と憲政会の成立」（早稲田大学大学史編集所編『大隈重信とその時代』、早稲田大学出版部、一九八九年）を参照。

＊86　なお前掲勝田論文では、大隈がこの時合同運動と距離を置いたと書かれているが、大隈は合同後の党首就任を諾しており、特に距離を置いたわけではない。ただ「内心大合同の六かしき事を看破し」ていたに過ぎない（市島謙吉『双魚堂日載』三三）。

＊87　外務省編『日本外交文書』大正三年第三冊、五八〇頁。

＊88　奈良岡聰智『対華二十一ヵ条要求とは何だったのか』（名古屋大学出版会、二〇一五年）、堀川武夫『極東国際政治史序説—二十一箇条要求の研究』（有斐閣、一九五八年）、細谷千博「二一条要求とアメリカの対応」（『一橋論叢』四三、一九六〇年一月）、北岡伸一「二十一ヵ条再考—日米外交の相互作用—」（『年報近代日本研究』七、一九八五年、山川出版社）、島田洋一「対華二十一ヵ条要求—加藤高明の外交指導—」（『政治経済史学』二五九・二六〇、一九八七年一一月・一二月）など。

＊89　『大隈侯八十五年史』三、三〇〇〜三〇三頁。

＊90　大隈重信「支那の外交術と其民族性」（『新日本』五‐六、一九一五年六月）。

＊91　当時の世論については、奈良岡聰智『対華二十一ヵ条要求とは何だったのか』が詳細に描いている。

＊92　石橋湛山「所謂対支二十一個条要求の歴史と将来（四）」（『東洋経済新報』一〇四六、一九二三年四月二一日）。

＊93　久保田文次「袁世凱の帝制計画と二十一ヶ条要求」『史艸』二〇、一九七九年一一月）。

＊94　外務省編『日本外交文書』大正三年第三冊、五七九頁。

＊95　島田洋一「「二十一ヵ条要求」と山県有朋」（『法学論叢』一一七‐六、一九八五年九月）。

＊96　外務省編『日本外交文書』大正三年第三冊、五七九頁。

＊97　『世外井上公伝』五、三九五頁。高橋義雄『万象録』三（思文閣出版、一九八七年）二五四頁（一九一五年七月二日条）。

＊98　尚友倶楽部編『大正初期山県有朋談話筆記 続』（尚友倶楽部、二〇一一年）二五頁。

＊99　『第二次大隈内閣関係史料』二六九頁。

＊100　『大正初期山県有朋談話筆記 続』一七頁。

＊101　政友会小川平吉発言（『第三十六回帝国議会衆議院議事速記録』三、印刷局、一九一五年五月二三日）二四頁。

＊102　政友会小川平吉発言（『第三十六回帝国議会衆議院議事速記録』三、二四〜二五頁。

＊103　石橋湛山「対支外交の失敗」（『早稲田文学』一一五、一九一五年六月）。

＊104　石橋湛山「日支親善の法如何」（『東洋経済新報』七〇八、一九一五年六月五日）。

＊105　「衆議院議員選挙資格ニ関スル件ヲ定ム」「大正四年勅令第一一号衆議院議員選挙資格ニ関スル件貴衆両院ニ於テ承諾スルコトヲ議決ス」（国立公文書館所蔵『公文類聚第三十九編 大正四年』）。石川寛「近代日本における官吏の衆議院議員兼職制度に関する研究（七）」（『法政論集』一九四号、二〇〇二年一二月）。

＊106　以上の参政官設置過程については、奈良岡聰智『加藤高明と政党政治』一三八〜一四九頁、奈良岡聰智「政務次官設置の政治過程」（一）〜（六）（『議会政治研究』六五〜七一、二〇〇三年三月〜二〇〇四年九月）および前田英明「大隈侯と文官任用令」（『法学論集』六〇、二〇〇〇年一月）を参照。

＊107　大浦事件については、田宮裕「大浦事件」（我妻栄他編『日本政治裁判史録 大正』、第一法規出版、一九七四年）、山本四郎「大浦事件の一考察」（『奈良大学紀要』三、一九七四年一二月）、前田英昭「大浦事件—政治家の法的責任と政治的責任—」（『駒沢法学』一‐一、二〇〇二年一月）を参照。

＊108　『第二次大隈内閣関係史料』二八七頁。

＊109　『第二次大隈内閣関係史料』二七九頁。

＊110　原奎一郎編『原敬日記』四（福村出版、一九八一年）一二〇頁（一九一五年七月六日条）。

＊111　『第二次大隈内閣関係史料』二八六頁。

＊112　『第二次大隈内閣関係史料』二九二頁。

＊113　市島謙吉『双魚堂日載』三六。
＊114　尾崎行雄「咢堂自伝」（『尾崎咢堂全集』一一、尾崎咢堂全集刊行会、一九五二年）五四九～五五四頁。
＊115　市島謙吉『双魚堂日載』四四（早稲田大学図書館所蔵）。
＊116　一九一六年四月一日付大隈重信宛尾崎行雄書翰（早稲田大学大学史資料センター編『大隈重信関係文書』三、みすず書房、二〇〇六年、一五五頁）。
＊117　北岡伸一『日本陸軍と大陸政策』（東京大学出版会、一九七八年）一八一～一九五頁。
＊118　一九一六年七月二八日付大隈重信宛永井柳太郎書翰（早稲田大学大学史資料センター編『大隈重信関係文書』八、みすず書房、二〇一二年、一二四～一二六頁）。また山本四郎「第二次満蒙義挙について」（『奈良大学紀要』一、一九七二年一二月）を参照。また山本氏は「大隈内閣末期の西原亀三」（『ヒストリア』八九、一九八〇年一二月）において、孫文の密命を受けた居正が日本軍人と連絡を通じつつ山東で挙兵した山東擾乱事件にも、大隈の関与があったとしている。
＊119　『大隈侯八十五年史』三、三六五頁。
＊120　『第三十七回帝国議会衆議院議事速記録』九、印刷局、一九一五年一二月一九日）一五七頁。
＊121　減債基金還元問題をめぐる貴族院の状況については内藤一成「第二次大隈内閣期における貴族院―減債基金問題を中心に―」（『史学雑誌』一〇四‐九、一九九五年九月）を参照。
＊122　大津淳一郎『大日本憲政史』七、七三七頁。
＊123　『大正初期山県有朋談話筆記・政変思出草』九八頁。
＊124　田健治郎「『還元の役』始末」（東京朝日新聞政治部編『その頃を語る』、東京大阪朝日新聞社、一九二八年）三三二頁。
＊125　尚友俱楽部・内藤一成編『田健治郎日記』三（芙蓉書房出版、二〇一二年）一五八頁（一九一六年二月二日条）。
＊126　『大正初期山県有朋談話筆記・政変思出草』一〇〇頁。
＊127　「世界思潮（内閣と経済界）」（『新日本』四‐八、一九一四年七月）。
＊128　大隈重信「銷夏縦横談」（『実業之日本』一三‐一七、一九一〇年八月）。
＊129　市島謙吉『双魚堂日載』四四。
＊130　『大正初期山県有朋談話筆記・政変思出草』七二頁。
＊131　『大正初期山県有朋談話筆記・政変思出草』一〇八頁。
＊132　『大正初期山県有朋談話筆記・政変思出草』九六頁。
＊133　『大正初期山県有朋談話筆記・政変思出草』一〇九～一一一頁。
＊134　『大正初期山県有朋談話筆記・政変思出草』一一三頁。
＊135　『大正初期山県有朋談話筆記・政変思出草』一一七～一二〇頁。
＊136　『大正初期山県有朋談話筆記・政変思出草』一二六頁。
＊137　『田健治郎日記』一九一六年九月一二日条には、加藤高明が「大隈は寺内に対し頻りに予との聯立を迫る。而して予に対しては一言も之れに及びたること無し。真に奇恠の行動也」と発言した旨の記述がある（尚友俱楽部・内藤一成編『田健治郎日記』三、二三八頁）。
＊138　田健治郎が記すところによれば、加藤は「寺内をして真に予と聯立を望まば、必ずしも拒絶する所に非ず」としつつも、「自ら寺内内閣に列するは予の好まぬ所也。若し夫れ同志会員中若干名が寺内内閣に列するに到るの件は、予は反対せず」として同志会と寺内の連立内閣が好ましいとしていた。しかし他方で、藩閥との提携に反対の意見が党内に出れば寺内と同志会の連立も難しいだろうとの見通しを持っていた（尚友俱楽部・内藤一成編『田健治郎日記』三、二三九頁、一九一六九月一二日条）。
＊139　『大正初期山県有朋談話筆記続』五四～五五頁。
＊140　『大正初期山県有朋談話筆記続』五七頁。
＊141　「大隈侯後援会宣言」（『東京朝日新聞』一九一六年八月三日）。
＊142　「皇太子殿下奉迎奉送」（『早稲田学報』二二、一八九八年）。「東宮殿下大隈邸行啓」（『読売新聞』一八九八年一二月四日）。「東宮大隈邸行啓」（『読売新聞』一八九八年一二月五日）。
＊143　原武史『大正天皇』（朝日新聞社、二〇〇〇年）。古川隆久『大正天皇』（吉川弘文館、二〇〇七年）。
＊144　市島謙吉『双魚堂日載』五六（早稲田大学図書館所蔵）。
＊145　『大正初期山県有朋談話筆記・政変思出草』一二八頁。岡義武・林茂校訂『大正デモクラシー期の政治　松本剛吉政治日誌』（岩波書店、一九五九年）一六頁（九月二七日条）。

＊146　『原敬日記』四、二二二頁（一九一六年九月二九日条）。

＊147　市島謙吉『双魚堂日載』五六。

＊148　以上論述してきた大隈内閣末期の後継首班問題については、山本四郎「一九一六年政変の考察」（『日本歴史』三八八、一九八〇年九月）、季武嘉也「大正五年の大隈後継内閣問題」（『日本歴史』四一三、一九八二年一〇月）、内藤一成「大正五年大隈後継政権問題をめぐる貴族院及び諸勢力の動向」（『史学雑誌』一〇六‐二、一九九七年二月）等を参照。

＊149　『読売新聞』一九一四年四月一八日。また久保田文次「袁世凱の帝制計画と二十一ヶ条要求」も参照。

＊150　宮地正人『日露戦後政治史の研究』（東京大学出版会、一九七三年）。

第九章

＊1　早稲田大学図書館所蔵大隈文書D二三五。

＊2　『官報』号外（一九一二年八月一三日）。

＊3　『官報』号外（一九一二年一二月二一日）。

＊4　原奎一郎編『原敬日記』四（福村出版、一九八一年）二一八頁。

＊5　『原敬日記』四、二二一頁。

＊6　この大隈の元老加入問題については、荒船俊太郎氏による諸論文が詳細を極めているので、詳しくはそちらを参照願いたい。荒船俊太郎「寺内正毅内閣期の大隈重信―「元老待遇」の出発―」（『早稲田大学史記要』四一、二〇一〇年三月）、荒船俊太郎「原敬内閣期の「元老待遇」大隈重信」（『早稲田大学史記要』四〇、二〇〇九年三月）、荒船俊太郎「元勲と元老のはざまで―大隈重信「元老」となる―」（『早稲田大学史記要』四三、二〇〇八年二月）、荒船俊太郎「憲政会と「元老待遇」大隈重信―加藤高明首班擁立工作の展開と挫折―」（安在邦夫・真辺将之・荒船俊太郎編『近代日本の政党と社会』、日本経済評論社、二〇一〇年）、荒船俊太郎「大隈重信陞爵・国葬問題をめぐる政治過程」（『早稲田大学史記要』三八、二〇〇七年三月）。以下本章でのこの問題に関する記述は、その多くを荒船氏の論文に負っている。

＊7　元老制度については、伊藤之雄『元老』（中央公論新社、二〇一六年）を参照。

＊8　厳密には、立憲同志会が綱領の第一項目に「皇室を中心として忠愛の大義を顕彰すべし」と掲げ、憲政会が綱領の第一項目に「皇室を中心として建国の大義を顕彰すべき」という文章を掲げていた（加藤政之助監修『立憲民政党史』前篇二八〇頁、立憲民政党編纂局、一九三五年、三六四頁）。

＊9　大隈重信「政党復活の機」（『新日本』七‐三、一九一七年三月）。

＊10　「政治的自覚無し」（『東京朝日新聞』一九一七年四月二四日）。

＊11　奈良岡聰智『「新日本」復刻版解説』（柏書房、二〇一四年）。内海孝「堤康次郎の青年期と転機の回路」（『東京外国語大学論集』七一・七二、二〇〇五年六月・二〇〇七年七月）。

＊12　奈良岡聰智『対華二十一ヵ条要求とは何だったのか』（名古屋大学出版会、二〇一五年）第六章参照。

＊13　大隈重信「発刊の辞」（『大観』一‐一、一九一八年五月）。

＊14　早稲田騒動については、早稲田大学大学史編集所編『早稲田大学百年史』二（早稲田大学、一九八一年）に詳しい。ただし、大学の公的書類に基づき、大学側（高田側）の見解を代弁する形になっていることには注意する必要がある。

＊15　「大隈侯危篤に陥る」『読売新聞』一九一七年八月二四日。

＊16　「早大野球部の軽井沢運動場」（『読売新聞』一九一八年八月二五〜二九日）。

＊17　文明協会編『財団法人文明協会三十年誌』（財団法人文明協会、一九三八年）一一七頁。

＊18　小林龍雄編『翠雨荘日記』（原書房、一九六六年）一四頁。

＊19　『翠雨荘日記』一五頁。

＊20　荒船俊太郎「原敬内閣期の「元老待遇」大隈重信」。

＊21　「吾人の理想実現せり」（『国民新聞』一九一八年九月三〇日）。

＊22　大隈重信「精神病者救治ノ急務」（『神経学雑誌』一五‐七、一九一六年七月）。

＊23　大隈重信「永久平和の先決問題」（『大観』二‐一、一九一九年一月）。

＊24　大隈重信「大戦後の日本の地位を論ず」（『新日本』七‐五、一九一七年五月）。

＊25　大隈重信「今後の日本文化運動」（『文明協会講演集』一九二〇（大正九）年六月号）。

＊26 大隈重信「世界の大勢に鑑みて国民教育に関する所見を述ぶ」（大隈重信『大隈侯論文集 世界大戦以来』、大観社、一九一九年）七七二～七七三頁。
＊27 大隈重信「今後の日本文化運動」。
＊28 大隈重信「大戦後の日本の地位を論ず」。
＊29 Labour Party (Great Britain) "Executive Committee Labour and the New Social Order : a Report on Reconstruction" (London: Labour Party 1918) pp. 3.
＊30 大隈重信「東西文明の調和」（『中外新論』五-七、一九二一年七月）。
＊31 渡辺幾治郎『大隈重信』（大隈重信刊行会、一九五二年）。中村尚美・峰島旭雄「解説」（大隈重信『東西文明之調和』〈復刻版〉、一九九〇年、早稲田大学出版部）。
＊32 大隈重信『東西文明之調和』（早稲田大学出版部・実業之日本社・大日本文明協会、一九二二年）。
＊33 文明協会編『財団法人文明協会三十年誌』七九～八九頁。
＊34 大隈重信「平和の新年を迎ふ」（『大観』二-一、一九一九年一月）。
＊35 大隈重信「永久平和の先決問題」（『大観』二-一、一九一九年一月）。
＊36 大隈重信「平和克服後の世界の大勢如何」（『大観』二-八、一九一九年八月）。
＊37 大隈重信「新勢力均衡論」（『文明協会講演集』一九二一（大正一〇）年七月号）。
＊38 大隈重信「大戦後の日本の地位を論ず」。
＊39 大隈重信「大戦後の日本の地位を論ず」。
＊40 大隈重信「旧式外交より新式外交へ」（『大隈侯論文集 世界大戦以来』）五〇三～五〇四頁、五〇七頁。
＊41 大隈重信「排日暴動の亡国的哀調」（『大観』二-七、一九一九年七月）。
＊42 大隈重信「奈翁戦後の英国と大戦後の日本」（『大隈侯論文集 世界大戦以来』）九二頁。
＊43 高原秀介『ウィルソン外交と日本』（創文社、二〇〇六年）二一九頁。
＊44 大隈重信「三大帝国の崩壊を喜ぶ」（『大観』一-八、一九一八年一二月）。ただし、大隈は共産主義には反対であって、その後のボリシェヴィキによる支配については批判的であった。また日本の天皇制はヨーロッパの帝政とは異なり、国民とともにあるもので、デモクラシーとは矛盾しないとの立場を取っていた。
＊45 大隈重信「世界の苦みつゝある労働問題」（『大観』二-九、一九一九年九月）。
＊46 大隈重信「社会改造を欲せば先づ其源泉より清めよ」（『大観』三-一、一九二〇年一月）。
＊47 大隈重信「世界の苦みつゝある労働問題」。
＊48 大隈重信「世界の苦みつゝある労働問題」。
＊49 大隈重信「社会改造を欲せば先づ其源泉より清めよ」。
＊50 大隈重信「社会政策は我祖宗の遺法のみ」（『大観』二-一二、一九一九年一二月）。
＊51 大隈重信「原君の『年頭の苦言』に対して苦言を述ぶ」（『大観』三-二、一九二〇年二月）。
＊52 大隈重信「改造の根本要諦」（『大観』二-一一、一九一九年一一月）。
＊53 大隈重信「国家の衰兆と其救治策」（『大観』三-二、一九二〇年二月）。
＊54 大隈重信「改造の根本要諦」。
＊55 「改造同盟宣言」（『東京日日新聞』一九一九年八月二〇日）。
＊56 大隈重信「改造の根本要諦」。
＊57 大隈重信「教化的国家を論ず」（『大観』三-五、一九二〇年五月）。
＊58 大隈重信「教化的国家を論ず」。
＊59 大隈重信「所感」（『文明協会講演集』一九二一（大正一〇）年九月号）。
＊60 大隈重信「所感」（『文明協会講演集』一九二一（大正一〇）年九月号）。
＊61 大隈重信「功利的自覚より平和の天国へ」（『大観』四-一一、一九二一年一一月）。
＊62 大隈重信「功利的自覚より平和の天国へ」。
＊63 大隈重信「功利的自覚より平和の天国へ」。
＊64 大隈重信「所感」（『文明協会講演集』一九二一（大正一〇）年一〇月号）。

＊65 大隈重信「所感」（『文明協会講演集』一九二一（大正一〇）年一〇月号）。
＊66 大隈重信「植民地と同化問題」（『台湾日日新報』一九二一年三月一一日〜一三日）。
＊67 大隈重信「植民地と同化問題」。
＊68 大隈重信「植民地と同化問題」。
＊69 池田林儀編『隈侯閑談』（報知新聞社出版部、一九二二年）九七〜九八頁。
＊70 小貫修一郎筆記『渋沢栄一自叙伝』（渋沢翁頌徳会、一九三八年）七九七頁。
＊71 荒船俊太郎諸論文参照。
＊72 柳田泉『明治文明史における大隈重信』（早稲田大学出版部、一九六二年）四九七頁によれば講義内容は「明治史」とされ、奈良武次『侍従武官長奈良武次日記・回顧録』一（柏書房、二〇〇〇年）四六頁では「米国の排日問題」について言上したとされる。大隈は同時代の問題について語る際にも歴史の流れについて長々と触れた上で現在の問題の性格に論及することを常としたので、おそらくは両方について触れた内容だったのであろう。荒船俊太郎「原敬内閣期の「元老待遇」大隈重信」も参照。
＊73 市島謙吉『小精廬雑筆』（ブックドム社、一九三三年）二四八〜二五〇頁。
＊74 荒船俊太郎「元勲と元老のはざまで—大隈重信「元老」となる—」。
＊75 「山県公に説かうと緊張した大隈侯」（『東京朝日新聞』一九二〇年三月一三日）。
＊76 岡義武・林茂校訂『大正デモクラシー期の政治 松本剛吉政治日誌』（岩波書店、一九五九年）九六頁。
＊77 『大正デモクラシー期の政治 松本剛吉政治日誌』九六頁。
＊78 『大正デモクラシー期の政治 松本剛吉政治日誌』九六〜九七頁。
＊79 『大正デモクラシー期の政治 松本剛吉政治日誌』九七〜九八頁。
＊80 「元老会議開かれん 大隈重信侯談話」（『東京朝日新聞』一九二一年六月一五日夕刊）。
＊81 「摂政就任御沙汰書控」（早稲田大学図書館所蔵大隈文書D六一一四）。宮内庁『昭和天皇実録』三（東京書籍、二〇一五年）五二八・五二九頁。
＊82 荒船俊太郎「元勲と元老のはざまで—大隈重信「元老」となる—」。
＊83 伊藤之雄氏も、大隈が元老になったとは言えないとの見解を述べている（伊藤之雄『元老』）。伊藤氏は、筆者が挙げた論拠の他に、大隈が他の元老から元老として認識されていなかったという点を論拠に挙げている。
＊84 伊藤隆・広瀬順晧編『牧野伸顕日記』（中央公論社、一九九〇年）四〇〜四三頁、倉富勇三郎日記研究会編『倉富勇三郎日記』二（国書刊行会、二〇一二年）五一六〜五二五頁。
＊85 荒船俊太郎「大隈重信陞爵・国葬問題をめぐる政治過程」。
＊86 「侯の死に対し国家は冷淡だ 市島謙吉氏語る」（『読売新聞』一九二二年一月一一日）。
＊87 大隈侯八十五年史編纂会編『大隈侯八十五年史』三（大隈侯八十五年史編纂会、一九二六年）六三九〜六四二頁。
＊88 荒山彰久『日本の空のパイオニア達』（早稲田大学出版部、二〇一三年）一七七頁。
＊89 市島謙吉『壬戌漫録』一（早稲田大学図書館所蔵）。
＊90 内田魯庵『魯庵随筆 紫煙の人々』（書物展望社、一九三五年）一〇八頁。
＊91 「山県公の御葬儀に私も参列するの記」（『東京日日新聞』一九二二年二月一〇日）。また伊藤之雄『山県有朋』（文藝春秋社、二〇〇九年）を参照。

おわりに

＊1 円城寺清執筆・京口元吉校注『大隈伯昔日譚』（冨山房、一九三八年）一六三〜一六四頁。
＊2 大隈重信「新政党に教へ併せて天下の惑を解く」（『新日本』三-五、一九一三年五月）。
＊3 『大隈伯昔日譚』五〇頁。
＊4 大隈重信「早稲田大学とカイゼル主義」（『早稲田叢誌』一、一九一九年三月）。

1909	明治42	1月8日、帝国軍人後援会会長に就任。	10月、安重根、ハルピンで伊藤博文暗殺。
1910	明治43	1月16日、大日本平和協会会長に就任。 7月、南極探検後援会会長に就任。 12月、日本自動車俱楽部会長に就任。	8月、韓国併合。
1911	明治44	4月、雑誌『新日本』を発刊。	1月、大逆事件で幸徳秋水ら死刑。
1914	大正3	7月、帝国飛行協会会長に就任。 4月16日、首相に就任し第二次大隈内閣を組織。	7月、孫文、東京で中華革命党結成。 同月、第一次世界大戦勃発。 11月、日本軍、山東省青島を占領。
1915	大正4	1月18日、中国に対し二十一箇条要求を提示。 3月25日、第12回衆議院議員総選挙挙行。与党大勝。 8月10日、内閣を改造し外務大臣を兼任(～10月13日)。	11月、大正天皇、京都御所で即位大礼を挙行。
1916	大正5	10月9日、第二次大隈内閣総辞職。 7月14日、侯爵に陞爵、大勲位に叙される。	1月、吉野作造、『中央公論』で民本主義を提唱。 10月、立憲同志会、中正会、公友俱楽部、合同して憲政会を結成。
1918	大正7	5月、雑誌『大観』を発刊。	4月、シベリア出兵開始。 8月、米騒動。 11月、第一次世界大戦終結。
1920	大正9	2月5日、大学令による早稲田大学の設立認可。	1月、国際連盟発足。 3月、尼港事件。
1922	大正11	1月10日、午前4時38分、死去。 1月17日、日比谷公園にて国民葬が挙行され、護国寺に埋葬される。	2月、山県有朋歿。 同月、ハーグ常設国際司法裁判所発足。

1897	明治30	7月20日、東京専門学校卒業式にて同校での初めての演説を行なう。 11月6日、外務大臣を辞任。	6月、アメリカ、ハワイ併合。 11月、ドイツ、山東省膠州湾占領。 12月、志賀潔、赤痢菌発見。
1898	明治31	6月22日、自由党・進歩党合同し、憲政党を結成。 6月30日、内閣総理大臣兼外務大臣として第一次大隈内閣を組織（日本最初の政党内閣＝隈板内閣）。 10月29日、党内対立により憲政党分裂（11月3日、旧進歩派により憲政本党結成）。 11月8日、内閣総理大臣兼外務大臣を辞任。	4月、米西戦争勃発、米軍、マニラ占領。 9月、戊戌の政変により、康有為・梁啓超国外逃亡。
1900	明治33	12月18日、憲政本党総理に就任。	6月、義和団事件。 9月、立憲政友会結成（総裁伊藤博文）。
1902	明治35	9月2日、東京専門学校、早稲田大学への改称を認可される（10月19日早稲田大学開校式挙行）。	1月、日英同盟。
1904	明治37	8月3日、同仁会会長に就任。	2月、日露戦争勃発。 4月、英仏協商。
1905	明治38	6月、『日本百科大辞典』編修総裁（日本最初の本格的百科辞典）に就任。 7月8日、国書刊行会総裁に就任。	1月、ロシア、血の日曜日事件。 9月、日露講和条約ポーツマスで調印。
1906	明治39	2月17日、文芸協会会頭に就任。 10月14日、日印協会会長に就任。	1月、第一次西園寺公望内閣成立。 11月、南満洲鉄道株式会社設立。
1907	明治40	1月20日、憲政本党総理を辞任。 4月17日、早稲田大学総長就任。 12月、『開国五十年史』上巻を刊行（翌年2月下巻を刊行）。	2月、足尾暴動事件。 6月、ハーグ密使事件。
1908	明治41	4月3日、大日本文明協会を創設し会長に就任。 11月22日、大リーガーを含む米国選抜チームと早稲田大学野球部との試合において始球式の投手を務める。	10月、戊申詔書発布。

		11月10日、鉄道敷設決定が決定し、伊藤とともに金銀借入条約締結の全権を委任される。	
1870	明治3	7月10日、民蔵分離により民部大輔を解かれる。 9月2日、参議に就任（～1871年6月25日）。	7月、普仏戦争勃発。
1871	明治4	7月14日、廃藩置県に際し、再度参議に任じられる。	9月、日清修好条規。 12月、岩倉具視らの遣欧使節団出航。
1873	明治6	5月9日、2日に挙行された太政官制潤飾を受け、大蔵省事務総裁に就任。 10月25日、参議兼大蔵卿となる。	1月、徴兵令発布。 7月、地租改正発布。 10月、西郷隆盛、征韓論争で下野。
1880	明治13	2月28日、参議省卿分離により大蔵卿兼任を解かれる。	4月、集会条例発布。
1881	明治14	3月、立憲政体に関する意見書を左大臣有栖川宮熾仁親王に提出。 10月12日、明治14年の政変で参議を免官となり、政府を追放される。 12月、『郵便報知新聞』の経営権を買収。	7月、黒田清隆、官有物払い下げ事件。 8月、植木枝盛、「日本国国憲案」を起草。 10月、板垣退助、自由党結成。
1882	明治15	4月16日、立憲改進党結党式にて総理に推される。 10月21日、東京専門学校（早稲田大学の前身）開校式を挙行。	7月、壬午軍乱で京城の日本公使館が襲撃される。
1884	明治17	12月17日、立憲改進党を脱党。	10月、秩父事件。 12月、甲申政変。
1887	明治20	5月9日、伯爵の爵位を授けられ華族に列する。	2月、徳富蘇峰『国民之友』創刊。 10月、仏領インドシナ連邦成立。
1888	明治21	2月1日、外務大臣に就任、条約改正交渉を担当。	4月、三宅雪嶺『日本人』創刊。
1889	明治22	10月18日、玄洋社員来島恒喜の投じた爆弾で右脚を失う。	2月、大日本帝国憲法公布。 7月、東海道線全線開通。
1896	明治29	3月1日、立憲改進党・立憲革新党などが合同し進歩党を結成。 9月22日、第二次松方内閣に外相として入閣（松隈内閣）。	

年　譜

西暦	和暦	大隈重信	日本・世界の動向
1838	天保9	2月16日、佐賀城下会所小路に佐賀藩士大隈信保の長男として生まれる。	
1844	天保15	藩校弘道館外生寮（蒙養舎）に入る。	
1853	嘉永6	1月、弘道館内生寮に入る。	7月、ペリー、浦賀に入港。 10月、クリミア戦争勃発。
1855	安政2	5月頃、弘道館寮生内紛により藩校を退学となる。 5月、義祭同盟に参加。	3月、ロシア、アレクサンドル二世即位。 5月、パリ万国博覧会開催。
1856	安政3	10月、蘭学寮に入る。	10月、アロー号戦争勃発。
1864	元治元	佐賀藩代品方の役人として貿易に携わる。	8月、禁門の変、第一次長州戦争。 9月、四国艦隊、下関砲撃。
1865	慶応元	長崎で英学を学びはじめる。	4月、アメリカ、南北戦争終結。 11月、四国艦隊、条約勅許を要求して兵庫沖に迫る。
1867	慶応3	長崎に蕃学稽古所（のちの致遠館）を設立。	9月、マルクス『資本論』発刊。 10月、薩長同盟。
1868	明治元	3月17日、明治政府に出仕。徴士参与・外国事務局判事に就任。 閏4月3日、キリスト教徒処分に関しパークスと論戦。 12月27日、外国官副知事に就任。	1月、王政復古の大号令、戊辰戦争勃発。
1869	明治2	2月、旗本三枝七四郎の娘綾子と結婚。 3月4日、久世治作とともに新貨幣鋳造を建議（1871年5月新貨条例に結実）。 3月30日、会計官副知事を兼任。 4月、築地に転居（邸宅に若手政治家が集い「築地梁山泊」と呼ばれる）。 7月8日、大蔵大輔に就任（22日、民部大輔兼任）。	6月、五稜郭の戦い終結。 7月、版籍奉還。 11月、スエズ運河開通。

真辺将之（まなべ・まさゆき）

1973年生まれ。千葉県出身。早稲田大学大学院文学研究科史学（日本史）専攻博士後期課程満期退学。博士（文学）。現在、早稲田大学文学学術院教授。専門は日本近現代史。著書に『西村茂樹研究―明治啓蒙思想と国民道徳論』（思文閣出版、2009年）、『東京専門学校の研究』（早稲田大学出版部、2010年）、『猫が歩いた近現代―化け猫が家族になるまで』（吉川弘文館、2021年）、共編著に『近代日本の政党と社会』（日本経済評論社、2009年）、『明治期の天皇と宮廷』（梓出版社、2016年）などがあり、早稲田大学大学史資料センター編『大隈重信関係文書』（みすず書房、2004～2015年）の編集にも携わった。

大隈重信《おおくましげのぶ》
――民意《みんい》と統治《とうち》の相克《そうこく》

〈中公叢書〉

著　者　真 辺 将 之

2017年２月10日　初版発行
2023年１月20日　再版発行

発行者　安 部 順 一

発行所　中央公論新社
〒100-8152　東京都千代田区大手町 1-7-1
電話　03-5299-1730（販売）
03-5299-1840（編集）
URL http://www.chuko.co.jp/

装　幀　細野綾子
ＤＴＰ　柳田麻里
印刷・製本　共同印刷

Published by CHUOKORON-SHINSHA, INC.
Printed in Japan　ISBN978-4-12-004939-2 C1023
定価はカバーに表示してあります。

中公文庫既刊より

各書目の下段の数字はISBNコードです。978－4－12が省略してあります。

あ-97-1
馬鹿八と人はいう　一外交官の回想　有田八郎
外相を四度歴任、日独同盟に異議、戦後は再軍備反対、都知事選に二度挑む。三島由紀夫の「宴のあと」のモデルとして知られる波瀾万丈の自伝。〈解説〉竹内　洋
207163-6

い-10-2
外交官の一生　石射猪太郎
日中戦争勃発時、東亜局長として軍部の専横に抗し、戦争終結への道を求め続けた著者が自らの日記をもとに綴った第一級の外交記録。〈解説〉加藤陽子
206160-6

し-45-1
外交回想録　重光　葵
駐ソ・駐英大使等として第二次大戦への日本参戦を阻止するべく心血を注ぐが果たせず。日米開戦直前まで約三十年の貴重な日本外交の記録。〈解説〉筒井清忠
205515-5

し-45-2
昭和の動乱（上）　重光　葵
重光葵元外相が巣鴨獄中で書いた、貴重な昭和の外交記録である。上巻は満州事変から宇垣内閣が流産するまでの経緯を世界的視野に立って描く。
203918-6

し-45-3
昭和の動乱（下）　重光　葵
重光葵元外相は巣鴨に於いて新たに取材をし、この記録を書いた。下巻は終戦工作からポツダム宣言受諾、降伏文書調印に至るまでを描く。〈解説〉牛村　圭
203919-3

し-5-2
外交五十年　幣原喜重郎
戦前、「幣原外交」とよばれる国際協調政策を推進した外交官であり、戦後、新憲法に軍備放棄を盛り込むことを進言した総理が綴る外交秘史。〈解説〉筒井清忠
206109-5

と-2-2
時代の一面　東郷茂徳 大戦外交の手記　東郷　茂徳
開戦・終戦時に外務大臣を二度務め、開戦阻止や戦争終結に尽力。両大戦にわたり直接見聞、関与した事件・諸問題等について克明に綴る第一級の外交記録。〈解説〉東郷茂彦
207090-5

ま-2-3
回顧録（上）
牧野伸顕
重臣として近代日本を支えた著者による、政治・外交の表裏にわたる貴重な証言。上巻は幼年時代より、イタリア、ウィーン勤務まで。〈巻末エッセイ〉吉田健一
206589-5

ま-2-4
回顧録（下）
牧野伸顕
文相、枢密顧問官、農商務相、外相などを歴任し、パリ講和会議にのぞむ。オーラル・ヒストリーの白眉。年譜・人名索引つき。〈巻末エッセイ〉小泉信三、中谷宇吉郎
206590-1

よ-24-8
回想十年（上）
吉田茂
政界を引退してまもなく池田勇人や佐藤栄作らを相手に語った回想。戦後政治の内幕を述べつつ日本が進むべき「保守本流」を訴える。〈解説〉井上寿一
206046-3

よ-24-9
回想十年（中）
吉田茂
吉田茂が語った「戦後日本の形成」。中巻では、自衛隊創立、農地改革、食糧事情そしてサンフランシスコ講和条約締結の顛末等を振り返る。〈解説〉井上寿一
206057-9

よ-24-10
回想十年（下）
吉田茂
戦後日本はどのように復興していったのか。下巻では、ドッジライン、朝鮮戦争特需、三度の行政整理など、主に内政面から振り返る。〈解説〉井上寿一
206070-8

よ-24-7
日本を決定した百年 附・思出す侭
吉田茂
偉大なるわがままと楽天性に満ちた元首相の個性が描き出した近代史。世界各国に反響をまき起した名篇が文庫にて甦る。単行本初収録の回想記を付す。
203554-6

よ-24-11
大磯随想・世界と日本
吉田茂
政界を引退したワンマン宰相が、日本政治の「貧困」を憂いつつ未来への希望をこめ、その政治思想を余すことなく語りつくしたエッセイ。〈解説〉井上寿一
206119-4

み-39-2
三木清 戦間期時事論集 希望と相克
三木清
長山靖生 編
不況にあえぐ国民が軍部の暴走に同調する中、現実に寄り添いながらも理想を捨てなかった三木清の時事随想を収録。気骨のある精神と生き方に学ぶ。
207184-1

お-96-1
大野伴睦回想録
大野伴睦
官僚出身エリート政治家と対決、保守合同や日韓国交正常化に尽力した破天荒な政治家〈衆議院議長・自民党副総裁〉の抱腹絶倒の一代記。〈解説〉御厨 貴
207042-4

は-73-1
幕末明治人物誌
橋川文三
吉田松陰、西郷隆盛から乃木希典、岡倉天心まで。歴史に翻弄された敗者たちへの想像力に満ちた出色の人物論集。文庫オリジナル。〈解説〉渡辺京二
206457-7

な-58-1
美学入門
中井正一
美とは、ほんとうの自分、あるべき自分、深い深い世界にかくれている自分に、めぐりあうこと——豊かさと軟らかさをそなえた、強靭な芸術論。〈解説〉後藤嘉宏
205332-8

な-58-2
日本の美
中井正一
西洋と東洋の美、中国と日本の美の相違に始まり、日本文化に通底する「もののあわれ」「わび」「幽玄美」などを語る。全集未収録の論考増補。〈解説〉木下長宏
206799-8

な-52-4
文豪と酒　酒をめぐる珠玉の作品集
長山靖生編
漱石、鷗外、荷風、安吾、太宰、谷崎ら16人の作家と白秋、中也、朔太郎ら9人の詩人の作品を厳選。酒に託された憧憬や哀愁がときめく魅惑のアンソロジー。
206575-8

な-52-5
文豪と東京　明治・大正・昭和の帝都を映す作品集
長山靖生編
繁栄か退廃か？　栄達か挫折か？　漱石、鷗外、鏡花、荷風、芥川、谷崎、乱歩、太宰などが描いた珠玉の作品を通して移り変わる首都の多面的な魅力を俯瞰。
206660-1

な-52-6
文豪と食　食べ物にまつわる珠玉の作品集
長山靖生編
子規が柿を食した時に聞こえたのは東大寺の鐘だった？　潔癖症の鏡花は豆腐を豆府に！　漱石、露伴、荷風、谷崎、芥川、久作、太宰など食道楽に収まらぬ偏愛的味覚。
206791-2

な-52-7
文豪と女　憧憬・嫉妬・熱情が渦巻く短編集
長山靖生編
無垢な少女から妖艶な熟女まで。鷗外、花袋、荷風、漱石、谷崎、安吾、太宰らが憧れ翻弄された女性を描く。主人公の生きざまから近代日本の「女の一生」がみえる。
206935-0